사람열전

2

순례자의 노래

사림열전 2
순례자의 노래

ⓒ 이종범, 2008

첫판 1쇄 펴낸날 | 2008년 2월 20일

지은이   이종범
펴낸이   박성규
디자인   민진기디자인

펴낸곳   도서출판 아침이슬
등록   1999년 1월 9일(제10-1699호)
주소   서울시 마포구 합정동 411-2 (121-886)
전화   02)332-6106~7
팩스   02)322-1740
이메일   21cmdew@hanmail.net

ISBN 978-89-88996-88-1 04900
ISBN 978-89-88996-66-9 (세트)

* 신저작권법에 의해 보호를 받는 저작물이므로 무단전재와 무단복제를 금합니다.
* 책값은 뒤표지에 있습니다.

이 도서의 국립중앙도서관 출판시도서목록(CIP)은
e-CIP 홈페이지(http://www.nl.go.kr/cip.php)에서 이용하실 수 있습니다.
(CIP제어번호: CIP2008000286)

이종범 지음

2 순례자의 노래　　士林列傳

아침이슬

감사의 글

우리나라 15세기 후반은 신국가의 제도와 문물이 일단락 완비됨과 동시에 왕권승계과정에서 노출된 왕실의 도덕성과 정통성의 흠결을 치유하려는 노력이 다각도로 진행된 시기였다. 흔히 전자는 훈구파의 몫이며 사림파는 후자를 구실로 삼았다고 한다. 이 책은 후자의 길을 열었던 선구자들의 이야기이다.

김시습과 남효온은 세조의 치세를 비판한 절의 및 청담파로 알려져 있고, 「조의제문」을 짓고 공식 역사에 싣고자 한 김종직과 김일손은 시대의 아픔과 정면으로 대결한 것으로 유명하다. 또한 정여창과 김굉필은 성리학의 새로운 학풍이었던 도학의 선구자로 유교의 상징공간인 문묘에 배향되어 있다. 대부분 익숙한 이름이다.

그동안 우리는 15세기 후반 사림을 세조의 부국강병과 성종의 문치주의 및 연산군의 폭압정치라고 하는 상황에 가두는 경향이 있었다. 그리고 16세기 사림의 전사(前史)로 취급하곤 하였다. 혁신정치의 조광조, 서경덕과 이언적, 이황과 조식, 그리고 기대승과 이이와 같은 철인학자에 매료된 탓일 게다. 그러나 15세기 후반 역사현실이 16세기와 비교할 수 없을 정도로 척박하고 어려웠다는 사실에 주목한다면 결코 전기 사림의 삶과 생각을 16세기 '사림의 시대' '조선 르네상스'의 밑그림으로만 여길 수 없을 것이다. 두 가지만 지적하고 싶다.

첫째, 사림파가 상대한 훈구파로 통칭되는 권력의 성격이 달랐다. 즉 세조의 찬탈을 이끌어낸 15세기 권력의 장벽은 높고도 두터웠지만 권위와 역량을 상실하기 시작한 16세기 권력은 신진세력과 경쟁하는 처지였다. 궁중정치의 음모와 배신이 기승을 부린 까닭도 여기에 있다.

둘째, 문치의 중심 영역인 학술과 문장, 언론과 기사(記事)가 발휘되는 상황과 여건이 달랐다. 세조의 찬탈이라는 금기사항을 결코 드러내기 쉽지 않았던 15세기 후반의 말과 글은 비장하였고 교류와 소통은 먹빛으로 남아 있다. 이에 비하여 죽음과 맞바꾼 도전의 불꽃을 등대 삼아 길을 살핀 16세기는 여러 면에서 해빙과 확산의 세월이었다.

이렇듯 시대 상황이 다름에도 16세기의 요구에 의하여 제기되었던 '정몽주-김굉필-조광조'라는 '도통론(道統論)'을 바탕으로 전기 사림의 실천과 학문을 이해한다는 사실은 놀라운 일이다. 여기에서 계보 그리기 혹은 경계 치기가 있었고, 일방적 흠모와 찬사 그리고 곡해가 없지 않았다.

필자는 전기 사림파에 덧칠해진 16세기의 채색을 벗겨내고 그들의 치열한 삶과 다양한 생각을 15세기의 백지 화폭에 담고 싶다. 그러자면 당사자의 말과 글을 비롯하여 당대의 증언을 치밀하게 살피면서, 이들이 드러내고 감추었던 소망과 분노, 나아가 침묵의 의미까지 되살려야 한다고 생각한다. 조금 과장하자면 마음의 여정을 추적하려는 것이다.

김종직의 '외로운 기억과 교학활동'과 김시습의 '버림의 세월과 철학적 포효(咆哮)'의 진의는 무엇일까? 남효온의 '유랑과 과거청산의 외침'과 김일손의 '진실기록과 개혁구상'의 목표는 무엇일까? 정여창의 '낮은 곳에서 찾아낸 신민(新民)의 길'과 김굉필의 '침묵과 함께 한 소통의 꿈'은 어디를 향하고 있었는가?

『사림열전』 1권 이후 벌써 1년. 쉽게 마칠 줄 알았다. 그러나 아니었다. 거장들의 격정과 기량에 익숙하지 않아 한없이 움츠러들다가, 이들의 문장이 어두운 시대를 기억하는 노래이며 화해를 향한 진실규명과 역사투쟁의 소산임을 알았을 때에는 숨을 죽였고, 이들의 공부가 세상과 함께 착하고 싶었던 철학적 성찰이며 미래와의 대화였음을 살피면서 고개를 숙였다. 이들의 고뇌와 침묵은 왕도정치를 향한 소망의 크기만큼 깊고 무거웠으며, 그러기에 처음에는 보이지 않던 풍경이 아스라이 펼쳐질 때에는 가슴을 쓸어내렸다.

한동안 한국현대사의 희생과 유폐의 풍경을 되작거리곤 하였다. '사림의 시대 이후의 사림'이 붕당정치로 치달으면서 전기 사림의 다채롭고 치열한 여정을 잊어갔듯이 혹여 오늘날 '민주화 이후의 민주주의'를 고민하는 우리가 지난 세기 침묵의 상흔을 밑그림으로 감추려고 하는 것은 아닌지? 과거와의 소통의 의미를 새기는 날들은 빨리도 지나갔다.

오늘날 우리 사회는 학벌로 나뉘고 지역으로 갈리고 세대로 갈라서 혹심한 대가를 치르고 있다. 15세기 후반 엄청난 한파를 견디다 쓰러진 사림들이 무어라 할까? 스승은 사람에 있지 아니한데 하물며 학교에 있을까. 고장의 빛을 찾았을 때 손님이 오는 길이 열리거늘 손바닥으로 하늘을 가리는 것 같으며, 진정한 모습을 가리고 온통 찬양하거나 가볍게 배척하니 소중한 정신이 묻히는 것이 아닌가, 할 것 같다.

또한 스승과의 갈림, 동료와의 틈새가 있었다고 하여도 지금까지 확대 재생산하는 데만 골몰하고 있으니 이야말로 '다름과 사이'를 거부하는 몸짓이 아닌가 하면서, 우리 각자의 도전과 좌절, 우리의 아픔과 죽음을 등대 삼아 새로운 길이 열렸음을 인식하기 바란다면 갈라섬과 엇갈림을 과장하지 말아야 한다고 외치고야 말 것 같다.

지난 몇 달 귀중한 지면을 제공한 《프레시안》과 과분한 비평을 보내준 독자에게 감사드린다. 또한 예술TV 《아르떼》 김창희 대표의 잔잔한 품평, 아침이슬 박성규 대표의 따뜻한 격려에 고마움을 전한다.

2008년 2월 경양재(景陽齋)에서
이종범

차례

감사의 글

서론　15세기 후반 기억운동과 미래와의 대화　15

　　　정변과 찬탈의 유산 | 화려한 외도(外道), 일가주의 | 비판언론과 기억운동 | 학문권력과
　　　철학운동 | 새로운 실천윤리와 약간의 엇갈림 | 마음의 여정 | '흐름의 공간'을 위하여

김종직 金宗直 ― 경계인을 위한 변명

1. 무엇을 노래하지 못하랴 ── 35
　　그림이 있는 시 | 서사(敍寫)에 감춘 격정 | 산하를 온통 들추리라

2. 쇠락의 시대를 풍자하다 ── 43
　　사방지(舍方知) | 「조의제문(弔義帝文)」

3. 비밀의 정원 ── 51
　　한 사람 두 문장 | 잘못을 들킨 아이처럼

4. 새 바람을 일으키다 ── 56
　　서정(庶政)의 달인 | 지도를 그리다

5. 기쁨이 슬픔에게 ── 62
　　가르침의 목표 | 처가 선산이 공동묘지가 되다

6. 조용한 전쟁 —— 68

    임금 곁으로 | 학문권력을 향하여 | 고지 앞에서

7. 정치는 학문으로 하는 것이 아니다 —— 74

    실수와 비방 | 음모는 시작되었다 | 제자의 비판

8. 올가미에 걸리다 —— 80

    늦장가 | 유자광이 달려오다 | 죽음 뒤에 오는 것

9. 무오사화와 「조의제문」 —— 87

    그 시절 그 노래 | 유령의 세월 | 에필로그

김시습 金時習
올바른 역사는 아름다운 패자를 잊지 않는다

1. 바람의 세월 —— 101

    떠나지 않을 수 없다 | 세속을 끊다 | 유성처럼 떠돌다

2. 해학의 비장미 —— 109

    이 산하를 사랑하리라 | 새로운 고향 | 문명의 꿈 | 여가문학의 탄생

3. 인간의 길 —— 119

    세상에 나서다 | 운명과 천명 | 기학적 예론: 「신귀설(神鬼說)」

4. 좋은 임금을 만나고 싶다 —— 126

    명분의 겉과 속 | 민부와 국부 | 역사의 풍경

5. 호소와 선동 —— 134

    노자비판 | 변화를 읽으며 근본가치를 추구하라 | 지금 무엇을 할 것인가

6. 이제 떠나리라 —— 142

무서운 비웃음 | 중흥사 회합 | 슬픈 노래는 언제 그칠까 | 마지막 외출 | 산하를 채색하다 | 여백(餘白)을 위하여

남효온 南孝溫
방랑, 기억을 향한 투쟁

1. 전선의 형성 —— 163
   세조의 공신은 물러나라 | 현덕왕후를 복위하자 | 그대를 보내고

2. 술과 노래 —— 171
   한강의 밤 | 남산의 봄

3. 나의 스승 나의 친구 —— 179
   호탕한 만남 | 흔쾌한 대화 | 당신이 떠난 자리

4. 공부의 길 —— 186
   귀신논쟁 | 본성과 기질 | 하늘과 백성은 어떻게 만나는가?

5. 국토를 읽다 —— 193
   고독의 빛깔 | 금강산의 흔적 | 해원과 얽힘

6. 아픔이 없는 아름다움은 없다 —— 202
   꿈의 해석 | 아름다워 차라리 눈이 시리다 | 길을 찾으니 힘을 잃었어라

7. 슬픔마저 망가지다 —— 212
   나는 있어 무엇 하랴 | 희망의 단약(丹藥)은 없다 | 행주의 강바람이 너무 차구나

8. 부활의 서사 —— 219
   아름다운 반역 | 살아라 그리고 기억하라 | 부르지 못한 노래: 「원생몽유록(元生夢遊錄)」

정여창 鄭汝昌
말과 글은 뜻을 다하지 못한다

1. 지리산 공부 —— 235
   이유 없는 존재는 없다 | 도의 주인은 인간이다 | 실천이성을 위하여

2. 세상 곁으로 —— 245
   어울림의 나날 | 대화와 공부 | 심학논쟁

3. 섬진강에 살다 —— 253
   악양통신(岳陽通信) | 천리 밖 하늘로 솟는 고니가 될 수는 없다 | 아아, 어머니!

4. 산행의 비밀 —— 260
   지리산의 야기(夜氣) | 이제 섬진강, 저 물처럼

5. 죽음의 문 —— 266
   세상을 속이지 말게 하소서 | 연산군과의 만남 | 안음 이야기

6. 낮은 곳을 향하여 —— 275
   남계(灆溪)의 풍경 | 조금도 변치 않았다 | 역사의 삶을 위하여

김일손 金馹孫
당신의 죽음은 하늘의 시샘이었다

1. 풍경은 마음에 있다 —— 289
   아름다운 현장 | 천연(天然)의 교훈 | 한여름 밤의 꿈

2. 시공유예(時空游藝)의 꿈 —— 298
   삶과 글의 일치 | 싸늘한 감상 | 차가운 사랑 | 꽃보다 사람이 아름다워라

3. 아름다운 동행 —— 308

　와유미학(臥遊美學): 그림에 들어앉다 | 제2차 중국행 | 교류와 소통을 향한 열망 | 교육수국(敎育壽國)을 위하여 | 나의 친구는 바보다

4. 진유(眞儒)의 길 —— 319

　우렁찬 등장 | 기상과 언론 | 임금의 기대와 걱정 | 무거운 짐을 지고 달리다 | 외로운 행보

5. 무서운 세상이 오고 있다 —— 330

　예언의 노래 | 음률의 세계 | 물러설 수 없다 | 폭군의 얼굴 | 통한의 세월

6. 아는 만큼 힘들다 —— 341

　충성이 무엇이란 말인가 | 죽음까지 동행하다 | 운명적 만남 | 순례자의 노래

김굉필 金宏弼
침묵, 미래와의 대화

1. 미로(迷路) 찾기 —— 359

　무거운 세월 | 빛을 감추고 자취를 숨겼다 | 시병(詩病)을 앓다

2. 환희와 결별 —— 367

　어색한 미소 | 『소학』의 발견 | 간절한 소망 | 스승과 갈라서다

3. 교사의 길 —— 378

　학도를 모으다 | 무엇을 가르쳤을까 | 아아, 이대로 끝나는가?

4. 침묵의 설계 —— 390

　다시 서울로 | 사연은 섬광처럼 | 『소학』을 넘어서 | '한빙(寒氷)'에 숨긴 밑그림 | 미지의 학생을 만나다

5. 자유여행 —— 401

　　유배지에서 생긴 일 | 내일을 위한 만남 | 옥천소요(玉川逍遙) | 좋은 샘은 마르지 않는다

6. 말과 글로는 세상을 바꿀 수 없다 —— 410

　　일그러진 분노 | 기묘사림의 숨은 그림 | 부활의 미완성 | 유쾌한 추리

부록

인물표　424

참고도서　430

찾아보기　432

서론

15세기 후반 기억운동과 미래와의 대화

정변과 찬탈의 유산

세조의 정변(1453)과 찬탈(1455)은 치밀하고 신속하였다. 시세의 급변함을 견디지 못한 낙향인사를 제외한 거의 모든 신료는 숨을 죽였다. 문무를 겸비한 세조의 기상과 무서운 기세에 무너진 것이다. 활쏘기가 뛰어난 세조에게는 '사냥을 나가면 짐승 피로 겉옷을 벌겋게 물들였다'고 하는 일화가 있는데, 이러한 야성과 무용에 문신들은 겉으로 태연한 척하지만 속으로는 기가 질리기 마련이다.

당시 정예관료의 모집단인 집현전 학사도 대부분 마찬가지였다. 단종복위운동(1456) 때에는 적지 않게 공포에 시달리기도 하였다. 일례가 있다. 양성지(梁誠之)는 복위운동과 아무 상관이 없었지만 얼마나 근심하고 두려워하였던지 나중에 공모의 혐의까지 받았는데, '그때에 누가 두려워하지 않았겠느냐?'고 한 세조의 보증 덕분에 무사하였다. 『성종실록』 13년 6월 11일 양성지 졸기(卒記)에 나온다.

세조 치세 아래에서 정예관료는 평소의 정치구상과 포부를 드러낼 수 없었다. 즉 육조의 정무는 의정부의 의결과 서명을 거치게 한 '의정부서사제(議政府署事制)'나 왕권을 정점으로 '승정원—의정부—육조'의 균형과 견제를 통한 정치운영론을 포기했던 것이다. 그 대신 권력과 재물을 얻었다. 또한 조정의 공백이 가져온 세대교체의 결과이기도 하지만 승차가 빨랐다. 세조의 즉위 당시 환갑이었던 정인지(鄭麟趾)를 제외하면 정창손(鄭昌孫)·구치관(具致寬)·최항(崔恒)·신숙주(申叔舟)·권람(權擥)·한명회(韓明澮) 등 핵심 공신들은 거의 50대 전후에 영의정에 올랐다. 물론 공신을 한자리에 오래 머물게 하여 권력을 몰아줄 수 없다는 세조의 용인술이 작용한 측면도 있었다.

세조는 치세 후반에 이르러 공신을 불신하였다. '이시애(李施愛)의 난'

(1467)때에는 한명회와 신숙주까지 일시 구금하고, 이때 공을 세운 '신(新)공신'을 전면에 배치한 것이다. 그러나 공훈이 오래된 훈구(勳舊)의 실체와 기반을 인정하지 않을 수 없었다. 혼자[專]서 무리[衆]를 언제까지 제압할 수 없듯이 임금은 아무리 신하가 고개를 숙이고 있다 해도 무시할 수 없게 되어 있다.

세조의 치세가 마감되자 훈구공신 중 소수 핵심은 '겸(兼)이조' '겸(兼)병조' 등의 직함을 가지고 승정원으로 출근하고 숙직하는 원상이 되어 국정을 요리하였다. 소위 원상제(院相制)는 정권의 분립과 균형의 취지를 훼손한 과두제나 다름없었다. 이런 상황에서 패악으로 악명 높은 홍윤성(洪允成)이 45살에 영의정이 된 것은 조금도 이상하지 않았다. 의정부가 원로대신, 훈구공신들의 연락사무소로 격하된 것이다.

한편 훈구공신은 '남이(南怡)의 옥'(1468.10)을 방조하며 익대공신(翊戴功臣)을 나눠가졌다. 남이가 궁궐 숙직 중에 혜성을 보고 '묵은 것을 없애고 새 것을 나타나게 하려는 징조'하였는데 유자광이 밀고하여 벌어진 일이었다. 남이는 '이시애의 난'의 일등공신으로 28살에 병조판서에 올랐지만 예종 즉위와 더불어 쫓겨나 불만이 없지 않던 참이었다. 신공신을 제거하려는 구(舊)공신의 노회한 그물치기와 이를 눈치 챈 유자광이 던진 미끼에 걸려든 것이다.

훈구공신은 성종 즉위에 즈음해서 또 하나의 공훈을 보탰다. 예종의 원자 제안대군(齊安大君)과 성종의 친형 월산대군(月山大君)이 아니라 성종이 왕위를 승계한 바탕에는 택현(擇賢)이라는 명분이 있었다. 태종이 세자를 갈면서 다음 서열인 효령대군을 제치고 충녕대군을 선택할 당시의 논리였다. 그런데 태종 신료들은 공훈을 입에 담기는커녕 생각조차 못하였는데 세조의 공신들은 드러내놓고 좌리공신(佐理功臣)을 꿰찼다. 신하가 임금을 세운 공훈을 주장하는 자체가 권력의 오만이며 군주제의 비명일 따름이었다.

화려한 외도(外道), 일가주의

훈구공신은 국권(國權)과 사권(私權)의 경계를 가볍게 여겼고 왕실과 사가(私家)를 혼동하였다. 좋은 예가 있다. 성종 7년(1476) 정월 정희왕후(貞熹王后)가 수렴청정을 마감할 때였다. 첫째 딸을 세자시절의 예종에게 들이고, 둘째 딸을 잠저(潛邸)의 성종에게 시집보내 마침내 국구가 되었던 한명회가 나섰다. "신은 평상시에 대궐에 들어와 안심하고 술을 마셨는데, 만약 대비께서 정사를 내놓으신다면 이는 동방의 백성을 버리시는 것이며, 신 또한 안심하고 술을 마실 수 없습니다."

훈구공신은 권력을 즐겼으며 또한 집착하였다. 사위 김질(金礩)과 함께 사육신의 거사계획을 처음 고발한 정창손은 '산업을 경영하지 아니하여 사는 것이 쓸쓸하였다'는 장점이 있기는 하였지만, 조정 모임에서 매양 넘어지면서도 사직하지 않고 88세로 세상을 뜨기 얼마 전까지 영의정을 놓지 않았다. 김시습이 거리에서 만난 정창손에게 '너 그만 두어라' 한 것은 단순한 헤적거림이 아니었다.

최항은 재상이 되면 예문관 대제학을 사임하던 당시 관행에도 불구하고 계속 겸임하다가 처남인 서거정(徐巨正)에게 넘겨주었다. 권근(權近)의 외손이기도 한 서거정은 22년간이나 예문관 대제학을 지내면서 무려 23차례나 문과를 주관하였다. 권근도 오랫동안 예문관을 맡았으니, 한 집안에서 반세기에 걸쳐 학문과 문장의 기준을 세우는 문형(文衡) 즉 학문권력을 구가하였던 셈이다.

또한 이들은 재물과 관련하여 추문을 뿌렸다. 당대 최고 학자이며 원로로 대우받은 정인지나 세조 치세 국방과 재정 등 여러 분야에서 발군의 기량을 보여준 양성지도 예외가 아니었다. 정인지는 '성품이 검소하여 생활은 소박하게 하면서도 재산 늘리기를 좋아하여 수만 석이 되었는데도 이웃 사람의 집까지 차지하였다'고 하고, 양성지는 돈 냄새 풍기는 '동취(銅臭)'라는 악평을 얻었다. 또한 최항은 '사위를 봄에 있어서 인품을 논하지 않고 부자만을 취택하였다'는 비난을 받았다.

훈구공신의 권력과 재화에 대한 집착은 가히 '일가주의(一家主義)'라 할 만한 것이었다. 수기치인을 통하여 세상과 더불어 착함을 이룬다는 '겸선천하(兼善天下)'의 이상을 포기하는 것이나 다름없었다. 정변과 찬탈에서 건져낸 서글픈 전리품이었다.

이것만이 아니었다. 훈구공신은 과거를 망각하며 기억을 부정하였다. 실록의 기본 자료가 되는 사초에도 반드시 사관의 이름을 적도록 하였다. 어두운 과거사가 비판적 사론과 함께 실리지 못하게 할 셈이었던 것이다. 『세조실록』 편찬이 진행될 즈음에 원숙강(元叔康)이 '사초에 사관의 이름을 쓰게 함은 옛 제도가 아닐 뿐 아니라 바른대로 쓰는 사람이 없을까 두렵다'고 건의하였을 때에도 좌시하지 않았다. 이 때문에 원숙강은 고문을 받다가 죽고, 사초를 고친 사실이 드러난 민수(閔粹) 역시 관노가 되는 형벌을 받았다. 기억의 억압을 통한 역사왜곡과 과거사 은폐가 빚어낸 불행한 사건이었다. 원숙강은 수양대군의 집권에 반대하며 원주로 숨었던 원호(元昊)의 손자였다.

이러한 시절에 청맹과니를 가장하며 낚싯대를 드리웠던 사람들은 한숨을 쉬었다. 원호 이외에 선산의 이맹전(李孟專), 파주의 성담수(成聃壽), 함안의 조려(趙旅) 등이었다. 김시습은 세상을 비웃으며 떠돌았다. 이들의 은거와 방랑은 진실을 기억하기 위한 비타협적 선택이었던 것이다.

비판언론과 기억운동

성종 9년(1478) 4월 이심원(李深源)의 '세조의 공신은 물러나게 하자'는 상소는 훈구파의 두터운 장벽을 균열시킨 기폭제였다. 이후 훈구파의 권력독점과 이기주의가 빈번하게 언론의 도마에 올랐고 국왕의 특혜인사도 예외는 아니었다. 언론을 담당하는 신진관료와 정책을 결정하고 집행하는 원로중신 사이에 전선이 형성되었던 것이다. 이러한 비판언론의 활성화에 힘입어 성종 치세 후반에 이르면 훈구파의 대안세력으로 사림파가 부상하였다.

한편 비판언론은 사림파의 형성과 활동의 필요조건이지만 그 자체로 충분조건은 아니었다. 국가의 권력구조가 부여한 언론은 현실비판의 고유기능에 앞서 정예관료의 출세를 보장하는 공간이었기 때문이다. 이를테면 문장과 언변 그리고 순발력을 갖춘 언관은 출세와 재물을 위해서라도 얼마든지 준열하고 멋들어지게 간쟁과 탄핵을 수행할 수 있으며, 파당적 이해까지 대변할 수 있다면 현란한 '나팔수'로 각광받을 수 있는 텃밭이 언론 삼사(三司) 즉 사간원·사헌부·홍문관이었다. 따라서 언론의 진정성은 언관의 시대의식과 미래를 향한 소망 등과 함께 살펴야 한다.

사림파와 훈구파의 확연한 구분선은 어두운 과거를 어떻게 기억하고 치유할 것인가 하는 역사투쟁 혹은 기억운동이었다. 세조의 정변과 즉위가 몰고 온 공포의 시대, 어두운 상흔의 기억은 숨은 노래로 나타났다. 김종직의 「조의제문」과 세상을 피하여 자유로웠던 김시습의 『금오신화』를 비롯한 여러 시문이 있었다. 이러한 억압된 기억, 강요된 망각은 다음 세대에 이르러 표면으로 떠올랐다.

이심원이 상소를 올린 바로 그 달 남효온이 현덕왕후(顯德王后) 복위문제를 공개적으로 제기하였다. 세자빈 시절 단종을 낳고 문종이 즉위하기 전에 세상을 떠난 그녀의 능침이 소릉(昭陵)이기 때문에 '소릉복위소'라고 한다. '이미 왕이 아닌 노산군의 생모'라는 이유로 종묘에서 신주를 철거하고 문종의 능침에 묻힌 관곽(棺槨)마저 파헤쳤던 소릉폐치사건의 잘못을 들춘 것이다. 왕실의 정통성을 훼손하고 도덕성을 추락시킨 세조 치세의 최대 약점으로, 그동안 누구도 말하지 못하였던 금기사항이었다. 남효온은 이 외에도 「육신전」을 통하여 '사육신 충신론'을 제기하고 「허후전」을 통하여 세조 치세로 가는 길목의 억울한 죽음을 들춰냈다. 사림파는 비판언론의 활성화 이전에 기억운동을 통하여 존재를 드러냈던 것이다.

조정에 진출한 사림관료도 재야에서 깃발을 올린 기억운동에 호응하였다. 그동안 억압당하고 부정된 소수의 기억을 실록의 기초자료가 되는 사초에 실음으로써 공식화·국가화하려고 한 것이다. 표연말(表沿沫)·신종호(申從濩)·홍한(洪瀚)·권오복(權五福)·권경유(權景裕) 등이었는데, 단연 압권은 김일손(金馹孫)이었다. 김일손은 이 외에도 노산군의 입후치제(立後致祭)까지 주장하였다.

이러한 기억운동은 중종 치세 일차 결실을 맺었다. 기묘사림이 주장하여 노산군의 입후치제와 소릉복위가 실현된 것이다. 그러나 단종의 복위와 사육신의 복권은 17세기 말까지 기다려야 했다. 그때 숙종이 남긴 시가 있다. "단종 복위하던 날, 세조의 덕은 더욱 빛나네. 평생의 소원을 이루셨으리니, 내 기쁨 또한 어찌 오래가지 않으리!"

학문권력과 철학운동

사림파와 훈구파는 지방사회의 변화와 자치·자율역량에 대한 믿음이 달랐다. 이 시기 사림파는 지방풍속의 개선과 교육진흥에 노력하였으며, 부세제도의 공평한 운영을 도모하고 지지(地誌)나 지도(地圖)를 통하여 지방의 역사와 문화를 드러냈다. 김종직을 필두로 그의 문인인 조위(曺偉)·이종준(李宗準) 등이 적극적이었다. 한편 사림파는 도덕적 문명국가를 향한 역사인식에서 훈구파와 보다 확연한 또 하나의 경계선을 그었다.

첫째, 사림파는 정통론의 관점에서 삼국시대를 무통(無統)으로 처리함으로써 고구려와 백제는 망하여 아쉬울 것이 없는 나라가 아니라 성취와 발전을 이룩한 소중한 나라로 평가하였다. 통일신라 역시 삼국 한 나라의 단순 계승이 아니라 고구려와 백제까지 아우르는 새로운 정통으로 거듭났음은 물론이다. 김부식과 권근이 보여준 신라 본위의 역사서술이 야기할 수 있는 삼한분립(三韓分立)의 경향에 종지부를 찍었던 진정한 의미의 삼한일통의식(三韓一統意識)의 발로였다.

둘째, 조선 건국도 새롭고 적극적으로 평가하였다. 정인지가 책임 편찬한 『고려사』는 찬탈의 의구심을 방어하는 차원에서 공양왕의 선위와 공신의 추대를 강조하였는데 사림파는 달랐다. 즉 고려의 정통은 공민왕 23년(1374)에 마감하였기 때문에 정통이 없는 고려의 선위는 의미가 없다는 것으로 인심과 천명에 더욱 방점을 찍었다. 또한 새로운 나라의 창업은 '인력이 미칠 바가 아님'을 굳이 강조함으로써 공신추대의 의미를 평가절하하였다. '조선은 공신의 나라가 될 수 없다'는 문제의식이었다.

셋째, 역사는 당대의 승패가 아니라 진실과 마음의 도덕가치가 중요하다는 의리론을 본격적으로 제기하였다. 이로써 권근이 광패잔인(狂悖殘忍)하다고 평가한 계백(階伯)은 충신의사로 다시 태어났으며, 고려의 충신일지는 몰라도 조선의 역적의 혐의를 벗지 못하였던 정몽주의 절의정신을 재평가하고 문묘에 종사할 수 있는 논거가 마련되었다.

이러한 정통론과 의리론 중심의 역사인식은 인심에 순응하고 천명에 부응하는 정치와 도덕적 문명국가를 향한 역사적 화해와 협력의 바람을 담고 있었다. 동시에 세조의 공신과 후예들이 국정을 요리하는 상황에서 '인심을 배반하는 공훈은 나라를 망하게 하며 나라의 원기는 일시적 이해관계나 승패를 초월한 절의에 있다'는 선언의 의미가 있었다.

사림파는 학술의 역량과 비판적 시대의식을 국가의 역사 및 인문지리

편찬사업을 통하여 발휘하였다. 훈구파 주도로 일차 완성된 『동국통감(東國通鑑)』『동국여지승람(東國輿地勝覽)』등의 수정과 보완이었다. 이것은 국가적 학술 및 문헌사업의 분담의 차원을 넘어서는 의의가 있었다. 훈구파가 전유한 학문권력(學文權力)이 사림파로 이동하기 시작한 것이다. 그만큼 사림파의 역할과 위상도 높아졌는데 그 한복판에 김종직과 문인집단이 있었다.

한편 이 시기에 무엇을 위한 학술이며, 누구를 위한 문장인가를 고민하는 움직임이 일어났다. 국가의 학문, 조정의 문장을 비판하는 새로운 학문관(學文觀)으로서 인간의 길을 위한 학술과 문장 즉 '도(道)의 학문'과 '도의 문장'을 추구하는 흐름이었다. 이른바 도학파(道學派)의 출현으로 김굉필과 정여창 등이 선도하였다.

이때의 도는 공자가 '도는 길이다' 하고 '사람이 도를 넓히지, 도가 사람을 넓혀주지 않는다'고 하였듯이, 사람이 주인 되고 함께 가야 하는 마땅한 길 즉 인도(人道)였다. 또한 『주역』의 '한 번 음이면 한 번 양이 되는 까닭을 도라고 한다'는 자연의 섭리 즉 천리(天理)라는 의미도 있었다. 도학은 인간의 사업을 하늘의 이치에 일치시키며 실천하려는 공부였던 것이다.

도학파는 하늘의 이치와 사람의 사업이 하나가 되는 이유를 설명하고 주장하자면 글로 만들어야 한다는 것을 잘 알고 있었다. 그러나 쉽지 않았다. 경전을 이해할 수 없다거나 송나라 학자의 풀이가 난해한 이유만은 아니었다. 인간에 대한 믿음과 인간을 위한 문명을 추구하였던 성인의 마음을 온통 받아들이며, 일상에서 본받으려는 노력을 앞세웠기 때문이다.

도학파는 성인의 마음을 제 마음으로 삼는 '잠심(潛心)' '전심(專心)' 공부를 우선으로 삼았다. 즉 경전의 내면화·자기화가 먼저이고, 문장을 통하여 남에게 보이는 일은 다음의 문제로 여겼던 것이다. 송나라 주돈이

(周敦頤)나 주희(朱熹)가 살폈던 '문장은 도를 실은 수레이다'는 문장재도론(文章載道論)의 의도를 곰곰이 살핀 결과이기도 하였다. 훗날 김굉필과 정여창 등이 '말과 글을 세워 후세를 일깨운 입언수후(立言垂後)의 공이 없다' 혹은 '학문(學問)의 증거가 없다'고 평가받는 이유가 여기에 있다.

그런데 역설적으로 김시습에게 도학분야의 저술이 많았다. 워낙 천재적이기도 하였지만, 자기와의 긴장과 세상에의 관심을 놓치지 않으면서 송나라 학문을 자유스럽게 섭렵할 수 있는 '버림(棄)의 시간'이 많았기 때문일 것이다. 김시습의 철학적 성취는 상당 부분 남효온에게 전수되었다.

김시습과 남효온은 송나라 장재(張載)의 '기학(氣學)'을 선호하였다. 우주 자연철학에서 현상과 운동의 구체성과 실존성을 강조하는 입장이었다. 그러나 16세기 학계가 서경덕을 제외하면 거의 모든 성리학자가 '리학 중심' 나아가 '주희 위주'의 입장을 취하면서 주희 아닌 다른 학자의 학설은 가볍게 취급되었고, 이들의 학문성과도 묻히고 말았다.

이에 비하여 정여창과 김굉필은 구체적 운동과 현상에 앞선 선험적 원리, 원천의 이치를 강조하는 '리학(理學)'의 편에 섰다. 특히 정여창과 남효온 두 사람은 마음을 보는 입장도 약간의 차이가 있었는데, 이 문제로 잠시 논쟁을 하기도 하였다. 우리나라 철학논쟁의 제1막인 셈이었다.

새로운 실천윤리와 약간의 엇갈림

사림파의 일차적 공부목표는 하늘에서 받은 본성의 자각과 일상적 실천이었다. 물론 세상과의 만남, 시대와의 대화를 소홀히 하지 않았다. 공자의 '오로지 효도하고 형제간에 우애하는 것도 정치를 하는 것이다' 하는 가르침을 새긴 것이다. 그만큼 『소학』의 실천을 중시하였다. 수기는 치인의 전 단계가 아니라 치인 그 자체였다. 맹자도 말하였다. "옛사람은 뜻을 얻지 못하면 수신(修身)으로 세상에 자신을 드러냈다."

사림파는 여건이 맞지 않으면 얼마든지 현실참여를 유보할 수 있다는 생각이 강했다. 벼슬을 앞세우지 않았던 것이다. 이때의 여건이란 '나라에 도가 있는가, 없는가?' 혹은 '임금과 신하가 의리로 만나는가, 그렇지 못한가?' 등이었다. 임금의 책임, 신하의 의무를 동시에 고려하는 군신윤리(君臣倫理)를 모색한 것이다. 굳이 말하자면 임금과 신하는 맹목적 주종관계가 될 수 없다는 군신계약론(君臣契約論)에 가깝다. 16세기 사림의 출처관(出處觀)이 이 시기에 이미 등장한 것이다.

또한 사림파는 '스승은 사람에 있지 않고 도에 있으니, 스승 삼는다는 말은 도를 스승으로 삼는다는 말이지, 가르치는 사람을 스승 삼는다는 말이 아니다'는 생각을 키웠다. 김굉필의 동지이며 문인인 최충성(崔忠成)의 「성인이 백세의 스승이 되는 이유」라는 논설에 나온다. 스승과 제자는 과거나 출세와 같은 현실관계로 맺어지는 것이 아니라 인간의 길을 함께 추구하는 긴장관계를 생명으로 한다는 사우론(師友論)이었다.

스승 김종직에 대한 김굉필의 비판도 이러한 출처관과 사우론의 변화라는 시대적 맥락에서 살펴야 한다. 김종직과 김굉필의 관계가 다음 시대에 어떻게 고착되고 과장되었든 간에 사제의 분열 혹은 스승과의 의절이나 결별의 차원에서 단정 내릴 사안은 아닌 것이다.

한편 사림파는 성종 치세 초반부터 소통과 교류의 장을 찾았다. 강응정(姜應貞), 남효온 등의 '소학계(小學契)'나 김굉필, 최부(崔溥) 등의 '정지교부계(情志交孚契)' 등이었다. 여기에서 '우리 당〔吾黨〕' 의식이 싹텄다. 훗날 무고로 배척당하게 되지만 김종직과 문인집단이 '경상도선배당(先輩黨)'으로 지목된 일이 있었고, 김일손은 평안도평사로 가는 벗을 보내며 자신들을 '오당(吾黨)'이라고 자부하기도 하였다. 바로 이 때문에 사림파는 훈구파의 배척과 사화에서 집단피해를 당하게 되었다.

물론 사림파가 한결같게 동지적 유대를 과시하고 유지하지는 않았다. 남효온, 홍유손(洪裕孫), 신영희(辛永禧) 등이 '죽림우사(竹林羽士)'를 자처하였을 때, 정여창과 김굉필 등은 '세상을 깔보고 격렬하게 비웃는 것은 동진(東晋)의 청담풍(淸談風)이나 다름없다'고 비판하면서 균열이 있었다. 실제 김굉필은 신영희에게 절교를 선언하기도 하고, 남효온 역시 김굉필과 갈라섰음을 알리고 끝내 화해하지 않았다.

이러한 갈림을 오늘날 '청담파 대 사림파'와 '절의파 대 도학파'로 구분하지만 완전한 분화는 아니었다. 굳이 나눈다면 청담·절의파가 직접 대응의 현실비판에 역량을 쏟았다면 사림·도학파는 미래준비를 위한 역량 축적의 길을 가고자 한 정도의 차이였다. 현실대응과 자아실현의 방향 혹은 방법을 둘러싼 갈등이었던 것이다.

마음의 여정

이 책에서 다루게 되는 여섯 사람의 만남과 갈림도 간단히 정리할 필요가 있을 것 같다.

함양·하동과 현풍·합천이라고 하는 가까운 지방에 살면서 일찍부터 교유한 정여창과 김굉필은 지금도 '지동도합(志同道合)'으로 알려져 있다. 한양에서는 회현방(會賢坊) 같은 동네에 살았다. 두 사람은 성균관 시절에 만난 남효온과 공부하고 토론하며 무척 친밀하였다. 그러나 나중에는 현실대응방식 즉 직접 비판인가, 차분한 모색인가를 두고 아스라한 결별의 아쉬움을 남겼다.

이들 세 사람의 김종직 및 김시습과의 관계가 흥미롭다. 정여창과 김굉필은 20대 초중반에 김종직을 처음 찾았는데, 정여창이 처음부터 끝까지 담담하였다면, 김굉필은 처음에는 열렬하였지만 나중에 갈라섰다. 이에 비하여 남효온은 일찍이 배우거나 만난 적이 없었지만 김종직을 무척 존경하였다. 전라도 여행 중에는 감사로 내려온 김종직을 찾아가고 나중에는 밀양까지 가서 만났다. 그리고 김굉필과 정여창의 스승에 대한 태도를 은근히 비판하였다.

한편 남효온은 김시습을 스승이자 벗으로 삼았으며 한때 불교관의 차이로 다소 소원한 적이 있었지만 마지막까지 변함이 없었다. 김일손을 김시습에게 소개한 장본인도 남효온이었다. 이에 비하여 정여창과 김굉필은 김시습을 만난 적도 없고 만나려고 한 자취도 없다.

그런데 세조의 정변과 찬탈을 직간접으로 경험한 김시습과 김종직은 온통 엇갈리는 행보를 보였다. 김종직이 한양에서 벼슬할 때 김시습은 지방을 떠돌았으며, 김종직이 지방관이 되고 모친상을 당하여 밀양에서 지낼 때 김시습은 한양 근처 수락산에서 살았다. 그리고 김종직이 조정으로 복귀하자 이번에는 김시습이 관동으로 떠났다. 혹여 김종직이 경상도 평사로 경주에 갔을 때 김시습이 경주 남산의 용장사에 살았기 때문에 두 사람이 우연히 옷깃이라도 스쳤으리라고 상상할 수 있겠다. 그러나 김종직이 경주에 들어섰을 때에 김시습은 마침 원각사 법회로 한동안 출타 중이었으리라 생각하는 것이 편할 것 같다.

물론 두 사람이 서로를 모를 리가 없었다. 김시습의 어린 시절 천재성은 세종이 듣고 상급을 내리면서 온 나라에 알려졌고, 김시습 역시 산중에 살면서도 손님이 찾아오면 반드시 도성 소식을 묻곤 하였으니, 문장과 학술 그리고 많은 후진이 따르는 김종직을 모르지 않았을 것이다. 그럼에도 두 사람은 서로 찾았다는 흔적이 없다. 두 사람과 모두 가까운 남효온이나 김일손에게도 소식을 물었다거나 만날 수 있는 자리를 요청한 자취도 아직까지는 찾아볼 수 없다.

이상의 다섯 사람들과 두루 만난 사람은 김종직, 김시습보다는 한 세대, 나머지 세 사람에 비하여 십 년 정도 연하였던 김일손이었다. 문장과 기상, 정론과 언론으로 일세의 신망을 한 몸에 받았던 김일손은 이들과 조금도 어색함이 없는 만남을 끝까지 유지하며 학문과 소망을 교환하고 서로의 근황을 알렸다. 남효온과는 청도의 운문사, 정여창과는 지리산, 김굉필과는 가야산을 함께 오르기도 하였다. 특히 남효온과는 원주의 원호, 파주의 성담수 등을 예방하는 등 시간을 많이 보냈다. 김일손의 기억운동에 있어서 강력한 격려자이며 동지가 남효온이었던 것이다.

이들에게 한자리의 만남이 없음을 안타깝게 생각할 수도 있다. 또한 기록만으로 역사를 전부 파악할 수 있다거나, 한 시대의 인물을 평가하는 데 오늘의 노선과 관점이면 충분하다고 자부하는 사람들은 이들의 갈라섬과 엇갈림에 더욱 흥미를 느낄 것이다. 학문을 지적 쾌감의 수단으로 삼으면서 한 인간과 사건을 역사의 무덤에 가두어놓고 모든 것을 알 수 있다고 생각하면 어쩔 수 없는 일이다. 그러나 분명한 사실이 있다.

'흐름의 공간'을 위하여

전기 사림파는 한길을 같이 가지는 않았지만, 진실을 향한 투쟁과 미래를 위한 성찰에서는 뜻을 같이하였다. 더구나 서로의 갈라섬과 엇갈림조차도 거짓과 욕망을 잉태한 시대의 아픔을 마감하려는 나름의 선택이었다. 또한 이들의 도전과 좌절, 그들의 아픔과 죽음이 있었기에 다음 세대의 길이 열렸음도 자명하다.

지난 세기 절규와 상흔, 도전과 희생의 가치를 진실의 광장에 드러내지 못한, 그러면서 아름다운 패자를 배려하지 않았던 의식의 빈곤이 투영된 것일까? 그동안 우리는 전기 사림의 행적과 성취를 너무 가볍게 취급하였다. 더구나 15세기 후반 실천적 양심의 가시밭길을 부국강병의 추구,

제도 문물의 완성이라는 강국론(强國論)과 실용론(實用論)의 굴레에 가두었다. 이것만이 아니다.

이들의 학문의 깊이와 성향의 다양함에 거의 주목하지 않았다. 여전히 15세기와 16세기를 갈라놓고 후자의 주류 견해를 기준으로 전자를 재단했던 것이다. 그 결과는 경계 치기와 계보 그리기였으며, 한편에 대한 추앙과 다른 한편에 대한 폄하였다. 이러한 갈무리는 결코 객관적이지도 않고 역사적 사고에도 부합하지 않는다.

올바른 역사학은 한 인간의 행동과 발언, 소망과 분노, 나아가 침묵과 좌절까지도 시대의 상황과 맥락에서 관찰할 수 있어야 하고, 이를 통하여 단절과 배제가 아닌 계승과 전환의 궤적을 찾을 수 있어야 하며, 노선과 분파를 넘어서는 교류와 소통의 흔적을 엿볼 수 있어야 한다.

또한 실천적 역사학은 미래를 향한 전망을 공유할 수 있어야 한다. 그러자면 어떤 시대, 어떤 장소에서 일어났던 간에 세상을 향한 진실과 열정을 가진 인간들의 갈등과 경쟁, 멈춤과 늦춤을 한데 묶어 하나의 강으로 흐르게 해야 한다. 다시 말하여 장소와 시간에 따라 흩어져 있는 기억을 '분절을 넘어 연계로' 그리고 '단절을 넘어 통합으로' 가져가는 '흐름의 공간'을 만들어야 하는 것이다. 이때 무엇보다 소중한 것은 아름다운 패자에 대한 겸허한 회상이며 경건한 부활의식이다.

필자는 역사의 진정한 가치는 승자만이 구가하는 것이 아니고 패자를 통하여 구현되는 것이며, 진실의 힘이야말로 훗날의 아름다운 생명의 원천이 된다는 점을 새삼 들추고 싶다. 따라서 이 책은 아름다운 패자를 위한 예찬이며 희망을 찾아가는 순례의 여정에 바치는 노래이다.

김종직 金宗直

경계인을 위한 변명

김종직 연보

본관 선산(善山), 자 효관(孝盥)·계온(季昷), 호 점필재(佔畢齋)

1431년	(세종 13)	밀양 출생
1446년	(세종 28)	16세, 소과 실패
1453년	(단종 1)	소과 합격(진사)
1456년	(세조 2)	정월 문과 낙방, 3월 부친 별세
1457년	(세조 3)	27세, 「조의제문」 지음
1459년	(세조 5)	문과급제
1464년	(세조 10)	잡학 반대로 투옥되어 장형(杖刑)을 받음
1465년	(세조 11)	경상도 병마평사로 복직, 『경상도지도지』 편찬
1470년	(성종 1)	40세, 함양군수
1471년	(성종 2)	유자광 현판 사건
1476년	(성종 7)	선산부사
1479년	(성종 10)	10월 모친 박씨 별세
1482년	(성종 13)	부인 조씨(曺氏) 타계, 홍문관 응교로 복직
1484년	(성종 15)	좌부승지와 도승지
1485년	(성종 16)	55세, 이조참판, 문씨 재취(再娶)
1486년	(성종 17)	『동국여지승람』 수정 보완
1487년	(성종 18)	5월 전라도관찰사
1488년	(성종 19)	5월 홍문관 제학, 10월 한성부 좌윤
1489년	(성종 20)	2월 형조판서, 8월 지중추부사, 밀양 귀향
1492년	(성종 23)	4월 타계

김종직은 세조의 즉위가 몰고온 역사의 아픔을 풍자한 「조의제문」으로 한 세상을 격동시켰고, 유향소 복설정책을 통하여 지방의 안정과 발전을 추구하였으며, 『동국여지승람』을 수정 보완하여 국가의 학술편찬사업의 궤도를 일정하게 바꾸어놓았다. 그래서 '사림파의 종장'이라고 한다. 이러한 칭호는 연산군에 의하여 희생된 제자집단의 학문적, 정치적 후예가 훗날 사림정치의 주역이 되었다는 사실까지 감안하면 무리가 아니다. 그러나 예전에는 아니었다. 16세기 사림의 거두인 이황과 조식조차도 그를 '도학보다는 문장에 치우친 학자'로 규정했었다.

이 글은 '김종직론'의 변천을 추적하려는 것이 아니다. 훗날의 평가가 어떠한가가 아니라, 김종직이 권력집단과 어떻게 관계를 설정하였고, 자신의 몫을 어디에서 찾았으며, 내일을 위하여 어떤 구실을 자임하였는지를 살피고자 한다. 그러자면 시문에 담긴 희망과 번민, 개인적 성취와 좌절을 '15세기 후반의 백지'에 명암 처리하듯 소묘(素描)해야 될 것 같다. 김종직의 시문은 일상의 기록이며, 타인과의 소통이자 대화였다. 동시에 세상에 드러낼 수 없는 독백이기도 하였다.

김종직에 다가서면서 '문인인가, 도학자인가' 혹은 '사장학인가, 성리학인가' 하는 식의 경계 긋기에 집착하면 실로 견디기 힘든 미묘한 성가심만 더해진다. 그만큼 기량과 처신은 독특하였고, 문장과 언행은 한마디로 규정할 수 없을 정도로 복합적이었다. 그래도 한마디 보탠다면 자신이 의도하였건 아니건, 김종직은 공포와 쇠락의 시대에 대항하는 문학의 전형적 역할을 보여주었고, 학문권력을 흔들어놓았으며, 어두운 역사의 상흔을 치유하려는 의식전환의 현장에 귀중한 씨앗을 뿌렸다는 사실이다.

주요인물 해설

유방선(柳方善) 권근과 변계량의 문인으로 촉망받았지만 태종이 외척을 제압할 요량으로 일으킨 '민무구·무질(閔無咎·無疾) 옥사'에 부친이 연루되는 바람에 영천으로 유배되었는데 풀려나서는 벼슬을 생각하지 않고 원주에서 후진을 양성하였다. 영천의 조상치, 대구의 서거정, 그리고 권근의 손자 권람 등이 배웠다.

강희맹(姜希孟) 세종의 이질(姨姪)로 예종 즉위년 '남이의 옥'을 다스려 익대공신, 성종 2년(1471)에는 좌리공신이 되어 진산군(晉山君)에 책봉되었다. 김종직이 믿고 의지한 훈구대신으로 함양의 화장사(花長寺) 아래의 강희맹 별장에서 하룻밤을 같이 지낸 적도 있었다. 첫 인연은 한참 거슬러 올라가는데, 강희맹이 절에서 강희안과 함께 공부하고 있을 때, 김종직이 백형을 따라갔다가 우연히 만났다고 한다.

김맹성(金孟性) 젊은 시절 황학산의 능여사(能如寺)에서 같이 공부하였고 나중에는 사돈까지 맺었던 김종직의 평생지기. 성종 8년(1477) 임사홍이 현석규를 배척할 때 유자광의 꾐에 빠져 가세하였다가 고령에 유배되었다. 성종 13년(1482) 풀려나서 이조정랑·수찬 등을 지냈는데, 김종직을 도와 『동국여지승람』의 증보사업에 참여하기도 하였다.

홍귀달(洪貴達) 서거정에 이어서 예문관 대제학이 된 어세겸(魚世謙)이 '이 자리에 있으면 물의가 있다'고 물러나자 그 후임이 되었다. 김종직을 위한 「신도비명」을 지을 만큼 절친하였다. 훗날 연산군에게 좋은 정치를 간언하였는데 연산군 10년(1504) 손녀를 궁중에 들이라는 왕명을 거역했다고 하여 유배 가는 중에 교살되었다. 선조 치세 초반 영의정을 지낸 홍섬(洪暹)이 손자이다.

성현(成俔) 세조 8년(1462) 23세로 문과에 급제하고 세 차례 명나라를 다녀왔으며 『악학궤범』을 편찬하고, 야사를 모은 『용재총화』를 남겼다. 연산군 치세에서 예문관 대제학을 지냈는데, 사후 몇 달 후에 일어난 갑자사화 때에 부관참시(剖棺斬屍)를 당했다.

1. 무엇을 노래하지 못하랴

그림이 있는 시

김종직은 이천 수가 넘는 시를 남긴 대문호였다. 조선후기 뛰어난 문인으로 문예비평의 신경지를 열었던 신흠(申欽)과 홍만종(洪萬宗)이 이구동성으로 '우리나라의 시인의 으뜸에 김종직이 있다는 것은 결코 과장이나 헛말이 아니다' 하였다. 또한 허난설헌(許蘭雪軒)의 아우답게 빼어난 시인이며 격조 높은 시평을 남긴 평론가이면서 『홍길동전』과 「호민론(豪民論)」 등 변화를 열망하는 글쓰기를 쉬지 않았던 허균(許筠)은 '「조의제문」을 지었으면 세조 치세에 벼슬에 나가지 않았어야 한다'고 혹평하였으면서도 시문의 경지만은 어쩔 수 없었다. "남은 시편의 향내를 엎드려 쫓아가도, 주옥같은 솜씨를 어찌 계승할 수 있겠는가."

일찍부터 문명(文名)을 알린 김종직은 스스로도 시문에 대한 자부심이 대단하였다. 세종 28년(1446) 16살에 소과에 실패하고 한강을 건너며 지은 시가 전한다.

눈 속의 찬 매화와 비 온 뒤의 산 경치	雪裏寒梅雨後山
구경하긴 쉬우나 그림으로 그리긴 어렵다오	看時容易畵時難
일찍이 세상사람 눈에 들지 않을 줄 알았으니	早知不入時人眼
차라리 연지 가져다 모란을 그려야겠네	寧把臙脂寫牧丹

도학적 취향의 상징인 설산(雪山)의 차가운 매화나 비 개인 다음의 청량함을 힘들게 표현하려 들지 않고, 사람들이 좋아하는 부귀를 상징하는 모란이나 예쁘게 그려야 하겠다, 한 것이다. 세상이 좋아하는 문장이 무엇인지 눈치 챘다는 뜻이지만 자신감이 넘쳐난다.

김종직은 시작에 대한 열의도 대단하였다.「경주에 처음 들어가며」란 시에서 강수(強首)를 생각하며

강수의 사당 찾아 신령을 애걸하지 않고	且莫乞靈强首廟
온통 산하를 나의 시가 노래하리라	山河盡是我詩材

하였다. 자신은 비록 병마절제사의 부관 격인 평사가 되어 왔지만, 우리 산하를 온통 드러내는 시문만큼은 강수에 결코 뒤지지 않겠다는 각오를 내비친 것이다. 강수는 당나라에 보내는 외교문서를 도맡아 짓고 삼국 전쟁이 끝난 후에는 태학에서 후진을 양성하였던 문호이며 학자였다.

김종직은 정경 묘사가 탁월한 시를 많이 남겼다. 한 지인의 사는 모습을 담은「전은(田隱)의 사계」중에서 '국화 핀 뜰의 가을'을 주제로 한 시의 전반부를 보자.

이슬 내려 시리도록 깨끗한 하늘에 뜬구름도 없는데	瑤空露洗浮雲滅
휘영청 하얀 달이 뜰 안을 비추네	滉瀁中庭流晧月
옷을 벗고 그림자 보며 금빛 꽃을 따노라니	褰衣對影掇金英
문득 맑은 향내 살갗에 스며 뼛속에 닿는구나	便覺淸香着肌骨

가을 달빛이 비추는 뜰에서 국화를 따는 정경이 눈에 들어오고 술을 담으려고 하는구나, 절로 고개가 끄덕여진다.

선산부사로 있을 때 고을을 가로질러 낙동강을 만나는 보천탄(寶泉灘)에 나갔다가 머리는 희고 청자 빛깔 털이 고운 가마우지를 보았던 모양이다. 즉흥으로 「보천탄을 노래하다」에 감회를 풀었는데 첫 번째다.

복사꽃 흘러가는 강물 몇 자나 높아졌는지	桃花浪高幾尺許
멋대로 생긴 바위 머리가 어디에 있는지 모르겠네	狼石沒頂不知處
짝지어 놀던 가마우지도 옛 터전을 잃어버렸나	兩兩鸕鶿失舊磯
입에는 물고기 문 채 왕골 숲으로 들어가네	御魚却入芙蒲去

고기를 잡은 가마우지가 복사꽃에 취하여 보금자리를 잃었다는 것이다. 한 폭의 풍경화나 다름없다. 그래서 당대에 이미 '시 속에 그림이 있다' 혹은 '그림같이 풍경을 그린다'는 평가가 있었다. 물론 매양 이와 같지는 않았다.

서사(敍寫)에 감춘 격정

『선산지도지(善山地圖誌)』에 적은 시에 보천탄을 다룬 작품이 있다.

보천탄에 장사하는 배가 모여드니	寶泉灘上集商帆
고을 사람은 온통 소금밥만 먹고 있네	千室人人食有鹽
누가 살찐 부자한테 십일세만 거두라 할 수 있을까	誰要脂膏營什一
옛날부터 호장과 향리 중에 청렴한 사람 드물었지	古來長吏罕能廉

여기에서 보천탄은 한가로운 서정의 공간이 아니라 이익을 뺏고 손해

를 보는 삶의 현장이었다. 더구나 부자들의 보이지 않는 욕심까지 들추고 있으니 선산의 토호와 향리가 이를 보면 화들짝 놀라 뜨끔할 것 같다. 김종직 시문의 현장성(現場性)이었다.

이러한 특징은 민생의 묘사에서 유감없이 발휘되었다. 경상도평사로 부임하며 영남 내륙의 세곡(稅穀)을 남한강 뱃길을 통해 한양으로 보내는 현장을 찾았을 때였다. 이때 감상을 「가흥참(可興站)」에 담았는데,

북쪽 사람은 호화를 다투어	北人鬪豪華
남쪽 사람은 기름과 피가 빨려도 달게 받네	南人脂血甘

하다가, 세곡을 취급하는 아전의 질탕한 놀음을 풀었다.

아전들은 어찌 그리도 탐학한가	吏胥何婪婪
작은 시장에 모여 생선을 가늘게 회쳐서	小市魚欲縷
띳집 주막에 뜨물처럼 하얀 술 마련하여 놓고	茅店酒如泔
돈 거두어 창녀를 불러대는구나	醵錢喚遊女

부정으로 쉽게 벌어서 술과 여자에 아낌없이 퍼붓는 모습이 너무나 생생하다. 이 시의 마감은 탄식과 희열, 고통과 안일의 극명한 대비였다. "남쪽 사람 얼굴을 찡그리는데, 북쪽 사람 중에서 누가 이를 알까."

사백 리, 십수 고을을 휘돌아내리는 낙동강의 나루터에도 고통은 즐비하였다. 형식에 얽매이지 않는 민요풍 「낙동강 노래」 일부다.

백성의 두레박은 이미 텅 비고 도토리도 없어도	缾罌已衣橡栗空
강가에서는 노래 부르며 살찐 소를 망치로 내리치고	江干歌吹椎肥牛

추원재(追遠齋)

경남 밀양시 부북면 제대리. 김종직이 태어나고 세상을 떠난 곳이다. 세종 13년(1431) 태어난 김종직은 정치사회적 모순을 둘러싼 훈구파와 사림파의 갈등이 본격화되던 성종 23년(1492)에 세상을 떠났다. 그의 생애는 5기로 나눌 수 있다. 제1기는 세종 치세의 문치교화의 진전 속에서 부친의 훈육을 받은 수학기이며, 제2기는 부친의 사망과 단종의 죽음에 따른 격정을 겪고 벼슬에 나갔던 사환(仕宦) I 기, 제3기는 성종 치세에 들어 제자를 양성하고 지방행정에서 치적을 과시한 사환Ⅱ기, 제4기는 모친상을 치르고 중앙정계에서 학술과 문장으로 포부를 실현하던 사환Ⅲ기, 그리고 형조판서를 끝으로 향리에서 살았던 마지막 은퇴기였다. 김종직은 외면은 조용하였으나 내면은 상황에 민감한 격정을 안고 살았다.

| 유성처럼 오고 가는 벼슬아치들은 | 皇華使者如流星 |
| 길가에 죽은 해골이 누구인가를 묻지도 않네 | 道傍髑髏誰問名 |

무역과 조세징수 등으로 이익을 차지하는 상인과 벼슬아치 때문에 낙동강 나루터 곳곳이 죽어가는 난민으로 넘쳐난다는 느낌을 갖게 한다. 기록보다 세밀한 무서운 들춤이었다. 그러나 온통 드러내지는 않았다.

산하를 온통 들추리라

김종직은 종횡무진 고사를 구사하며 시문을 지었다. 전설과 설화, 민담과 민요가 모두 그의 시재(詩材)였다. 부친 김숙자(金叔滋)의 철저한 훈육도 있었지만 자신이 워낙 공부를 즐겨하여 옛 사적을 꿰뚫고 있었기 때문에 가능하였다. 또한 김종직은 견문과 탐사를 즐겨하였다. 그래서 새로운 사실을 알고 들으면 바로 시문에 옮겼다. 김종직에게 국토와 역사, 인물과 전설을 다룬 영사시(詠史詩)나 회고시(懷古詩)가 많은 까닭이다.

경상도평사로 나가면서 경기도 성환역에서 만난 제주도 공물주인에게서 그 지방의 물산과 풍속을 전해 듣고는 곧바로 「탁라가(乇羅歌)」 열네 수에 담았는데, 다음은 열한 번째다.

여염집 자제도 향교를 드나들며	閭閻子弟游庠序
학문을 익히는 인재가 많아지니 즐거워라	絃誦而今樂有多
푸른 바다가 어찌 지맥까지 끊을 수 있었을까	滄海何曾斷地脈
지금은 문과에도 합격한 빼어난 인재가 간혹 있다네	魁材往往擢巍科

먼 바다 섬 지방에 문물과 예악이 있고 인재가 나오니 반가웠던 것이다. 「동도악부(東都樂府)」에서는 경주의 설화와 민담을 노래하였는데, 다음은 열녀가 망부석이 되었다는 전설의 현장 〈치술령(鵄述嶺)〉의 후반이다.

이별하고 소식 끊어진 지 너무 오래라	音耗斷長別離
죽은들 산들 어찌 서로 만날 날이 있으랴	死生寧有相見時
하늘에 부르짖다 차라리 망부석이 되었으니	呼天便化武昌石
천 년 열녀의 기운이 하늘을 찌르는구려	烈氣千載干空碧

고구려로 잡혀간 왕제(王弟)를 데려온 박제상(朴堤上)이 이번에는 왜국의 인질로 끌려간 왕자를 구하러 떠나자 그 아내가 시리도록 기나긴 그리움으로 바위가 되었다는 것이다. 『삼국유사』를 뒤적이며 지었을 것이다.

이렇듯 김종직은 민속과 민담, 전설과 구전을 듣고 보는 대로, 모르면 찾아 물어가며 틈이 나는 대로 노래하였다. 이러한 열정은 57세에 나간 전라감사 때에도 식지 않았다. 늦가을 각처를 순방할 때였다. 차가운 바람 맞으면서도 풍속과 민요 등을 알고 싶고 듣고 싶어 하는 자신이 대견스러웠던지 전주로 들어가면서 이렇게 읊었다. "마을 사람들 관찰사가 괴이하겠지, 오로지 고을 풍속과 마을 노래를 묻고 있으니."

이 시절 「금성곡(錦城曲)」 열세 수에 나주의 역사와 문화를 담았는데 다음은 네 번째이다.

비단 빨던 강가가 왕건의 국구 고을이라서	濯錦江邊舅氏鄕
흥룡사가 저토록 상서로운 빛을 품어내겠지	興龍寺裏講祥光
지금도 부로들은 왕건이 뿌린 덕업을 사모하며	至今父老懷遺德

퉁소와 북 울려 추대왕을 즐겁게 한다네   簫鼓歡娛皺大王

 나주 지방에서 왕건이 이룩한 삼한일통의 위업을 칭송하며 잊지 않고 있음을 노래한 것이다. 그러면서 나주 출신 장화왕후가 낳은 혜종을 얼굴이 얽은 '추대왕(皺大王)'이라 하였다. 왕건이 지체 낮은 호족 출신인 장화왕후에게서 첫아들을 보기 싫어 정액을 자리에 쏟았는데 왕후가 급히 받아내 얼굴에 자리 자국이 있다는 야담을 은근히 들춘 것이다. 천연두에 걸려 얼굴이 얽었을 터이나 왕자가 많아 승계투쟁이 격렬한 상황에서 반대세력이 퍼트린 음해의 유언이 야담이 된 것이리라.
 이렇듯 김종직은 역사와 문화에 대한 해박한 지식을 아낌없이 동원하며, 우리 산하에 스민 탄식과 소망을 담고 구원과 교훈을 찾았다. 이것은 정사(正史)에서 지워진 사연의 복원이며 기억의 기록이었다.

2. 쇠락의 시대를 풍자하다

사방지(舍方知)

세조 치세 요란한 염문을 뿌린 사방지란 자가 있었다. 얼굴이 예쁘고 바느질은 물론 자수에도 재주가 많은 사노(私奴)로서 어릴 때부터 여자옷을 입고 화장까지 했다고 한다. 그런데 이웃집 과부 이씨가 옷을 짓게 한다는 핑계로 밤마다 끌어들이면서 해괴한 소문이 퍼졌다. 그녀 심부름으로 사찰에 출입하였는데 그때 관계를 맺은 여승이 환속하였다는 풍설까지 돌았다.

과부 이씨는 명가 출신이었다. 우리나라가 북극에서 '36도 강'의 위치에 있음을 계산하였으며, 혼천의(渾天儀) 등 여러 천문기구를 제작한 장영실(蔣英實)에게 천문 이론을 가르쳤던 이순지(李純之)의 딸이었던 것이다. 이순지는 세종의 신임이 각별하였을 뿐 아니라, 세조도 '부왕이 중하게 여긴 신하이다'라고 하면서 지극히 예우하였다. 더구나 과부 이씨의 며느리는 당대 명문으로 부상한 정인지의 딸이었다. 정인지의 아들인 정현조(鄭顯祖)가 세조의 부마인 하성위(河城尉)였으니 왕실과도 인연이 없지 않았던 셈이다.

이렇듯 명문의 과부가 사노와 물의를 빚었으니 사헌부가 조사하는 것은 당연하였다. 환속한 여승을 찾은 사헌부가 '양도(陽道)가 매우 장대하다'는 사실을 확인하고 이씨를 조사하려던 참이었다. 그러나 중단하지 않을 수 없었다. 세조가 막은 것이다.

이순지가 대부의 가문인데 명백히 증명하기 어려운 애매한 일로 하루아
침에 흠을 받는다면 억울하지 않겠느냐? 「세조실록」 8년 4월 27일

이뿐만이 아니었다. 세조는 조사의 필요성을 거듭 제기하는 사헌부 감
찰 등을 파직하고 의금부에 구금하였다. 그리고 사방지를 본래 주인인 안
씨가(安氏家)에게서 빼앗아 이순지의 처분에 맡겨버렸다. 명문가의 과부
와 사노가 관계되는 강상(綱常)문제이니만큼 철저한 조사가 필요하고, 사
실이라면 죽음으로도 씻기 어려운 일이었음에도 석연찮게 봉합해버린 것
이다. 세조 8년(1462) 여름이었다.

이상한 풍문은 이후로도 수그러들지 않았다. 이순지는 사방지를 십여
대 장을 쳐서 경기도 어느 시골로 내쳤을 뿐, 딸을 단속하지 않았던 것이
다. 더구나 남의 노비를 받았으면 어떤 식으로든지 보상해야 하는데 그렇
지 않았다. 이순지의 졸기에 나온다.

임금이 사방지를 이순지에게 부쳤는데 이순지는 잘 제어하지 못하고 도
리어 그 일로 송사를 하니 모두 비루하다고 여겼다. 「세조실록」 11년 6월 11일

과부 이씨는 이순지가 죽자 거리낌 없이 사방지를 다시 불러들였고 추
문은 더욱 기승을 부렸다. 이렇게 되자 세조도 어쩔 수 없었다. 사방지를
경기도 밖 신창현의 공천(公賤)으로 삼아 다시 도성에 들어오지 못하게 하
고, 본 주인에게는 다른 노비로 보상하였다. 그래도 이씨는 무사하였다.
죽음이 내려야 마땅할 추문치고는 결말은 싱겁기 그지없었다. 세조 13년
(1467) 4월이었다. 김종직이 경상도평사를 마치고 예문관 수찬으로 복귀
한 얼마 후였다.

김종직이 「사방지」 두 수에 소회를 풀면서 사건의 전말을 전문(前文)에

기록하였다. 이런 구절이 있다.

주상이 영순군(永順君) 이보(李溥)와 하성위 정현조를 시켜 승정원과 함께 사방지의 몸을 살펴보도록 하였는데, 그의 누이가 과부 이씨의 며느리였던 하성위가 놀라 말하기를 '어쩌면 그리도 장대할 수가 있단 말입니까' 하니, 주상이 웃고서 '이순지의 가문을 더럽히고 욕되게 할까 염려된다' 하면서 더 이상 캐묻지 말라고 하였다.

임금과 왕족, 부마가 모여서 신중하고 엄중히 대처해야 할 강상문제를 흐지부지, 성적 음담 수준으로 처리하였던 것이다. 한 편의 희화를 보는 듯하다. 다음은 「사방지」 두 번째이다.

어찌 번거롭게 남녀관계를 산파에게 물을 것 있나	男女何煩問座婆
요망한 여우가 굴을 파서 남의 집을 까부셨지	妖狐穴地敗人家
길가에서는 하간전을 시끄러이 외워대고	街頭喧誦河間傳
규방 안에서는 양백화를 슬피 노래한다네	閨裏悲歌楊白華

3연의 '하간전(河間傳)'은 중국 하간 지방의 전래 노래이며, 4연의 '양백화(楊白華)'는 중국 가사의 하나인데 본래는 위(魏)의 태후와 간통하였다가 후환이 두려워 도망한 사람 이름이었다. '세상에서는 추문을 시끄럽게 비웃는데, 과부는 아직도 멀리 간 서방을 그리워하네' 정도로 읽으면 그만이다. 그러나 이 정도에 그친 것이 아닌 듯하다.

'하간전'을 글자로 풀면 '하(河) 사이에 전하는 무엇'이 되는데, 본관이 하동(河東)이라 칭호가 하성위인 정현조가 중간에 세조에게 전한 '어쩌면 그리도 장대할 수가 있단 말입니까'는 말을 가리키는 듯도 하고, '양백화는 소리대로 풀면 두 가지 백화(白禍)이니, 남자도 여자도 아닌 양성(兩性)이 본관이 양성(陽城)인 이순지 집안을 망친 '백주(白晝)의 화'로 생각될 수 있다.

그렇다면 시의 후반은 이런 뜻이 된다. '남자도 아닌 것이 여자도 아닌 것이 양성 이씨 가문을 망하게 하는데 하성위는 임금에게 즐겁게 떠벌이니 이 무슨 해괴한 일인가!' 실로 절묘한 조합이며 신랄한 풍자, 질펀한 은유가 아닐 수 없다. 현장성과 사실성을 갖춘 필력이 고사를 종횡무진 구사하였을 때 드러내는 풍자의 위력이 어떠한가를 보여주고 있다.

「조의제문」도 이런 유형의 풍자문학이었다. 그런데 누구나 알고 있고 박진감 넘치는 명장면이 펼쳐지는 진(秦)의 멸망과 초한(楚漢)의 천하쟁패를 끌어들이며 지었으니 흥미를 자아내는 데 그만이었다. 그러나 언제 지었으며 그때에 무슨 일이 일어났는가를 알면 뼛속까지 사무치는 야릇한 전율에 움츠리지 않을 수 없을 것이다.

「조의제문(弔義帝文)」

김종직은 세조 2년(1456) 정월 대과에 실패하였다. 무척 낙담하였지만 백형 김종석(金宗碩)이 합격하여 다행이었다. 이때 부친이 세상을 떠났다. 무척 죄스럽고 슬펐다. 임종을 하지 못한 때문이기도 하였지만, 학문과 경륜에 손색이 없었던 부친이 뜻을 펴지 못한 것을 생각하니 억울하기조차 하였다. 김종직은 절규하였다. "푸른 하늘이여, 푸른 하늘이여, 이럴 수가 있단 말입니까. 선조(先祖)여, 선조여, 이럴 수가 있단 말입니까!"

김종직이 시묘하는 동안 세상은 요동을 쳤고 많이 변하였다. 사육신의 상왕복위운동이 실패로 돌아갔고, 노산군으로 강등된 상왕은 영월로 쫓

청령포

단종이 처음으로 유배를 왔던 곳. 그러나 물이 차면 수장될 위험이 있다고 하여 읍내로 옮기기 전까지 살았다. 청령포를 바라보는 언덕에 단종을 호송한 금부도사 왕방연이 돌아가며 처절한 심정을 담은 시조를 새긴 비석이 서 있다. "千萬里 머나먼 길의/ 고은 님 여희옵고/ 내 ᄆᆞᅀᆞᆷ 둘 듸 없서/ 냇가의 안쟈 시니/ 뎌 물도 내 안 ᄀᆞᆺ도다 / 울어 밤길 예놋다" (사진 영월군청)

겨났다가 몇 달 후에 목숨을 버렸다. 세간에는 '시신을 강물에 던졌다' '영월의 호장이 시신을 들쳐 메고 사라졌다'는 등 풍설이 난무하였다.

　이즈음 김종직이 밀양을 나서 성주(星州) 북쪽 10리에 있는 답계역(踏溪驛)에서 하룻밤을 지냈다고 한다. 상왕이 세상을 떠난 세조 3년(1457) 10월이었다. 그런데 꿈에 의제(義帝)가 '항우(項羽)가 나를 죽여 침강(郴江)에 빠뜨렸다'고 하소연하였다. 참으로 괴이하다 싶어 붓을 들었다. 「조의제문」의 탄생이었다. 이렇게 시작한다.

하늘이 만물에 부여한 것을 나에게 주지 않았나 　　惟天賦物則以予人兮
누가 인의예지와 오륜을 지키지 않음을 모를까 　　孰不知其遵四大與五常
중화에는 넉넉하고 오랑캐에는 인색할 것이며 　　匪華豊而夷嗇兮
옛날에는 있었는데 지금에야 없겠는가 　　曷古有而今亡

중화와 이적 사이에도 하늘이 사람에게 내린 본성은 다르지 않고, 옛날과 지금도 다를 수 없으니 오늘 동방에 살더라도 의제를 위하여 조사(弔詞)를 바칠 수 있다는 것이다. 그리고 먼저,

옛날 조룡이 포학을 자행하여 　　昔祖龍之弄牙角兮
사해의 물결이 검붉은 피바다를 이루니 　　四海之波殷爲衁

하였다. 진시황의 학정으로 세상이 핏빛으로 물들었다는 것이다. 그리고 담담히 이어갔다.

초나라 장수 항량(項梁)이 진나라에 대항하여 군사를 일으키고 왕실의 후예인 심(心)을 찾아 회왕(懷王)으로 삼자, 항량의 조카 항우(項羽)도 처음에는 기꺼이 따르고 다음에는 황제로 옹립하여 의제로 높였다. 그러나 순간이었다. 항우는 전광석화의 기세로 호위부대인 경자관군(卿子冠軍)을 일망타진하고 의제를 시해하였다. 이런 이유로 항우는 인심을 잃고 유방에게 대패하였다.

그러나 이 노래는 유방의 한나라 창업의 위대함을 찬양하려는 것이 아니었다. 오히려 의제가 왜 항우를 미리 제거하지 못하였는가, 물었다. 이 부분에서 격정을 드러냈다.

양과 이리처럼 탐포하여 멋대로 관군을 멸족시켰는데	羊狼狼貪擅夷冠軍兮
어찌 그를 잡아다가 처형하지 않았을까	胡不收以膏齊斧
아 슬프다, 형세가 이미 대단히 어긋났으니	嗚呼勢有大不然者
나는 왕을 위하여 더욱 두려웠어라	吾於王而益懼

의제가 항우를 미리 제거하지 못하여 배반을 당하고 결국 죽임을 당하였으니 슬프고 두렵다고 한 것이다. 그리고 의제의 주검이 버려진 침강에 아직도 그의 넋은 헤매고 있으리라, 노래하였다.

침강의 물은 밤낮으로 흘러가서	郴之水流以日夜兮
물결은 넘쳐흘러 되돌아오지 않으리라	波淫泆而不返
천지는 장구하고 원통함도 사그라들지 않을 것이니	天長地久恨其曷旣兮
지금도 그 넋은 떠돌아다니리라	魂至今猶飄蕩

의제의 넋이 실로 쉼 없이 흘러가는 침강에 침침하게 떠도는 것 같은 들춤이었다. 가히 심금(心琴)이다. 이렇게 마감하였다.

자양의 노련한 필법을 따라	循紫陽之老筆兮
마음 설레며 공경히 사모하여	思螴蜳以欽欽
술잔 들어 땅에 부어서 제사 지내니	擧雲罍以酹地兮
바라건대 영령은 내려와 흠향하소서	冀英靈之來歆

자양(紫陽)은 주희이며 노필(老筆)은 춘추필법이다. 의리와 정통의 입장에서 의제를 추모하고 항우를 단죄한다는 것이다.

「조의제문」은 어느 한 구석에도 '항우는 세조이며 의제는 단종이다'

김종직 金宗直

는 암시를 주지 않았다. 그러나 '정축년 시월' 즉 단종이 영월에서 세상을 하직한 달에 지었음을 생각하면 의미는 판연히 달라진다.

그렇다면 '항우가 관군을 멸족시켰다'는 구절은 세조가 김종서를 척살한 사실이 되고, '어찌 그를 잡아다가 처형하지 않았던가?'는 단종이 미리 수양대군을 제거하지 못한 사실을 통탄한 것이라고 하여도 달리 할 말이 없다. 또한 의제의 시신이 잠겼다는 침강은 두말할 나위 없이 단종이 잠시 쫓겨나서 죽은 영월의 동강이 된다.

문학이든 음악이든 모든 작품의 자리매김은 작자의 의도를 넘어서 독자와 관객의 감상과 평가가 중요하다는 것은 동서고금이 다르지 않다. 따라서 감히 말할 수 있다. 풍자가 아니면 문학의 구실을 찾기 어려운 공포와 쇠락의 시절, 누구나 알고 있는 역사소재를 생동감 있게 구사하며 현실을 은유한 「조의제문」은 어느 작품보다 숨김과 들춤이 강렬한 최고의 비판문학인 것이다.

3. 비밀의 정원

한 사람 두 문장

세조 5년(1459) 문과에 급제한 김종직은 학술과 문장으로 바로 두각을 나타냈다. 「현능한 인재를 천거하도록 의정부에 내리는 유시」 「수령을 잘 가리도록 의정부에 내리는 유시」 등 왕명을 옮기는 국가문서를 지었다.

세조 8년(1462) 여름에는 임금 앞에서 『중용』과 『서경』을 강의한 적도 있었다. 학자와의 토론에 이어 비판과 건의가 따르기 마련인 경연을 싫어한 세조가 경학에 밝은 유신(儒臣)을 뽑아 공개 강의하게 하고 끝나면 으레 술과 상급을 내리는 자리였다. 김종직도 품계가 오르고 『중용집주(中庸集注)』를 마감한 주희가 이후에 제기되는 문제를 추가로 풀어낸 『중용혹문(中庸或問)』 한 질을 받기도 하였다. 그러나 시련이 없지 않았다.

세조 10년(1464) 7월 세조가 '능력이 있는 문신을 천문·지리·음양·의학·사학·시학·율려(律呂) 등 한 분야에 배속시켜서 익히게 하라'는 전교를 내렸을 때였다. 김종직은 '사학문(史學門)'에 배속되었다. 그런데 그만 반대하였다.

> 사학과 시학은 유자의 일이지만 나머지 잡학(雜學)을 문신에게 힘써 배워 능통하게 하라는 것은 좋은 일이 아닙니다. 「세조실록」 10년 8월 6일

세조의 불호령이 떨어졌다. "내가 잡학을 장려한 까닭을 알 것인데, 참

으로 경박하다." 김종직이라면 실용학문의 필요성을 알 것이며 알 만한데도 섣불리 반대한다는 것이다. 이로써 잠시 투옥되어 곤장을 받았고 1년 정도 벼슬이 떨어졌다. 그리고 경상도평사로 나갔다.

세조 치세 말년 조정에 복귀한 김종직은 몸을 낮추고 조용히 지냈다. 예종 치세가 단명하고 끝나고 성종이 즉위하였어도 움직임이 없었다. 다만 이 기간에 「예종대왕시책문(睿宗大王諡册文)」「인수왕비봉숭옥책문(仁粹王妃奉崇玉册文)」 등을 지었다. 세조를 위한 추모음악에 들어갈 노랫말을 만들기도 하였다. 「세조혜장대왕악장(世祖惠莊大王樂章)」의 〈외외곡(巍巍曲)〉과 〈천명곡(天命曲)〉이었다. 다음은 '높고 높으시다' 정도가 되는 전자의 후반부이다.

밝도다 문무의 도여, 빛나도다 예악이여　　　　昭哉文武 煥焉禮樂
나라 세우고 지킨 높은 공이여, 가없이 드리우리　創守隆功 垂耀無極

이런 일은 하고 싶다고 하여도 할 수 있는 일이 아니다. 당대 일급으로 대우받아야 할 수 있었다. 개인의 의지와도 무관하게 주어지는 것이다. 그리고 이러한 명성과 사업에는 훨씬 의미 있는 기회가 따르기 마련이다. 즉 좀처럼 넘보기 쉽지 않은 '핵심(inner circle)'의 '비밀스런 안뜰(inner court)'에 다가설 수 있는 것이다. 사실 그랬다.

당대의 경륜인 신숙주가 찾았다. 「병장설(兵將說)」 편찬과정에서 김종직의 기량을 확인한 신숙주는 격려를 아끼지 않았을 뿐만 아니라 주위에 김종직의 출중함을 칭찬하고 알렸고, 손자인 신종호와 신용개(申用漑)를 김종직에게 보내 배우도록 하였다. 김종직 역시 신숙주를 존경하였다.

신숙주는 김종직이 함양군수로 나갈 때도 '모친을 위하여 작은 고을 수령이 되니 닭갈비에 소 잡는 칼을 쓰는구나' 하며 위로하였는데, 김종직

쌍계정(雙溪亭)

전남 나주시 노안면 금안리. 이 정자는 고려 충렬왕 때 고려시대 역사서인 『천추금경록(千秋金鏡錄)』의 저자 정가신(鄭可臣)이 처음으로 지었는데 신숙주 형제가 어린 시절 공부하였다고 한다. 본래 경상도 고령에 뿌리가 있던 신숙주 선대는 개경에 살다가 조선왕조의 개창에 즈음하여 증조 신덕린(申德隣)과 조부 신포상(申包翔)이 광산과 남원으로 은거하면서 전라도와 인연을 맺었다. 부친 신장(申檣)이 금안동의 나주 정씨와 혼인하면서 이사를 왔고, 신숙주 형제들도 이곳에서 생장하였다. 신숙주는 훈민정음 창제, 『해동제국기』의 편찬, '사대교린'의 외교 등에 큰 자취를 남겼으나 죽음에 앞서 '인생이란 마침내 이에 그치고 마는가?' 하였다고 한다. 신숙주의 가문은 본래 절의파에 속하였지만 한두 세대를 지나면서 훈구파로 부상한 경우였는데, 손자 대의 신종호와 신용개 등은 사림파와 우호적 관계를 맺고 활동하였다. 한 가문을 일률적으로 어느 계보로 볼 수 없는 구체적 사례라 할 수 있다. 이 마을의 시인 전숙이 쌍계정을 노래하였는데 일부만 옮긴다. "고려명신 정가신, 조선명신 신숙주, 학이시습지(學而時習之)면 불역열호(不亦說乎)라, 낭랑한 글 읽는 소리, 시간 바람에 실려 오는 듯, 우렁우렁 물 깊은 계곡, 세월의 앙금이 쌓여, 졸졸 시냇물로 흘러드네/ 한석봉의 혼이 담긴, 쌍계정 현판 글씨, 스스로 진화하는 역사 용트림, 준엄하게 내려다보니, 옷깃 절로 여며지고, 조상님들 곧은 숨결, 눈길마다 배어오네." (사진 김성철)

의 「신상공(申相公)에 받들어 화답하다」는 이때의 답장이었다.

조잔한 기예가 몹시도 부끄러운데	深慙雕篆手
옷 짓기 배운다고 무딘 칼 잡았나이다	學製把鉛刀
주야로 푸른 하늘을 쳐다보면서	日夜瞻霄漢
오직 북두성이 높은 줄을 알게 되었습니다	唯知北斗高

신숙주를 북두성에 비견한 것이다. 실제로 김종직은 신숙주의 경륜에 감탄하였었다. 신종호가 조부의 문집을 꾸며서 서문을 부탁하였을 때에도 이렇게 적었다. "공의 도량(度量)은 홍광(弘曠)하고 재식(才識)은 박흡(博洽)하여 평일 온축(蘊蓄)한 바는 곧바로 경세제민(經世濟民)에 소용되었는데, 알고 있음의 끝이 어디인가를 도무지 헤아릴 수 없었다."

잘못을 들킨 아이처럼

최고공신 한명회도 김종직을 찾았다. 권세를 너무 오래 잡는다는 물의가 있자 압구정(狎鷗亭)을 지어놓고 굽힘을 보일 줄도 아는 노회한 당대의 실세가 함양현감으로 가는 김종직을 압구정으로 초대한 것이다. 「압구정에서 상당부원군(上黨府院君)이 시를 요청하다」로 보답하였는데, 하염없는 굽힘이 있었다. "상공은 운학(雲鶴) 같은 자태로서 하늘 멀리 안온하게 유희(遊戲)하고, 원대한 뜻으로 폄과 맒을 생각하며 때를 맞춰 강 언덕을 찾는다네."

이렇듯 구름 위의 학으로 추켜세우고 세상만사의 폄과 맒 그리고 나아감과 굽힘을 꿰뚫고 있다고 하였으니 한명회는 무척 흐뭇하였을 것이다.

이번에는 시첩 한 권을 보여주었다. 내력이 있었다.

젊은 시절 과거에 떨어진 한명회가 원주의 유방선에게 배우러 갔다가 마침 과거에 합격하고 고향인 대구로 금의환향한 서거정을 만난 적이 있었다. 이때 서거정이 한명회에게 무척 다정한 시를 건넸다. 최고공신이 될 줄은 꿈에도 생각하지 못한 시절, 이미 문명을 알린 서거정에게 받았던 터라 무척 반가워서 오래 간직하다가 공신이 되고서는 여러 사람에게 보이며 차운할 것을 당부하여 어느덧 한 권 분량이 되었다.

한명회는 자신에게 무척 소중한 시첩을 김종직의 글로 마무리하고 싶었던 것이다. 서거정으로부터 시작한 시첩의 갈무리를 김종직에게 맡긴 셈이다. 김종직이 장편 「상당부원군의 시권(詩卷)에 쓰다」에 풀었는데, 중간 부분이 이렇게 되어 있다.

세상일이 하루아침에 바뀔 줄 어찌 알았으랴	豈知時事一朝改
온 나라에 요기가 가득하고 연기가 자욱한데	妖氛滿國煙濛濛
상공이 옷자락 떨치고 동산에서 일어나서	相公奮衣起東山
서쪽에 기운 해 바퀴를 손수 잡아 돌렸도다	手轉日轂咸池紅

김종서와 안평대군 때문에 왕실이 석양처럼 기울어 갔는데, 한명회가 나서 바로 세우자 왕조의 새벽이 다시 열렸다는 것이다. 극찬이었다.

4. 새 바람을 일으키다

서정(庶政)의 달인

흔히 문사나 학자는 행정에 어눌할 것으로 생각한다. 실제 그렇기도 하다. 그러나 김종직은 아니었다. 함양군수와 선산부사로서 괄목할 만한 치적을 올렸던 것이다. 특히 함양 시절 다원(茶園)을 조성하고 함양성의 면모를 일신하였던 자세와 방식은 새 바람을 일으키기에 충분하였다.

당시 공물은 대체로 지방의 토산물로 부과하였지만 그렇지 않은 경우도 흔하였다. 이때 고을은 다른 고장에서 비싼 값으로 구입하여 마련하여야 했고, 그만큼 백성의 부담은 무거울 수밖에 없었다. 함양의 실정이 그랬다. 이웃 전라도에서 쌀 한 말에 차 한 홉을 사서 바쳤던 것이다.

김종직은 의아하였다. 신라시대에 당나라에서 차종(茶種)을 구해 지리산에 심었다는 기록이 엄연한데 왜 산 아래 볕이 좋은 함양에서 차를 재배하지 않을까? 부로(父老)에게 자문을 구하였다. 옛 기록을 들이밀며 '어딘가 종자가 있을 것이니 알아봐주시오' 하였을 것이다.

얼마 후 읍치(邑治) 이십여 리 남쪽 엄천사(嚴川寺) 대밭에서 차종을 찾았다. 그런데 주인이 있는 사유지였다. 김종직은 즉각 땅주인에게 주위의 관전(官田)으로 보상하고 차밭을 조성하였다. 성종 5년(1474)이었다. 이제 4~5년이 지나면 차가 생산되어 백성의 수고를 덜면서 나라의 공물을 마련할 수 있으리라 생각하니 기뻤다. 「다원」 두 수에 담았는데 첫 번째다.

영묘를 얻어 성군 장수하시라 바치고 싶었는데	欲奉靈苗壽聖君
신라가 남긴 종자 있다는 소리 오래 듣지 못하다가	新羅遺種久無聞
지금에야 지리산 아래에서 얻게 되었다네	始今擷得頭流下
더구나 우리 백성 힘 덜게 되었으니 기쁘구나	且喜吾民寬一分

이듬해 2월에는 함양성 나각(羅閣)에 기와를 얹었다. 243칸이나 되는 큰 공사였다. 그동안 지붕이 볏짚이라서 거의 해마다 새로 올리느라 무척 번거로웠다. 또한 세 집이 지붕 한 칸을 감당하도록 하였기 때문에 일손이 적고 볏짚을 조달하기 쉽지 않은 가난한 집은 고통이 심하였다. 겨울의 눈바람에 내려앉아 농사가 한창 바쁠 때에 수리하는 것도 문제였다. 농시(農時)를 빼앗은 것이다.

김종직은 부로의 의견을 들어 단안을 내렸다. 해마다 볏짚을 얹는 번거로움과 수고로움을 덜기 위하여 지붕을 기와로 대체하기로 한 것이다. 그런데 값이 비싼 기와를 마련하는 것이 문제였다. 종전대로 세 집이 한 칸을 부담하는 식으로 하면 빈농은 더욱 힘들어할 것이기 때문이다.

김종직은 토지에 따라 기와를 배당하기로 하고 토지 10결(結)을 기준으로 한 칸의 기와를 부과하였다. 즉 토지가 1결인 집은 10호, 50부(負) 즉 1/2결인 집은 20호가 힘을 합하도록 한 것이다. 그러면 마을별로 할당량이 정해질 것이고, 마을에서는 개별 농가의 가세와 빈부를 살펴 차등을 두고 거두면 될 것이었다. 실질적 균평(均平)이었다.

물론 토지가 많은 토호나 향리는 불만이 없을 수 없었다. 20결의 부농이라면 2칸의 기와를 담당해야 했기 때문이다. 그러나 애초에 모두 부로와 상의하여 이들의 여론을 듣고 결정하였으므로 드러낼 수 없었다.

이렇게 되니 기와가 수월하게 걷히고 공사 또한 신속하게 진행되었다. 닷새가 채 걸리지 않았다. 기와를 내지 못하는 집은 노동력을 제공하였을 것이다. 김종직은 반가웠다. 그때 지은 「함양성 나각(羅閣)」이다.

무려 이백사십여 칸이나 되는 누각은	二百四十餘間架
비바람으로 해마다 수리했었지	風雨年年補葺頻
어려운 때에 일천 가호 동원할 일 걱정됐으나	時紬方虞動千室
고생을 고루 나누면 삼춘 안에 마치리라 기대했네	力均猶畢及三春
도끼 자귀로 깎는 소리 일찍 거두고	斧斤斲斲收聲早
비늘처럼 기와 이으니 안목이 일신되었네	瓦縫鱗鱗轉眼新
십 년 동안 농촌에서 편안히 농사만 지었으니	十載田原穩耕稼
내가 고식적이 아닌 것을 누가 알았을까	渠能知我不因循

　다원 조성과 함양성 수리는 공론행정의 결실이었다. '나 홀로 통치' 혹은 '실무자 향리와 세력가 토호에 의존하는 어설픈 결단'에 의해서가 아니라, 부로를 통하여 민지(民智)를 모으고 여론을 조성하였던 것이다. 그러다 보니 해묵은 민원을 해결하고 농민 부담을 공평하게 할 수 있었다.

　세조 13년(1467) 이후 유향소 철폐로 고을의 여론을 수렴할 공식기구가 없어지는 바람에 수령이 향리와 토호만을 상대하며 민폐를 야기하고 민생을 침해하던 시절, 김종직의 서정쇄신은 잔잔한 감동을 일으켰다. 임금도 알고 '김종직은 정사의 치적이 특이하니 임기가 차서 다른 벼슬로 옮길 때는 포상하라' 하교하였다. 성종 4년(1473) 7월이었다. 얼마 후 김종직은 정3품 당하관 통훈대부(通訓大夫)로 승진하였다.

지도를 그리다

예로부터 지방행정의 큰 난관은 향리의 속임과 토호의 감춤이었다. 오늘날도 다르지 않다. 실무자와 토착부호의 비리가 문제인 것이다. 요즈음은 정경유착이 많이 없어졌지만 아직도 권력과 재벌 즉 권벌(權閥)연계는 끈끈하다. 어떻게 할 것인가? 정보 공개와 열린 행정이 필요하다. 이런 일을 아직 생각하지 못할 때 김종직은 속임과 감춤을 방지하기 위하여 지도를 생각하였다.

김종직은 경상도평사 시절에 『경상도지도지(慶尙道地圖誌)』를 제작한 바 있었다. 그때에는 '명산·대천·읍락·우전(郵傳)·연대(煙臺)·척후(斥堠)·금대(襟帶)'를 자세히 그려서 국방상의 요충지를 일목요연하게 표기하려는 목적이 있었다.

지도 그리기는 함양과 선산에서도 계속되었다. 표면적 명분은 '천하에는 천하도(天下圖)가 있고 일국에는 일국도(一國圖)가 있듯이 읍에는 읍도(邑圖)가 있어야 한다'는 것이었다. 간단하였다. 그러나 실질적 목적은 따로 있었다. 『선산지도지』를 만들고 적었다.

> 토호나 향리의 속임과 거짓을 막고 백성에게 거두는 조용조(租庸調)를 균평히 하여 국가에 바치는 일을 제대로 하자면 마을의 호구와 간전 등을 읍도에 적어놓아야 한다.
> 「선산지도지발(善山地圖誌跋)」

지도를 토호와 향리의 위장과 허위를 방지하고 부세의 형평, 균부균세(均賦均稅)를 실현하기 위한 무기로 생각한 것이다. 지방의 변화와 애민실천을 향한 의식전환의 소산이었다.

물론 김종직은 지도의 효용성을 민정 차원에 한정하지 않았다. 지도를

금오서원

경북 구미시 선산읍 원리 276 소재. 길재의 충절과 학문을 기리기 위하여 선조 3년(1570)에 세웠고 5년 뒤에 사액서원이 되었다. 임진왜란 때 불타버리자 지금 위치에 옮겨 지었으며 광해군 원년(1609) 김종직이 추가 배향되었다. 선산은 김종직이 부사를 지내며 많은 제자를 양성한 고장이었지만, 선대의 고향이기도 하였다. 김종직의 부친은 서른한 살까지 선산에서 살다가 세종 2년(1420) 밀양으로 이사하였다.

통하여 지방의 문화와 전통, 나아가 산하의 아름다움을 드러내고 싶었던 것이다. 함양 지도에 아홉 수, 선산 지도에 열 수의 시를 적은 이유였다. 바로 「구절가(九絶歌)」 「십절가(十絶歌)」로서 다음은 함양의 제5수이다.

남계의 서쪽 언덕길이 꼬불꼬불한데	灆溪西岸路縈回
황석산 높은 봉우리에 놀란 말이 오누나	黃石奇峯駭馬來

| 날 저문 화림에 비바람이 몰아치는데 | 日暮花林風雨橫 |
| 조각구름이 날아 대고대를 지나네 | 斷雲飛過大孤臺 |

함양 북쪽을 흐르는 남계를 지나 서쪽으로 가면 나오는 황석산의 아름다운 풍광을 눈에 잡히듯 형상화하고 있다. 선산에서는 길재가 살았던 마을을 노래하였다.

금오산 봉계동을 마음대로 거닐었더니	烏山鳳水恣徜徉
야은 선생 맑은 기풍 풍설로도 길구나	冶隱淸風說更長
부엌일 하는 계집종의 절구소리도 음율에 맞으니	爨婢亦能詩相杵
지금도 사람들은 정현의 고향과 견준다네	至今人比鄭公鄕

길재가 후학을 양성한 옛 터를 여종이라도 『시경』 한 구절을 외웠다는 고사가 있는 정현(鄭玄)의 마을에 견주어 찬양한 것이다. 정현은 진시황의 분서갱유로 맥이 끊긴 선진(先秦) 유학을 복구한 대학자였다.

지방의 역사와 풍광에 대한 새로운 인식과 각성을 촉구하는 뜻을 담는 지도, 따라서 수령이 홀로 보는 물건이 아니었다. 그래서 김종직의 동헌에는 항상 지도가 걸려 있었다. 그러자면 멋도 있어야 했다. 선산과 함양의 지도를 그린 화공(畵工)이 윤료(允了)였는데, 성이 없이 이름만 적은 것으로 보면 지체 낮은 천민이었음이 틀림없다. 혹여 감영에 소속된 관장(官匠)이었는지 모르겠다.

5. 기쁨이 슬픔에게

가르침의 목표

함양과 선산에서는 인근의 많은 후학이 김종직의 문장과 학술의 명성을 듣고 찾아왔다. 김종직 역시 가르치는 일이 좋았고, 열심이었다. 부친이 가르친 방식대로 『소학』을 기본으로 하고 순차로 읽어야 할 책을 정해주며 철저히 독파할 것을 요구하였다.

선산시절에는 김굉필을 비롯하여 곽승화(郭承華)·이승언(李承彦)·이철균(李鐵均)·주윤창(周允昌)·원개(元槩) 등이 가을에 있을 과거를 준비하며 한동안 향교에 머물렀던 적이 있었다. 김종직이 흐뭇하여 풍성한 식단을 준비하였던 듯하다. 「제자들에게 돼지머리를 주다」가 있다.

태수 흉중에는 짧은 창과 칼이 없는데	太守胸中無寸鐵
언제 돼지가 제 머리를 잃었을까	烏將軍已喪其元
아침부터 와서 경전 공부하던 손님들에게 묻겠노라	朝來爲問窮經客
저녁까지 잘게 썰어 몇 조각이나 소금 넣어 먹었는지	幾把齏鹽到日昏

마치 '그동안 풀냄새 나는 반찬뿐이었지만 오늘은 실컷 드시게' 하는 듯하다. 그리고 은근히 고기도 잘게 썰어 먹어야 맛있듯이 과거에 들자면 경전도 세밀하게 파고들어야 한다, 압박하고 있다. 사실이었다. 이들이 한양으로 떠나자 이렇게 전송하였다. "장차 누가 급제를 하는지 눈 씻고 찾

아보겠네."

김종직은 제자들이 과거에 급제할 것을 갈망하였다. 성종 5년(1474) 천둥 번개가 치는 날 과거를 보러 떠나는 제자에게 적어준 「유호인이 서울에 가다」에 잘 나타나 있다.

천둥과 번개가 봄추위를 깔보았으니	雷公電母傲春寒
문득 천기가 절로 불완전한 게 두렵긴 하나	却恐天機不自完
온갖 벌레 깨기도 전에 먼저 두렵게 하니	百蟄未驚先虩虩
응당 전후로 진흙 속의 용을 일으키리라	也應前後起泥蟠

김종직은 기상의 불온함까지도 '그대를 깨우치려는 하늘의 보살핌이다' 하였다. 그러고도 마음이 놓이지 않았던지 '나도 과거를 볼 때 날씨가 좋지 않았으니 오히려 좋은 징조일 것이다' 하였다. 여기에 힘을 얻었음인지 유호인은 곧바로 대과에 들었다.

김종직이 과거합격을 중요하게 생각한 것은 문벌이 빈약한 지방사족이 효도하고 출세하는 데 달리 길이 없었기 때문이다. 「조의제문」을 사초에 실은 김일손의 두 형이 대과에 급제하고 고향 청도로 갈 때 적어준 글에 나온다.

사군자가 부모를 기쁘게 하는 것은 하나로 통하는 바는 아니지만 과거 급제가 으뜸이다. 당송(唐宋) 이래 향곡(鄕曲)에서 일어나 조정에 모습을 뚜렷이 드러내고 후세까지 공명(功名)과 사업(事業)으로 이름을 드리운 것은 모두 이 길을 거친 것이다.
「김준손·기손형제의 영친(榮親)에 붙이다」

김종직은 제자가 과거에 뜻이 없거나 포기하면 무척 서운해하였다. 효행으로 이름이 있고 주자가례(朱子家禮)에 따라 상례를 치러 칭송을 받은 안우(安遇)는 '벼슬할 마음이 없다'는 사실 때문에 눈 밖에 났다. 남효온의 「사우명행록(師友名行錄)」에 나온다.

김종직은 가족 중에도 합격자가 있기를 무척 염원하였다. 성종 8년(1477) 누님의 아들 강백진(康伯珍)이 급제하였을 때는 무척 대견하였다.
"우리 집 혈맥으로 참으로 부끄럼 없어라, 나라의 과거제도를 정말로 빛냈다네."

그런데 정작 자신의 친가의 자질 중에는 좋은 소식이 없었다. 일찍이 문과에 들었지만 세조 6년(1460) 38세로 세상을 떠난 백형의 아들 치(緻)에 거는 기대는 컸다.

> 우리 집은 공경(公卿)이 된 선조는 전혀 없었는데 등과(登科)도 내 선군(先君)과 선군의 재종형 되는 종리(從理), 그리고 네 아버님과 나뿐이다. 오호라 백 년 세월에 급제가 겨우 네 사람이니 슬프구나. 「치(緻)에게」

명가벌족(名家閥族)이라고 할 수 없는 집안을 일으키자면 더욱 분발해야 한다는 당부 중에 나온 탄식이었다. 김종직의 가문 융성에 대한 기대는 실로 간절하였다.

> 내가 네 종형제들의 이름을 사(絲)를 좇아 지은 것은 우리 가업(家業)이 막힘 없이 영구히 전해지기를 바라는 마음에서였다. 「치에게」

실과 같이 삶도 길고 벼슬도 있었으면 하여 이름에 '사(絲)'를 넣었던 것이다. 사실이었다. 조카의 이름은 치(緻)·연(緽)·회(繪)·수(綏)·굉(紘)이었으며, 세 아들은 억(繶)·곤(緄)·담(紞)이라고 하였다. 그러나 정녕 자신의 자식들은 일찍이 세상을 버렸다.

처가 선산이 공동묘지가 되다

김종직은 성종 5년(1474) 한 해에 두 아들과 첫딸을 잃었다. 이른 봄에 한창 재롱부리던 막내가 겨우 다섯 살에 먼저 떠났다. 「목아(木兒)를 애도하노라」로 슬픔을 삼켰다.

사랑하는 아들아 이리 바삐 가니	忽辭恩愛去何忙
다섯 해 삶이 부싯돌 불빛 같구나	五歲生涯石火光
어머니는 손자를 부르고 아내는 아들을 부르니	慈母喚孫妻喚子
천지가 끝없이 아득한 때가 바로 지금이구나	此時天地極茫茫

그리고 여름에는 딸이 죽고 가을에는 첫째 아들마저 세상을 버렸다. 남들이 십 년, 이십 년에 한 번 겪을 슬픔을 한 해에 연거푸 당하는 참담함에 몸서리쳤다. 벼슬을 그만둘 생각까지 하였다. 강희맹에게 하소연하였다. "보잘것없는 집안에 흠집이 많아 흉화가 거듭되고 있습니다. 몇 달 사이 금릉의 처가 선산에 묘지가 다닥다닥 생겨나 공동묘지와 같이 되었습니다."

김종직에게는 둘째 아들밖에 남지 않았다. 다행히 자신의 평생지기인 김맹성의 딸을 배필로 맺어주고 손자까지 보았다. 그런데 모친 상중에 세상을 버렸다. 성종 12년(1481) 아들 나이 열일곱 살이었다. 눈물마저 말랐을까? 「곤(緄)이 죽다」 다섯 수에 아들의 삶과 꿈을 담담하게 적었다. 다음은 아들의 최후였다.

너 한창 크게 아파 네 아이 생각할 적에	汝方大病念汝兒
네 아내 홀로 오자 너는 길이 한숨 쉬었지	汝妻獨來汝長噫
너는 네 자식 잃고 나는 너를 잃었으니	汝失汝子我失汝
부자간의 지극한 정을 너는 알 수 있으리	父子至情汝得知

아들은 병치레 중에 젖먹이를 잃었고, 바로 뒤따라간 것이다. 김종직은 얼마나 경황이 없었던지 손자의 죽음을 까마득히 잊었다. 며느리가 왔는데, 응당 품에 안겨 있어야 할 젖먹이가 없자 그제야 생각이 미쳤다. 처참한 심정을 「곤(緄)의 처가 밀양으로 오다」에 풀었다.

늙은 할미가 사양 노루 섞어 약을 만들어놓고	調麝研砂有老姑
마중 나가서 우리 구슬 같은 손자 보지 못하다니	迎門不見掌中珠
하늘의 후박은 참으로 알기가 어려워라	天公薄厚眞難曉
봄에 깐 병아리도 여덟아홉은 아니더냐	春卵鷄窠八九雛

이제 김종직에게는 아무도 없었다. 오직 늙어가는 아내가 있었을 뿐.

그런데 아들 손자 모두 잃고 모친상을 치르면서 제 몸을 이기지 못하였을까? 부인마저 저승 사람이 되었다. 성종 13년(1482) 봄 상복을 벗고 조정에 나서려던 참이었다. 피를 토하듯 「망처에 바치는 제문」을 적어 내렸다. 4언 146구, 584자의 장문이었다. 그 일부이다.

적막해라 서편 방 그대 있던 곳	寂廖西閣 君其在玆
옷 이불 대야 빗자루 그대 물건 그대로 있네	衣衾盥櫛 象君平時
음식과 기물도 편의대로 따랐건만	飲食供具 亦且隨宜
자식 낳은 수고에도 아이 하나 없으니	君昔八勞 終無一兒

상복 입을 사람 누구인가 아아 모두 그만이로세 　　　執喪者誰 嗚呼已而

겉치레가 아니었다. 상복 입을 자식 하나 없는 채로 죽은 아내가 정녕 비통스러웠던 것이다. 어찌하나, 어찌하나 하였을 것이다.

6. 조용한 전쟁

임금 곁으로

김종직은 성종 13년(1482) 7월 홍문관 응교로 복귀하였다. 십여 년 만이었다. 왕실은 뒤숭숭하였다. 지난해 쫓겨난 폐비 윤씨가 사약을 받았고, 그녀의 소생이 세자가 되었다. 생모의 죽음을 아는지 모르는지 세자는 도무지 공부를 싫어하였다. 김종직이 '덕성의 함양은 학문이 아니면 될 수 없고, 학문은 반드시 어릴 때부터 습관을 이루어야만 자립할 수 있다'고 문제를 제기하였다. 그러나 '세자의 나이 어리므로 매일 서연을 열 필요가 없다'는 발언에 묻히고 말았다.

김종직은 유향소 복설문제도 제안하였다. 자신의 지방관 경험에 비추어 사족의 여론을 수렴하지 않으면 민생보호와 민풍개선의 사업을 원활히 시행하기 어렵다는 사실을 절감하였기 때문이다. 즉 유향소를 통하여 『소학』의 보급, 향음·향사례(鄕飮·鄕射禮) 및 양로연(養老宴)의 시행, 나아가 토호와 향리의 불법 검속이라는 지방교화와 비리척결의 목표를 달성하고자 함이었다. 실제로 사족의 참여와 협력을 이끌어내지 않으면 지방 수령의 자의적 통치가 초래할 폐단을 억제할 길이 없었다.

그러나 쉽지 않았다. 훈구대신은 한결같이 '유향소가 향리를 규찰하는 과정에서 폐단이 많았기 때문에 세조가 폐지하였다'는 이유로 반대한 것이다. 훈구대신의 벽은 두껍고 높았다. 임금도 동조하지 않았다. "수령을 찾기도 힘든 실정인데 시골에 향리를 검속하고 규찰할 사람이 있겠는가?"

이렇듯 자신의 정론이 번번이 무시당하는 상황에서도 김종직은 온양의 온천으로 요양을 갔다가 세상을 떠난 대왕대비를 위한 추도문 「정희왕후애책문(貞熹王后哀冊文)」이나 보수공사를 마친 창경궁의 상량문 등을 지었다. 그러면서 점차 조정의 한복판, 아니 임금 곁으로 성큼성큼 다가섰다. 문장의 힘이었다.

임금에 대한 은근한 영합도 한몫을 하였다. 창경궁 상량문에는 '빨리 짓지 말라고 하여도 백성이 다투어 와서 일을 하였다'는 구절이 있었다고 한다. 성종이 정색하여 '이것은 문왕(文王)의 일이니 내가 어찌 감히 감당하겠는가? 고치도록 하라' 하였지만 내심 싫지는 않았을 것이다.

이런 일화도 전한다. 정희왕후 상중에 성종이 월산대군과 시를 주고받았는데, 홍문관이 문제를 삼았다. 성종이 김종직에게 정말 잘못인가를 물었는데 이렇게 대답하였다. "시문은 음악과 다르니 무엇이 해롭겠습니까?"

김종직은 동부승지와 좌부승지를 맡다가 '우승지·좌승지를 거치지 않고' 바로 도승지가 되었다. 파격이었다. 그리고 이조참판으로 영전하였다. 도승지나 이조참판 모두 훈구공신 출신이나 왕실 지친이 독차지한, 그래서 아무나 쉽게 맡을 수 없는 요직이었다.

학문권력을 향하여

김종직이 도승지가 되기 한 달 전에 창경궁 북쪽에 새로 들어선 환취정(環翠亭)의 기문을 지었는데 이렇게 되어 있다.

화창한 봄날 초목이 활짝 피면 천지가 만물을 내는 인(仁)을 느끼시어

'노쇠한 병자나 홀아비와 과부들을 어떻게 하면 굶주리지 않게 할까' 하시고, 훈풍이 남쪽에서 불어오고 뜨거운 햇볕이 창공을 불태울 적에는 '맑은 그늘을 어떻게 하면 골고루 베풀어줄까' 하시며, 가을이 되어 단풍이 들고 오곡이 무르익을 때에는 '우리 백성이 십일세(什一稅) 넘게 세금을 내면 아니 된다' 하시고, 눈이 하얗게 내리고 엄한 추위가 갖옷을 엄습할 때에는 '우리 백성의 트고 얼룩진 살결을 더 이상 수고롭게 해서는 안 된다'고 하신다.
「환취정기」

자연의 춘하추동의 절기와 질서를 인간의 본성인 인의예지와 결부시키며, 임금은 휴식하면서도 백성 생각을 멈추지 않아야 한다는 뜻을 사계절의 무늬와 빛깔에 퍽이나 어울리게 아름답고 부드럽게 풀었다.

일화가 전한다. 성종이 기문을 여러 문신에게 맡겼는데 모두 낙제였고, 서거정만 겨우 '삼하(三下)'였다. 그래서 김종직에게 맡기자 한 글자도 고치지 않고 줄줄 써내려갔다고 한다. 성종 15년(1484) 7월이었다.

예종 원년(1469)부터 예문관 대제학과 성균관 지사를 지내며 『동문선(東文選)』『동국여지승람(東國輿地勝覽)』『동국통감(東國通鑑)』 등 국가문헌 편찬사업을 주도한 서거정으로서는 일생일대의 굴욕이었다. 물론 이미 예순다섯으로 노쇠하기도 하였지만 시큰둥하니 지었을 수도 있다. 사실 자부심이 무척 강한 서거정은 후배와 같이 글을 짓는 자체를 싫어하였다. 어쩔 수 없이 짓게 되면 불평이 대단하였는데 서거정 졸기에 나온다.

내가 30여 년 사문(斯文) 맹주로서 젖비린내 소생(小生)과 재주를 겨루게 되니 여기에서 조정은 체통을 잃었다.
「성종실록」 19년 12월 24일

사실 서거정의 위상은 크게 흔들렸다. 성종 15년(1484) 11월 『동국통감』을 일차 마무리하여 올렸을 때였다. 성종이 못마땅하여 '이 책은 만세에 남길 만한데 왜 김부식과 권근의 사론밖에 없는가?' 하며 사론을 보충하라는 질책성 전교를 내렸다. 이때 서거정은 '김부식과 권근 외에도 이첨(李詹)과 이제현(李齊賢)의 사론이 있다'고 변명하였지만 어쩔 수 없었다. 새로운 역사책이라면 사론도 달라야 함을 모르지 않았기 때문이다.

이듬해 7월 다시 갈무리한『신편동국통감』의 200여 편의 새로운 사론은 김종직의 제자인 최부와 표연말 등이 대부분 집필하였다.『신편동국통감』이 훈구공신의 역사관에 대한 비판이요 극복인 동시에 사림파의 위상을 제고시키는 계기를 마련하였다고 평가되는 연유가 여기에 있다.

고지 앞에서

서거정이 국왕의 힐난을 받고『신편동국통감』편찬에 종사할 때에 김종직에게는『동국여지승람』을 수정 증보하는 임무가 주어졌다. 이 역시 서거정이 중심이 되어 편찬한 인문지리지였다. 처음에는 김맹성·성간(成侃)·채수(蔡壽)·이창신(李昌臣) 등의 도움을 받아 시작하였지만 한발로 중단하고, 이듬해인 성종 17년(1486) 여름에 완성하였다. 이때에도 김종직의 제자들인 신종호·최부·유호인·이의무(李宜茂) 등이 큰 몫을 하였다.

김종직은 각 고장의 고적(古跡)과 성씨(姓氏) 나아가 봉수(烽燧) 등을 새로 추가한 신증판(新增版)에 자못 만족하여 이렇게 적었다.

우리나라는 지방마다 도지(圖誌)가 있는 중국과 달라『대명일통지(大明一統志)』를 그대로 본받을 수는 없지만, 속언(俗諺)을 얻고 견문을 널리 수집하였으며 각 지방의 고금 사적을 자세히 실었으니 한번 열어보면 이 모든 것이 일목요연하여 실로 부끄러움이 없다.   「여지승람발(輿地勝覽跋)」

우리 국토와 역사에 스며든 문화의 힘, 지방의 역사와 인물을 들춰냈음에 대한 자부심을 숨기지 않은 것이다. 『동국여지승람』이 우리 국토에

서거정선생묘지석(徐居正先生墓誌石)

경기도 유형문화재 제136호. 서거정이 세상을 떠난 성종 19년(1488)에 만들어진 묘지석이다. 백자로 되어 있는데 모두 19매이었지만 현재 16매만 남아 있다. 서거정의 일대기와 공적을 적은 묘지석은 처음에는 서울시 강동구 방이동에 있던 묘역에 있었지만 도시계획으로 이장하면서 발견되어 지금은 경기도박물관에 소장되어 있다. 현재의 서거정의 묘는 화성시 봉담읍 왕림리에 있다. (사진 경기도박물관)

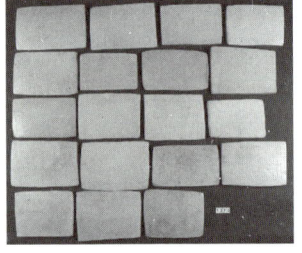

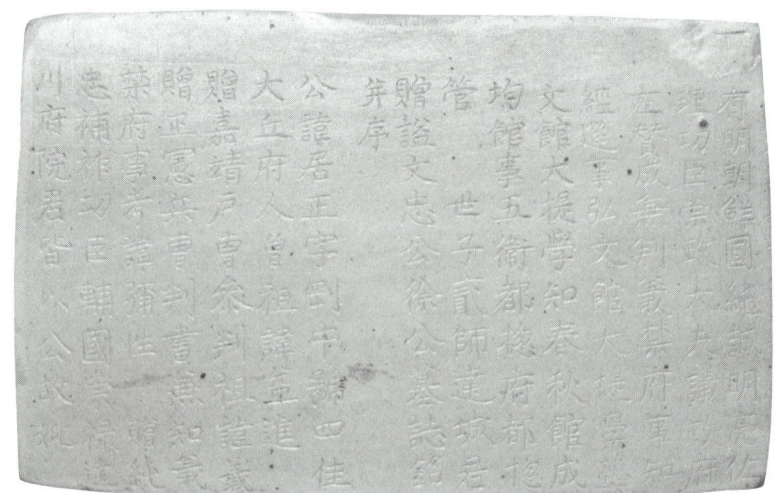

스민 인문의 빛을 찾아내며 문화국가의 희망을 담아낸 인문지리지로 평가받는 이유가 여기에 있다.

이 시기 김종직은 『동문선』에 빠진 시문을 『동문수(東文粹)』와 『청구풍아(靑丘風雅)』에 엮었다. 관각문학(館閣文學) 즉 국가의 학술과 조정의 문장을 대표하였던 서거정의 『동문선』을 비판적으로 보완하였다는 데에 의의가 있다.

어느 시대 어느 나라이든지 정치에서 학술과 문장이 차지하는 비중이나 역할은 아무래도 부정할 수 없는 것이고, 이때 누구의 학술과 누구의 문장이 국가로부터 대우받고 공인되는가 하는 문제가 중요하다. 이런 점에서 문치국가를 표방하는 조선국가에서 김종직과 문인집단이 국가 차원의 문헌편찬사업에 참여하였다는 사실은 권력지형의 중대한 변화를 예고하는 것이었다. 즉 서거정이 대표하는 기존의 학문권력이 김종직과 그의 문인집단으로 옮겨가는 징표였으며, 나아가 훈구파의 대안세력으로 진출하는 신진사림의 정치 역량의 수준을 제시하는 척도인 셈이었다.

그러나 김종직은 정녕 예문관 대제학에 오르지 못하였다. 국가의 학술의 권위를 세우고 문장의 표준을 제시하는 문형을 맡지 못한 것이다. 서거정이 자리를 놓지 않았을 뿐 아니라 후임으로 천거하지도 않았다. 서거정의 조카가 '문형을 너무 오래 한다'는 세간의 비난을 전하자 이런 말을 했다고 한다. "그만두면 김종직을 후임으로 삼아야 하는데 그렇게는 못하니 머무는 것이다."

7. 정치는 학문으로 하는 것이 아니다

실수와 비방

김종직은 벼슬이 오르고 나이가 들수록 학술과 문장에 관한 사업에는 열성을 보였지만 언론과 정책 등에는 그다지 나서지 않았다. 때로는 결단하지 못하고 얼버무리기조차 하였다. 특히 인사문제를 다루는 이조참판에 있을 때는 곤혹스러움이 많았다. 상급자의 의중을 고려하며 자신의 의중을 관철할 여지가 없음도 문제였지만, 그럴듯한 원칙을 내세워 능수능란하게 포장할 줄을 알아야 하는데 김종직은 그럴 능력이 없었다.

성종 16년(1485) 봄 공석 중인 동부승지를 추천할 때였다. 이조판서 이숭원(李崇元)이 세 사람을 적으면서 맨 위에 윤은로(尹殷老)를 놓았다. 김종직이 처음에는 '중궁전의 인척이지만 인망이 없으니 물의가 일어날 것이다' 하며 반대하였다. 그러자 이숭원이 윤은로의 이름을 지웠다. 그런데 이번에는 '이름을 이미 썼으니 다시 지울 것은 없는데 만약 영돈녕(領敦寧)이 들으면 나를 어떻게 생각하겠습니까?'라고 말을 뒤집었다. 영돈녕은 폐비에 이어 중전에 오른 정현왕후(貞顯王后)의 생부 윤호(尹壕)이다.

이런 내용은 훈구파 계열의 사관이던 이승건(李承健)이 김종직이 도승지가 되던 기사에 적어놓았다. 그리고 '김종직이 정론을 내고도 뜻이 확고하지 않아서 권세에 아부하는 꼴이 되었으니 평소의 명망이 어디에 있는가?' 하며 혹평하였다. 이승건의 사평에는 다음과 같은 구절도 있다.

김종직은 경상도 사람으로 널리 글을 보고 문장을 잘 지었으며 가르치기를 즐겼는데 그에게 수업한 자 중에 과거에 급제한 사람이 많아 조정에서 벼슬하는 경상도 선비들의 종장으로 추존을 받았는데 당시 사람들이 경상선배당(慶尙先輩黨)이라고 비평하였다. 『성종실록』 15년 8월 6일

김종직이 학문과 문장으로 후학을 끌어들여 '경상도선배당'을 결성하였다는 것이다. 악의적 비방이지만 김종직이 후진을 이끌려고 하였던 것은 사실인 만큼 전혀 근거가 없지는 않다.

이런 사평을 지은 이승건은 무오사화 때에 함경도관찰사로 있으면서 김종직의 문인인 이종준(李宗準)이 유배를 오던 길에 적어놓은 시를 보고 '시세에 대한 통분의 발로'라고 고발하여 죽음으로 몰았다. 이승건은 훗날 기묘정국을 이끌던 조광조 등에 의하여 '착한 사람을 붕당으로 모함하였으니 관작을 삭탈하는 것은 물론 그 자손에게도 관직을 줄 수 없다'고 배척당하였다.

음모는 시작되었다

성종 16년(1485) 봄 조정은 유자광 복직문제로 일대 격론을 치렀다. 유자광은 '이시애의 난'으로 적개공신(敵愾功臣)이 되고 '남이의 옥사'로 익대공신을 꿰차며 승승장구하다가 성종 9년(1478) 이후 울분과 원망의 세월을 보내던 중이었다. 그럴 만하였다.

성종은 친정을 시작하자 연소기예(年少氣銳)의 왕실 지친을 승정원에 배치하였다. 훈구대신을 다소나마 억제할 요량이었다. 서원군(瑞原君)의 사위인 현석규(玄錫圭)와 보성군(寶城君)의 사위인 임사홍(任士洪) 등이 그런 경우였는데, 서원군과 보성군이 효령대군의 아들이었으니 두 사람

모두 효령대군의 손녀사위가 되고 따라서 사촌 동서(同壻)인 셈이다.

그런데 두 사람은 사사건건 마찰하다가 성종 8년(1477) 여름 도승지 현석규가 동부승지 홍귀달을 지나치게 욕설한 사건을 계기로 정면충돌하였다. 이때 유자광이 임사홍을 편들면서 사간원까지 동원하여 현석규를 궁지로 몰아넣었다. 처음에는 별탈이 없었다. 그러다가 이듬해 봄에 '세조의 공신들을 언제까지 등용할 수 없다'는 이심원의 상소를 계기로 유자광과 임사홍이 '붕당을 맺었다'는 사실이 밝혀졌고 이후 두 사람은 오랫동안 유배와 폐고를 당하게 되었다.

그런데 이때에 이르러 훈구대신들이 유자광의 복귀를 추진한 것이다. 무슨 생각이었을까? 틀림없이 세조의 구공신이 신공신을 제압하려는 기미를 미리 헤아린 듯, 자신도 '이시애 난'으로 부상한 신공신이면서도 같은 공을 세운 남이를 역모로 몰아세웠을 정도의 술수와 수완을 가진 유자광이라면 날이 갈수록 대립각을 세우며 세력을 키우는 신진사림을 제압하는 데 도움이 되리라고 생각하였을 것이다. 아니면 유자광의 심심치 않은 선물공세에 끌린 것인지…….

언론 삼사에 포진한 대부분의 신진사림은 유자광을 반대하였다. 김종직은 난감하였다. 이조판서는 물론 참의(參議)까지 '공신을 종신토록 서용하지 않을 수 없다'고 의견을 모은 이상 반대만 할 수 없었던 것이다. 궁여지책이었을까? 유자광 복직에 동의하는 대신 이심원을 구제하자는 제안을 보탰다. "학문을 좋아하고 유자의 도(道)로 몸을 다스린 이심원이 조부를 능욕하였을 리가 없다."

이심원은 일찍 세상을 떠난 태종의 넷째 아들 성녕대군(誠寧大君)의 봉사손이 되려던 조부인 보성군의 뜻에 호응하지 않았고, 고모부인 임사홍의 간사함을 성종에게 알려 곤경에 빠뜨렸다는 이유로 조부는 물론 부친에게 심하게 질책을 당하였는데, 이 과정에서 반발하다가 '불효불목

(不孝不睦)'의 죄목에 걸려들었다. 이후로 오래 유배를 당하고 한동안 도성에도 들어오지 못하였으며 당연히 승계할 수 있는 종친직도 받지 못한 처지였다.

성종은 김종직의 제안을 받아들였다. 그러나 문제는 그렇게 녹녹하지 않았다. 유자광의 서용(敍用)이라는 목적을 달성한 훈구대신이 사헌부 사간원에 재직하는 자과 언관을 동원하여 '이심원 불가'를 외치기 시작한 것이다. 결국 성종도 물러서지 않을 수 없었다. 김종직은 실로 난처하였다. 유자광의 등장을 반대하지 않음으로써 훈구대신의 노회한 전술에 당한 꼴이 되었던 것이다.

제자의 비판

김종직은 이조참판이 되면서 동지경연사(同知經筵事)를 겸직하였다. 동지경연사는 경전을 읽고 해석하는 직임도 중요하지만 언제든지 임금에게 주요 정책과 사안을 건의할 수 있는 권위가 부여되는 자리였다. 더구나 성종은 아침 경연만이 아니라 낮에도 참석하여주기를 요청하였고, 황금으로 도색한 값비싼 관대(冠帶)까지 하사하였다.

김종직은 이조참판을 떠나서도 동지경연사를 유지하였다. 성종의 신임이 그만큼 두터웠던 것이다. 그런데 김종직은 그 자리를 제대로 활용하지 못하였다. 학술 자문 등을 제외하면 정책 건의나 시국 진단 등의 언론을 펼치지 않았던 것이다. 김종직의 졸기에 나온다.

경연당상의 자리에 있으면서도 좀처럼 건의하는 일이 없어 명망이 조금 감소되었다.
「성종실록」 23년 8월 19일

제자인 표연말도 김종직을 위한 「행장」에서 적었다. "조정에서 큰 의론을 세우지 못하고 큰 정책을 진술하지 못하였다는 의견들이 있었다."

일부 제자들은 스승이 시류에 안주하지 않는가, 의심을 품었고 일부는 직접 비판하였다. 특히 김종직이 모친상을 지낼 때 찾아와 배운 홍유손이 신랄하였다. 남효온의 「사우명행록」에 전한다.

무엇 때문에 남의 벼슬과 녹봉을 헛되이 받고 계십니까. 지금 학자들은 불교나 노장학을 미워하지 않는 바 없으나 실행에 있어서 불노(佛老)를 벗어난 자는 하나도 없습니다. 왜냐하면 행동을 둥글게 하고 모난 것을 싫어하는 것이 노자이며, 혼자만 행하고 남을 구휼하지 못하는 것이 불교인 때문입니다.

대책을 건의하지 않았던 김종직의 모습을 '노불(老佛)'에 견준 것이다. 김종직은 '홍유손은 속이는 자'라고 하며 넌더리를 쳤다. 한때 밀양에 왔을 때는 반가워 '이 사람은 안자(顔子)가 즐겨한 바를 일찍이 본 사람이다' 하였고, 떠나감에 아쉬워 '좋아한 것이 세속과 특별히 다르고, 근원을 찾았으니 깊은 조예 있겠네' 하였기에 배반감은 더욱 깊었을 것이다.

홍유손이 직설적으로 비판하였다면 함양에서 처음 찾은 제자 김굉필은 은근하였다. 김종직도 얼버무리지 않을 수 없었는데 허균의 『성소부부고(惺所覆瓿藁)』「김종직론」에 나온다. "벼슬하는 것은 나의 뜻이 아니므로 건의하고 싶지 않다."

김종직은 무엇 때문에 그토록 건의하는 바가 없었을까? 이이가 전하는 일화가 있다.

김종직이 조용히 '성삼문은 충신입니다' 하였는데 임금의 얼굴빛이 변하자 다시 간절하게 '만일 변이 있으면 마땅히 성삼문이 되겠습니다' 말하니 그때 비로소 풀어졌다.

「석담일기」 선조 9년 6월조

만약 김종직이 성삼문을 충신이라고 말하였다면 세조의 공신과 그 후예들이 나라를 움켜쥐고 있던 시절 결코 쉬운 일이 아니다. 독대에서나 가능하였을 발언이다. 그렇다면 김종직은 '아아, 아직 때가 아니구나' 하며 더욱 몸을 사렸을 것인데, 이이가 출처를 밝히지 않았으니 아쉬울 뿐이다.

8. 올가미에 걸리다

늦장가

김종직은 항상 곤혹스러웠다. 그래도 위안은 있었다. 새장가를 든 것이다. 신부는 합천 야로현에 상당한 전장(田莊)을 소유한 문씨가(文氏家)의 열여덟 살 규수였다. 이때 나이 쉰다섯이었다.

김종직은 그동안 자식도 없는 홀아비 생활이 무척 힘들고 외로웠다. 그래서 '서울에 와서는 자못 외로워서, 환어(鰥魚)처럼 밤잠을 이루지 못하네' 하였다. 환어는 표정이 슬픈 물고기인데, 남산 아래 셋집을 얻으면서 지은 「대구부사 임수창(林壽昌)의 집으로 이사하다」에 있다. 여기에 집이 없어 자주 이사를 다니는 고통도 털어놓았다. 이런 구절이 있다.

성중에 있는 몇몇 집들은	城中幾屋廬
다 내가 머물러 살았던 집인데	盡我居停人
때로는 몰아 내쫓김을 당하여	有時被驅逐
동서로 자주 떠돌아다녔네	東西漂轉頻

예나 지금이나 벼슬과 학식이 있고 또한 명망을 얻어도 집 없는 서러움은 별반 다르지 않은 모양이다. 그런데 새장가를 가니 이사를 다니지 않아도 좋았다. 문씨가는 명례방에 경저(京邸)를 갖추고 있었던 것이다.

창경궁에서 인수대비의 탄신 축하연이 열리던 날, 몸이 불편하여 집에 있을 때였다. 으레 나오는 술이 힘겨웠는지 모른다. 젊은 아내가 국화주를 조금 내어놓았다. 「중양절에 홀로 앉아 무료한데 처가 국화주 석 잔을 권하다」에 정감을 담았다. 후반부다.

아내는 참으로 아름다운 여사네	內子眞佳士
노란 꽃향기는 또한 나라에서 으뜸이구나	黃花亦國香
빙그레 한 번 미소 지으며	宛然成一笑
울타리 밑에서 석 잔 술을 따라놓네그려	籬下罄三觴

젊은 신부는 운명인가 하며 시집은 왔지만 남편이 어렵기도 하고 무섭기도 하였을 것이다. 그런데도 남과 같은 부정(夫情)이 그리웠던지 살포시 다가서는 모습이 담장에 비친다. 그러다 뜻밖에 아들까지 얻었다. 「7월 22일 기쁨」에 '꽃을 보아도 흐릿하고 이빨까지 빠지는 나이에 이런 경사가 있는가' 하며 감흥을 풀었다. 다음은 후반부다.

대를 잇는 데에는 어미의 귀천을 따지지만	繼序唯論母貴賤
이름 떨치는 것은 자식이 똑똑한가 아닌가에 있지	揚名正系子賢愚
훗날 봉양하는 효도를 누구에게 책임 지우랴	他年反哺將誰責
나보다 나은 아이 되었으면 하며 명주를 어루만질 뿐	且弄明珠獨自娛

'이제 나에게도 후사가 있다'는 안도감에 가슴을 쓸어내리는 느낌을 솔직히 적었다.

전라감사가 되어 처가의 본관인 남평(南平)을 지날 때였다. 문득 고려 무인정권에 대항하였던 명신 문극겸(文克謙)이 생각났다. 「문극겸」 다섯 수를 읊었는데, 세 번째 후반이다.

빛나는 명성은 멀리 내려오는데	烈烈聲名遠
오래된 보첩은 어둡기만 하구나	悠悠譜諜昏
누가 맨 먼저 동으로 이사를 하여	何人首東徙
대야촌에 자리를 잡았을까	漂泊大耶村

문극겸의 명성은 지금까지 쟁쟁하지만 후손의 사적이 지금 희미한데, 처가는 언제 합천 가야산 아래 대야촌에 뿌리내렸을까 한 것이다. 객지를 순시하며 젊은 부인 생각이 간절하여 지었을 것이다.

유자광이 달려오다

『동국여지승람』의 증보사업을 마무리한 김종직은 전라감사로 나갔다. 예문관 대제학에 오르지 못한 이상 마땅한 직책이 없기도 하였지만, 판서가 되기 전에 한 번은 거쳐야 하는 자리였다. 처음에는 경기감사로 보임되었지만 사양하고 자원하다시피 전라도로 갔다. 훈구파의 견제와 배척은 물론이고, 일부 제자들의 서운한 비판을 피하고 싶었는지도 모른다.

전라도 생활 1년은 도피가 주는 활력의 시절이었다. 전라도의 산하와 역사, 낯선 풍광과 전설을 시로 남겼다. 구경하고 싶은 풍물도 많았다. 굴비 생산으로 유명한 법성포에서는 '해마다 3, 4월이 되면 여러 도의 상선이 이곳에 모여 조기를 잡아 햇볕에 말리는데 서봉 아래에서 봉우리까지 발 디딜 틈이 없다'는 말을 들었다. 조기는 법성포 앞 칠산 바다에서 나지만 여러 지방의 상인이 모여서 굴비로 가공한다는 것이다. 그런 장관이 어디 있겠나 싶었던지 이렇게 노래하였다. "비단 같은 봄날 몽땅 꽃피는 날이 오면, 산을 덮는 굴비가 얼마나 많은지 보러 와야지."

옛적 신라에서 백제로 가자면 넘어야 하는 고산(高山)의 고개 탄현(炭峴)을 넘으면서는 백제의 멸망이 사람을 버린 데에 있음을 알았다. 「성충을 생각하다」의 첫 번째이다.

대둔산 아래 세 겹의 고개가 있는데	大芚山下三重嶺
탄현이 중간에 서려 있어 적의 요충 이뤘으나	炭峴中蟠作敵衝
신라의 오만 군대가 용이하게 통과하니	五萬東兵容易過
부여의 왕업이 이내 헛일이 되어버렸네	扶餘王業旋成空

의자왕의 방종과 타락을 직간하다가 감옥에 갇힌 성충은 그래도 나라 생각에 바다를 타고 오는 당나라는 금강 하구에서 막고, 뭍으로 오는 신라는 탄현에서 차단하자 하였다가 그만 목숨까지 앗겼다. 결국 너른 벌판 황산에서 신라군과 맞섰던 계백의 산화와 더불어 백제도 멸망하였다.

그런데 불청객이 찾아왔다. 운봉 가는 길이었는데 남원에 전장을 마련하고 한양을 오가며 살던 유자광이 마중 나온 것이다. 유자광이 남원루에서 거나하게 접대하였는데, 어쩌면 이 자리에서 '지난번 서용문제로 신경을 써주시어 어찌할 바를 모르겠습니다' 하였을지 모른다. 김종직의 「유자광이 요천(蓼川)의 언덕에서 문후를 하다」라는 시에 이런 구절이 있다. "한나절 진솔하게 즐거운 놀이 하였으니, 훗날 한양에 가서라도 어찌 잊을까?"

얼마 후 유자광은 전주까지 찾아와서 밤늦게 술을 마시다 기별을 넣었다. 김종직은 「유자광이 밤에 취하여 정사성(鄭司成)댁으로 부르니 장난 삼아 짓다」라는 답장으로 대신하며 가볍게 거절하였다. 전라감사가 끝나갈 즈음이었다. 이번에는 요천에서 잡은 미꾸라지를 보냈다. 장수군 번암의 덕유산에서 발원하여 남원의 광한루 앞을 지나는 요천의 추어탕은 지금도 유명하다. 「유자광이 남원에서 미꾸라지 오십 마리를 보내니 주필(走筆)로 사례하다」가 있다. 주필은 생각할 틈도 없이 빠른 붓놀림이니 선물을 받고 바로 보낸 답장인 것이다.

희고 가는 고기는 요천에 있어야 진짜 맛이 나는데	銀刀風味蓼川中
천 리나 되는데 진미를 보내니 상공에 짐이 되었구려	千里分珍荷相公
이내 광한루에서 술 마신 때가 생각나오	仍憶廣寒樓上飮
금 쟁반에 젓가락 놓으매 뱃속 기름이 텅 비었네	金盤放筯腹腴空

김종직은 함양군수로 부임하였을 때 유자광의 시가 학사루(學士樓)에 걸려 있자 '자광이 누구길래, 감히 현판을 걸었단 말이냐' 하며 떼게 한 적이 있는데 그 사실을 잊었던 것일까? 아니면 이렇게 하여 잊고 싶었던 것일까? 그러나 유자광은 결코 잊을 사람이 아니었다. 더구나 김종직의 문인들이 자신을 배척하는 것에는 더욱 참을 수 없었다.

죽음 뒤에 오는 것

성종 20년(1489) 봄 김종직은 형조판서에 올랐다. 비록 육조 중에서는 서열이 낮지만, 세조 공신의 후예나 성종 즉위에 공을 세운 좌리공신, 왕실의 친인척이 판서 이상의 고위직을 거의 독차지하던 시절, 쉽게 넘볼 수 없는 자리였다.

정국은 가파르게 돌아갔다. 정책 의결 및 집행을 담당하는 대신세력과 사헌부·사간원·홍문관 등 삼사 중심의 언관세력이 첨예하게 대립하였던 것이다. 훈구파와 사림파의 격돌이었다. 성종도 '두 호랑이가 싸우는 형

학사루

경남 함양군 함양읍 운림리 소재. 본래 학사루는 조선시대 객사(客舍) 자리인 지금 함양초등학교 안에 있었는데, 임진왜란 때 불탄 것을 숙종 18년(1692)에 중건하였다가, 1979년 현 위치로 이전 복원하였다. 학사루는 통일신라시대 최치원이 함양태수로 있을 때 자주 올랐다 하여 유명하지만, 이곳에 걸린 유자광의 시판(詩板)을 김종직이 떼어낸 사건으로도 유명하다. (사진 김성철)

국이니 실로 좋지 못하다'고 하며 무척 걱정하였다. 김종직은 노쇠하기도 하였지만, 한 치 앞을 내다볼 수 없는 긴박감을 견딜 수 없었다. 얼마 후 사임하고 밀양으로 내려갔다. 그러나 고통은 이때부터였다.

김일손의 '늙고 병든 김종직에게 가마와 인부를 보내자'는 제안부터 도마에 올랐다. 김종직에게는 '본래 재산이 많은데 청빈을 가장하였다'는 비방이 쏟아졌고, 김일손은 '사사로운 은혜를 나라의 재물로 갚았다'고 탄핵을 받았다. 향리에서 사직서를 제출하고도 녹봉을 받았다는 사실도 문제가 되었다. 녹봉을 주자고 주장했던 이칙(李則)은 추국을 당하고, 김종직은 '문묵(文墨)을 일삼았을 뿐이지 언행이 일치하지 않는 인물이다'는 비난을 받았다. 훈구파 계열의 공세였다. 마치 신진사림이 훈구대신을 탄핵한 것에 대한 분풀이를 김종직에 퍼붓는 것과 같았다. 실로 고단한 최후의 나날이었다.

김종직의 곤혹스러움은 죽음으로도 그치지 않았다. 정2품 이상 대신에게 내리는 시호(諡號)가 시빗거리가 되었다. 제자 이원(李黿)이 '문충(文忠)'이라고 올리자 훈구파는 '김종직은 글을 잘한 사람에 지나지 않고, 후진을 인도하였다고 하지만 시문을 가르친 일밖에 없는데, 이원이 장난하듯 성현에나 해당될 문충으로 올렸으니 국문하자'고 하며 일제히 들고 일어났다. 결국 시호는 '문간(文簡)'으로 개정되었다. '널리 듣고 많이 보았다'는 박문다견(博文多見)과 '공경으로 덕성을 함양하고 행실이 간략하다'는 거경행간(居敬行簡)을 취한 것이다.

이런 정도는 약과였다. 6년 후 김종직은 유자광이 「조의제문」을 들춰내면서 관을 자르고 시신을 벤다고 하는 부관참시의 참화를 당했다.

9. 무오사화와 「조의제문」

그 시절 그 노래

성종 21년(1490) 3월 김일손이 '노산군의 후사를 정하여 제사를 지낼 것'을 주장하고 다음과 같은 사초를 작성하였다. 『탁영선생연보』에 의하면 '남효온과 같이 원호를 찾았을 때 들었던 이야기'를 옮겼다고 한다. 김일손을 국문하는 과정에서 밝혀져서 『연산군일기』에 실려 있다.

> 노산군의 시체를 숲 속에 던져버리고 한 달이 지나도 염습(斂襲)하는 자가 없어 까마귀와 솔개가 날아와서 쪼았는데, 한 동자가 밤에 와서 시체를 짊어지고 달아났으니, 물에 던졌는지 불에 던졌는지 알 수가 없다.
>
> 연산군 4년 7월 13일

노산군의 비참한 최후와 나라의 부도덕을 기록한 것이다. 그리고 바로 여기에 이어서 '김종직이 과거를 하기 전에 꿈속에서 보고 느낀 것이 있어 「조의제문」을 지어 충분(忠憤)을 부쳤다'고 하며 그 전문(全文)을 실었다. 「조의제문」을 단종의 처참한 최후에 분노한 풍자의 서사로 평가하고 실록에 남기려고 한 것이다.

또한 권경유와 권오복도 사초에서 「조의제문」을 거론하였다. 아마 김종직의 낙향이나 사망에 즈음한 기사에 적은 사초였을 것인데, 권경유는

> 김종직의 「조의제문」은 충의가 격렬하여 보는 자가 눈물을 흘리는데 그에게 있어서 문장은 여사(餘事)에 지나지 않는다. 『연산군일기』 4년 7월 17일

하였고, 권오복은

> 김종직의 「조의제문」은 간곡하고 측은하며 침착하고 비통하여 남이 말할 수 없는 바를 말하였으므로 사림 사이에서 전해 외었으니 세교(世敎)에 관계되므로 썩지 않게 오래 남겨둘 만하다. 『연산군일기』 4년 7월 19일

하였다. 이들 제자들은 「조의제문」을 어두운 과거를 기억하게 하는 역사투쟁의 훌륭한 교재로 받아들였고, 훌륭한 도의의 기록문학으로 평가하며 훗날까지 온당하고 빛나게 전해졌으면 하였던 것이다. 여기에는 훈구파의 '김종직은 문장에 능숙할 뿐 언행이 일치하지 않고 후학을 시문으로 인도하였을 따름이다'는 폄하가 잘못되었음을 알리려는 뜻도 있었을 것이다.

그러나 모든 제자가 김일손 등과 같지는 않았다. 김종직의 「행장」을 지었다는 이유로 국문을 받은 표연말은 '「조의제문」을 보았지만 글의 뜻을 해득(解得)하지 못하였다'고 하였다. 구차한 변명이 아니라 사실이었다. 그만큼 「조의제문」은 속뜻을 가늠하기가 쉽지 않았던 것이다. 김종직의 처남이며 제자로 『점필재집』을 처음 꾸린 조위(曹偉)도 「조의제문」을 단종의 죽음을 망각에서 건져 올린 작품으로 보지 않았다.

조위가 「조의제문」을 문집 맨 앞에 실었던 것은 김일손이 그렇게 제안한 이유도 있지만, 그보다는 작품 연도에 따라 시문을 배열한다는 편찬 원칙 때문이었다. 수학기를 마친 김종직의 초기 작품이 「조의제문」이었던 것이다. 만약 조위가 작품의 의도를 눈치 챘다면 성종에게 『점필재집』을

'자랑스럽게' 올리지는 않았을 것이다. 조위에게 「조의제문」은 파란만장하고 박진감 넘치는 역사의 한 장면을 노래한 회고(懷古)이며 영사(詠史)일 뿐이었다.

유령의 세월

유자광과 함께 무오사화를 실질적으로 이끌어간 영의정 윤필상(尹弼商)도 『점필재집』에서 「조의제문」을 읽었지만 처음에는 의미를 몰랐다. 적개·좌리공신으로서 성종 치세 중반부터 의정부를 지킨 훈구파의 중추이면서 유자광의 재서용을 추진한 장본인이었던 윤필상은 무척 영민하고 능수능란한 인물이었다.

세조 13년(1467) 겨울 형조 담당의 형방승지(刑房承旨)로서 입직하던 날의 일화가 전한다. 무척 추위가 혹독하자 윤필상은 '형옥의 죄수가 얼마나 되는가'를 임금이 물을 것이라 예상하고 자세히 조사해두었는데 실제로 그렇게 되었다. 김정국(金正國)의 「사재척언(思齋摭言)」에 나온다. 이러한 윤필상까지도 「조의제문」의 속뜻을 알지 못하였음을 실토하였다. "김일손의 '충분을 부쳤다'는 말이 없었다면 그 뜻이 깊고 깊어 정말로 해독하기 어려웠을 것이다."

그런데 유자광은 꿰뚫고 있었다. 「조의제문」의 여러 구절이 세조의 즉위를 부정한 은유와 풍자임을 절절이 읽어냈던 것이다. 이로써 유자광이 치밀하게 준비한 광극(狂劇)이 개막되었다. 이제 「조의제문」은 기억과 성찰의 시도는 물론이고, 연산군의 안일과 독단, 그리고 훈구대신의 무능과 부패에 대한 비판의 흐름을 덮치는 유령이 되었다.

유자광은 이에 머물지 않았다. 「도연명의 술주시(述酒詩)에 화답한다」

예림서원

경남 밀양시 부북면 후사포리. 김종직이 배향된 서원. 명종 22년(1567)에 김종직이 향리에서 염계(濂溪) 주돈이(周敦頤)를 흠모하며 성리학에 매진하고 후학을 양성하려고 조성한 경렴당(景濂堂) 옛터에 세웠는데, 임진왜란으로 불타자 이곳으로 옮겨 지었다. 현종 10년(1669)에 사액서원이 되었다. 장판각(藏板閣)에는 김종직과 부친 김숙자의 문집의 책판이 보관되어 있다. 김종직은 한때 '동방도학의 정맥(正脈)', '조선성리학의 중추'로 평가되었다. 부친 김숙자가 정몽주의 학통을 이은 길재에게 배웠으며, 또한 이러한 학맥을 김굉필에게 전하고 김굉필의 문하에서 조광조가 나왔다는 사실을 강조한 것이다. 이러한 도통론은 사실과 다를 뿐만 아니라 지금은 의미 없는 도식화로 비판을 받고 있다. 더구나 이러한 도그마로는 결코 김종직의 참 모습에 다가설 수 없다. (사진 김성철)

까지 문제 삼았다. 김종직이 함양군수 시절에 「술주(述酒)」는 술을 노래한 것이 아니라 동진(東晋)의 안제(安帝)를 죽인 유유(劉裕)의 처사에 대한 비분강개였다'는 사실이 새삼스러워 지었던 장편서사시였다. 김종직도 전문(前文)에 밝혔다.

당시 도연명은 멸족의 화가 두려워 은어와 비유로 적었지만 천 년 뒤에 태어난 자신은 유유가 두려울 것이 없으므로 그 흉악함을 드러낼 수 있으며 이것이 바로 춘추필법이다.

「조의제문」의 '자양의 노련한 필법을 따라 마음 설레며 공경히 사모하여'라는 구절이 연상된다.
김종직은 유유의 찬탈을 따른 신하를 '유씨(劉氏)가 우리 임금이네 하면 저 푸른 하늘을 속일 수 있다고 하였겠지' 힐난하며 이렇게 이어갔다.

요순의 훈풍을 높이도 끌어댔지만	高把堯舜薰
선위를 받는 게 끝내는 역적이었네	受禪卒反賊
역사는 글을 교묘하게 꾸며서	史氏巧其文
거북 기린 용 봉황이 부응하였다고 유인하였네	誘以四靈應

유유가 요순의 선위를 내세웠지만 실은 반역이며, 그에 따른 찬양도 모두 거짓이라고 한 것이다. 유자광은 이 부분을 세조와 훈구공신을 비방한 증거로 들이댔다. 섬뜩한 머리놀림이며 무서운 올가미 치기였다.
김종직은 대역부도(大逆不道)의 수괴가 되고, 사초에서 「조의제문」을 언급한 김일손·권오복·권경유 등은 참형을 당하였다. 여기에서 그치지 않았다. 김종직에게 배운 적이 있고 과거를 보거나 벼슬을 할 때 지도와

자문을 받은 후학들은 대부분 '난언(亂言)'과 '붕당(朋黨)' 죄에 걸려 죽거나 유배를 갔다.

에필로그

김종직은 어두운 과거를 치유하려는 구체적 노력, 과감한 정책대안이나 정치구상, 자아확립을 위한 철학적 성찰을 드러내지 않았다. 또한 해박한 경학과 역사학을 오직 국가적 편찬사업이나 이천 수가 넘는 시문에 발휘하였을 따름이다. 이렇듯 겉만 보면 훈구계열의 문인관료와 별반 다르지 않다고 할 수 있을 것이다. 그러나 그의 마음과 생각 그리고 흔적을 세밀히 들추면 그렇지 않다.

　김종직은 역사의 쇠락을 아파하였고, 시대의 변화와 발전을 염원하였으며, 『소학』을 통한 인간형성의 가르침은 절실하였다. 그런데 왜 행동이 없었고 성찰의 궤적을 남기지 않았을까? 이것은 개인적 능력과 의지의 문제가 아니었다. 세월의 흐름과 세대교체에 따라 다음 세대가 감당할 몫이었던 것이다. 이러한 일을 김종직의 문인이 해냈다. 이들이 성인과 경전의 재발견을 통하여 선비의 주체성 자각과 도학의 실천자로서 긍지를 갖추기 시작한 것이다. 현실비판과 미래희망을 향한 의식전환의 소산이었다. 이른바 도학파의 출현이었다.

　이런 점에서 김종직은 창업과 수성 단계의 국가적 성취가 사회적 도전에 봉착하기 시작하던 시기를 살면서 과거와 미래, 낡은 것과 새로운 것, 기득권 세력과 비판적 도전세력을 가르는 경계선에 있었다. 그러나 한 발짝 앞으로 나가 있었다.

　따라서 김종직을 두고 '훈구파인가 사림파인가', '사장학인가 성리학인가' 혹은 '문인인가 도학자인가' 묻는 것은 고독하고 치열한 역동적 삶을 무덤에 가두고 우리가 편하자고 하는 계보 그리기에 지나지 않는다.

그렇다면 김종직에 대한 당대 평가는 어떠하였을까? 한동안 전라도를 유랑하던 남효온은 담양향교가 김종직의 출연금으로 면모를 일신한 내력을 적은 「담양향교보상기(潭陽鄕校寶上記)」에서 '문장과 도덕에서 일대의 진신영수(縉紳領袖)이다' 하였다. 그런데 『악학궤범(樂學軌範)』을 남긴 훈구계열 문인관료 성현도 같은 평가를 하였으니 '무수한 진신(縉紳)의 선비가 김종직의 여광(餘光)에 힘입었다'고 하였다. 삶과 길이 달랐던 두 사람이지만 조정에서 두각을 나타냈던 고위 문신의 영수로 본 것이다.

사실 김종직은 문인관료의 지도자를 염원하였는지 모른다. 실제 많은 제자를 가르치면서 대체로 관료의 길을 요구하고 그렇게 인도하였으며, 그렇지 않은 제자와는 거리를 두었었다. 바로 이러한 의식과 행동이 훗날 도학파의 의리론과 출처관과 맞지 않는 부분이고 이 때문에 비판을 받기도 하였다.

그러나 오늘의 관점에서 이 역시 무조건 폄하할 일은 아니다. 왕실과 혈연관계가 없는 비(非)특권사족, 더구나 지방의 사족이 과거를 통한 출세의 길 말고 다른 선택을 하기가 쉽지 않았다는 사실을 염두에 두어야 한다. 일반사족이 특권사족을 대체하는 '사림의 시대'는 이러한 과정을 거치며 열리게 되었던 것이다.

또한 도학파의 김종직 비판 역시 시대적 맥락을 살피면서 그 의미를 새겨야 한다고 생각한다. 그것은 김종직에 대한 부정이 아니라, 한층 높은 차원의 전진을 향한 진통의 여정이며, 도학파 나름의 시대인식과 선택의 소산이었다. 따라서 오늘날까지 도학파의 문제의식을 그대로 수용하여 김종직을 평가할 수 없다.

이를테면 이황은 처음에 '김종직의 시문은 전아(典雅)하여 도(道)에 가깝다'고 평가하였지만 만년에 이르러서는 '김종직의 평생 사업은 사화(詞華)였다'고 폄하한 적이 있었다. 이러한 사실은 16세기를 살았던 이황 자신의 문제의식의 변화를 설명하는 증거로서 살펴야 마땅하고, 나아가 '김종직론의 역사적 변천'과 같은 주제에 인용하여야지, 김종직의 삶과 생각을 규정하는 데 그대로 적용할 수는 없는 것이다.

'역사는 현재와 과거의 대화'라는 명제는 미래 지향적 현재의 관점에서 과거와 만나야 한다는 의미이지, 과거로부터 주어진 해석을 오늘날에 되살려 과거를 평가해야 한다는 것은 결코 아니라는 점을 유념할 필요가 있을 것 같다. 따라서 김종직을 진정으로 이해하자면 그의 시대와 직접 만나 끊임없이 대화하지 않으면 아니 된다.

그런데 최근에는 이황의 언급과 같은 사례를 전가(傳家)의 보도(寶刀)처럼 인용하며 김종직을 훈구파와 다를 바 없는 '관료문인'으로 재단하고 있는데, 퍽이나 16세기에 얽매인 해석이 아닐 수 없다.

시문 출처

- 경주에 처음 들어가며 初入慶州, 『佔畢齋集』 권2
- 전은(田隱)의 사계 田隱四時, 『佔畢齋集』 권5
- 보천탄을 노래하다 寶泉灘卽事, 『佔畢齋集』 권19
- 가흥참 可興站, 『佔畢齋集』 권4
- 낙동강 노래 洛東謠, 『佔畢齋集』 권5
- 탁라가 濟州貢藥人金克修亦來 因夜話 略問風土物産 遂錄其言 爲賦乇羅歌, 『佔畢齋集』 권1
- 동도악부 東都樂府, 『佔畢齋集』 권3
- 금성곡 錦城曲, 『佔畢齋集』 권22
- 사방지 舍方知, 『佔畢齋集』 권3
- 조의제문 弔義帝文, 『佔畢齋集』 부록
- 세조혜장대왕악장 世祖惠莊大王樂章, 『佔畢齋集』 권6
- 신상공(申相公)에 받들어 화답하다 奉和高靈申相公, 『佔畢齋集』 권10
- 압구정에서 상당부원군(上黨府院君)이 시를 요청하다 狎鷗亭上黨府院君請賦, 『佔畢齋集』 권6
- 상당부원군의 시권에 쓰다 上黨府院君詩卷, 『佔畢齋集』 권6
- 다원 茶園, 『佔畢齋集』 권10
- 함양성 나각 咸陽城羅閣, 『佔畢齋集』 권10
- 함양구절 允了又作咸陽郡地圖題其上九絶, 『佔畢齋集』 권8
- 선산십절가 允了作善山地理圖題十絶其上, 『佔畢齋集』 권13
- 제자들에게 돼지머리를 주다 豕首與游學諸子, 『佔畢齋集』 권13
- 유호인이 서울에 가다 克己應擧于京, 『佔畢齋集』 권9
- 김준손·기손형제의 영친(榮親)에 붙이다 送金直長駿孫騏孫兄弟榮親靑道序, 『佔畢齋集』 문집 권1
- 치(緻)에게 答緻書, 『佔畢齋集』 문집 권1
- 목아(木兒)를 애도하노라 悼木兒, 『佔畢齋集』 권9
- 곤(緄)이 죽다 十月十一日緄亡十五日藁葬于日峴, 『佔畢齋集』 권14
- 곤(緄)의 처가 밀양으로 오다 十月二十八日緄妻來密陽吾淑人出門欲抱其子始知月初已夭, 『佔畢齋集』 권14
- 망처에 바치는 제문 祭亡妻淑人文, 『佔畢齋集』 문집 권1
- 대구부사 임수창의 집으로 이사하다 閏八月二十八日移居林大邱壽昌宅, 『佔畢齋集』 권16
- 중양절에 홀로 앉아 무료한데 처가 국화주 석 잔을 권하다 重九獨坐無聊妻勸菊酒三盃, 『佔畢齋集』 권19

- 7월 22일 기쁨 七月二十二日志喜,『佔畢齋集』권19
- 문극겸 文克謙,『佔畢齋集』권23
- 성충을 생각하다 高山炭峴有懷成忠,『佔畢齋集』권21
- 유자광이 요천의 언덕에서 문후를 하다 將如雲峯柳武靈見候蓼川岸,『佔畢齋集』권21
- 유자광이 밤에 취하여 정사성 댁으로 부르니 장난삼아 짓다 柳武靈夜醉鄭司成宅招余以詩戲答之,『佔畢齋集』권22
- 유자광이 남원에서 미꾸라지 오십 마리를 보내니 주필로 사례하다 柳武靈在南原惠以秋魚五十尾走筆以謝,『佔畢齋集』권22
- 도연명의 술주시에 화답한다 和陶淵明述酒詩,『佔畢齋集』권11
- 담양향교보상기 潭陽鄕校寶上記,『秋江集』권4

김시습 金時習

올바른 역사는 아름다운 패자를 잊지 않는다

김시습 연보

본관 강릉, 자 열경(悅卿), 호 동봉(東峯)·매월당(梅月堂)·청은(淸隱)·청한자(淸寒子)

1435년 (세종 17)	——	서울 성균관 아래 반촌에서 출생
1449년 (세종 31)	——	15세, 모친 장씨 별세로 강릉에서 시묘
1453년 (단종 1)	——	봄 사마시 응시 실패, 초겨울 계유정난
1455년 (단종 3)	——	6월 세조 즉위, 방랑 시작
1456년 (세조 2)	——	사육신의 '상왕복위운동' 실패
1458년 (세조 4)	——	봄 동학사에서 단종 초혼제
		관서를 시작으로 관동·호서·호남 유랑
1462년 (세조 8)	——	겨울 경주 금오산 용장사 안착
1463년 (세조 9)	——	가을 내불당에 설치된 간경도감의 역경사업 참여
1465년 (세조 11)	——	봄 금오산실 건축, 원각사 낙성법회 참석
1471년 (성종 2)	——	봄 상경
1472년 (성종 3)	——	가을 수락산 폭천정사(瀑泉精舍)에 머물음
1481년 (성종 12)	——	환속, 안씨와 재혼
1483년 (성종 14)	——	관동으로 떠남, 양양·강릉·설악산·춘천 등지에서 삶
1490년 (성종 21)	——	가을 삼각산 중흥사에 나타남
1491년 (성종 22)	——	봄 다시 관동으로 감
1493년 (성종 24)	——	59세, 봄 부여 무량사에서 운명

김시습을 만나면 우리는 미묘한 정념(情念)에 휩싸이다가 가벼운 통한의 한숨을 쓸어 담는다. 그러면서 누구도 '김시습과 같이 살라' 하지는 못한다. 지독한 유랑, 무서운 무소유, 철저한 버림을 감당할 수 없음을 알기 때문이다. 한편 우리는 김시습의 문장과 언행의 자유분방함과 기상천외함에 경탄할 뿐 진정으로 이해하려고 하지 않았는지 모른다. 또한 역사와 현실에 정면으로 마주 섰던 자취와 생각을 애써 외면하면서 어두운 굴레와 낡은 인습을 벗어난 방외(方外)의 모습만 찾으려고 하였던 것 같다. '진실은 숨김이 없다'는 상식이 무척 그리운 오늘날 요란한 찬사를 거두는 것만이 김시습을 옭아매지 않는 길일 것이다.

김시습은 스스로 뿌리 뽑혔기에 강건할 수 있었지만 외로운 가슴앓이는 한없이 애절하고 삶은 더없이 위태로웠다. 그를 지탱한 힘은 하늘을 향한 강렬한 믿음, 평민과의 쉼 없는 호흡, 나아가 아름다운 패자에 대한 기억이었다. 그는 시대의 어둠과 외롭게 맞섰던 고달픈 행동가였다. 또한 당대의 기억운동과 철학적 성찰에 영향을 끼친 사상가였다. 이 글이 수락산 시절의 논설과 논문을 자세히 들추며 인간적 풍모와 사상적 깊이를 다시 살피면서 남효온·김일손과 같은 후학들과의 인연을 복원하는 데 역점을 둔 까닭이 여기에 있다.

주요인물 해설

허조(許稠) 조선 초기 예악문물을 정비한 학자관료. 태종 시기 사부학당 신설, 왕실의 의식과 일반의 상제(喪制)의 정비 등에 공헌하였으며 세종 치세에는 구임법(久任法)을 시행하여 관료행정체계의 확립에 기여하고 많은 인재를 발탁하였다. 아들이 후(詡)인데, 과거에 급제하고 승지가 되자, '아버지는 정승이고 아들은 승지가 되었으니 집안의 화가 얼마 남지 않았구나' 하였다. 실제 허후는 계유정난이 일어나자 살육이 지나친 것에 불만을 드러내다가 죽었다. 남효온의 「허후전(許詡傳)」이 있다.

윤상(尹祥) 우탁(禹卓), 정몽주(鄭夢周)의 학통을 잇고 오랫동안 성균관의 유생 교육에 종사하였다. 황간(黃澗) 현감이 되었을 때는 김종직의 부친 김숙자에게 『주역』을 가르치기도 하였다.

이계전(李季甸) 이색의 손자이며, 권근의 외손자. 『강목통감훈의(綱目通鑑訓義)』를 편찬한 학자관료로서 집현전 직제학을 지냈고, 계유정난과 세조 즉위로 공신이 되었는데, 세조가 의정부서사제를 강행하자 반대하였다가 곤욕을 치렀으며, 세조의 과음을 간언하다가 궁궐 뜰에 팽개침을 당하는 모욕을 당하였다.

설준(雪峻) 송광사에서 김시습에게 불법을 전하였다. 서거정, 남효온과도 교유하였는데 성종 10년(1479) '재물을 늘리고 민폐를 끼쳤다'는 탄핵을 받고 승려의 자격을 박탈당하였다. 성종 20년(1489) 회령에서 재물을 노린 강도에게 살해되었다.

조상치(曺尙治) 영천 출신으로 어릴 때 길재에게 배우고, 영천으로 유배를 온 유방선에게 학문을 익혔다. 세종 원년(1419) 증광문과에 장원으로 급제하고 집현전 부제학까지 지냈는데, 세조가 즉위하자 고향으로 물러났다.

손순효(孫舜孝) 성리학에 조예가 깊고 특히 『중용』 『대학』 『역경』 등에 정통하였고 문장이 뛰어났다. 남산에 살았는데, 김시습도 방문한 적이 있었다. 언젠가 성종의 연회에서 술에 취한 척 용상을 어루만지며 '이 자리가 아깝습니다' 하며 은근히 세자가 걱정된다고 하였다.

1. 바람의 세월

떠나지 않을 수 없다

어린 시절 김시습은 '생후 8개월 만에 말을 알아듣고 세 돌에 글을 엮었다'고 하여 신동으로 이름을 날렸다. 정승 허조가 찾아와 살폈고 세종도 궁궐로 불러 비단까지 내렸다. 당대 학자들이었던 윤상·이계전에게도 배웠다. 그러나 단종 원년(1453) 봄 사마시에는 실패하였다. 모친을 잃고 자신을 거두어준 외할머니까지 세상을 등지자 한동안 방황하며 순천 송광사로 설준 스님을 찾아가서 불문을 엿듣는 등 학업에 소홀한 탓이었다.

수양대군이 정권을 장악한 계유정난 때에도 김시습은 삼각산의 중흥사에서 공부 중이었다. '경술(經術)로 임금을 보필하리라'는 생각으로 과거를 준비한 것이다. 그러나 임금이 양위하고 세조가 즉위하였다는 소식에는 참을 수 없었다. 아아, 주나라 무왕(武王)의 후사인 어린 조카 성왕(成王)을 도와 치세를 열었던 주공(周公)이 되리라는 다짐이 엊그제인데 정녕 거짓이었단 말인가! 이런 세상에 학문으로 출세하겠다는 나는 무엇인가? 책을 불사르고 떠돌았다.

세조 2년(1456) 상왕복위운동이 일어났을 때에는 잠시 도성으로 들어와 고문과 사형의 현장을 엿보았다. 눈길조차 주지 못할 너부러진 시신들을 수습하여 노량에 묻었다. 그리고 1년. 노산군으로 강등되고 영월로 쫓겨난 상왕이 세상을 버렸다는 소식은 실로 비참했다. 이에 그치지 않았다. 노산군의 생모라는 이유만으로 문종의 배위(配位)인 현덕왕후의 신주를 종묘에서 꺼내버리고 문종의 현릉에 묻힌 관곽을 파헤쳐 내팽개친 사건이 일어났다. 문종에 앞서 세상을 떠나 묻힌 능침이 소릉이므로 '소릉폐치사건'이라 한다. 아찔한 세상이었다.

김시습은 여러 곳을 떠돌면서 세상을 등진 사람들을 만났다. 한동안 금화에 머물렀다. 전 병조판서 박계손(朴季孫)이 부친 박도(朴鍍)를 모시고 일가와 함께 숨었던 곳이다. 오늘날 철원군 근남면 잠곡리 복계산 기슭 초막동이다. 집현전 직제학을 지내다가 단종이 양위하자 고향인 영천으로 낙향한 조상치도 잠시 합류하였다. 이때 조상치가 상왕의 최후를 증언하였다.

세조 4년(1458) 봄 김시습은 조상치, 박계손 등과 같이 계룡산 동학사에서 상왕의 초혼제(招魂祭)를 지냈다. 성삼문(成三問)의 육촌동생 성담수, 함안의 진사 조려, 그리고 김종서의 당여로 몰려 교살당한 우의정 정분(鄭苯)의 아들 정지산(鄭之産) 등이 모였다.

초혼제를 마친 일행은 각자 제 갈 길을 갔다. 김시습은 관서지방으로 길을 잡았다. 승려의 행색이었다. 그때의 심경을 「관서록 뒤에 적다」에 풀었다.

남아가 세상에 나서 도를 행할 만한데도 제 몸만 깨끗이 하며 인륜을 어지럽힌다면 부끄러운 일이겠지만 어차피 도를 행할 수 없는 세상이라면 독선기신이라도 하여야 옳지 않겠는가!

독선기신(獨善其身)은 '옛사람은 뜻을 얻지 못하면 제 몸이나마 홀로 착하게 하였다'는 뜻으로『맹자』「진심장(盡心章)」에 있다.

초혼각 터의 숙모전

충남 공주시 반포면 학봉리 동학사 경내. 성덕왕 23년(724) 창건된 동학사에서는 일찍이 영해 박씨(寧海 朴氏)에서 신라 충신 박제상(朴堤上)을 위하여 초혼제를 올렸다고 알려져 있다. 김시습이 철원으로 찾아간 박도 일가가 바로 영해 박씨였다. 길재도 동학사에서 정몽주를 위한 초혼제를 지냈는데, 이로서 이색, 길재를 함께 추모하는 삼은각(三隱閣)이 생겼다. 세조 4년(1458) 삼은각 옆에 단종을 비롯하여 안평대군, 금성대군, 황보인, 김종서 등 280여 인의 위패를 모신 초혼각이 생기면서 초혼제가 허용되었다고 한다. 심경호 교수는 『김시습평전』에서 '세조가 초혼제를 허락한 것은 단종의 추모집회가 동시다발로 여러 곳에서 진행되는 것을 차단하려는 의도였다'고 한다. 실로 그렇다. 영조 4년(1728) 화재로 타버린 것을 고종 원년(1864)에 만화(萬化) 스님이 지금의 모습으로 재건하였는데 1924년에 숙모전이라 이름을 바꾸었다. (사진 공주시청)

세속을 끊다

김시습은 고양과 파주를 지나고 임진강을 건너 개성에 닿았다. 옛 도읍의 쓸쓸한 풍광이 생소하였다. 나라 구실을 못하여 이렇게 되었는가 하였다. 평양에서 옛 조선의 위업을 기억하며 뭉클하였다. 단군묘에서는

    우리 으뜸 조상 단군왕검   檀君民鼻祖
    태백산에 신령한 자취 드러냈네   太白有靈蹤

하였고, 기자묘를 참배하면서는

    홍범을 펴심이여 바람과 불이 도왔으며   訪陳範兮助風燄
    우리 땅을 나눔이여 하늘이 내린 참호로세   分茅我土兮天塹

하였다. 단군과 기자의 위업을 찬양한 것이다. 그리고 기자조선의 멸망을 두고는,

    슬프다 사직 뒤집힌 날   堪嗟顚社日
    신하 하지 않겠다는 마음이 잔인하구나   可忍不臣心

하였다. 연나라 사람 위만(衛滿)이 기준(箕準)에게 의탁하였다가 나라를 가로챈 역사가 안타까웠던 것이다.

  김시습은 청천강을 넘어 묘향산에 올랐으며 깊은 산중 고을 희천(熙川)과 어천(魚川)을 지났다. 기이한 새와 짐승, 하늘로 솟는 소나무와 참나무를 보며, 밝은 달의 짝이 되어 바위굴에서 지새다가 오두막을 찾아 잠을

청하는 날들이었다. 어느새 분잡한 생각이 사라지고 세간에 연연하는 티끌을 떨쳐냈다. 버림의 길!「세속을 끊다」에서 이렇게 적었다.

나그네 취급도 못 받아도 성나지 않네	我不客至嗔
산중에 세속 사람이 한 사람도 없으니	山中無俗人
외로운 구름 밝은 달과 함께	孤雲與明月
오래도록 신선 동네의 손님이 되리니	長作洞天賓

명리와 생업, 그리고 가족은 물론이고 제 마음의 울분과 아픔과 미련까지 버리는 유랑이었다.

이제 가을이었다. 다시 청천강을 마주하였다. 고구려 을지문덕이 수나라 대군을 격파한 살수였다. 안주(安州)의 옛 성에도 올랐다. 잠깐 혼동이 있었다. 안주의 옛 성을 요동에 있는 안시성(安市城)으로 알았다. '아아, 이곳에서 당 태종이 양만춘의 화살에 맞고 군대를 되돌렸겠구나' 하였을 것이다. 그래서 제목이「안시성에서 가을을 보다」이다.

안시성 위에 낙엽이 쌓이니	安市城頭葉正黃
나그네의 가을 생각 그야말로 아득하다	客中秋思正茫茫
백 번 흥망이 바뀌어도 산은 예와 같으나	興亡百變山依舊
구름따라 물처럼 떠돌았으니 이미 돌이킬 수 없구나	雲水千里事已荒
해 떨어지고 물결치는 강에서 기러기는 길을 잃고	日落江波迷去鴈
메마른 풀에 바람 스치니 쓰르라미 흐느끼네	風吹枯草咽啼螿
살수(薩水)는 넘실넘실 소리마저 다급하니	蕩蕩薩水灘聲急
슬픈 가을에 애간장이 끊어진다 함이 이런 것 아닌가	不是悲秋卽斷腸

나라의 흥망, 영웅의 부침에 자신의 신세를 비추어본 김시습에게 안시성은 더 이상 영웅의 공간이 아니었다. 정처 없이 떠도는 자신이 길 잃은 기러기가 아닌가 싶고, 가냘픈 울음을 쓰르라미가 대신하여 주는 것 같았다. 애간장이 탔다.

그러나 슬픔은 정녕 자신의 몫이 아니었다. 도처에서 뿌리 뽑힌 삶을 목도한 것이다. 대동강에 갔을 때 섬을 떠돌다 돌아와 장사하는 일가를 만났을 때였다. 「어부」 중 일부이다.

지난해에는 관에서 어세를 토색하여	去歲官家漁稅討
가솔을 이끌고 파란 바다 저 멀리 섬으로 들어갔는데	挈家遠入碧海島
금년은 마을 서리가 와서 세금을 재촉하니	今年里胥來催科
집 팔고 배를 사서 찬 바다에서 해초나 캐고 있다네	賣家買艇依寒藻

민초와의 만남, 저들은 고달프게 떠돌고 있다! 그런데 나는 동네와 성균관의 벗들을 만나면 환대를 받고, 개성유수나 평양부윤과 같은 지체 높은 관료들도 홀대는 하지 않는다. 그러면 나의 유랑은 고행이 아니라 호탕한 유람〔宕遊〕이며 깨끗한 놀이〔淸翫〕가 아닌가.

유성처럼 떠돌다

첫 겨울을 개성에서 보낸 김시습은 봄이 되자 파주를 거쳐 한강을 거슬러 반포까지 왔다가 동북 방면으로 길을 잡았다. 포천·영평·금화를 지나 금강산에 접어들었다. 내금강이었다. 시원한 여름이었다. 풍광에 도취되어 '이제 죽어도 좋다'는 이상한 마음까지 들었다. 가을은 한양 근교의 도봉산·소요산·수락산 등을 배회하다가 회암사에서 겨울을 났다.

세조 6년(1460) 봄에는 관동으로 떠났다. 양평·여주·원주를 지나 여름을 오대산 월정사에서 보내고 대관령을 넘어 강릉을 찾았다. 관동의 아름답고 시원하고 맑고 깊은 산수가 좋아 '비루하고 옹색한 가슴이 씻겨 내리는 듯하였다.' 내친 김에 고성의 삼일포를 지나 해금강을 보고 싶었는데 여의치 않았다. 한때 강원도 금화에 숨었던 박계손 일가가 옮겨갔다는 함경도 문천을 찾으려던 생각이 있었지만 접어야 했다.

이해 가을 강릉을 떠난 김시습은 영월을 거쳐 괴산에 닿았다. 어디로 가는가? 충주를 지나 청주로 길을 잡았다. 어느덧 호남대로. 금강을 넘어 강경포구에 닿았다. 은진 관촉사의 미륵불이 반가웠다. 웅장함이기 전에 따스한 미소였다. 「관촉사의 대불(大佛)을 알현하다」의 전반부이다.

노상에서 멀리 바라보니 웃음마저 새로워라	路上遙觀一笑新
위인이 천 길이나 되어 금강까지 솟았어라	偉人千尺聳江濱
지친 발로 깊은 산길을 힘겹게 오름은	不辭捲脚深山逕
이 몸 깨끗하게 하고 부처에 예 올리려 함이네	欲却淸齋禮梵身

김시습은 지평선이 아스라한 광활하고 누런 들판에 몸을 맡겼다가 고려 태조가 후백제의 항복을 받아 태평세월을 열었다는 논산의 개태사(開泰寺), 견훤이 아들 신검(神劍)에게 갇혔던 김제의 금산사(金山寺) 등의 사찰을 찾아들었다. 이해 겨울은 노령산맥 아래 천원역에서 났다. 한동안 운신조차 못할 만큼 아팠다.

이듬해에도 호남을 떠돌았다. 전주의 도회와 강경의 포구를 구경하고 부안 능가산(愣加山)에 올랐으며 변산의 내소사(來蘇寺)와 청림사(靑林寺)에 몸을 맡기다가 남도로 넘어왔다. 누가 찾지 않아도 발길은 분주하였다.

여러 산에도 올랐다. 「무등산에 올라」이다.

푸르게 우거진 산 아지랑이에 잠기니	藹藹山光滴翠嵐
높고 낮은 돌길에 능수버들 으늑하여라	高低石逕暗樨楠
신사와 불당에 교목도 많으니	神祠佛宇多喬木
하늘의 별들도 손에 닿을 듯 가까워라	千近星辰手可探

세조 7년(1461) 겨울을 진원(珍原)의 인월정사(引月精舍)에서 보낸 김시습은 이듬해에도 호남의 남과 북을 오락가락하다가 여름에 순천 송광사를 찾았다. 불문과의 첫 인연을 맺게 한 설준 스님과 여러 날 같이 지냈다. 그리고 남원으로 발걸음을 옮겼다. 「광한루에 오르니 피리소리 들리다」가 있다.

수레와 말이 뜸하여 객관은 쓸쓸한데	客館蕭條車馬稀
작은 다락은 휘황한 석양빛에 짓눌려 있네	小樓高壓夕陽輝
길게 울리는 한 가락 피리는 구슬 같은 사람이 불겠는데	一聲長笛人如玉
혹여 달님 선녀가 지어낸 우의곡은 아닐는지	恰是姮娥奏羽衣

오랜만의 한적함에 어쩌면 여인이 그리웠는지 모르겠다. 그러나 머묾은 없었다. 팔랑치를 넘어 지리산을 바라보며 함양에 들어섰다. 어느덧 가을이 가고 있었다.

김시습은 가야산의 해인사를 지나고 경주 금오산 즉 남산에 지금은 터만 남아 있는 용장사(茸長寺)에 여장을 풀었다. 세조 8년(1462)은 이렇게 저물었다.

2. 해학의 비장미

이 산하를 사랑하리라

호남 유랑. 늙은 매화와 쭉쭉 뻗은 대밭, 겨울에도 자태 고운 난초와 동백, 그리고 사철나무가 장관이었다. 유자와 귤도 신기했다. 산물이 풍성하고 민생 또한 근실한 것에 감탄하였다. 영광 법성포와 염산의 바닷가를 갔을 때에 지은 「해시(海市)」에 나온다. "땅을 둘러 어염의 이익이 넉넉하고, 비린내는 갯가를 진동하는구나."

김시습은 백제가 수월하게 기반을 잡은 것도 풍부한 물산 덕택이라고 생각하였다. 「백제의 옛날을 노래하다」 중 후반이다.

중국으로부터 백 사람이	百人自中國
푸른 바다를 멀리서 건너와	遠渡滄溟來
어른으로 추장을 삼고	以長爲其酋
약한 자는 앞장서 쫓아가 백성이 되었네	孱者趨爲民
우물 파고 밭 만들고 집터를 닦고	鑿井又耕垈
씨앗 뿌리고 집 짓고 거친 땅을 개척하니	種築開荒榛
이것이 바로 옛 백제라	是爲古百濟
풍속은 참으로 도탑고 순박하였네	風俗何厖淳

중국에서 건너온 백 명이 세웠기 때문에 국호가 백제라고 하였다. 흥

미롭다. 백제는 물산이 풍부하고 풍속이 무척 순박하였다. 그러나 '풍족함을 믿고 안일하다가' 마침내 멸망하였다. 후백제도 마찬가지였으니 「견훤이 완산에서 일어나다」에 풀었다. "굳세고 강함은 남들도 멸시하지 못하였는데, 풍성하고 편안하여 마음을 징계하지 아니하였다." 또한 역사에 씻지 못할 오점을 남겼다. 견훤의 아들 신검을 제 어미를 잡아먹는 올빼미와 제 아비를 해치우는 짐승에 빗대었다. "졸지에 효파경(梟破獍)의 화를 당하고, 생선 문드러지듯 서로 나뉘어 무너졌다."

마침내 금오산에 자리를 잡은 김시습은 호남에서 지은 시를 한데 묶으면서 물산의 풍요로움이 지방의 풍속 및 나라의 흥망과 무슨 관계가 있는가를 곱씹었다.

호남 백성은 관동의 몇 갑절 살림이 튼실하고 산물이 풍부하였으니 이로써 백제가 부강해질 수 있었다. 그러나 이것을 믿고 교만하게 굴다가 망하였으니 싸움에 굴복하려 하지 않고 지더라도 되갚으려 생각하는 억센 민속은 바로 백제의 유풍(遺風)이다. 「호남록 뒤에 적다」

물산에 대한 과신이 교만과 멸망, 이에 따른 저항의식을 키웠다는 것이다. 그러나 지금은 아니었다. 이어서 적었다.

근래는 풍속이 변화하여 사람마다 학문을 하여 효제(孝悌)와 염치(廉恥)의 고장이 되었고 좋은 인재가 연이어 나와 대대로 왕실을 보좌하고 있으니 바로 성조지치의 상서로운 징조라 하겠다.

근래에는 풍속이 변화하고 학문이 일어나 왕실을 뒷받침하는 인재가 많이 출현하고 있다는 것이다. 그러면서 당대를 성조지치(聖朝至治) 즉 성스러운 왕조의 지극한 다스림의 시대로 인정하였다. 호남의 유람과 인심을 겪으면서 그동안의 맺힘이 풀린 것일까?

새로운 고향

김시습은 한동안 용장사의 경실(經室)에 머물렀다. 불경을 보관하였으니 사찰 도서관인 셈인데, 한사코 신세 지기가 민망하였을지 모른다. 이태째에 자신의 집을 지었다. 『금오신화(金鰲新話)』의 산실로 유명한 '금오산실'이었다. 화초와 나무에 정을 주면 오래 머물 수 있을 것 같았던지 매화와 장미를 가꾼 정원을 만들고 잣나무와 삼나무로 작은 숲을 조성하였다. 또한 차밭을 일궜고 송이버섯을 따며 대나무 죽순이 얼마나 올라왔나를 살피며 지냈다. 밭농사도 얼마간 지었다. 이곳에서 생을 마칠 생각이었다.

금오산 시절 김시습은 두 차례 한양 출입을 하였다. 첫 번째는 경주에 정착한 첫해 봄에 책을 구하러 갔다. 그때 불경을 언해하고 간행하던 간경도감(刊經都監)을 관할하던 효령대군의 눈에 띄어 내불당에 머물며 『묘법연화경』의 언해에 참여하였다. 그리고 열흘 가량을 일하고 받은 돈으로 국영 출판국이던 교서관(校書館)에서 펴낸 『맹자대전』『성리대전』『자치통감』『노자』등을 사서 서둘러 돌아왔다. 2년 후에는 원각사를 준공한 기념으로 전국의 스님을 초치한 운수천인도량(雲水千人道場)에 다녀왔다. 효령대군이 급히 올라오라고 말까지 보냈다.

원각사에서 낙성법회가 있던 날의 일화가 전한다. 김시습이 세조를 만나지 않으려고 미친 척 뒷간에 빠졌다는 것이다. 그러나 사실이 아니다. 평생 승려로서 살 수 있는 신분증으로 계권(契券)이라고 하는 도첩(度牒)을 받았고 효령대군이 강권하여 지었다고 하지만 '호불(好佛) 군주'를 자

김시습 초상화

무량사 소장 보물 1497호. 서울 성균관 부근 마을에서 태어나서 산하 도처에 흔적을 남긴 김시습, 그의 생애는 성장 수학기(1435~1454), 방랑기(1455~1462), 경주 금오산 중년기(1463~1470), 수락산의 장년기(1471~1483), 관동의 만년기(1484~1493)로 나눌 수 있다. 김시습은 젊었을 때와 늙었을 때 두 차례 초상화를 스스로 그렸다고 하는데, 두 번째 초상화에 적었던 「내 참모습을 옮기고 적다(自寫眞贊)」에서 '이하(李賀)를 아래로 내려 볼 만큼, 해동에서 빼어났다고 하지만, 격에 벗어난 허망한 명예를 뒤집어썼으니, 나에게는 가당하지도 않다. 형상은 볼품이 없고 말은 어리석었으니 산골짜기에 두는 것이 마땅하다' 하였다. 이하는 당나라 천재시인이다. 그러나 훗날 사람들은 김시습의 사진(寫眞)을 골짜기에 두지 않았다. 여러 군데에서 여러 차례 베껴서 소중하게 간직하였다. 이때 김시습은 신선 모습도 승려 모습도 되고 점잖은 선비 모습으로도 나타났다. 유불선(儒佛仙)을 넘나들었던 김시습을 모사자(模寫者)의 입장에서 기억하고 베꼈던 것이다. (사진 부여군청)

처하는 세조를 찬양하였다. "불법을 널리 반포하니 요임금 하늘이 가깝고, 왕도(王道)의 강령을 널리 펴시니 순임금 날이 펼쳐지네."

세조가 기꺼워서 친히 접견하겠노라는 전지를 내렸다. 그러나 서둘러 도성을 빠져나왔다. 도첩을 받았으니 멈칫할 까닭도 없었고, 금오산으로 돌아가고 싶었던 것이다.「고향 산이 그립다」의 뒷부분이다.

고향 산 매화 살구 누렇게 익어 떨어질 때	故山梅杏已黃落
객관의 전대에 이미 남은 것이 없고	客館橐囊已無貯
동쪽을 바라보아 천 리 밖이라도	東望水雲千里外
물 깊은 구름 속이 내가 돌아갈 데가 아닐까	水雲深處可歸歟

경주로 돌아온 김시습은 일상으로 돌아와서 한가하게 지냈다. 간혹 인근 고을을 출입하였고 동해를 따라 소요하다가 경상도 깊은 산을 거쳐 돌아오곤 하였다. 그러나 항상 아픔이 있었다. 특히 아무리 열심히 일해도 수탈이 가혹하여 살아갈 수 없는 가난한 백성의 한탄이 견디기 힘들었다. 그런 심정을「산가(山家)의 고통을 읊다」여덟 수에 담았는데 다음은 세 번째다.

척박한 땅에 싹이 자라면 사슴과 돼지가 먹어대다가	薄田苗長麛豝吃
수숫대에 목이 나오면 새와 쥐가 훔쳐갔는데	蓫粟登場鳥鼠偸
세금으로 모조리 거두어가면 남은 것이 없어서	官稅盡收無剩費
사채를 갚지 못하게 되어 소까지 빼앗기네	可堪私債奪耕牛

민생에 대한 이해의 수준도 아니고 농민의 고통에 대한 대변도 아니었다. 부양할 식솔이 없고 세금도 물지 않는 자신이지만 스스로 땀 흘려 일

하면서 겪은 괴로움이며 어찌할 수 없는 무능에 따른 절규였다.

문명의 꿈

김시습은 간혹 경주 읍내로 나가 천 년의 역사 유적을 살폈다. 문명의 향기를 만끽한 것이다. 모든 것이 하나라는 일체원융(一切圓融)과 모든 것이 진실이라는 제법실상(諸法實相)을 설파하였던 선각 원효(元曉)에게 무한 경배를 올리기도 하였다. 「무쟁비(無諍碑)」에 담았다. 이런 구절이 있다.

당에 들어가 불법을 배우고 고국에 돌아와	入唐學法返桑梓
승속을 넘나들며 마을을 나다녔다	混同緇白行閭里
거리의 아이와 마을의 아녀자도 쉽게 얻어듣고	街童巷婦得容易
저분이 뉘신지 이름이 무엇인지 모두 알았다네	指云誰家誰氏子

김시습은 천민과 아녀자까지 인간의 본성을 자각할 수 있다고 한 원효의 본뜻이 백성 사랑에 있다고 생각하였다. 또한 원효의 위대함을 왕실과 귀족을 위한 호국주의를 극복하고 낮은 곳을 향하여 온몸을 던지는 희사(喜捨)에서 찾았다. 그러면서 옛사람의 사람 아끼는 생각, 세상 다스리는 그윽한 뜻이 지금은 왜 통하지 않고 또한 그러할 수 없는가를 탄식하였다. 첨성대를 보았을 때다. 문답 형식으로 소회를 풀었다. 먼저 「첨성대에게 묻노라」이다.

높구나 하늘까지 닿으려 하며	高臺卓犖接穹蒼
오랜 세월 또렷이 단번에 천문을 살폈다지	歷歷乾文一望詳

| 그대가 바로 하늘을 살펴 덕을 닦는 기구인데 | 此是仰觀修德器 |
| 어찌하여 이리 힘들게도 성 한구석에 처박혀 있나 | 如何矗矗故城傍 |

　첨성대 그대는 천문(天文)을 살피며 사람의 덕을 도탑게 해주었는데 지금은 왜 이리 푸대접을 받는가, 물은 것이다. 하늘을 두려워하지 않는 세상이라 내팽개쳤다는 뜻을 담았다. 그리고「첨성대를 대신하여 화답하다」를 읊었다.

영대가 있었어도 주나라는 결국은 망하였고	周有靈臺椒覆亡
측천무후도 명당자리에 천문대를 세웠다네	則天曾自立明堂
지금 임금들이 천문의 변화를 살피려 들지 않으니	時君不省乾文變
나 때문에 재앙이 온다고 시비하지는 말게	非是由吾致禍殃

　첨성대는 천문의 변화를 아무리 살핀다 한들 나라가 제 구실을 제대로 하지 못하면 망하는 것이지 내가 있고 없음이 무슨 상관이냐고 대답하고 있다. 하늘을 두려워하지 않으면 결국 멸망에 이르리라는 경고를 풀어낸 것이다. 그것은 교만과 방종, 사치와 일락을 일삼는 권력에 대한 분노이자 한편의 두려움이었다.

여가문학의 탄생

금오산의 일상은 책을 읽고 시를 읊고 글을 짓는 일이었다. 자유스럽게 읽고 분방하게 써내려갔다. 격식과 주제에 구애받지 않았다. 관록(官祿)을 바라거나 남들의 평가와 감식에 얽매일 필요가 없었던 것이다.

언젠가 명나라 구우(瞿佑)의 『전등신화(剪燈新話)』를 읽었던 모양이다. 괴기소설, 요사이 말로 판타지인데 세상에 나온 지 얼마 되지 않은 신간이었다. 재미있었다. 「전등신화 뒤에 쓰다」에 나온다.

한 편만 흘려 보아도 웃음 나와 이빨이 드러나고 　　眼閱一編足啓齒
평생 억장에 뭉친 응어리가 쓸려 없어지누나 　　蕩我平生磊塊臆

이상한 소재, 환상적인 줄거리에서 응어리가 풀리는 정화작용을 경험한 것이다. 문득 공자가 『시경』을 편집할 때 이해 못할 일을 삭제하지 않은 이유가 무엇인가 하다가 '사실무근의 말도 교화에 관계가 있고 사람의 감동을 불러일으키면 괜찮다'는 결론에 도달하였다.

말이 괴이해도 세상 교화와 관계가 있으면 무방하고 　　語關世教怪無妨
일이 황당해도 사람에게 감동을 주면 기껍지 않을까 　　事涉感人誕可喜

더구나 자신은 나라와 조정이 필요로 하는 글을 짓는 문사가 아니라, 시간이 많은 한인(閒人)이요 버려진 일민(逸民)일 따름이다. 또한 창에 가득한 매화와 소나무 그림자를 두고 홀로 새는 밤이 너무 길었다.

김시습은 『전등신화』와 같은 새로운 형식의 글을 짓고 싶었다. 그래서 '풍류와 괴기한 이야기를 세심히 뒤져서 사람들이 못 보던 책을 한가롭게 적었다.' 이리하여 「만복사저포기(萬福寺樗蒲記)」 「이생규장전(李生窺墻傳)」 「취유부벽정기(醉遊浮碧亭記)」 「남염부주지(南炎浮洲志)」 「용궁부연록(龍宮赴宴錄)」으로 구성된 『금오신화』가 탄생하였다. 우리나라 최초의 한문소설이었다.

김시습은 어디서 겪고 들어보았을 것 같은 공간, 이를테면 남원의 만복사나 평양의 부벽루와 같은 데에서 벌어지는 여러 인간의 서로 다른 인연과 만남을 귀신·염왕·용왕 등 상상의 모티브로 얽어가며 그들 사이의 사랑과 유혹, 속임과 원망, 헤어짐과 슬픔을 그려나갔다. 그것은 현세에서는 풀 수 없는 인간의 업에 대한 탄식이며 인간의 한에 대한 위안이었으며 나아가 신명 나는 세상에 대한 갈망의 발산이었다.

『금오신화』는 어쩌면 김시습 자신에 대한 살풀이, 해원(解寃)의 의례였는지 모른다. 그러나 이에 그치지 않는다. 그것은 교훈이 아니라 여가를 위한 문학의 출현을 알리는 일대 사건이었다. 출세와 명예를 위한 문학이 아니라 삶의 여정에 활력소가 되는 읽을거리를 선사하는 문학혁명을 향한 최초의 깃발이라면 과장일까?

김시습은 과거 공부나 유람을 위하여 금오산을 찾는 선비에게 『금오신화』를 보여주었을 것이다. 또한 자신에게 호의를 베풀어준 경주부윤과 통판에게도 넌지시 건넸을 것이다.

매월당 기념관

강원도 강릉시 운정동 소재. 김시습의 절의정신과 문학의 교육 연구 및 유적과 유물의 보존 사업을 목적으로 1999년 12월 창립한 매월당문학사상연구회가 국고와 지방비를 보조받아 2005년 6월에 완공하였다. (사진 강릉시청)

성종 2년(1471) 과거시험을 준비하러 금오산에 왔다가 김시습과 열흘 가량을 같이 머물며 지냈던 양희지(楊熙止)도 보았을지 모른다. 이가신(李可臣)이 양희지를 위해 지은 「행장」에 김시습의 생활 모습이 전한다.

김시습은 날마다 맑은 물을 떠놓고 예불을 드리고, 곡을 하였으며, 다음에 노래를 부르고 나서 시를 지었는데, 그리고 다시 곡을 하고 불태웠다.

한번은 양희지가 출사를 권유하자, 김시습은 '광인이 무슨 벼슬?' 하며, '그대나 열심히 하라' 하였다고 한다.

3. 인간의 길

세상에 나서다

성종 2년(1471) 늦봄 김시습은 서울에 나타났다. 원각사 낙성식에 다녀온 지 6년, 어느덧 삼십대 후반이 되었다. 처음에는 서울과 근교를 옮겨다니다 얼마 후 수락산에 폭천정사(瀑泉精舍)를 마련하였다.

이 시기 김시습은 많은 사람과 만났다. 옛 성균관 동료와 어린 시절 동네 친구들도 상봉하였고 족형 손순효와도 끊겼던 소식을 이었다. 서거정·김수온(金守溫) 등 당대 명사와도 서로 찾았다. 벼슬할 생각이 없지는 않았지만 바로 뜻을 접었다.

김시습에게 배우러 오는 사람이 많았다. 그러나 전부 받아주지 않았다. 어떤 때는 '목석으로 내리치고 활을 겨누어 쏘는 시늉을 하였으며 비단옷 입은 고관의 자제에게도 논밭에 나가 일을 하라고 시켰다.' 그러다 마음이 맞으면 생각을 풀었다. 『매월당집』에 수록된 잡저(雜著)와 논(論)·설(說)·변(辨)·의(義) 등은 이때의 작품이다.

김시습의 문장은 생동감과 박진감이 넘쳐났다. 유불선(儒佛仙)을 넘나들며 흔쾌하고 도도하게 우주와 인간, 운명과 천명, 성인과 임금, 신하와 선비의 길을 풀었다. 대체로 객이 묻고 자신이 대답을 하는 대화체였다.

대화는 기탄이 없었다. 어떤 사람이 하늘이 추락하지 않는 이유를 묻자 김시습은 곧바로 면박을 주었다. "한심하다. 그대는 어찌 그리 꽉 막혔는가!" 그리고 이어갔다.

하늘은 위가 없고 끝도 없이 온통 기운〔氣〕으로 차서 둥글게 돌아갈 뿐이다. 해와 달과 별은 깃발 같은 줄로 꿰맨 것이 아니라 밝은 빛〔光明〕으로 이어져 있어 굳건하고 그침이 없는 것이다. 「천형(天形)」

하늘은 무형(無形) 무애(無涯)의 기체(氣體)인데 어찌 무너지며 일월성신(日月星辰)은 광명으로 이어져 있는데 어찌 떨어질 수 있는가, 한 것이다. 하늘이 조금도 어김이 없는 것은 광명을 바탕으로 하기 때문이다. 즉 천시(天時)는 광명 때문이었다.

하늘의 움직임은 끝이 없고 변화무상하지만 일순간이라도 망동하지 않는 바탕에는 바로 광명(光明)이 있다. 그러므로 절기가 나뉘고 더위와 추위가 반복되니 이것이 바로 천시다. 「북신(北辰)」

옛 성인은 바로 하늘의 때를 살펴 '사람의 때〔人時〕'와 '사람의 일〔人事〕'을 정하였기 때문에 농사와 의약, 예악과 같은 문명을 창조할 수 있었다. '사람의 길〔人道〕'도 다른 것이 아니다. "하늘의 운행(運行)에 따른 절기를 지키며 생업을 근실히 해서 임금과 부모를 섬기고 처자를 잘 기르면 된다."

운명과 천명

하늘은 인간에게 어쩔 수 없는 무엇을 내렸다. 하늘의 운수(運數)에 맺힌 운명이었다. 누군가 재앙을 막는 길을 물으며 '사람의 팔자(八字)가 모두 다른데, 전쟁이 나고 배가 전복되어 한날에 죽은 것은 무엇인가' 한 적이 있었다. 운명이 다른 데도 동시에 재앙과 죽음을 겪게 된 까닭을 물은 것이다. 쉽게 답할 수 없는 문제인데도 가볍게 풀었다.

> 무릇 운수에는 대기(大期)가 있고 소기(小期)가 있으니, 대기란 음양이 열리고 닫히는 것이며 소기는 한 시〔一時〕, 한 날〔一日〕, 한 달〔一月〕, 한 해〔一年〕, 한 세대〔一代〕로 나뉜다. 한 시의 운수가 기후이며 하루의 운수가 밤낮이며 한 달의 운수가 그믐과 초하루이며 일 년의 운수가 추위와 더위이며 일대의 운수가 인간 세상이다. 사람과 물건이 함께 죽는 것은 대개 운수가 다하여 피할 수 없이 끝에 다다랐기 때문이다. 「미재(弭災)」

인간과 만물은 하늘의 움직임이 연출하는 장단(長短), 대소(大小), 완급(緩急)의 수(數)에 엉켜 있다는 것이다. 이러한 하늘의 운수에 얽힌 운명 즉 숙명은 인간이 알 수도 없고 인력으로 마음대로 할 수도 없다.

하늘은 인간에게 또 다른 명을 내렸다. '하늘의 길〔天道〕'과 '하늘의 이치〔天理〕'를 따라서 살아야 한다는 천명(天命)이었다. 따라서 인간은 천명에 따라 인간답게 살려고 노력하여야지 어쩔 수 없는 운명을 거역하며 구차한 이익이나 꾀하려는 요행을 바라서는 아니 된다. 즉 인간의 진정한 운명은 천명을 받아들임 즉 하늘에의 무한 경배였다. 이것이 바로 참다운 인간의 길〔人道〕이었다.

김시습은 천명과 인도의 본질을 『중용』 첫 장 '하늘이 내린 천명(天命)을 성(性)이라 하고, 성을 따르는 솔성(率性)을 도(道)라 한다'는 명제로 풀었다. 즉 만물을 낳고 기르고 거두며 감추는 생장수장(生長收藏) 즉 원형이정(元亨利貞)이라고 하는 하늘의 덕이 인간에게 부여되어 인의예지의 본성을 갖춘다는 것이다. 이른바 '천부인성론(天賦人性論)'이었다.

인간의 본성은 누구에게나 있는 만유보편으로 누가 독점할 수 있는 것이 아니었다. 따라서 본성을 따르는 '솔성의 도' 역시 누가 준다고 얻을 수 있거나, 누가 방해한다고 빼앗길 수 있는 물건이 아니었다. 인간이 함께 가지고 가야 하는 절대적 보편가치가 도라는 것이다. 이런 관점에서 김시습은 '도는 천하의 공물(公物)이다' 하였다. 공자도 말하였다. "도(道)는 길〔路〕과 같다."

그러나 모든 사람이 도의 주인이 될 수는 없다. 인간의 의지가 '의리와 물욕(物欲)' 중에서 어디에 있는가 하는 문제가 있었다.

> 도(道)에 뜻이 있으면 의리가 주인 되어 물욕이 옮겨오지 않고 사리(私利)에 뜻을 두면 물욕이 주인 되어 의리가 들어올 수 없다. 「복기(服氣)」

도에 뜻을 두면 하늘이 사람을 낸 마땅한 의리를 구현할 수 있고, 그렇지 못하면 물욕의 화신이 된다는 것이다. 성인과 범인의 차이도 여기에 있다. 성인은 사욕을 버렸기에 하늘을 믿고 낙관한다. 『주역』과 『논어』에 나오는 공자의 어록을 묶어서 풀었다.

> 공자는 '천하에서 무엇을 생각하며 무엇을 근심하랴' 하며 천도(天道)를 의심하지 않으셨고, 또한 '사시(四時)가 운행하고 백물(百物)이 생겨나니, 하늘이 무슨 말을 하랴'고 하며 쉼이 없고 더할 수도 없는 태극의 성(誠)을 말씀하셨다. 「태극설(太極說)」

제 욕심을 버리면 하늘에 어긋나지 않는 떳떳한 마음과 생각이 절로 자라난다는 것이다. 이러한 길을 찾는 수양법이 '호연지기(浩然之氣)'를 기르는, 즉 우주적 사고, 자연과의 대화를 놓치지 말아야 한다는 맹자의 가르침이었다. 「복기」에서 풀었다.

우주에 가득한 호연한 기운을 제 몸에 채우면 봄바람이 사지에 퍼지듯 하여 마음이 모두 녹아나니 하늘을 올려다보나 땅을 내려다보나 부끄러운 모습이 없고 인색하거나 교만한 몸짓이 없게 된다.

기학적 예론: 「신귀설(神鬼說)」

김시습은 제 몸을 위하여 안절부절못하는 이기적 군상이 횡행하는 현실이 안타까웠다. 한편에서는 제 몸에 용을 부리고 호랑이를 낚아채는 정기를 모아 납과 수은(鉛汞)을 아홉 번 바꾸면 불로장생의 단약(丹藥)을 얻을 수 있다고 하는 '용호비결(龍虎秘訣)'로 스스로를 부수고 있다. 천지의 기운을 훔치고 하늘을 어긋나보겠다는 '위천(違天)'인 것이다.

또한 다른 편에서는 '복기'를 외치며 오랫동안 서지 않고, 가지 않고, 앉지 않고, 눕지 않고, 보지 않고, 듣지 않으면 우수(憂愁)와 경공(驚恐), 증애(憎愛)와 분한(忿恨)이 없어진다고 하는데, 이런 일은 진화하지 못한 애벌레나 할 짓이지 이목구비와 오장육부를 가진 사람이라면 할 수 있는 일이 아니다.

김시습은 하늘에 제사를 지낸다는 푸닥거리(淫祀)도 운명을 거부하는 용호나 복기와 다름없이 부질없다고 규정하였다. 일찍이 공자도 병이 들었을 때 제자들이 빌자고 건의하자 타이른 바 있었다. "기도는 하늘에 죄를 얻는 것이다."

또한 일체의 허례허식도 김시습이 보기에는 하늘 공경과 거리가 멀었다. 풍수에 의탁하여 묘지를 찾고 석물로 장식하며, 심지어 망자의 혼을 위로한다고 굿을 하는 치상(治喪)과 제사의 풍습은 실로 어처구니없었다.

부모가 은애로 기르고 정직으로 가르쳤을 것인데 요란하고 망령되게 추모하는 것은 자식의 도리를 잃어버리는 것이며, 복택(卜宅)을 한다면서 멀고 먼 곳 산중에 정하여 찾아갈 수도 없이 하는 것은 조상을 위한 것이 아니라 제 복을 구하는 소치에 지나지 않는다. 「상장(喪葬)」

정성과 진실이 없는 상례와 제례는 조상숭배를 빙자해서 제 복이나 얻자는 얄팍한 술수에 지나지 않는다는 것이다.

김시습은 '하늘과 땅 사이에는 하나의 기〔一氣〕가 풀무질할 따름이다'로 시작하는 「신귀설」이란 논설에서 오래 살고자 하는 장생술이나 허례허식을 비판하는 철학적 근거를 밝혔다. 먼저 신귀(神鬼)를 정의하였다.

천지간 하나의 기운이 펴면 차고, 굽히면 비며, 차면 나가고, 비면 돌아가는데, 차고 나오는 펴짐〔伸〕을 신(神)이라 하고, 비고 돌아감〔歸〕을 귀(鬼)라 하니 이치는 하나지만 나뉨이 다른 것이다. 「신귀설」

신(神)은 기운의 펴짐〔伸〕이며 귀〔鬼〕는 기운의 돌아감〔歸〕이므로 신귀란 태극이라는 하나의 이치에서 파생하는 여러 갈래의 운동 즉 리일분수(理一分殊)의 우주현상이라는 것이다. 신(神)과 신(伸), 귀(鬼)와 귀(歸)는 음도 같다.

그런데 세상 사람들은 '귀신이라는 물건'이 따로 있어 화를 내리거나 복을 주는 줄로 알고 있으니 무지의 소치가 아닐 수 없다. 관혼상제의 겉치레도 우주와 생명의 본질을 모르는 철부지인 것이다. 음사나 제천 그리고 허례허식을 비판할 근거를 역으로 귀신에서 찾았던 것이다.

11세기 기학(氣學)적 자연철학을 제창한 바 있는 장재가 '귀신이란 음양 두 기운의 고유한 양능(良能)이다'고 한 바 있는데, 김시습도 이러한 생각을 받아들인 것이다. 그러면서 머물지 않고 한 단계 발전시켰다. "사람이 알아야 할 귀신은 있지만 빌어야 할 귀신은 없다."

「신귀설」은 자연현상과 인간행동을 음양 두 기운의 운동으로 정리한 우리나라 최초의 기학 논문이자, 제사나 의례는 하늘에 대한 공경이지 개인의 복을 구하는 이기적인 행위가 될 수 없다는 논리를 제시한 최초의 예론이었다. 동시에 세도(世道)에 아무런 보탬이 되지 못하는 이기주의에 반대할 수 있는 근거로서 실천적 자연철학을 제시하였다.

김시습이 우주의 섭리와 인간의 마음, 도덕과 실천의 문제 등을 풀어내면 찾아온 사람은 감탄하였다. 그 광경을 적었다.

객이 조용히 자리를 피하며 '아름답다 그대의 말이여! 처음 들을 때는 한참 미친 사람 같았는데 끝에 가니 황홀하기가 첩첩 겹친 구름을 헤쳐 내고 밝은 해를 보는 것 같구나. 원컨대 그대 말을 다시 듣고자 하노라' 하였다.

「성리(性理)」

어느덧 대화는 복을 구하는 구차한 행동과 의식에 대한 폭로와 비판을 넘어서 왕도의 진실, 군자의 사명 등으로 옮겨갔다.

4. 좋은 임금을 만나고 싶다

명분의 결과 속

세상은 왜 음사가 횡행하고 신선이 되겠다는 허망한 풍조가 활개를 치는가? 임금이 명분을 세우지 못하여 나라에 기강이 없고 질서가 없게 된 탓이었다. 명분은 국가와 임금이 있기 전부터 인간사회를 지탱한 기본 가치였다. 「명분설(名分說)」에서 밝혔다.

> 명분은 천지가 정하였고, 성인이 닦았고, 고금의 역사가 바로 세웠으니 말안장을 꾸미는 치장물이 아니다.

> 명분은 일방의 논리나 강제나 폭력으로 세울 수 있는 지배와 통치를 위한 수단이나 도구가 아니었다. 임금과 신하에 서로 보탬이 되고 나라와 백성을 모두 이롭게 할 수 있는 관건이었다. 따라서 명분은 예절을 동반하였을 때 유의미할 수 있다.

명분을 세우는 주인은 다른 사람이 아닌 임금이었다. 임금이 명분을 세우면 어떠한 결과가 나타나는가를 기자(箕子)가 무왕에게 주었다는 『서경』의 「홍범(洪範)」에 나오는 '황극(皇極)'의 의미로 풀었다.

> 황극은 임금이 세우는 극인데, 극이란 지극한 의리이며 표준이 되는 명분으로 공공(公共)의 바탕이다. 임금이 중심에 극을 세우면 신하는 앞에

서 보좌하고 백성은 아래에서 그림자를 드러낸다. 「인군의(人君義)」

임금이 의리와 명분의 표준을 세우면 신하는 앞장서 임금을 보필하고, 백성은 빛을 따르는 그림자와 같이 임금을 위하여 자신을 드러낸다는 것이다. 그러면 자연히 공평하고 좋은 세상이 된다.

주희의 문인으로 여러 선현의 『서경』 주석을 『서경집전(書經集傳)』에 갈무리한 채침(蔡沈)도 말했다.

극은 복(福)의 근본이며, 복은 극의 효험이다. 따라서 건극(建極)은 복을 모으는 집복(集福)이다. 임금의 집복은 제 몸을 도탑게 하려는 것이 아니라, 백성에 복을 베푸는 부복(敷福)을 통하여 사람을 저마다 교화시키려는 데에 목표가 있다.

임금은 백성에게 나누어 주기 위하여 복을 모으고, 또한 복을 나누어서 교화시키기 위하여 의리와 명분의 중심을 잡아야 한다는 것이다. 그러자면 임금이 솔선수범하여 검약하고 절제하여야 한다. 김시습은 말한다.

옛적 성인 임금은 궁궐을 낮춰서 백성이 편히 살기를 바라고, 의복을 누추하게 하며 백성이 따스해야 한다 하고, 음식이 보잘것없어도 백성은 배불렀으면 하고, 자신의 휴가는 채우지 않으면서 백성의 넉넉한 즐거움을 원했다. 「인군의」

임금부터 재물과 욕망을 줄여 백성을 이롭게 하는 손상익하(損上益下)야말로 공공성의 추기(樞機)라는 것이다.

그런데 임금이 의리와 명분을 상실하면 어떻게 될까? 김시습은 말하지 않았지만, 백성은 생각과 모습을 숨기며 마침내 난리를 생각하게 된다. 민란(民亂)은 민은(民隱)에서 시작된다는 말이다.

민부와 국부

임금은 어떻게 하면 백성에게 복을 나누어줄 수 있는가?「애민의(愛民義)」「애물의(愛物義)」「생재설(生財說)」등에 절실하게 풀었다.

　첫째, 임금은 백성이 나라의 근본으로 백성이 없으면 하루도 살 수 없음을 알아야 한다. 왜냐하면 '임금의 창고는 백성의 몸이요, 임금의 의상과 신발은 백성의 가죽이며, 임금의 술과 음식은 백성의 기름이기 때문이다.' 어떻게 구현할 것인가? 먼저 의식에 필요한 농사나 양잠 등 생업을 보장해야 한다. 또한 백성의 일하는 시간을 빼앗지 않도록 명령을 번거롭게 내리지 않아야 하며, 백성의 재물을 소중하게 생각하여 공물이나 부역을 가볍게 하여야 한다. 그런데 지금 임금은 음식을 먹으며 백성들도 자기처럼 먹을까, 옷을 입으면서 자기처럼 입을까, 전혀 생각이 없다.

　둘째로 백성을 살리자면 만물을 아껴야 한다. 장재가 말하였듯이 '백성은 나의 동포이며 만물은 나와 함께 하기 때문이다.' 먼저 옛 성인이 아무 때나 날카로운 도끼를 숲에 들이지 못하게 하고, 너무 촘촘한 그물을 웅덩이에 던지지 못하게 한 의미를 살폈다. 숲을 보존하고 작은 물고기를 키우게 하는 것이 종국에 백성을 살리는 원려(遠慮)라는 것이다. 물아일체(物我一體)의 '애물론(愛物論)'이었다. 그런데 순임금은 산천에 불을 질러 사람에게 위협이 되는 맹수나 해충을 쫓았다. 왜 그랬을까? 백성이 경작하고 천렵을 하도록 하기 위함이었다.

　그런데 오늘날 임금은 궁궐을 사랑하고 보물을 좋아하지 백성 살리기에는 뜻이 없다. 지금 백성은 맹수와 해충보다 인색한 정사와 가혹한 세금을 더 무서워한다. 공자가 마구간에 불이 났음을 알고 '사람이 다쳤는가?' 하였을 뿐, 말을 묻지 않았다는 정신이 더욱 그리운 세상이 되었다.

셋째, 김시습은 애민과 애물의 당위성을 국가 재정 즉 국부의 차원에서도 살폈다. 먼저 『대학』에 나오는 '생재(生財)의 방법'에 내포된 의미를 들추었다. 김시습은 '재물을 만드는 대도(大道)가 있으니 생산자는 많게 하고 소비자를 적게 하며, 생산은 빠르게 하고 지출을 서서히 하게 하면 재물은 항상 넉넉하다'는 뜻을 이렇게 풀었다.

> 임금이 어진 마음이 있어야 일하는 사람이 늘어나고 놀고먹는 사람이 줄어들며, 임금이 의로운 마음으로 백성의 재물을 아껴야 관리도 임금을 따라 양입이출(量入而出) 즉 거둘 것을 헤아려 신중히 지출한다. 「생재설」

임금의 인의가 국부 창출의 관건이라는 것이다. 이에 머물지 않았다. 임금이 민부의 증식을 지지하고 성원할 것을 주장하였다.

> 사람이라면 누가 재물을 늘리고 싶지 않겠는가? 이러한 마음으로 백성에 다가가면 백성 역시 그런 마음으로 윗사람을 받든다. 사람이라면 누군들 이익을 구하지 않겠는가? 이런 마음을 백성에게 옮기면 백성 역시 이런 마음으로 윗사람을 이롭게 할 것이다. 임금이 이를 진실로 살필 수 있다면 재물을 만드는 방도는 저절로 갖추어진다. 「생재설」

누구에게나 부자가 되고 재물을 바라는 마음이 있으니 임금부터 이러한 마음을 인정하여야 한다는 것이다. 이렇게 임금이 백성의 재물을 보장하고 지지할 때 임금은 물론 나라의 재정도 풍족해진다. 당시 왕실 재정을 담당하는 내수사(內需司)가 토지를 늘리며 양민을 노비로 만드는 데 열중하는 사정을 감안하면 '하물며 나라가 백성과 재물을 다투어서야 되겠는가!' 하는 듯하다. 이런 뜻도 있는 것 같다. 자신이 부자 되고 싶은 마음으로 남도 부자로 만들자, 그러면 백성도 재물을 아끼지 않고 나라에 세금을 바칠 것 아닌가! 그렇다면 청부(淸富)를 바탕으로 한 희망의 부강국가를 설계하였던 셈이 된다.

역사의 풍경

백성의 삶을 먼저 생각하고 나라의 앞날을 미리 걱정하는 임금은 한시라도 편할 수 없었다. 안일은 백성의 몫이었다. 옛날의 성군이 그랬다. 그럼에도 홀로 다스릴 수 없었기에 현량한 신하를 찾았다.

요임금은 후직(后稷)을 얻었고, 순임금은 고요(皐陶)를 찾았으며, 하(夏)의 우(禹)임금은 익(益)을 만나 물을 다스리고 직(稷)이 있어 농사와 교역을 일으켰으며 기(夔)를 찾아 예악을 다듬었다. 또한 은나라가 걸(桀)을 내쫓고 주나라가 주(紂)를 무찌르고 창업한 것도 이윤(伊尹)·부열(傅說)·강태공(姜太公)과 같은 어진 신하가 있었기 때문이다.

숨은 인재를 찾아내고 제대로 대우하는 임금이 바로 성군이었다. 이윤은 농사짓는 노인이었고, 부열은 감옥의 죄수였으며, 강태공은 낚시꾼으로 살아가는 은사였다. 빼어난 목수라면 쓸 만한 나무를 단번에 알아볼 뿐만 아니라 한 조각 나무도 버리지 않는 것과 같다.

옛날의 임금과 신하는 흔쾌히 만나서 의기투합하였다. 그러자면 임금이 먼저 자신을 비우고 낮추어야 한다. 그래야 찬연히 빛날 수 있다. 『주역』의 「겸괘(謙卦)」를 인용하였다. "겸손은 높고도 빛나며 낮아도 넘지 못하니 군자의 마침이 여기에 있다."

그러나 옛 임금이 전부 한결같게 훌륭하지는 않았다. 『시경』 「대아(大雅)」가 증언한다.

> 하늘이 낸 뭇 백성이 그 명을 믿지 않네   天生蒸民 其命匪諶
> 처음은 착하였으나 끝까지 그런 임금 드물었다네 靡不有初 鮮克有終

처음과 끝이 달라 백성이 등을 돌렸다는 것이다. 이상의 시대로 숭앙되는 삼대에도 그러하였으니, 패도(覇道)와 전제(專制)의 시대는 더 말할 것이 없었다. 이러한 시대의 임금들은 때도 없이 백성을 부리고 재물을 빼앗아 궁궐이나 크게 지으면 임금의 권위가 높아지는 줄 알고 있다. 또한 인정을 베푼다 하면서 '구차하고 쓸데없이 조그마한 착한 일〔小善〕에 매달려 책망과 비방을 자초한다.' 나라를 망치는 길이었다. 이렇게 적었다.

> 나라의 화는 위태함에 있지 않고 편안함에 있으며, 나라의 복은 경사스러움에 있지 않고 근심함에 있다. 제왕이 근심하고 걱정하면 발흥하지만 편함과 즐거움에 머물면 결국은 망하고 만다. 「고금제왕국가흥망론(古今帝王國家興亡論)」

왕업의 성패와 국가의 흥망이 임금의 마음에서 판가름 났다는 것이다. 그런데 왜 역사는 실패를 반복하는가? 처음에는 잘하다가 얼마 있지 않으면 다시 교만과 사치, 안일에 빠지기 때문이다. 그러면서도 항상 '하·은·주 삼대의 정치를 무조건 본받자' 외친다. 한심하였다. 「정치는 삼대를 본받아야 한다」에 적었다.

정치를 말하며 반드시 삼대를 칭찬하는 것은 그 예악과 교화와 헌장의

장릉(莊陵)

강원도 영월군 영월읍 영흥리 소재. 영월로 유배를 온 노산군은 금성대군(金城大君)의 복위운동이 발각되고 얼마 후인 세조 3년(1457년) 10월 24일에 사사(賜死)되었는데 17세였다. 그때 유해가 동강으로 흘렀는데 영월호장 엄흥도(嚴興道)가 '옳은 일을 하다가 화를 입는 것은 달게 받겠다'는 충정으로 옥체를 수습하여 이곳에 밀장(密葬)을 하였다고 한다. 중종 12년(1517) 노산군의 후사를 정하여 제사를 지내게는 되었지만 묘를 찾지 못하였는데, 중종 36년(1541) 영월군수 박충원(朴忠元)이 엄흥도의 후손과 함께 묘를 찾아 수리하고 처음으로 제를 올렸다. 선조 치세 초반 김성일(金誠一)이 노산군 묘를 봉축하고 육신의 벼슬 회복을 주장하였으며 얼마 후 강원감사로 온 정철이 노산군 묘를 노릉(魯陵)이라고 하여 왕자묘의 예로 제사 지내도록 장계를 올려 관철시켰다. 숙종24년(1698) 비로소 복위되어 묘호는 단종(端宗), 능호를 장릉(莊陵)이라 하였다. 이때 부인 송씨도 정순왕후(定順王后) (1440~1521)로 복위되었으며, 능침을 사릉(思陵)으로 높였다. 경기도 남양주시 진건면(眞乾面) 사릉리(思陵里)에 있다.

법도에 대한 것이니 그 정치를 본받는다고 하는 것도 본받을 것을 추려 본받는 것이지 삼대가 모두 아름다우니 본받아야 한다는 말은 아니다.

즉, 삼대에도 있었던 임금 내쫓는 일, 백성의 원망을 일으킨 일은 본받지 말아야 한다는 것이다. 무엇을 따를 것인가? 백성을 위한 진심과 문명을 향한 창조 정신을 따르라고 한 것이다. 삼대를 무조건 찬양하면서 그 뒤에 숨어 배신과 음모를 자행하며, 이기적 들척거림에 들떠 있는 세상에 대한 질타였다. 연작 「역사를 보면 마음이 아프다」에서는 더욱 절박하게 들춰냈다.

요와 순이 공경하며 왕위를 양보한 일 너무 오래라서	揖讓唐虞已遠而
인심이 이리도 잔인하고 사나워졌나	人心殘暴更何其
임금 죽이고 나라를 뺏고는 탕과 무를 들먹이고	弑君取國言湯武
주인 배반한 간신들은 이윤과 강태공을 입에 담네	叛主依姦道呂伊

왕위를 빼앗고 요순의 선위에 빗대고, 나라를 무너뜨리고 탕왕과 무왕의 혁명을 구실로 삼으며, 또한 배반의 신하가 넌지시 이윤과 강태공을 자처한다는 것이다. 김시습의 눈에 비친 역사의 풍경은 이처럼 민망하고 슬펐다. 어쩐지 세조의 찬탈과 훈구공신의 변명에 대한 비판으로 들린다.

5. 호소와 선동

노자비판

김시습은 성인이 임금이 되었던 시대가 까마득하고, 군자를 찾지 않는 역사가 반복되는 것이 안타까웠다. 시대를 만나지 못한 착한 선비가 벼슬을 하지 않는 것은 당연하다. 공자도 말하였다. "나라에 도가 없으면 벼슬을 하지 않는다."

그래도 김시습은 좋은 선비라면 세상에 뜻을 펼 수 없어 숨더라도 살 만한 나라, 좋은 임금을 바라는 뜻은 버리지 않아야 한다고 하였다.

착한 선비는 몸을 산림에 던졌다고 하여도 임금과 나라를 마음에 품고 크게 보좌할 뜻을 간직하여야 하니, 몸은 비록 갔지만 마음은 높은 대궐에 걸어두어야 하며, 종적은 비록 숨겼지만 뜻은 대신(臺臣)의 반열에 놓아야 하니, 이것이 바로 사군자의 마음 세움이다. 「삼청(三請)」

임금과 조정이 자신을 찾지 않더라도, 아니 찾아도 나설 수 없다고 하여도 나라를 향한 마음은 열어놓고 세상과 호흡하여야 한다는 것이다. 어떻게 할 것인가? 김시습은 '마음을 스승 삼아야 한다'고 하였다. 이때의 마음은 성인의 마음이었다.

성인의 마음은 세상과 백성을 구제하기 위하여 항상 마음 졸이며 어쩔 줄 몰라 하고, 한 치의 소홀함도 두려워하며 경계하는 노심초사(勞心焦思)

와 공구계신(恐懼戒愼)의 마음이었다. 또한 항상 백성을 살리지 못하여 아파하는 마음이었다. 자공(子貢)이 '널리 베풀어 뭇사람을 구제하는 박시제중(博施濟衆)이 인(仁)입니까?' 물었을 때에 공자가 대답하였다. "어찌 인을 일삼았다고만 하겠는가, 반드시 성(聖)이니, 요순도 그러하지 못함을 아파하였다."

이런 점에서 '뭇 생명은 망상에 빠져 모두 각자가 갖추고 있는 참된 본성을 깨닫지 못하고 있다'는 진리를 두루 통달한 실달(悉達) 즉 싯다르타도 성인이었다. 희사와 자비의 마음 즉 모든 것을 기꺼이 버렸을 뿐만 아니라, 중생을 향한 안타까움을 한시도 놓치지 않았기 때문이다.

그런데 김시습이 보기에 '도는 항상 무위(無爲)이며 유위(有爲)가 없다' 혹은 '도는 숨어 있어 이름이 없다[道隱無名]'고 하였던 노자는 '성(聖)'과 거리가 멀었다.

누군가 김시습에게 '도가의 작위하지 않음으로 그윽함을 지킨다는 무위수현(無爲守玄)의 취지가 성리학과 다른가?' 물었을 때였다. 노자가 교만과 허례 그리고 가식(假飾)이 활개를 치는 세태를 비판하였기에 태고를 사모하고 순박한 풍속을 숭상하며 자연을 따르는 자애와 소박한 삶을 염원하였다는 주장을 곁들인 질문이었다.

김시습은 '도가의 도는 저들의 도일 따름이지 우리가 말하는 성인의 도가 아니다'는 한유를 인용하며 단호하게 말하였다.

노자는 가장 높은 덕을 말할 뿐 덕으로서 백성을 가르치지 않았고, 또한 인의를 몸소 실행하지 못하게 하였으니 어지러움의 으뜸이다. 「성리」

노자의 도덕이 아무리 심오하고 아무리 커도 세상과 백성을 아우르지 않으면 아무 소용이 없다, 즉 세상구제와 백성사랑의 마음이 처음부터 없었다는 것이다.

이렇듯 노자는 어지러운 세상, 위태로운 시절을 무조건 회피하며 '변통 없이 자연을 좇았다.' 따라서 보이지 않는 현묘함에 빠져 세상에 대한 책임을 다하지 못하였기 때문에 성인이 될 수 없다. 김시습의 논리였다.

사실 노자는 이렇게 주장한 바 있다.

도를 잘 행하는 옛사람은 백성을 개명시킨 것이 아니라 장차 어리석도록 만들었다. 백성을 다스리기가 어려운 것은 그들에게 지혜가 많기 때문이니, 지혜로 나라를 다스리면 나라의 적(賊)이 되고, 지혜로 다스리려고 하지 않아야 나라에 복(福)을 가져온다.　「도덕경」 65장

노자는 무지의 정치와 원시의 백성을 찬양한 것이다. 문명의 폐단에 대한 자연과 원시주의 입장의 대항논리 즉 춘추전국시대의 혼란 상황에서 기교와 계략, 제도와 인습에 대한 비판이었을 테지만, 후폭풍은 그렇지 않았다. 지혜가 필요 없는 정치는 무단을 낳고, 아둔한 백성을 다스리는 길은 형벌밖에 없었다. 사실이었다. 전제군주가 좋아하는 학설이었다. 세상을 회피하는 선비도 도가를 끌어들이며 예악과 명분을 부정하고 자유방종으로 흘렀다.

변화를 읽으며 근본가치를 추구하라

성인은 어떻게 백성구제의 책임을 다할 수 있었는가? 「성리」에 '무릇 성(聖)이란 사변(事變)에 형통하고 물리(物理)에 통달하는 것이다'라고 적었다. 성인은 시세의 변화와 사물의 이치에 통달했다는 것이다. 『역경』 즉

'변화의 책(book of change)'을 해설하면서도 밝혔다.

> 변화하며 새로워지는 변역(變易)은 천지가 정한 법인데, 성인의 능숙한 사업도 여기에 있다.
> 「역설(易說)」

성인은 한곳에 머물거나 멈추는 법이 없이 변화를 살펴서 새로움을 추구하였다는 것이다. 따라서 군자가 성인을 배우려고 한다면 마땅히 『역경』을 배워서 변화를 살필 수 있어야 한다. 그러나 변화를 핑계로 사리사욕을 채우려고 하면 아니 되지만, 상황과 시세를 살펴 지나치거나 모자람이 있어서도 아니 된다.

'중용'의 길! 그것은 적막과 정지 상태에서 취할 수 있는 것이 아니라 시의에 따른 의리의 구현이었다. 공자를 때를 맞춘 '시중(時中)의 성인'이라고 한 까닭이다. 그러나 공자는 변화에 대처하면서도 하나의 가치는 결코 놓치지 않았다. 「상변설(常變說)」에 밝혔다.

> 변화이든 불변이든 사람에 있지 도에 있지 않고, 평생토록 처신하는 한 마디의 말은 충서(忠恕)가 아니겠는가. 충서로 처신하면 변화이든 불변이든 모두 막힘이 없이 통하게 되어 있다.

어떠한 시대, 어떠한 상황에서 변화를 취하든 불변을 취하든 그것은 인간이 주체적으로 하는 것인데, 이때 평생 실천하여야 할 하나의 가치가 있다면 '충서(忠恕)'라는 것이다. '사람이 길[道]을 넓히는 것이지 길이 사람을 넓히는 것은 아니다'는 공자의 가르침과 증자가 '선생님의 도는 충서일 뿐이다'고 한 어록을 조합한 것이다. 『논어』의 「위령공(衛靈公)」과 「이인(里仁)」에 나온다.

'충(忠)'은 임금에 대한 충성을 넘어 남을 위하여 자신을 전부 바치는 진기(盡己)와 진심(盡心)이며, '서(恕)'는 소극적 차원의 용서가 아니라 '자기가 하고 싶지 않은 바를 남에게 시키지 않는' 바의 배려이며, 자아와 타인의 소통을 위한 관용이었다. 충서가 바로 인(仁)이었다.

따라서 인은 '나 홀로' 덕목이 아니었다. 사람과 사람이 이해하고 공존하는 가치가 인이었던 것이다. 인의예지 중에서 인을 으뜸 삼는 연유도 여기에 있다.『논어』「옹야(雍也)」에서 공자는 말한다. "무릇 어진 사람은 자기가 자립하고 싶은 욕망으로 남을 자립하게 하고, 자기가 앞서고 드러나고 싶은 욕망으로 남도 그렇게 되도록 하니, 자신에 미루어 남을 유추하여 생각하는 것이 인의 방법이다."

지금 무엇을 할 것인가

김시습은 공자의 '인' 사상을 자신의 논설 도처에 옮겨놓았다. 김시습 나름의 성인의 발견이며 마음에서의 경전 읽기였다. 그러면서 경전을 읽고 베끼면서 이기적 욕망에 골몰하는 공부현실을 비판하였다. 그러나 우울함은 가시지 않았다. 성인을 배웠다는 신하가 왜 임금을 제대로 보필하지 못하고 백성을 편안하게 하는 정치를 하지 못하는 것인가? 아니, 임금 곁은 이기적 욕심이 가득한 신하들이 차지하고 있다.「고금충신의사총론(古今忠臣義士總論)」에 풀었다. "세도가 추락하여 교묘한 말로 임금의 뜻에 영합하며 벼슬을 잃지 않고 부귀를 구하는 데 골몰하는 신하가 많은 세상이 되었다."

김시습은 은자를 자처하지만 실상은 이기심과 명예심이 가득한 거짓도 싫었다. '군자의 숨고 나섬에 대한 고찰' 정도로 번역되는 글에 적었다.

이익을 탐하면서도 관작을 사양하는 척하며 임금의 마음을 끄는 교묘한 재주를 가진 교신(巧臣), 은둔을 핑계로 외딴 땅을 찾아나서면서도 명성을 낚으려는 거짓 선비(僞士), 재덕이 없어 세상에 버림받고 궁벽한 촌구석에 살며 꾸짖는 일을 일삼는 용렬한 사람들이 '나 역시 은자이다'라고 하고 있으니 못생긴 모모(嫫母)가 미인 서시(西施)를 흉내 내는 것과 다를 바 없다.

「고금군자은현론(古今君子隱顯論)」

이록(利祿)과 명예를 낚을 요량으로 은둔을 자처하고, 학문을 닦지 않아 버림받은 인생들이 세상을 비웃으며 은자를 자처하고 있다는 것이다. 겉치레 은자여, 더 이상 세상을 속이지 말라! 하는 듯하다.

김시습이 보기에 거짓 은자는 나태하고 안일한 생활에 젖어 뜻도 확실하지 않고 공부가 착실하지 않았다. 다만 세속을 벗어난 척 산림을 자처할 뿐이라는 것이다. 김시습은 분노했다.

옛사람은 산속에서 먹고 마시고 살아도 규모와 원칙이 있었기 때문에 일단 세상에 나오면 일대의 스승이 되었는데, 지금은 산에 살면서 저토록 안일하고 나태하니 배고파서 목숨이나 버리고 궁상맞고 핍박받으며 제 삶이 가루로 부셔져버린다고 하여도 마땅하다.

「산림(山林)」

거짓 은자들이 세상에서 도를 펼 수 없다는 핑계로 무위자연(無爲自然), 무사무려(無思無慮)를 일삼으며 안일과 나태에 젖어 있는 모습에 대한 미움이 철철 넘쳐난다.

김시습은 근래 청정과욕(淸淨寡慾)이란 종지만 내세울 줄 알았지 싯다르타가 그토록 염원하던 중생구제를 망각한 불가의 안일한 수행 풍토도 못마땅하였다. 참선은 부단히 생각하고 면밀하게 염려하는 정진인데도 편안하고 한가로이 아무 일도 하지 않는 안한(安閑)과 무사무위(無事無爲)로 착각하고 있다는 것이다.

김시습은 벼슬과 재물을 버릴 뿐 아니라 목숨까지 바치며 임금의 잘못을 고칠 수 있는 충심의 신하, 양심의 신하를 보고 싶었다. 어떻게 하면 이러한 신하들이 많아질 수 있는가? '고금의 역사책에 충신과 의사의 열전을 수록한 까닭'을 설명하며 밝혔다.

역사에 화려한 필체로 절의를 드러내야 비분강개하는 선비가 다투어 목숨을 바칠 것이 아닌가! 또한 머뭇거리지 않고 선뜻 팔뚝을 걷고 손바닥에 침을 뱉고 나서는 용사가 있지 않겠나!

「고금충신의사총론」

서산서원(西山書院)

경남 함안군 군북면 원북리 소재. 숙종 24년(1698) 단종이 복위되자 지방 유림의 발의로 숙종 32년(1706)에 세워지고 숙종 39년(1713)에 사액을 받은 생육신을 모시는 서원. 조려의 고향에 있는데, 이맹전·원호·성담수·김시습·남효온이 배향되어 있다. 조려는 단종 원년(1453) 진사가 되었는데 세조가 즉위하자 출사의 뜻을 접고 낚시를 하며 세월을 보냈다. 그러나 멈추지는 않았다. 단종을 위한 초혼제를 참석하였으며 인근의 선비의 모범으로 살면서 말년에는 진주 향교의 훈

도로 내려온 김일손을 만나 한 시대를 증언하기도 하였다. 대원군의 서원철폐령에 따라 훼철되었다가 1984년에야 복원되었다. 근처에 조려가 머물던 채미정(採薇亭)과 도유형문화재 제159호로 지정된 조려의 생가가 있다.

역사에서 충의사적을 드러내는 것은 옛날의 충신 의사를 위로하는 차원을 넘어 오늘의 건강하고 의로운 분발을 위하여 필요하다는 것이다. '역사에 절의의 선비, 용기의 선비로 이름을 남기려거든 분발하라'로 읽힌다. 그리고 덧붙였다.

군자의 의리와 신하의 본분에 통달한 사람이라면 '나의 직분이 어찌 옛 사람을 본받은 뒤에 그렇게 하겠는가!' 할 터인데, 이런 사람을 만나볼 수 없으니 탄식할 따름이다.

이 역시 '이 땅의 올바른 선비들이여, 지금 강건히 일어서지 않으면 달관(達觀)의 선비가 아니다!' 로 읽힌다. 여기에 세조의 즉위와 사육신의 죽음을 떠올리면, '우리 역사의 충절을 분명히 기억하고 기록하자' 하는 듯하다. 역사에 대한, 나아가 역사를 향한 호소였다. 이것은 분명 선동이다.

6. 이제 떠나리라

무서운 비웃음

김시습은 사람과 사람이 인의 마음으로 서로 묶여야 한다는 간절한 염원이 있었다. 이러한 생각을 이름이 '인(仁)'이었던 시승(詩僧)에게 이름 풀이로 적어준「계인설(契仁說)」에 담았다. 사람의 하늘을 향한 가장 귀한 약속이 '인'이라는 한 글자에 있음을 밝힌 것이다.

성종 12년(1481) 김시습은 머리를 기르고 환속하여 조부와 부친의 제사를 지냈다. 그리고 안씨(安氏)와 재혼하였다. 그런데 첫째 부인 남씨도 소식조차 끊긴 상태에서 사별하였다고 하는데, 재취 부인도 얼마 후에 세상을 떴다.

성종 14년(1483) 늦봄 김시습은 홀연히 관동으로 떠났다. 머리는 깎지 않았지만 가사(袈裟)를 걸쳤으니 머리 긴 행각(行脚)스님, 두타승(頭陀僧)이었다. 이번에는 무작정 방랑이 아니었다. 수레에는 경전과 역사책까지 가득 실었으며 기장[黍]이라도 심을 땅을 구해서 살려는 계획이 있었다. 사약을 받은 폐비 윤씨가 낳은 원자가 세자가 되는 등 왕실과 조정이 어수선하던 참이었다.

김시습은 서쪽으로 흐르는 강줄기를 보고 있자니 좋은 세상에 떠나지 못한 아쉬움과 감회가 착잡하였다.「소양정에 올라」세 수에 풀었는데 첫 번째 후반이 이러하다.

기러기 저 멀리 모래톱에 내려앉을 제	雁下沙汀遠
배 한 척 옛 언덕으로 그윽하게 돌아왔네	舟回古岸幽
어느 때라 세상의 얽힘을 던져버리고	何時抛世網
흥이 나서 이곳에 다시 올 수 있을까	乘興此重遊

『길 위의 노래』 편역자는 이 구절을 '세상 인연을 완전히 끊어버리지 못한 탓에 시인의 한은 사라지지 않는다'로 풀었다.

김시습은 북한강을 따라 화천에 머물다 춘천에서 살았다. 그리고 인제로 가서 진부령을 지나 강릉과 양양을 오고 갔다. 날씨가 풀리면 산중으로 들어가 밭에 보리와 조를 심고 거두고, 추워지면 바닷가로 나왔을 것이다. 메밀밥으로 끼니를 때우는 곤궁한 생활이었다.

한때 양양부사 유자한(柳自漢)과 무척 친밀하게 지냈다. 가끔 술과 곡식도 받고 아들과 조카를 잠시 가르친 적도 있었다. 유자한은 경주 금오산 시절 경주부 통판으로서 교유가 있었던 유자빈(柳自濱)의 아우였다.

어느덧 오십을 넘었다. 지난 행로가 기막히다는 생각이 들었다. 「동봉육가」 「번뇌를 풀다」 등에 감회를 담았다. 특히 후자에서 자신의 행로와 희망을 숨김없이 담았다. 먼저 어린 시절 청운의 꿈을 회상하였다.

| 내가 벼슬하는 날 | 期余就仕日 |
| 경술로 밝은 임금을 보좌하리라 | 經術佐明君 |

그러나 아니었다. 모친을 잃고 외할머니마저 세상을 떠나자 집안 살림도 어렵게 되었는데 세상마저 가팔라지자 산하를 떠돌았다.

| 비녀 꽂고 홀을 잡는 고관 되려는 생각이 없어지며 | 簪笏纓情少 |

구름과 수풀에 뜻을 두고	雲林着意多
세상일을 잊으려 할 뿐	唯思忘世事
산하 아무 데나 눕고 말았네	恣意臥山河

산수 간에 의탁하며 살면서도 공부를 쉬지 않은 덕분에 칭찬도 받고 다소 재물도 얻었지만 삶은 돌이킬 수 없었다.

| 남들의 칭찬에 많이 부끄러워하며 | 多慚譽我者 |
| 주는 것도 받았지만 가난은 면할 수 없었네 | 遺贈長吾貧 |

이렇듯 부서지고 어긋났지만 한 가지 꿈은 있었다. 마지막에 적었다.

조종 제사가 뒤집힌 것이 한스럽고	可恨顚宗祀
지난 기대 저버린 것이 마음에 걸리는데	關心負素期
강은 언제 맑아지는지 기다린 지 오래인데	河淸俟望久
학이 전하는 조칙은 더디기만 하네	鶴詔下來遲

세조의 즉위가 가져온 어두운 과거를 잊지 않음이며, 노산군으로 강등되어 죽은 단종이 지금이라도 복위되었으면 하는 기다림이었다. 자신의 인생은 어쩔 수 없게 되었지만 종묘의 제사가 뒤집힌 역사가 지금이라도 바로 잡혔으면 한 것이다. 그러니 세월이 더욱 한심하였다. 조소라도 해야 하는가.「실소(失笑)」의 전반부다.

| 옛적과 오늘을 자세히 살펴보니 | 細窮古今事 |
| 문득 깔깔 웃지 않을 수 없네 | 失笑屢呵呵 |

| 나라를 그르쳐놓고 말마다 협력하자고 하고 | 誤國言言協 |
| 제 몸을 위한 일만 하고도 화합하자고 한다네 | 謀身事事和 |

사사로운 개인적 이익을 위하여 나라를 잘못 이끌어놓고 화합과 협력을 운위하는 위정집단에 대한 냉소. 증오보다 더 무서운 냉소였다…….

중흥사 회합

한편의 미움은 다른 한편의 그리움을 키우는 것일까. 만년의 관동 시절 그리움을 담은 시가 부쩍 많아졌는데, 특히 남효온이 보고 싶었다.「산중에서 친구를 생각하다」후반이다.

내 남은 목숨 늙고 파리하여	餘生成潦倒
부평초 같던 삶을 너절하게 탄식할 뿐	浮世歎龍鍾
어느 날 장안에 가서	何日長安去
품은 정을 백공에게 말할 수 있을까	情懷話伯恭

백공(伯恭)은 남효온의 자다. 당시 자가 호명(呼名)이었다면 호는 존칭이었는데 서울에서는 열아홉 살 연하의 남효온을 항상 '추강'이란 호로 불렀다. 젊은 나이에 '소릉복위'를 주장한 기개와 마음에 대한 존중이었으리라. 그런데 이번에는 자를 불렀다. 은밀한 친밀함이 밀려들었을 게다. 언제 만날까, 아니 이제 한번 찾아가야지, 한 것이다.

성종 21년(1490) 가을, 김시습은 삼각산 중흥사에 나타났다. 세조 즉위의 소식을 듣고 책을 불사르고 떠났던 곳이다. 수락산을 떠난 지 7년 만이었다. 남효온이 김일손과 함께 찾아왔다. 그때 정황이 김일손의 일기를 바탕으로 조카인 김대유(金大有)가 꾸민 『탁영선생연보』에 나온다.

세 사람은 밤새 담소하고 함께 백운대에 등정하고 도봉에 이르렀는데 무려 닷새 동안을 같이 보냈다. 그때 담론이 모두 없어지고 전하지 않는데 혹여 기휘(忌諱)하는 바가 있어 그런 것인지 알 수 없다. _{성종 21년 9월 경신}

김일손이 그때 나눈 대화나 사연을 별반 기록으로 남기지 않았다는 것이다. 비록 일기라 하더라도 왕실과 국가에 관한 금기사항이었다면 적어두기 힘들었을 것이다. 이렇듯 역사는 기록으로 빛을 내기보다는 묵색(墨色)의 침묵에 잠겨 있을 때가 더 많다. 그러나 충분히 유추할 수 있다.

세 사람은 얼마 전 남효온이 마감하고 김일손이 교정을 본 「육신전(六臣傳)」에 대하여 의견을 교환하였을 것이며, 지난봄 경연에서 '노산군의 후사를 정하여 제사를 지내자'는 김일손의 건의에 이야기가 미쳤을 것이다. 서로 흔쾌하나 즐거울 수 없는 눈빛이 오갔음에 틀림없다. 이것만이 아니었다.

슬픈 노래는 언제 그칠까

김일손의 「조상치의 자규사(子規詞)를 따르다」는 노래의 세주(細註)에 '조상치를 따라 김시습과 박도가 화답하였는데, 김시습이 외운 것을 나를 위하여 전해주었다'는 구절이 있다. 김시습은 상왕이 영월로 쫓겨 갔을 때 「자규사」를 부르니 조상치가 먼저 따르고 박도와 자신이 이어갔다고 하며 그때의 노래를 전해주었던 것이다.

자규(子規)는 두견(杜鵑)인데, 신하에게 쫓겨난 촉나라 임금 두우(杜宇)가 슬피 울며 진달래를 붉게 물들이고 죽어서 새가 되었다는 전설이 있다. 자규는 '찌꾸'의 의성(擬聲)이며, 이것이 '뀌쭉'으로 들려서 귀촉(歸蜀)이 된다. 마치 두우가 '촉으로 돌아가나 돌아가지 못하나'는 뜻의 '귀촉도불여귀(歸蜀道不如歸)' 하였다고 하여 일명 귀촉도(歸蜀道)라고도 한다.

다음은 김시습이 전하는 상왕의 「자규사」이다.

달 밝은 밤 귀촉도 울면	月白夜蜀魂啾
시름 못 잊어 다락에 기대었네	含愁情倚樓頭
네 울음 슬퍼 내 듣기 괴롭구나	爾啼悲我聞苦
네 소리 없으면 내 시름 없을 것을	無爾聲無我愁
이 세상 괴로운 사람에게 말을 전하노니	寄語世上苦勞人
춘삼월에는 자규루에 부디 오르지 마소	愼莫登春三月子規樓

세조가 즉위하자 낙향하였다가 영월을 찾았던 조상치가 듣고 따라 불렀다. 다음은 후반부이다.

그 얼굴 외롭고 모습도 초췌하여라	形單影孤貌憔悴
우러르고 높이기는커녕 뉘라서 돌아보리	不肯尊崇誰爾顧
슬프다 인간 원한 그 어찌 너뿐이리오	嗚呼人間冤恨豈獨爾
충신의사의 비분강개한 격정은	義士忠臣增慷慨激不平
손꼽아 세지 못할 것을	屈指難盡數

다음은 김시습이 따라 부른 노래인데, 역시 후반이다.

깃 떨어진 채 쓸쓸히 돌아갈 곳이 없구나	落羽蕭蕭無處歸
뭇 새들도 우러르지 않고 하늘도 돌보지 않으니	衆鳥不尊天不顧
어디를 보고 한밤중에 목매어 불평 쏟아낼까	故向中宵幽咽激不平
공연히 임금 잃은 신하 적막한데	空使孤臣寂寞
깊은 산에 남은 세월 얼마나 세어보았나	窮山殘更數

박도의 노래는 생략한다. 김일손이 사무쳐서 즉석에서 읊었으니 뒷부분만 옮긴다.

지지배배 온갖 새들 서로 봄을 다투는데	啾啾百鳥共爭春
너만 홀로 슬피 울며 사방을 돌아보네	爾獨哀呼頻四顧
이미 별 기울고 달도 지니 그 울음 더욱 처량하여라	已而參橫月落聲轉悲
아름다운 사람 생각하면 눈은 아득하고 숨만 가빠	懷佳人兮目渺渺氣激激
외로운 신하와 홀로 된 아낙의 곡성을 헤아릴 길 없네	孤臣寡婦哭無數

마지막 홀로된 아낙은 아마 한때의 중전인 송씨일 것이다. 이때 김시습은 단종의 칠언율시 「자규시」까지 외워주었다.

원통한 새 한 마리 궁중을 나오니	一自冤禽出帝宮
외로운 몸 그림자마저 짝 잃고 푸른 산을 헤매네	孤身隻影碧山中
밤은 오는데 잠들 수가 없고	假眠夜夜眠無假
해가 바뀌어도 한은 끝없어라	窮恨年年恨不窮
새벽 산에 울음소리 끊어지고 달이 흰 빛을 잃어가면	聲斷曉岑殘月白
피 흐르는 봄 골짜기에 떨어진 꽃만 붉겠구나	血流春谷落花紅
하늘은 귀먹어 하소연을 듣지 못하는데	天聾尙未聞哀訴

| 서러운 이 몸의 귀만 어찌 이리 밝아지는고 | 胡乃愁人耳獨聰 |

김일손이 따랐다. 「노릉임금이 지으신 자규시를 따르다」이다. 노산군을 임금으로 생각한 것이다.

금수의 미산 아래 옛 궁궐을 생각하니	錦水眉山憶舊宮
자규새 울음소리 나무 사이에 퍼지네	一聲聲在亂樹中
아름다운 여인은 수놓기를 그치며 봄이 지나감에 놀라고	佳人停繡驚春暮
외로운 나그네는 등잔불 아래에서 밤을 밝히네	孤客挑燈坐夜窮
만 리나 떠나온 시름이 예쁜 풀에 초록빛을 더하나	萬里愁添芳草綠
천 년 눈물이 떨어져 지는 꽃을 더욱 붉게 하는가	千年淚洒落花紅
돌아가리 하여도 돌아갈 곳이 어디메뇨	不如歸去歸何處
대궐 앞에서 외쳐봐도 임금 귀에 들어갈 길이 없네	叫閽無由達帝聰

어찌하여도 비통함은 가시지 않았고, 어찌하여도 지난 역사에 대한 회한을 숨길 수 없었다.

마지막 외출

김시습은 이듬해 봄까지 삼각산에 머물렀다. 그동안 김일손은 진하사(進賀使) 서장관(書狀官)으로 북경을 다녀왔고, 남효온의 병든 몸은 더욱 쇠약해졌다. 김시습은 양화진에서 배를 타고 떠났다. 두 사람이 전송하였다. 김일손은 그곳에서 배웅을 마쳤던 모양이다. 「남효온과 같이 설악으로 돌아가는 김시습을 전송하다」가 있다.

삼월 양화진에 꽃피고 맑은 강물이 굽이치는데	三月楊花洌水灣
조각구름 타고 외로운 학이 되어 가는 당신을 보냅니다	片雲孤鶴送君還
지란의 향기가 바람에 날려 추강의 집에 들어갔다가	芝蘭風入秋江室
이제 봄 고사리 나는 설악산으로 가는지요	薇蕨春生雪嶽山
오 세 신동의 절개가 바로 정절공이군요	五歲神童猶靖節
백 년 만의 맑은 선비가 완고함을 바르게 하였으니	百年淸士可廉頑
언젠가 두 사람이 지팡이 잇고 금강산에 가면서	聯筇他日金剛去
봉황 사는 산의 물 나오는 곳에서 석관을 두드리이다	鳳頂源頭叩石關

김일손에게 김시습은 동진 시절 나라의 멸망을 슬퍼하며 숨었던 정절공(靖節公) 도잠(陶潛)이었다.

남효온은 흥인문 밖까지 나갔다.「춘천 옛집으로 돌아가는 동봉선생을 전송하다」두 수가 있는데 다음은 첫 번째다.

우리 군자 보내려고 병든 몸을 일으켜서	爲送吾君起病身
흥인문 밖에서 뜨거운 먼지 뒤집어쓰고 있소	興仁門外觸炎塵
오늘 밤 헤어지면 하늘 끝으로 가십니까	天涯離別自今夕
메밀밭 꽃 앞에서 눈물을 쏟아낼 뿐	蕎麥花前忍淚人

남효온은 병이 깊어 무척 힘겨워하였다. 김시습은 아마 '우리 추강이 얼마 남지 않았구나' 하였을 것이다. 아쉬움이었다. 그래도 풍채 좋고 강건하며 재덕이 넘치는 김일손을 만나며 '우리의 뜻을 이어갈 사람이다' 하였는지 모른다. 김일손은 김시습보다 29살 아래였다.

관동으로 돌아간 김시습은 얼마 후 충청도 무량사(無量寺)로 향하였다.『묘법연화경(妙法蓮華經)』을 판각하고 간행하면서 발문을 부탁하여

무량사 극락전

충남 부여군 외산면 만수리 만수산 아래에 있다. 김시습이 생애를 마친 곳이다. 이때 김시습은 다비(茶毘)를 사양하였는데 그래서 스님들이 3년 동안 매장하였다가 화장을 하니 사리 한 점이 나와서 부도를 세우고 안치하였다고 한다. 사리는 지금 부여박물관에 있다. 김시습 시비는 극락전으로 향하기 전 왼쪽에 있으며 극락전을 오른쪽으로 돌아 뒤쪽으로 가면 호젓하게 나무숲에 싸여 있는 산신각이 나오는데 김시습의 초상화는 본래 이곳에 있었다. (사진 부여군청)

찾아간 것이다. 부여를 지나 대천의 바닷가로 가는 돌이 좋은 만수산 골짜기에 있다. 아마 중간에 공주의 동학사에서 며칠을 보냈을 것이다.

김시습은 무량사에서 세상을 떠났다. 「무량사에서 병으로 눕다」가 있다. 평생의 수많은 시작 중의 마지막 작품일 것이다.

봄비 오락가락 하는 이삼월인데	春雨浪浪三二月
급작스런 병을 겨우 견디며 선방에서 일어나	扶持暴病起禪房
누군가에게 서쪽에서 전해온 법을 물으려 하여도	向生欲問西來意
다른 스님 칭찬하고 높일까 두려울 따름이라	却恐他僧作擧揚

절에 왔으니 불법을 토론하고 싶었지만 이제 기력도 없고, 다른 스님 앞에 나설 뜻도 없었다. 그렇게 조용히 떠났다. 성종 24년(1493) 봄이었다.

산하를 채색하다

홍유손이 제문을 보냈다. 무량사가 가까운 남양에 있어 남보다 소식이 빨랐을 것이다. 홍유손은 28년 전 원각사 상량법회가 있던 날 김시습이 서거정·김수온·홍윤성 등과 함께 있을 때 처음 만났는데, 그 광경을 「원각사 동편 스님 방에서」 네 수에 담은 적이 있었다. 다음은 첫 번째이다.

수고롭게 녹봉 구하지 않아도 굳세고 어질고 착하니	與勞非穀强賢臧
흡사 칼을 잘 숨기는 정도의 숨김일세	爭似丁刀更善藏
눈 속에서 풀잎 옷 입는데도 살갗은 더욱 부드럽고	雪裏草衣肥益軟
한낮 식사를 나무 열매로 때워도 오히려 배부르다 하며	日中木食腹猶望

청산녹수를 나의 집 경계로 삼고 있으니	靑山綠水吾家境
누가 청풍명월을 주장할 수 있을까	明月淸風孰主張
벼랑 끝을 떠돌고 물길에 맡기며 살면서도	如寄生涯宜放浪
오히려 명교를 세우려는 뜻은 하늘과 더불어 장구하구나	還思名敎共天長

2행의 정도(丁刀)는 『장자(莊子)』「양생주(養生主)」의 우화에 나오는 칼솜씨가 좋아 소를 잘 잡았으나 정작 칼은 감추었다는 백정을 말한다. 김시습이 진정한 문장과 경술을 숨기고 있다는 것, 또한 청산녹수를 집으로 삼아 떠돌지만 진정한 부자이며 자연의 주인이라 존중한 것이다. 그렇다면 홍유손은 당대의 문장과 실세들을 김시습 아래로 내렸던 것이다. 이렇듯 당대의 고관대작을 무시하였으니 언제까지 무사할 수 있을까?

본래 남양의 향리였던 홍유손은 학술과 문장이 높아 향역(鄕役)을 면제받은 후로 밀양에서 모친상 중에 있던 김종직을 찾아가 배운 적이 있었고, 이후로 한동안 지리산에서 공부하고 수락산으로 김시습을 자주 찾았다. 그러나 남효온 등과 함께 죽림우사를 결성하는 등 거침없이 세상을 비판하였기 때문에 '세상을 가볍게 보고 소리 높여 청담을 말한다'는 미움을 받고 다시 향리로 복무하지 않을 수 없었다.

이러한 홍유손이 향역에 묶인 몸인지라 직접 올 수 없었던지 제문만 보냈던 것이다. 남효온이 이미 세상을 떠났으니 달리 제문을 지을 사람도 없었다. 특이한 육언고시(六言古詩)인데 후반에 이런 구절이 나온다.

우리 동방이 당신 눈엔 텅 빈 곳	眼扶桑其盡空
짙푸른 하늘의 구름까지 모조리 걷어냈지요	悅雲掃乎紺天
저 명산과 대천은	彼名山與大川
공의 자취가 있어 얽혀 드러났고	惟公迹之編著

| 기암괴석과 수려한 물길도 | 奇巖怪石勝水 |
| 공이 감상을 기다려 색깔을 더하였더이다 | 待公賞而增色 |

마지막의 색을 더하였다는 증색(增色)은 '색을 덧입혔다'는 뜻이다. 요사이 말로 채색(彩色)이다. 당신으로 하여 산하가 색깔을 더하였다는 것, 그래서 이 강산의 바위와 냇가가 비로소 색깔을 띠게 되었다는 것이다. 그것도 기량과 재주를 펼 수 없었던 세상의 산하를 무소유의 붓끝으로. '색은 빛의 모방이 아니라 빛의 창조'라 함은 이를 두고 말함이 아닐까?

당신은 산하에 색을 칠하고 빛을 뿌리고 갔다. 그리고 5년 후 엄청난 후폭풍을 일으켰다. 당신의 기억과 생각을 가까이서 엿보았던 김일손의 사초로 인하여 많은 사람이 목숨을 잃었던 것이다. 그럼에도 김시습은 거론조차 되지 않았다. 목숨을 빼앗을 자식도 없고, 빼앗길 재산도 없고, 나아가 스스로를 스승으로 높이지도 않았던 철저한 자아희생의 귀결일 것이다.

여백(餘白)을 위하여

16세기 김시습을 바라보는 입장은 크게 달랐다. 이황은 이해할 수 없다는 입장이었다. 즉 '김시습은 아무도 할 수 없는 것을 찾고 괴상한 행동을 일삼는 색은행괴(索隱行怪)에 가까우니 그가 만난 시대가 그러하여서 높은 절개를 이룬 것뿐이지, 양양부사 유자한에게 준 편지와 『금오신화』를 보면 높고 원대한 식견이 있다고 할 수는 없는 듯하다' 하였다. 제자 허봉(許篈)이 '매월당이 세상을 도피한 일절(一節)은 중용(中庸)에는 부합하지 않으나 처신은 맑았고, 폐인 노릇도 어쩔 수 없는 임시방편이지 않았겠습니까' 하는 질문에 대한 의견이었다.

이에 비하여 이이는 매우 높게 평가하였으니 「김시습전」에서 '마음은 유자이나 행적이 불교인 심유적불(心儒跡佛)이었으며, 절의(節義)의 표준을 세우고 윤리와 기강을 떠받치며 뜻을 오로지 하였으니 그 광채는 일월과 다툴 만하였고, 그의 풍문을 듣는 사람들은 겁쟁이라도 뜻을 세우게 되었으니 가히 백세의 스승에 가깝다고 하여야 할 것이다' 하였다. 그러면서도 '영예(英銳)의 자질을 학문과 실천의 공을 이루는 데 오로지 하지 않았기 때문에 헤아릴 수 없을 만큼의 성취를 이룰 수 없었으니 안타깝다' 하였다.

오늘날 우리가 누구의 견해를 받아들이는가 하는 것은 문제가 되지 않는다. 그러나 내일을 위한 역사가 계보 그리기, 경계 치기가 아니라고 한다면 지금쯤 김시습이 사림의 역사에서 어떠한 위상에 있는가 한 번쯤 생각할 때가 되지 않았을까? 아니다. 김시습은 바라지 않을 것이다. 오히려 백성을 살리지 못하고, 누구를 선양하며 자기를 도모하는가, 그러니 나를 팔지 말라, 깔깔 웃을지 모른다. 그래도 세상의 밝음과 인간의 착함을 위하여 아쉬움이 많은 분들은 김시습을 올바르고 폭넓게 기억하고자 발버둥을 쳤다.

시문 출처

- 관서록 뒤에 적다 宕遊關西錄後志, 『梅月堂集』 권9
- 세속을 끊다 絶俗, 『梅月堂集』 권9
- 안시성에서 가을을 보다 安市城秋望, 『梅月堂集』 권9
- 어부 漁父, 『梅月堂集』 권9
- 관촉사의 대불(大佛)을 알현하다 謁灌燭大像, 『梅月堂集』 권11
- 무등산에 올라 登無等山, 『梅月堂集』 권11
- 광한루에 오르니 피리소리 들리다 南原廣寒樓上聞笛, 『梅月堂集』 권11
- 백제의 옛날을 노래하다 咏百濟故事, 『梅月堂集』 권11
- 견훤이 완산에서 일어나다 甄氏起於完山, 『梅月堂集』 권11
- 호남록 뒤에 적다 宕遊湖南錄後志, 『梅月堂集』 권11
- 고향 산이 그립다 憶故山, 『梅月堂集』 권12
- 산가의 고통을 읊다 咏山家苦, 『梅月堂集』 권12
- 무쟁비 無諍碑, 『梅月堂集』 권12
- 첨성대에게 묻노라 問瞻星臺, 『梅月堂集』 권12
- 첨성대를 대신하여 화답하다 代瞻星臺答, 『梅月堂集』 권12
- 전등신화 뒤에 쓰다 題剪燈新話後, 『梅月堂集』 권4
- 역사를 보면 마음이 아프다 看史傷心, 『梅月堂集』 권1
- 소양정에 올라 登昭陽亭, 『梅月堂集』 권13
- 동봉육가 東峯六歌, 『梅月堂集』 권14
- 번뇌를 풀다 敍悶, 『梅月堂集』 권14
- 천형 天形, 『梅月堂集』 권17
- 북신 北辰, 『梅月堂集』 권17
- 미재 弭災, 『梅月堂集』 권17
- 복기 服氣, 『梅月堂集』 권17
- 태극설 太極說, 『梅月堂集』 권20
- 신귀설 神鬼說, 『梅月堂集』 권20
- 상장 喪葬, 『梅月堂集』 권17
- 성리 性理, 『梅月堂集』 권17
- 인군의 人君義, 『梅月堂集』 권20
- 생재설 生財說, 『梅月堂集』 권20
- 고금제왕국가흥망론 古今帝王國家興亡論, 『梅月堂集』 권18

- 정치는 삼대를 본받아야 한다 爲治必法三代論, 『梅月堂集』 권18
- 삼청 三請, 『梅月堂集』 권16
- 역설 易說, 『梅月堂集』 권20
- 상변설 常變說, 『梅月堂集』 권20
- 고금충신의사총론 古今忠臣義士總論, 『梅月堂集』 권18
- 고금군자은현론 古今君子隱顯論, 『梅月堂集』 권18
- 산림 山林, 『梅月堂集』 권16
- 계인설 契仁說, 『梅月堂集』 권20
- 실소 失笑, 『梅月堂集』 권14
- 산중에서 친구를 생각하다 山中憶友, 『梅月堂集』 권15
- 조상치의 자규사를 따르다 次曺靜齋尙治子規詞, 『濯纓集』 속집 상
- 노릉임금이 지으신 자규시를 따르다 追魯陵御製子規詩, 『濯纓集』 속집 상
- 남효온과 같이 설악으로 돌아가는 김시습을 전송하다 同南伯恭送金悅卿歸雪嶽, 『濯纓集』 속집 상
- 춘천 옛 집으로 돌아가는 동봉선생을 전송하다 東郊送別東峰先生之春川舊隱, 『秋江集』 권3
- 무량사에서 병으로 눕다 無量寺臥病, 『梅月堂集』 권7
- 원각사 동편 스님 방에서 圓覺寺東上室, 『簑蓑遺稿』 하

남효온 南孝溫

방랑, 기억을 향한 투쟁

남효온 연보

본관 의령(宜寧), 자 백공(伯恭), 호 추강(秋江)

1454년 (단종 2) —— 한양 출생
1478년 (성종 9) —— 25세, '소릉복위상소' 올림
1480년 (성종 11) —— 진사 급제
1482년 (성종 13) —— 죽림우사 결성
1483년 (성종 14) —— 「귀신론」 초고
1485년 (성종 16) —— 4월 금강산 유람, 9월 송도 여행, 「성론」 집필
1486년 (성종 17) —— 충청도 기행
1487년 (성종 18) —— 호남 유랑과 지리산과 해운대 유람
1488년 (성종 19) —— 가을, 김일손 등과 청도의 운문사 유람
1489년 (성종 20) —— 관서 유랑, 의령(宜寧)에 머물며 「육신전」 집필
1491년 (성종 22) —— 호서와 호남 방문
1492년 (성종 23) —— 39세, 10월 별세
1504년 (연산 10) —— 부관참시

남효온의 삶은 아낌없는 버림과 거침없는 언설의 연속이었다. 그러나 내일을 향한 교류와 소통에는 무척 열성이었다. 술과 노래는 이지러진 현실에 대한 분노이며 일탈이었고 고독과 실의에서 시작한 방랑은 차라리 순례였다. 그때 남긴 글은 소망과 해원의 발산, 역사와 국토의 발견이었다. 병마와 가난, 가족을 향한 통한으로 점철되었던 최후 몇 년, 생명의 마지막 불꽃을 사르겠다는 각오로 지어낸 「육신전」은 기억하지 못하면 미래가 없다는 역사운동의 깃발이었다. 오늘날 그 뜻을 조금만 엿본다면 분단과 독재가 빚어낸 상흔을 밝히지 못하고 그에 대한 속죄를 얻지 못하면 결코 화해와 용서, 전진과 진보가 없겠구나 할 것이다.

우리는 남효온을 비분강개를 주체하지 못한 '청담파' 선비로 기억하였다. 여기에 그치지 않는다. 「귀신론(鬼神論)」「성론(性論)」「심론(心論)」「명론(命論)」 등 논문이 15세기 후반 학술의 척도가 되며, 조선시대 학술논쟁의 서막을 열었던 소중한 성과임을 간과하였다. 또한 가을 강가에서 들어야 시원할 것 같은 「추강냉화(秋江冷話)」와 54인 선비의 언행을 증언한 「사우명행록(師友名行錄)」이 침묵과 망각에 묻힐 뻔했던 지성 사회, 사상 문예의 흐름을 알려주는 생생한 당대사임을 가볍게 취급하였다. 왜 이러한가? 남효온의 일생을 관통하였던 '버림[棄]의 철학'과 '과정의 미학(美學)'에 눈길을 주지 않기 때문이다.

주요인물 해설

이심원(李深源) 효령대군의 증손자로 경학에 밝고 행실을 가다듬어 평상시에도 관대를 하고 손에서 책을 놓지 않았다. 전강(殿講)에서 사서와 오경에 통달하여 주계부정(朱溪副正)이 되었으며 성종 18년(1487) 종친만 응시하는 종친과에서 경(經)과 사(史)의 강독에서 일등으로 뽑혔다. 일찍이 훈구대신을 비판하고 고모부 임사홍을 배척한 일로 갑자사화 때에 일가가 몰살을 당하였다. 충남 계룡시 금암동에 정려각이 있다.

강응정(姜應貞) 은진 출신으로 경학은 물론 의술·지리·복서 등에 밝았고 성종 1년(1470) 효자로 정려를 받았는데, 성균관에서 박연(朴演), 신종호, 강백진, 손효조(孫孝祖), 등과 함께 '소학계' 일명 '효자계'를 결성하여 정례적으로 『소학』을 강론하고 실천하였다. 이들은 강응정을 공자, 박연을 안연(顔淵)으로 치켜세웠다. '성인 배우기'를 향한 열정의 표출이었다.

신영희(辛永禧) 세종의 명신 신석조(辛碩祖)의 손자로 성종 14년(1483) 사마시에 합격하고 성균관에 입학하였으나 승려에게 도첩을 남발하는 왕명을 거세게 반대하다가 장형을 받고 사림을 자처하며 살았다. 김굉필의 낙향 권고를 받아들여 직산(稷山)에 은둔하여 훗날 기묘사림의 주역인 김정(金淨) 등을 가르쳤고, 예전의 사우를 회상하는 「사우언행록」 등을 남겼다.

장계이(張繼弛) 성종 치세 초반 임금 앞에서 각종 경서를 강의하였는데, '이리저리 어려운 것을 물어도 막힘이 없었다.' 성균관의 사예(司藝)와 사성(司成)을 지내고 경연관으로 활동하였는데 성종 8년(1477) 7월 죽을 때 아주 가난하여 나라에서 관곽(棺槨) 등 물품을 내렸다. 예종 1년(1469) 『세조실록』 편찬 과정에서 '사초에 사관의 이름을 적게 하면 직필(直筆)에 장애가 된다'고 주장하다가 곤욕을 치른 적도 있었다.

조신(曺伸) 조위의 서제(庶弟)로 김종직에게는 서처남(庶妻男)이 된다. 역관으로 중국과 일본을 몇 차례 다녀왔으며 견문과 식견이 높고 문장이 뛰어났다. 남효온을 김종직에게 소개한 장본인이며 사후에 『추강집』을 1차로 꾸리기도 하였다. 당대 인물과 사건을 기록하고 시문을 평론한 『소문쇄록(謏聞鎖錄)』을 남겼다.

1. 전선의 형성

세조의 공신은 물러나라

성종 9년(1478) 새해는 황사(黃沙)가 극심했고 흙비[土雨]도 무섭게 내렸다. 그리고 지진이 있고, 내내 비가 내리지 않았다. 이번만이 아니었다. 몇 해 계속 산이 무너지는 홍수와 태풍, 엄청난 가뭄, 들판을 휩쓴 메뚜기 떼, 그리고 가을인데도 복숭아와 자두나무가 꽃을 피웠다.

 사람이 잘못하면 천재지변과 기상이변이 나타난다고 생각하던 시대, 훈구공신들은 초조하였다. 국왕을 잘못 보필하고 국정을 엉망으로 운영하여 하늘의 화를 초래했다는 책망을 면하기 어려웠기 때문이다. 성년이 되어 친정을 시작한 성종도 당황스럽기는 마찬가지였다. 어떻게 하면 좋은가? 국정에 대한 반성과 대안을 요구하는 구언교(求言敎)를 내렸다.

 태종의 현손 즉 효령대군의 증손이었던 이심원이 상소를 올렸다. 먼저 수령의 탐학과 향리의 간사함으로 백성이 살기 어려운데, 권세가문은 재산 늘리기에 골몰하여 사채(私債)를 통하여 백성의 재물을 빼앗고 있음을 아뢰었다. 그런데도 권문은 백성이 원하여 사채를 준다는 식으로 '사채를 금지하면 가난한 자가 의뢰할 곳이 없어 굶주리게 될 것이므로 그대로 두는 것이 낫다'고 하고 있었다. 이심원은 그들의 안일하고 이기적인 모습을 폭로하고 당대 집권자가 누구인가를 물었다.

 전하께서는 지금 집정자(執政者)를 모두 어질다고 여기십니까? 어진 이와 어질지 못한 이가 섞였다고 여기십니까? 비록 어질지 못한 이가 많지만 어진 이를 얻지 못하였으니 자리를 비울 수 없어 등용하고 계십니까? 아니면 조종(祖宗)께서 전하께 넘기셨으니 어질고 어리석음을 따지지 않고 받아들여야 조종의 뜻을 저버리는 것이 아니라고 그러시는 것입니까?

『성종실록』 9년 4월 8일

지금의 집권세력이 어질지 않다는 것이다. 그런데도 여전히 등용하는 것은 무엇인가? 그들이 세조부터 내려온 신하여서 임금이 버리지 못한 탓도 있지만, 임금이 능수능란한 처신과 이중적 행실에 속고 있기 때문이라고 진단하였다. 이심원은 그들의 행태를 '지금 뜻을 펴고 있는 자들은 단정하고 공손하며 또한 응대함에 능숙하고 말을 잘 꾸밀 따름이다' 하여 바르지 못한 심사를 들췄다. 결국 '세조의 공신을 물러나게 하여야 한다'는 주장이었다.

이심원의 상소는 세조의 훈구공신에 대한 정면 도전이었다. 원상제가 폐지되고 최항과 신숙주 등 거물이 타계하여 예전과 같지 않다고 하지만 여전히 훈구공신이 막강한 권력을 쥐고 있던 시절에 쉽지 않은 일이었다. 이심원 자신이 종친이라서 신랄할 수도 있었겠지만, 경학과 시문이 뛰어나고 행실이 가지런하였기에 그만큼 자신 있게 말할 수 있었을 것이다.

이튿날 성종을 친견하는 자리에서도 이심원은 '지금 훈구를 임용하지 않아야 그들을 공신으로 보호할 수 있으며 세조의 은혜에 상처를 입히지 않을 것이다' 하였다. 그리고 임사홍을 '뒷날 국가를 패망시킬 사람'으로 지목하였다. 도승지 임사홍이 즉각 반격하였다. "이심원은 다만 옛 글을 읽었을 뿐, 시의(時宜)에 맞추어 조처함을 알지 못하니 진실로 어리석고 망령된 사람이다."

임사홍은 부친 임원준(任元濬)이 집현전 학사 출신으로 세조의 공신이었으며 자신은 종친의 수장인 효령대군의 손녀사위이면서 아들 광재를 예종의 부마로 들였던 새로운 강자였다. 그런데 이심원이 자신의 고모부이기도 한 임사홍을 '더 이상 조정에 둘 수 없다'고 했던 것이다. 훗날 조광조가 중종에게 아뢰었다. "사사로운 친분을 고려하지 않고 나라를 위하여 간언하였으니 늠름하고 진정한 충언입니다."

현덕왕후를 복위하자

이레 후, '초야의 백성으로 몇 년 전부터 배운 바를 개나 말이 자기 주인을 사랑하는 정성으로 말하고자 하는 강개한 마음이 있었다'로 시작하는 또 한 편의 상소가 올라왔다. '혼인을 제대로 시키자면 사치풍조를 잡아야 한다'를 비롯하여 '수령을 제대로 가려 뽑자' '인재의 취사선택을 신중히 하자' '고리대를 일삼고 백성과 토지를 두고 소송하는 내수사를 없애자' '유가의 이단인 무당과 불교를 배척하자' '삼강오륜을 밝혀 풍속을 바르게 하자'는 등의 주장을 폈다. 여기까지는 자못 평범하였다.

그러다 별안간이다 싶게, '사람의 마음과 기운에 순응하면 천심(天心)과 천기(天氣)에 순응하는 것이요' 하고서 근래의 천재지변은 소릉을 폐치한 때문이라고 하였다.

> 신의 어리석고 망령된 생각에 인심이 소릉(昭陵)의 폐치(廢置)에 순응하지 않으니 천심도 불순하여 재앙을 내리는 것입니다. 「성종실록」 9년 4월 15일

소릉은 노산군을 낳은 현덕왕후가 문종의 현릉에 합장되기 전의 능침이다. 즉 현덕왕후 폐출에 따라 민심이 불순하여 재앙이 계속되므로 하늘

의 재앙을 마감하자면 현덕왕후를 복위시켜야 한다는 것이었다.

이 상소가 '소릉복위상소'로 알려져 있는 「성종대왕에 올리는 상서(上書)」로서 주인공은 성균관 유생 남효온, 당시 25세였다. 국가적 금기사항으로 되어 있던 세조 치세의 어두운 상흔을 공개적으로 들춰낸 최초의 언론이었다.

남효온은 세조가 예종에게 내린 '나는 어려움을 당하였으나 너는 태평하여야 할 것이니, 만약 나의 행적에 국한되어 변통을 알지 못하면 나의 뜻을 따르는 바가 아니다'는 훈시까지 공개하였다. 세조 자신이 예종에게 불미스러운 처사를 바로잡아주기를 원하였으므로 현덕왕후를 복위시켜도 세조의 유지(遺志)에 어긋나지 않음을 주장한 것이다.

먼저 성균관이 발칵 뒤집혔다. 상소 중에 '내가 저 사람에게 도를 배우려고 하나 저 사람은 도가 없고, 내가 저 사람에게 학업을 물으려고 하나 저 사람은 학업이 없다'고 한 구절에 사유(師儒)들이 발끈한 것이다. 당시 성균관 지사였던 서거정까지 나섰다. "이런 부박한 풍조를 두고 볼 수 없으니 국문하자."

그러나 문제는 정작 다른 데 있었다. 도승지 임사홍이 '소릉복위는 신하로서 감히 입 밖에 낼 수 없는 금기사항'이라는 사실을 부각시키며 이심원과 기맥을 통한 붕당의 소산이라고 규탄하였다. 한명회도 좌시하지 않았다. 공신인가 젊은 선비인가, 양자택일을 요구하는 노회한 술법으로 임금을 압박하였다. "소릉복위와 공신배척은 세조를 비난하고 헐뜯은 것이므로 남효온과 이심원을 처벌하지 않으면 공신을 믿지 못하는 것이다."

조정에서 남효온과 이심원을 구원한 사람은 거의 없었다. 노사신(盧思愼)과 성담년(成聃年)만이 '말이 맞지 않는 미친 아이를 추국할 수 없다'는 소수의견을 냈을 뿐이다. '광동(狂童)'이니 무시하자는 것이었다.

성담년은 성삼문의 제종제로서 훗날 생육신으로 추앙받은 성담수의 동생이었으며, 『경국대전』을 비롯한 국가적 편찬사업을 주도한 노사신은 훗날 세조의 공신으로 무오사화에 동조하기는 하였지만, 사림파의 피해를 줄이고자 하였다가 옥사가 진행 중에 사망하였다.

자칫 참화가 일어날 수 있는 위급한 상황이었다. 그러나 성종의 '구언에 따른 언론을 처벌하는 것은 온당치 못하다'는 뜻이 확고하여 두 사람은 무사하였다. 이때 성종은 한명회에게는 별도로 '저들의 망언을 믿지 않고 있다'는 전지를 보냈다. 훈구공신의 위세는 여전히 막강하였던 것이다.

그대를 보내고

이심원과 남효온의 상소가 몰고온 파장이 일단락되자 이번에는 사헌부와 사간원의 신진관료들이 '시절의 운수가 마침 이러한 것이므로 재이(災異)는 걱정할 것이 없다'고 한 임사홍의 발언을 문제 삼았다. 하늘과 사람은 서로 간섭하지 않는다는 '천문우연설(天文偶然說)'로 임금을 현혹하였다는 것이다. 나아가 작년 임사홍과 유자광이 공모하여 현석규를 궁지에 몰아넣었던 진상까지 고발하였다. 결국 두 사람은 '붕당을 지었다'는 죄를 받고 유배를 갔다. 이렇게 마무리되는 듯하였다. 그러나 이심원도 무사하지 못하였다. 조부 보성군의 고발로 처벌을 받게 된 것이다. 성종 9년(1478) 9월이었다. 내막이 조금은 복잡하다.

어린 시절 세상을 떠난 태종의 넷째 왕자 성녕대군(誠寧大君)의 제사는 그동안 원천군(原川君)이 받들었다. 그런데 원천군이 적자가 없이 세상을 떠나자, 이심원의 조부 보성군이 성녕대군의 제사를 받고 싶어서 '서출(庶出)을 후사로 삼을 수 없다'는 여론을 일으켰다. 효령대군의 제2자가 보성군이고 제6자가 원천군이니, 보성군은 동생이 맡았던 제사를 잇고자 한 셈이다. 여기에 보성군의 사돈인 임원준(任元濬)이 가세하였다. 보성군이 성녕대군의 후사가 되면 재산을 승계할 것인데 그렇게 되면 자기 아들인 임사홍의 몫도 생길 것이라는 계산 때문이었다.

임원준이 이심원을 충동하였다. 학문과 문장을 갖춘 터라 효령대군이 신망하였기 때문이었다. 그런데 단호하게 '증조부이신 효령대군의 뜻이 그렇지 않으셨는데, 조부께서 제사를 받들어야 하겠습니까?' 거절하였다. 찬물을 끼얹은 것이다. 결국 성녕대군의 제사는 원천군의 서자인 열산수(列山守)가 맡게 되었다.

보성군은 이심원이 괘씸하였다. 아니 증오하였다. 그런데 이심원의 상소 때문에 사위까지 유배를 떠났다. 그리고 어느 날 일가의 회합에서 심하게 꾸짖었는데, 이심원이 그만 '강력하게 반발하고 말았다.' 겉만 보면 불효이며 패륜이었다. 보성군이 고발하였다. "이심원이 여러 번 광패(狂悖)한 말을 하였을 뿐 아니라, 이제 고모부 임사홍을 헐뜯었으므로 인정과 천리가 이럴 수 없다."

정창손·한명회·노사신·심회(沈澮) 등은 '조부에게 방자하고 도리를 잃었다'며 보성군에 동조하였다. 모두 막강한 훈구대신들이었다. 예전 같으면 아무런 반대가 없이 그대로 받아들여질 사안이었다. 그러나 이번에는 달랐다.

이형원(李亨元)·김흔(金訢)·민사건(閔師騫)·성담년·유호인 등이 '이심원을 손자로 보지 않고 해칠 생각을 한 보성군이 잘못이며, 이심원을 시켜 종실의 양자 문제를 충동질한 임원준의 잘못이 우선이다'고 하며 이심원을 옹호하였다. 비공신계 신진관료들이었다. 이심원의 공부와 행실도 자랑하였다. "이심원은 어릴 적부터 학문에 뜻을 두고 뜻이 맞는 성균관 유생들과 '소학의 도'를 깊이 연구하였다."

이심원의 정려각

충남 계룡시 금암동 281-4 천마산길 5. 여기에 충청남도 문화재자료 제338호인 〈이심원충신정려현판(李深源忠臣旌閭懸板)〉이 걸려 있다. 갑자사화 때 일가가 몰살을 당한 이심원은 훗날 밝혀진 바에 의하면 성종에게 '임사홍은 뒷날 국가를 패망시킬 사람이니 조정에 두지 않아야 함'을 간언하였다고 하는데 이러한 사실에 대하여 조광조는 '사사로운 친분을 고려하지 않고 나라를 위하는 마음으로 임금 앞에서 늠연(凜然)히 충언(忠言)하였음'을 높이 평가하였다. 『중종실록』 12년(1517) 8월 8일 기사에 있다. 이를 계기로 이심원은 주계군(朱溪君)으로 증직되고 충절을 기리는 정려문이 세워졌다. (사진 계룡시청)

훈구공신에 대한 신진관료의 집단적 반론! 이전에는 볼 수 없었던 광경이 펼쳐진 것이다. 전선의 형성이었다. 여기에는 『소학』을 통한 수기(修己)와 일가주의를 내세운 이기(利己)의 대립이 깔려 있었다.

성종도 처음에는 '이심원의 말은 공적(公的)인 것이지 사적(私的)인 것이 아니다' 하며 신진관료에 동조하였다. 그러나 훈구공신의 처벌 주장이 워낙 거세지자 물러서지 않을 수 없었다. 결국 이심원은 '조부에게 행패를 부렸다'는 죄목을 뒤집어쓰고 장단(長湍), 이천(利川) 등지로 쫓겨나서 한동안 도성에 들어올 수 없었다.

남효온은 아쉬웠다. 언젠가 꿈에 보았던 모양이다.「꿈에 성광(醒狂)을 보다」중 일부다. 성광(醒狂)은 이심원의 호로서 '깨어 있는 미치광이'란 뜻인데, 다른 호로 묵재(默齋), 태평진일(太平眞逸)이 있다.

아아 우리 어진 선생이여	因嗟子夫子
전에는 백관의 반열에 있어	往者在鵷行
일언으로 국사를 부지하려다	一言扶國事
지금에 이르러 한바탕 꿈이 되었네	到今成黃粱

남효온과 동갑이었던 이심원은 성리학에 밝았다. 언젠가 이심원과 안우가 이런 대화를 나눴다.「추강냉화」에 나온다.

안 우 : 기(氣)에 리(理)가 있음은 계란에 노른자가 있는 것과 같다.
이심원 : 그렇지 않다. 계란의 노른자는 본래 리와 기를 함께 가지고 있고, 흰자도 리와 기를 함께 가지고 있다. 형상이 있으면 기요, 보이지 않는 것은 리다. 리와 기는 나누어지는 것이 아니다.

안우가 '기에 리가 있다' 즉 '현상이 있어야 이치가 생긴다' 한 반면에, 이심원은 '리와 기는 하나이다' 즉 '이치와 현상은 떨어 질 수 없다.' 한 것이다. 주희를 따르는 입장이었다. 그랬음인지 남효온은 「백연(伯淵)을 이천의 유배지로 보내며」에서 '천 년 넘게 이름 전할 주자처럼, 그대의 뱃속은 오경을 담는 상자라네' 하였다. 백연은 이심원의 자다.

2. 술과 노래

한강의 밤

남효온은 뜻있는 젊은 선비 사이에서 '실로 말하기 어려운 금기를 드러낸 강개한 인사'로 이름을 알렸다. 그러나 조정에서는 '광동', '광생(狂生)'으로 낙인찍혔다. 도성에 머물기 쉽지 않았다. 성균관의 사유를 '자격이 없다'고 신랄하게 비판하였으니 그곳 출입도 생각하기 어려웠다.

남효온은 한동안 전장(田莊)이 있는 행주로 들어가서 나루터에서 낚시로 소일하면서 술을 찾았다. 그러다 모친의 간곡한 부탁으로 다시 공부를 시작하였다. 행주의 어느 사찰을 찾고 집에는 '경심재(敬心齋)'라는 액자를 걸고 마음을 잡았다. 「경심재명(敬心齋銘)」이 있다. "해와 달이 머리 위로 환히 비치고 귀신은 좌우에서 살피며 내려다보네."

성종 11년(1480) 진사시에도 합격하였다. 그러나 대과는 포기하였다. 어느 날 현몽한 증조모가 어렵겠다고 했다는 일화가 전한다.

> 내가 '급제하겠습니까' 물었더니 처음에 대답이 없어 다시 물으니 증조모가 '급제하기는 어렵겠다' 하시다가, 이윽고 '금년 5월에는 급제하겠는데 작문은 여러 선비의 으뜸이겠으나 원수가 시관이 되면 반드시 뽑기는 하되 하등으로 삼을 것이니 네가 급제하기 어려운 까닭이다' 하였다. 내가 '천지가 있고, 귀신이 바로 잡을 것인데 원수라 해도 어찌 사사로운 생각으로 그렇게 하겠습니까?' 하니, '네 말은 옳다' 하였다. 「추강냉화」

아찔하였다. '대과는 정말 힘들겠구나' 하였을 것이다. 그래도 실력이 없다는 평판을 듣기는 내키지 않았던지 공부는 계속하였다. 그리고 3년쯤 되었을 때였다. 이번에는 이웃에 사는 귀머거리 친구 고순(高淳)이 '안응세(安應世)가 꿈에 나타나 그대 안부를 물으며 한 편의 시를 주더라' 하였다. 다음은 고순의 꿈에서 남효온에게 주었다는 안응세의 시다.

문장과 부귀는 모두 뜬구름 같은 것	文章富貴惣如雲
어찌 수고스럽게 독서에 애를 쓰는가	何須勞苦讀書勤
돈이 생기거든 술이나 사시게	但當得錢沽酒飮
세상 인간사가 그대 뜻대로 되지 않을 것이니	世間人事不須云

평생 시우(詩友)를 기약하였지만 술을 좋아하여 26세에 요절한 안응세가 오죽하였으면 꿈에 나타났을까? 그래, 과거가 무슨 소용인가? 그때 감회를 「고순이 꿈에 안응세를 보다」에 풀었다. 마지막 부분이다.

내 장차 번뇌를 버리고	吾將棄煩惱
이제 돌아가 낚싯줄을 손질하며	歸去理釣絲
한강 물가에서 어슬렁거리며	逍遙大江濱
그대 의심일랑 사지 말아야지	勿受吾侯疑

남효온은 한강을 오가며 낚시나 하며 살기로 작정하였다. 행주나루와 양화진 사이의 압도(鴨島)에 갈대 집까지 지었다. 억센 갈대가 많아 나라가 관리하였는데 마찰은 없었는지 모르겠다. 거룻배도 한 척 장만하였다. 띠풀로 다락을 얹어 먹고 잘 수 있도록 꾸민 타루(柂樓)였다.

남효온은 여의도와 서강과 동작, 마포를 오가며 지냈다. 배가 지나가면 친구들이 술을 가지고 찾아왔다. 밤을 새며 그믐달을 보다가 닭 울음을 듣는 나날이었다. 그러다 압도로 들어가곤 하였다.

양화진에서 서호주인(西湖主人)을 자처하며 고깃배를 움직이던 이총(李摠)과 왕래가 잦았다. 언젠가 친구들을 태우고 건너왔는데「이총이 압도의 초가를 찾다」다섯 수에 그날의 정경을 담았다. 그 네 번째다.

잘 드는 칼로 가늘게 회치니 은빛 나고	雄劍斫魚銀膾細
술 데우는 풍로 숯불 연기 푸른데	風爐煮酒炭烟靑
강과 들에서 부리는 종들까지 문 앞에서 신곡을 부르니	江奴野婢門新曲
다시 술잔 돌아 흠뻑 취하는구나	更與傳杯醉酩酊

일행은 고기를 잡아 회를 뜨고 술을 마시고 노비들은 노래를 불렀다. 거문고가 당대 제일이었던 이총은 슬픈 노래를 많이 지었는데, 이 날은 부르기 쉽고 경쾌한 곡이었던 모양이다. 이총은 태종의 증손으로 남효온의 둘째 사위가 되었다.

한강은 사람과 물산이 무수히 지나는 물류와 소통의 길이었다. 뜻을 펴기 위하여 왔다가 뜻을 잃고 떠나는 만남과 헤어짐의 여러 길목이 있다. 또한 기다림의 길이었다. 혹여 조정을 떠났다가 다시 들어가고자 할 때 한강보다 빠른 길은 없었다. 도성과 경기의 권세 있는 가문이 한강변에 전장(田莊)을 열었던 연유가 여기에 있다.

한강은 공부하기에 좋은 문화 공간이기도 하였다. 장래가 촉망되는 유능한 관리에게 휴가를 주어 책을 읽게 하는 독서당을 호당(湖堂)이라고 하는 것도 한강이 훤히 보이는 풍광 좋은 곳에 두었기 때문이다. 이것만이 아니다. 독서당의 엘리트 관료를 유인하며 조정과 도성의 권위를 가볍게 비웃을 수 있었다. 한강은 시위와 저항의 공간이었던 것이다. 그러다 한강은 풍류의 광장으로 변한다. 넓은 강바람을 타고 가까이는 남산, 멀리는 인왕산이 보이는 곳에서 즐기는 뱃놀이는 더할 나위 없었다. 그 사이 내일을 위한 격려와 위로를 주고받을 수 있으면 순간 연대와 모색의 공간으로 탈바꿈한다. 바로 남효온의 한강이었다.

남산의 봄

남효온은 도성에 들어가면 홍유손·이종준·권경유·신영희·이정은(李貞恩)·우선언(禹善言)·이분(李坋)·조자지(趙自知)·이달선(李達善)·강흔(姜訢) 등과 어울렸다. 달 밝은 밤이면 꽃을 보고 술을 마시며 밤거리를 활보하였고, 날 고운 봄에는 남산에 올라 시를 지으며 또 마셨다.

어느 날 밤이었다. 비파를 걸쳐 멘 이정은과 이종준의 집을 찾았다. 태종의 손자였던 이정은은 슬픈 노래를 잘 연주하여 지나가던 행인도 멈춰서 눈물을 훔치게 할 만큼 음률의 달인이었다. 이종준 역시 시와 그림에 일가를 이루었으니, 더할 나위 없는 조합이었다.

세 사람은 살구꽃이 활짝 핀 이종준의 뜰에서 이정은의 비파소리에 취하여 술을 마시고 시를 읊었다. 한 구절씩 이어가는 연구(聯句) 「이정은과 같이 달빛 타고 비파 들고 이종준의 문을 두드리다」가 있다.

우뢰 같은 비파소리 봄을 재촉하니	琵琶撥雷催晚春 (이종준)
꽃 아래 사람다운 사람이 모였는데	花下相逢皆可人 (남효온)
청담이 끝나지 않았는데 술 항아리는 엎어졌네	清談未了缾欲臥 (이정은)
맛있는 산나물 안주를 배불리도 먹었구나	山肴喫盡羞澗蘋 (이종준)
좌중에서 이 추강이 늙어 미쳤다 한다지	座中秋江老狂發 (남효온)

다시 한 잔 비우면 원통함이 씻기려나　　　　更把一杯心欲雪 (이정은)

　　이종준은 이정은의 비파 소리가 좋고, 이정은은 자신의 노래가 끝나자 술이 없는 것이 아쉬웠다. 남효온이 이 자리에 만난 사람은 좋지만 자신이 이렇게 미쳐 늙어가는 것이 아닌가 하자, 이정은이 한 잔 술을 권하며 위안하고 있다. 세 사람은 한껏 취하여 밤거리를 쏘다니다가 새벽에 권경유를 찾아가 놀라게 하였다. 「추강냉화」에 나온다.

　　성종 13년(1482) 봄날 조자지의 집에 갔을 때였다. 홍유손이 '현재 세상이 벼슬하기에는 마땅치 않으니 우리는 죽림칠현(竹林七賢)이 되어 호탕한 놀이나 할 뿐이다' 하였다. 죽림칠현은 3세기 후반 중국 동진시대 세상이 어지럽자 청정무위(淸淨無爲)와 공리공담(空理空談)을 일삼으며 죽림 아래에서 노닐었던 일곱 선비를 말한다. 이렇게 하여 '죽림우사(竹林羽士)'가 결성되었다.

　　먼저 남효온·홍유손·조자지·이정은·이총·우선언·한경기(韓景琦)가 중국의 청담파가 즐겨 썼던 '소요건(逍遙巾)'을 준비하고 술과 안주를 가지고 홍인문 밖 대밭에 모였다. 나중에 이현손(李賢孫)·노섭(盧燮)·유방(柳房) 등이 뒤늦게 합석하였다. 일행은 날이 저물 때까지 후한 말에 마취제를 찾아낸, 그러나 이 때문에 조조에게 죽은 명의 화타(華陀)의 비방(秘方)으로 빚는다는 '도소주(屠蘇酒)'를 돌리며 한껏 노래하며 춤추다 헤어졌다. 한경기는 한명회의 손자, 노섭과 유방은 각각 노사신, 유자광의 아들이었다.

　　남효온은 술로 인하여 실수가 많아 장안의 놀림감이 된 적도 있었다. 모친의 걱정이 이만저만이 아니었다. 금주를 단행하였다. 그때 「지주부(止酒賦)」를 지었는데 남아 있지 않고 「주잠(酒箴)」이 남아 있다. 중간 부분이 이러하다.

학가정(學稼亭)

경남 의령군 칠곡면 도산리 소재. 남효온은 명가 출신으로 영의정을 지낸 남재(南在)의 고손자이며 예문관 직제학을 지낸 남간(南簡)의 증손이었다. 조부 남준(南俊)은 사헌부 감찰을 지냈는데 부친 남전(南恮)이 벼슬을 못하고 31살에 생을 마감하였다. 모친은 영의정 이원(李原)의 손녀였다. 남재는 조선건국에 적극적으로 참여한 동생 남은(南誾)과는 달리 조선건국에 다소 소극적으로 한동안 의령에 살았는데, 태종이 찾아서 '남(南)이 살아 있다' 하며 이름을 겸(謙)에서 재(在)로 고치라고 하였다. 학가정은 남재가 남긴 전장(田莊)이었던 것이다. 『남효온의 삶과 시』의 저자 김성언 교수에 의하면 이곳에서 「육신전」을 지었다고 한다. (사진 김성철)

석 잔이면 말이 잘 나오다가	三盃言始暢
법도를 잃은 줄도 모르고	失度自不知
열 잔이 되면 점차 언성이 높아지다가	十盃聲漸高
의견과 주장이 더욱 벌어진다네	論議愈參差
이어서 항상 노래 부르고 춤추니	繼而恒歌舞
근육이 수고로운지도 깨닫지 못하고	不覺勞筋肌
연회가 파하면 동과 서로 치닫다가	筵罷馳東西
황토물로 옷을 흠뻑 물들인다네	衣裳盡黃泥

사실 술 마시는 사람은 소리 치다가 틀어지고 화해하며 마시다가 어지럽게 마감한다. 겪어보지 않은 사람은 모른다. 그러나 남효온은 이후로도 술을 끊지 못하였고 술을 마시면 거리낌 없는 언사를 퍼붓곤 하였다.

언젠가 신영희·이달선 등과 남산으로 꽃구경을 간 모양이다.「남산에 올라」라는 제목으로 한 수씩을 읊었는데 남효온이 시작하였다.

지난해 이 산에 오르니	去年此山頭
사람들이 서로 봄꽃 구경하더라	春花人共看
남들은 가는데 나 홀로 왔으니	人去我獨來
이마에 땀이 보송보송 나더라	我顙誠有汗

이렇게 절반을 마쳤을 때였다. 신영희가 대뜸 '나 홀로 왔다는 구절에 무슨 곡절이 있으렷다?' 하며 수염을 비틀며 놀렸다. 다음은 후반이다.

어느덧 해 떨어져가니	斜日射三竿
봄날 강 물빛이 더욱 반짝인다	春江照爛漫

술병 열어 큰 잔 들이키니	開罇乃大嚼
뻐꾸기는 바위에 올라 조잘댄다	布穀啼巖畔

그러자 이달선이 '술은 왜 혼자 마신다고 하는가?' 하며, '이제는 수염을 통째 뽑히겠군' 하였다. 남효온이 말하였다.

아니다. 이 몸이 그대들과 오늘 놀지만 내일은 그대들보다 더 어진 사람과 놀아도 그대들은 꺼리지 않고 오히려 칭찬할 것 같다. 「추강냉화」

내일은 오늘보다 나은 날이 되고, 좋은 만남이 있었으면 한다는 것이다. 이제 남산을 벗어날까, 일탈을 생각하였을지 모른다.

3. 나의 스승 나의 친구

호탕한 만남

언젠가 남효온은 수락산으로 김시습을 찾았다. 길을 몰라 30리나 헤매다 복숭아로 허기를 달래며 찾아갔다. 다음은 「수락산으로 청은(淸隱)을 방문하다」 두 수의 첫 번째다. 청은은 김시습의 여러 자호(自號) 중 하나다.

하루를 빙빙 돌며 헤매다가 개울을 건너서	頃日崎嶇渡一溪
저녁 바람 들이쉬니 이름 모를 새 운다	晚風吹進怪禽啼
깊은 산 바위에 복숭아나무가	山窮石角桃花樹
가을 열매 늘어뜨리며 나그네에게 고개를 숙이네	秋實離離向客低

복숭아나무가 열매를 늘어뜨리고 인사를 한단다, 친근하다. 다음 「동봉에게 드림」은 이때 올린 시 같다. 동봉 역시 김시습의 자호이다.

문장으로 이름 알린 지 삼십 년	文名三十載
한양에는 발걸음도 하지 않으시다가	足不履京師
이리 수락산 바위 앞에 계시니	水落前巖得
봄이 오면 저 뜰의 나무도 예뻐지겠지요	春來庭樹宜
선사께서 불법을 즐겨하지 않으시어	禪師不喜佛
제자들도 모두 시 짓기를 좋아한다는데	弟子惣能詩

스스로도 세상에 묶여 있음이 한스러워	自恨身纏縛
스승을 찾아뵈올 뜻을 펴지 못하였습니다	尋師意未施

 남효온은 신동으로 이름을 날린 김시습이 세종의 상급을 받은 사실을 알고 있었다. 그리고 애써 김시습이 승려임을 믿으려고 하지 않았. 그래서 '불법을 즐겨하지 않는 처지에서 한양에 왔으니 무슨 일을 하실 것이며, 속세에 묶여 있는 저 같은 사람이 어찌하면 배움을 청할 수 있을는지요?' 물었던 것이다. 김시습의 대답이 걸작이었다. 「추강에 화답하다」 네 수에 담았는데, 첫마디에 대뜸

허송세월 보냈다고 비웃어도 감당하리	堪笑消磨子
세상에서는 나를 까까머리 선생이라고 부른다네	呼余髡者師

 하였다. '그대들이 세월을 헛되이 보냈다고 비웃는 것을 잘 안다' 하면서 '내가 머리는 깎았어도 너희들을 가르칠 수 있다'고 하는 듯하다. 머리 깎은 교사를 자처한 것이다. '같이 공부하자'고도 들린다. 그리고 적었다.

그대 근력을 힘들게 하며	聞子勞筋力
장차 큰일을 하려 한다는데	方將大有爲
모름지기 운각의 모든 책을 다 읽어야지	須窮芸閣帙
월계수 나무 꽃피는 때에 어긋나지 마시게	莫負桂香期
고깃배는 지는 해 가느다란 빛에도 흔들리고	漁艇搖殘照
갈매기가 날고 물결 출렁이면 두 물길도 사라진다네	鷗波漾泮漪
벗이란 글방에서 사귀고 맺고서	贊房交契友
지란(芝蘭)의 향기로 방 안을 가득 채우시게나	滿室是蘭芝

운각(芸閣)은 교서관이나 예문관을 말하며, 7행의 두 물길 '반(泮)'은 물길 갈라진 반촌에 있는 성균관을 말한다. 그래서 성균관을 반궁(泮宮)이라고도 한다. 이렇게 들린다.

그대가 지금 힘들여 나라의 사업을 하려고 하지만 교서관이나 예문관에 있는 책을 모조리 읽지 않으면 뜻을 펴지 못할 것인데, 지금 강에서 고기 잡고 갈매기를 벗 삼고 지내며 성균관 가는 길을 잊고 있으니 안타까운 일일세. 부디 글방에서 만난 친구들이 오래도록 변치 않음을 잊지 말고 함께 정진하시게나.

다정하나 매서운 충고였다.

흔쾌한 대화

남효온이 언제 처음 김시습을 만났는가는 분명하지 않다. 만약 소릉복위 상소를 올리기 전이었다면, 국가적 금기를 드러낸 최초의 언론에 어떠한 식으로든 영향을 미쳤을 것이다. 그러나 김시습이 남효온이 19세 연하임에도 '추강'으로 존칭하고 있음을 보면, 아마 이후, 더구나 진사가 된 다음에 비로소 만난 것 같다.

남효온과 김시습은 많은 대화를 나누었다. 얼마나 재미있었을까?

남효온: 저의 소견이 어떠합니까?
김시습: 창문에 구멍을 내고 하늘을 훔쳐보는 혈창규천(穴窓窺天) 격이다.
남효온: 그러면 동봉은 어떠신지요?

김시습: 넓은 뜰에서 하늘을 쳐다보는 광정앙천(廣庭仰天)이다.

남효온이 금주를 다짐하였을 때였다. 김시습이 두 차례 편지를 보내 충고하였다. 요약하면 이렇다.

옛적부터 세상의 쇠란(衰亂)을 당하면 마음이 상하여 술을 찾았다. 술은 즐거움을 주기도 하고 우울함을 씻어주기도 한다. 그러나 사람을 살리는 음식이 술이라는 사실도 잊어서는 아니 된다. 또한 조상을 모시는 제사에 올리고, 노인을 모실 때 병을 다스리는 데에도 술이 필요하다. 그런데 술의 마땅한 이치를 잊고 마시니 주사(酒肆)가 있게 되고 스스로 비천해지는 것이다. 그대가 오로지 술을 그만둔다고만 하면 중용을 생각하는 군자가 할 수 있는 일이 아니다.
「추강에 보내는 답장」

누군가 이 편지를 증거로 남효온으로 하여금 술을 못 끊게 만든 주범이 김시습일 것이라고 하였다. 그러나 아니다! '금주 하는 수준에서 그대가 반성한다는 것은 가당치 않다. 예절과 의리를 버리고 임금과 부모, 일가를 떠나 아무도 없는 데서 홀로 살 것 같으면 모르지만, 인의예지의 본성이 활짝 피는 세상에서 활보하려거든 술을 마셔라. 그러나 너를 잊어서는 아니 된다' 하였던 것이다.

언젠가 남효온이 「끌려간 군인의 원망을 노래함」 열 수를 김시습에게 보였다. 그중 하나가 이렇게 되어 있었다.

서리 내려 온갖 풀 시들고 텅 빈 하늘에 달이 뜨면	百草凋霜月滿空
해마다 군마를 동서로 몰아대고	年年鞍馬任西東
막사 즐비한 들판에 엄한 군령이 내리는 밤이면	令嚴萬幕平沙夜

| 대오는 북치고 나팔 불며 서로 손짓하여 부른다네 | 部伍相招鼓角中 |

김시습이 웃음을 터트리며 '선비, 틀렸소. 군령이 엄한 때에 어떻게 서로 손짓을 할 수 있겠소?' 하였다. 그러나 남효온은 열 수를 여덟 수로 줄였을 뿐 김시습이 지적한 3, 4행은 고치지 않았다.

언젠가 김시습이 '나는 세종의 지우(知遇)를 얻어 이렇게 살지만 그대는 과거를 보아야 하지 않는가' 하며 출사를 당부한 적이 있었다. 그러나 현덕왕후가 복위되고 난 다음에 과거를 보아도 늦지 않다고 거절하였다.

당신이 떠난 자리

성종 14년(1483) 늦봄 김시습이 관동으로 떠나자 남효온은 무척 서운하였다. 오언율시 「관동으로 돌아가는 동봉(東峯) 열경(悅卿)을 송별하다」가 있다. 호와 자를 함께 불렀으니 특이하다. 벗과 같은 선생이라는 친근한 존경감이 묻어난다. 먼저 앞부분이다.

허유는 기산에 들어가	許由入箕山
맑은 이름으로 세상을 등졌지요	清名與世隔
그렇다고 요임금 덕이 가벼워지나요	非薄帝堯德
산수를 좋아하는 고질병 때문이겠지요	偏成山水癖

마치 '당신이 요임금의 선위를 거절한 허유라도 되는가' 힐난하는 듯하다. 그리고 이어갔다.

하물며 지금은 좋은 임금이 계시는데	況當聖明時
바람처럼 사는 것이 좋아서는 아니겠지요	不喜風漢客
나서고 숨은 것이 정해진 운명이니	行藏有定命
잃고 얻음에서 무엇을 걱정하리오	得失何戚戚

분명 '당신의 떠남과 슬픔을 받아들이겠다' 하였다. 당신의 운명과 나의 선택에 대한 아쉬움을 짙게 내뱉고 있다. 김시습이 「추강과 헤어지며」를 주었다. 앞부분만 옮긴다.

옛사람이 지금 사람 같고	昔人似今人
지금 사람은 나중 사람과 비슷하겠지	今人猶後人
세상사 유수와 같고	世間若流水
유유히 가을 가면 봄이 온다네	悠悠秋復春

'옛사람이 지금 사람 같고, 지금 사람은 나중 사람과 비슷하겠지'라니, 무슨 뜻일까?『장자(莊子)』는 장주(莊周)의 작품인 내편(內篇)과 훗날 노장학파가 덧붙인 외편(外篇)으로 되어 있는데 외편이 있는 「지북유(知北遊)」에 이런 내용이 있다. 줄여 옮긴다.

제자 염구(冉求)가 '하늘과 땅이 있지 않았을 때의 일을 알 수 있습니까?'라고 묻자, 공자는 '알 수 있다, 옛날도 지금과 같았다' 대답하고, 또한 안회(顏回)에게는 '가는 것을 전송하지 말고 오는 것을 마중하지 말라'고 가르쳤다.

공자가 '옛사람은 세상이 변하여도 자기 마음을 변치 않았지만 지금 사람은 마음이 변하여 세상의 변화에 동화하지 못한다고 가르쳤다'는 것이다. 훗날 청의 고증학자들이 밝혔지만, 공자는 이런 말을 하지 않았다. 도가의 우월성을 내세우기 위하여 공자도 '도의 무위자연(無爲自然)과 무시무궁(無時無窮)'에 동조하였다고 할 요량으로 노장학파가 꾸며댄 것이다. 그러나 천도(天道)를 거의 말하지 않아 공자에게 형이상학이 없음이 아쉬웠던 유자들은 당연하게 받아들였다. 김시습도 그랬을 것이다. 그렇다면 이렇게 당부한 셈이 된다. '처음도 없고 끝도 없는 우주에서 만남과 헤어짐이 무슨 의미가 있는가. 차라리 자연과 세상의 변화의 주인이 되어야 하리라.'

김시습은 이렇게 떠나갔다. 남효온은 무척 허전했다. 술에 취한 밤, 「행주 전장에서 동봉을 그리워하다」에 담았다.

가을 궂은비 띳집에 핀 꽃을 적시니	秋霖濕茅榮
밤에 일어나 멀리 있는 당신 그리워서	夜起憶遠人
바른 길 배우려다 뜻을 이루지 못하고	學道反類狗
앉은 채로 세월만 보내고 있다네	坐道秋與春
세상은 바람처럼 사는 사람 기억하지 못하리	世不記風漢
우리 도가 산속에 묻혔나니	吾道屬嶙峋
괜스레 술을 찾아 이리저리	空然醉鄉裏
그러다 우리 집 곳간에 꼬꾸라져 버렸다오	顚沛倒吾囷

4. 공부의 길

귀신논쟁

남효온은 '하늘과 땅 사이에는 하나의 기가 풀무질 할 따름이다'로 시작하는 김시습의 「신귀설」을 본 적이 있었다. 기학적 우주론이며 실천주의 예론이었다. 무척 좋았다. 남효온 역시 '귀신'을 '천지간의 큰 기운 즉 일기(一氣)의 운동'으로 보았다. 여기에서 한 걸음 더 나갔다.

남효온은 사람들은 왜 실재하지 않는 산요(山妖), 목괴(木怪), 여귀(厲鬼), 도깨비(魍魎) 등 물괴(物怪)나 변괴(變怪)를 자주 증험하는가? 「귀신론」에 풀었다.

무릇 사람이 살아가는 이치(理)를 얻고 태어나 옳게 생을 마치면, 혼(魂)은 올라가고 백(魄)은 내려갈 뿐이다. 그런데 옳게 마치지 못하면 기가 뭉쳐 흩어지지 않아 천지간의 큰 기운(一氣)과 더불어 유행하지 못한다.

억울한 원망으로 혼백이 제자리를 찾지 못하여 나타나는 이상한 징후가 물괴·변괴로 나타난다는 것이다. 또한 천재지변이나 전염병 같은 재앙도 하늘이 주는 것이 아니라 전쟁과 토목공사 등으로 천지의 화기를 해치기 때문에 생기는 인재(人災)라고 보았다. 즉 인간이 잘못하면 귀신도 잘못된다는 것이다. 따라서 귀신은 '푸닥거리'의 대상이 아니었다.

그런데 남효온이 보기에 당대의 이름 있는 학자들은 '귀신'을 가볍게 생각하고 있었다. 남효온도 한동안 수학한 적이 있었던 장계이는 '사람이 죽으면 처음에는 신(神)과 귀(鬼)는 있지만 오래되면 귀는 없다'고 하며, '신'과 '귀'를 구분하여 '신은 무한하고 귀는 한시적이다'고 하였다.

이관의(李寬義) 역시 '천지간에 귀(鬼)란 없고 천·지·인 삼신(三神)도 특별히 만들어낸 말이다'고 하여 아예 귀신의 존재를 부정하였다. 또한 '제사는 사람이 근본에 보답한다는 도리를 가르치자는 교화의 도구이지, 귀신이 있어서 제사를 지내는 것은 아니다'고도 하였다. 이른바 '무귀설(無鬼說)'이며 '무신론(無神論)'이었다. 특히 이관의는 사람들이 흔히 증험하는 사요(邪妖), 여괴(厲怪) 등의 이변을 철저히 부정하였다. 인간과 자연을 인지(人智) 내지는 '리(理)' 중심으로 사고한 것이다. 우주만물을 리의 체계로 인식하는 리학(理學)으로 거의 유리론(唯理論)에 가까웠다.

이에 대하여 남효온은 '어찌 사람이 죽으면 처음에 기운이 돌아갔다가 나중에 없어질 수 있는가'하며 '눈앞의 것만 알고 의외(意外)를 살피지 않고서 귀가 없다고 하는 것은 잘못이다'고 비판하였다. 리학에 대한 기학의 공세였다. 그러나 장계이와 이관의 두 학자는 남효온이 「귀신론」 초고를 잡기 이전에 세상을 떠났으니 답변할 수 없었다. 사자(死者)와의 논변인 셈이다!

자신이 수학하고 존경한 학자에 대한 남효온의 신랄한 비판은 다름이 아니었다. 즉 귀신의 본질이 '음양 두 기운의 양능(良能)'임을 모르기 때문에 하늘의 재앙이 인사의 잘못, 인간의 원한에서 비롯된다는 사실을 간과하였다는 것이다. 그렇다면 하늘의 재앙을 없애자면 어떻게 하여야 하는가? 인간의 신명과 세상의 의리를 북돋아야 한다. "아래에서 사람의 기운이 화평하면 위에서 하늘의 기운도 화평하게 된다."

본성과 기질

남효온은 세상사가 화평하고 정당하면 음양 기운도 제대로 운동된다는 천인감응설(天人感應說) 혹은 천인합일론(天人合一論)을 신봉하였다. 거의 신비주의 수준이었다. 이렇게 적었다.

> 내 마음의 신명(神明)이 귀신의 신명이니 내 마음의 사사로움을 없애야 귀신의 사사로움을 없앨 수 있다.   「귀신론」

결국 천지의 기운과 통하는 마음이 문제였다. 마음을 어떻게 가질 것인가? 만물과 일체를 이루기 위하여 그만큼 크게 가져야 한다. 이른바 '대심(大心)'이며 '양심(養心)'이었다. 이때 비로소 천지만물을 티끌 없이 비추며 담을 수 있다. 마음을 명경지수(明鏡止水)라고 한 까닭도 여기에 있었다.

마음은 사람의 보이지 않는 근원이었다. 우주자연 삼라만상의 극점에 있는 태극(太極)과 같았다. 즉 '마음은 틈새 없이 태극을 본체로 삼는다.' 그런데 태극이 처음에는 기미도 없고 동정도 없기 때문에 '무극이며 태극이라〔無極而太極〕'하듯이 마음도 처음에는 아무 것도 담지 않고 오로지 고요하고 적막한 '텅 빈 속마음〔腔子裏〕'일 뿐이다. 그러나 태극이 음양을 낳듯이 마음도 성(性)과 정(情)을 이미 갖추고 있다. 이렇게 풀었다.

> 음양오행의 기운은 움직이며, 무극이며 태극인 원리는 움직이지 않는다. 무릇 마음도 텅 빈 속에 있는데, 조용하고 고요한 바를 '성'이라 하고, 감동하여 분발하는 바를 '정'이라고 한다.   「심론(心論)」

마음에는 움직이지 않는 본체(本體)가 있으니 '성'이며, 이것이 움직이며 발용(發用)하면 '정'이 된다는 것이다.

물론 '성'은 사람에게만 있는 것이 아니었다. '성이 없는 물은 없다'는 '무성무물론(無性無物論)'이었다. 기학(氣學)의 창시자 장재도 말했다. "성은 만물 공동의 원천으로 홀로 가질 수 있는 사유물이 아니다." 남효온 역시 하찮은 풀 한 포기, 보잘것없는 동물도 '성'을 받았고, 나름의 도리를 다하고 있다고 보았다. 이렇게 설명하였다.

까마귀라도 되씹어 먹이니 인(仁)이요, 벌들은 군신(君臣)과 같이 하니 의(義)이며, 수달은 제사 지내는 것 같으니 예(禮)요, 개가 주인을 알아보니 지(智)이며, 닭이 새벽을 알리니 신(信)이다. 초목도 봄에 피며 여름에 자라고 가을에 이루며 겨울에 감추는데 뿌리와 잎이 말랐다가 다시 나오니 바로 인의예지신이다.   「성론(性論)」

모든 사물이 제 본성에 따라 제 도리를 하고 있다는 것이다. 이런 점에서 '인성과 물성은 같다〔人·物性同論〕.' 그러나 사람과 동물의 본성은 같지만 그 발현이 다르다. 기질이 다르기 때문이다. 이런 면에서 '인성과 물성은 같지 않다〔人·物性不同論〕.' 성인과 범인의 갈림도 여기에 있다. 즉 하늘로부터 받은 본연지성(本然之性)은 같지만, 형기를 받아 발휘되는 기질지성(氣質之性)이 다른 것이다. 본연지성과 기질지성의 관계를 이렇게 정의하였다.

천명에 근원을 두는 본연지성이 기질에 구애되어 선악이 있으면 기질지성이 되므로 그 본원을 따진다면 결국 같으니 둘이 아니다. 그래서 성을 두고 '일본만용(一本萬用)'이라 하는 것이다.   「성론」

즉 본연지성과 기질지성은 본원(本源)은 하나이지만 발용이 다를 뿐이라는 것이다. 이러한 틀에서 성에 대한 선현의 이론을 정리하였다. 즉 맹자의 '성선(性善)'은 본연지성이며, 정호(程顥)가 '천하의 선악은 모두 하늘의 이치이다'고 할 때의 성은 기질지성이었다.

그러나 순자(荀子)의 '성악(性惡)', 양자(楊子)의 '성은 선악의 섞임[善惡混]', 고자(告子)의 '성은 있는 그대로의 생(生)'이라는 견해는 본원을 간과한 채 발용만으로 성을 정의하고 있다. 한유의 '성의 상·중·하 삼품(三品)'도 다르지 않다. 올바른 입장이 아니었다.

그런데 성균관의 사유는 여전히 '본연지성과 기질지성은 하나가 아니고 둘이다'는 주장을 되풀이하고 있다. 성균관을 출입하지 못하는 처지였지만, 도학을 제대로 가르치지 못하는 학문현실이 안타까웠다. 그래서 정리한 글이 「성론」이었다. 성종 16년(1485)이었다.

하늘과 백성은 어떻게 만나는가?

남효온이 본연지성과 기질지성의 본원이 같다고 주장한 것은 누구라도 하늘에서 받은 천명은 같고 누구라도 천명을 따를 수 있다는 믿음의 소산이었다. 이런 차원에서 한유의 '성품설(性品說)'도 비판하였다. 즉 스스로 성품의 경계를 정하면 천명에 다가설 수 없다는 것이다. 결코 안주함이 없이 천명을 따르는 것이야말로 진정한 인간의 길이었다.

그렇다면 임금이 하늘을 따르지 않고 인간의 길을 포기하면 어떻게 되는가? 나라를 잘 다스려서 백성을 살리라고 한 하늘의 명령을 어겼기 때문에 나라를 망하게 한다. 나라의 멸망은 마치 눈 오는 겨울 복숭아꽃이 피는 것과 같은 이변이 아닐 수 없다. 그러나 '한 번 음이면 한 번 양이 되는 바가 도(道)다'라는 관점에서 보면 나라의 망함을 한사코 이변이라고만 여길 수 없다. 「명론(命論)」에 풀었는데 줄여 옮긴다.

나라의 흥망은 무엇 때문인가? 하늘은 지공무사(至公無私)하여 그침 없고 거침없이 선에는 복을 내리고 음란에는 화를 내린다. 또한 백성은 인은 가슴에 품지만 악에는 등을 돌린다. 임금이 성스러우면 흥하고 미쳐 있으면 망하는 것도 이 때문이니, 이것도 본래 모습의 하늘이다. 그래서 흥(興)도 천명이요, 망(亡)도 천명이라고 하는 것이다.

'일음일양(一陰一陽)'이 우주의 원리이듯이, 나라와 역사도 '일흥일망(一興一亡)'의 궤적을 밟는다는 것이다.

나라의 흥망은 임금의 '성(聖)인가 광(狂)인가'에 달려 있다. 그러나 흥망을 결정하는 주체는 임금이 아니었다. 그것은 하늘의 뜻과 백성의 마음이었다. 즉 '선행에는 복을 내리고 음란에 화를 내리는 하늘의 복선화음(福善禍淫)'과 '인정은 품지만 악행에 등지는 백성의 회인배악(懷仁背惡)'으로 나라의 흥망이 판가름 난다! '민심이 곧 천명'이라는 관점이었다.

따라서 하늘의 뜻에 따라 폭군을 토벌하고 새 나라를 세우는 일도 일종의 천명이었다.

임금과 신하의 나뉨이란 하늘과 땅을 바꿀 수 없는 것과 같지만 혁명을 할 때면 탕(湯)·무(武)와 같은 신하가 걸(桀)·주(紂)와 같은 폭군을 토벌하니 반명(叛命)과 역명(逆命)도 역시 천명이다. 「명론」

혁명을 일음일양의 자연법칙으로 정당화하고 있다. 즉 폭군의 제거는 자연의 이변을 치유하는 것과 다르지 않다는 것이다. 정반합(正反合)의 변증법으로 읽으면 그만이지만 달리 들으면 아득하다. 한 걸음 더 나아갔다. 임금에 오르는 것은 오로지 백성을 살리라는 하늘의 뜻에 있지 세습이 이유가 될 수 없다고도 하였다.

백성을 낸 하늘은 주인을 세우지 않으면 백성이 서로 난리를 피우니 총명예지한 사람을 선택하여 억조창생의 주인으로 삼았을 뿐이지, 제왕의 후손으로 제왕을 삼지 않았다. 요가 순에게, 순이 우에게 임금을 맡긴 것도 이 때문이다. 「명론」

옛적에는 왕위의 승계가 세습이 아니라 선위나 추대였음을 말한 것인데, 상고의 역사를 말한 것이라 들으면 이 또한 그만이지만, 어찌 들으면 얼마든지 안타까운 빌미를 제공할 수도 있었다.
이렇듯 남효온의 「명론」은 천인합일론이라는 성리학자의 자연·인간 철학에 '혁명과 변화의 의상'을 걸치고 있었다. 그러나 세상에 대한 비분강개함에 성급함이 앞서고 아무리 보아도 문양과 채색이 서툴고 거칠게만 여겨지니 아련하다.

5. 국토를 읽다

고독의 빛깔

남효온의 친구들은 점차 곤란한 처지에 빠지고 떠나갔다. 성종 16년(1485) 여름 「나를 읊는다」 제7수에서

덕우는 장형을 당하여 살점이 없고	德優杖下無完肉
효백은 양식이 떨어져 목숨이 위태롭네	孝伯粮化身命危

하였다. 덕우(德優)는 자주 어울린 신영희인데 태형을 당하여 몸이 부셔졌다. 성종 14년(1483) 성균관 유생의 도첩제 반대 운동의 배후로 몰려 호된 곤욕을 당한 것이다. 효백(孝伯)은 누구인가 분명하지 않지만 가난으로 세상에 나설 수 없는 처지가 되었던 모양이다. 더구나 남아 있는 친구도 만나기가 쉽지 않았다. 「나를 읊는다」 열다섯 번째 뒤에 덧붙인 '또 한 수'가 이렇게 되어 있다.

안생은 이미 죽어 말 통할 사람 없어지고	安生已去知音斷
홍자는 남쪽으로 돌아갔으니 우리 도가 궁하구나	洪子南歸吾道窮
대유가 있다지만 추구하는 바가 고달프니	縱有大猷趨向苦
마음속 회포를 농서공과 풀어볼까	胸懷說與隴西公

안생은 안응세, 홍자는 홍유손이다. 안응세는 이미 죽었고 홍유손은 학술과 문장으로 한때 향역을 면제받았지만 '세상을 비웃는다'고 다시 향리로 복귀하였다. 이들을 만날 수가 없었던 것이다. 이들만이 아니었다.

먼저 대유(大猷) 즉 김굉필도 만나기 쉽지 않았다. 훗날 유자광은 '추구하는 바가 고달프다'는 구절을 '과거 준비에 바빴다'고 해석하였지만, 실은 『소학』의 보급과 교육활동으로 여념이 없었던 것이다.

그래서 남효온은 재주를 알아주지 않는 세상에 불만을 숨기지 않았던 농서 출신 이백(李白)에 견주어 친구들이 농서공(隴西公)이라고 불렀던 이윤종(李允宗)이라도 만나고 싶었다. 실제 이윤종은 세상과 융화하지 못하였다. 언젠가 한명회의 압구정에서 휴식하며 시를 지었는데, 말미에 '정자는 있으나 돌아가지 않았으니, 인간이 참으로 갓 쓴 원숭이로다' 하였다. 왕실의 동향과 도성의 소식을 금방 알 수 있는 한강에 정자를 지어놓고 강호로 은퇴한다고 하면서도 전혀 그럴 뜻이 없었던 한명회를 노골적으로 '원숭이[沐猴]'에 빗댄 것이다. 남효온도 '너무 뜻이 드러나 좋지 않다'고 할 정도였다. 「추강냉화」에 나온다.

그런데 '마음속 회포를 풀어볼까' 하였던 이윤종도 가슴 터놓고 만나기가 쉽지 않았던 모양이다. '이윤종의 가장 좋아하는 벗은 강응정·정여창·이심원·권안(權晏)이었다.' 「사우명행록」에 있다. 이윤종의 친한 벗은 자신이 아니었던 것이다.

이즈음 남효온은 처음에는 무척 친밀하였던 정여창·김굉필과도 소원해졌다. 두 사람이 남효온의 비분강개와 거리낌 없는 들춤이 못내 걱정스러워 여러 번 충고하였지만 이를 받아들이지 않으면서 점차 사이가 틀어진 것이다. 남효온의 외손인 임보신(任輔臣)이 명종 치세에 꾸민 야사에 나온다.

남효온이 위언격론(危言激論)을 가리지 아니하고 금기라도 거리낌 없이 털어놓자 성리학에 밝고 『소학』으로 행동을 가다듬었던 김굉필과 정여창이 말렸는데 끝내 듣지 않았다.

「병진정사록(丙辰丁巳錄)」

금강산의 흔적

남효온은 먹빛 같은 고독에 빠져들었다. 강산의 맑은 기운에 젖고 싶었을까? 자신을 휘감고 있는 앙금을 떨치고 싶었을까? 성종 16년(1485) 4월 보름날 홀연히 금강산을 찾았다. 금화·철원을 거쳐 들어갔다.

큰 봉우리 서른여섯, 작은 봉우리 일만 삼천, 험한 고개를 넘고 깊은 계곡을 건너며 시원한 폭포를 보았다. 천혜의 비경에 감탄하며 암자에서 쉬었고 장안사·유점사 등에서 잠을 청했다. 그리고 동해로 나와 고성·양양을 거쳐 설악산의 낙산사와 오색약수에 들렀으며, 원통·인제·홍천·양근을 거쳤다. 하루 오십 리 이상, 한 달이 조금 넘는 강행군이었다.

윤(閏)4월 열아흐레 한양에 도착한 남효온은 다음날 즉시 틈틈이 써둔 일기를 엮었으니 「금강산유산기」였다. 각처에 남아 있는 설화와 사적 그리고 근세의 일화를 빠뜨리지 않고 적었다. '고려 태조가 비로봉에 무수히 절하고 머리를 깎아 나무에 걸어두며 출가할 뜻을 가졌다'는 전설이 있어 비로봉 북쪽 봉우리가 발령(髮嶺)으로 불리게 되었다는 사실까지 적었다. 또한 만 갈래 폭포가 어우러진 만폭동(萬瀑洞)의 보덕굴(普德窟) 앞에서 중국 사람이 '참으로 불경(佛境)이니 여기서 죽어 조선 사람으로 태어나서 부처의 세계를 보련다' 하며 물에 빠져 죽은 이야기도 적었다.

그런데 보덕암 건너편 수건암(手巾庵)에서 기문(記文) 하나를 보았는데 '보덕이란 관음화신(觀音化身)의 이름인데, 아름다운 계집이 된 관음이 이 바위에서 수건을 씻다가 중 회정(懷靜)에게 쫓겨나서 바위 밑으로 들어갔다'는 구절이 있었다. '참으로 황당하구나' 하였는데 김시습이 지었다. 아아, 겉으로는 승려 행색이라도 내심은 그렇지 않다고 믿으며 벗 같은 스승으로 존중하고 따랐는데, 이토록 불법에 물들어 있었단 말인가!

남효온은 무척이나 불교와 불사를 싫어하였기에 이 점만은 김시습과 융화하지 못하였다. 서운하고 이상한 기분이었다. 「보덕암」에 풀었다.

덕이 높은 청한자는 나의 벗이며 스승으로	飽德清寒我友師
일생 해온 일이 글과 시에 있었는데	一生行業在書詩
어찌하여 불교의 교리를 팔아서	如何賣擧浮圖說
이제는 도리어 인륜을 오랑캐 경지로 끌고 가는지	反使人倫化入夷

그랬음일까? 금강산을 나와 바닷가로 나가 양양부사 유자한을 만나고 그의 연회에 참석하여 질펀하게 하루를 보내면서도 김시습을 찾지 않았다. 아니 소식도 묻지 않았다. 유자한은 관동에서 김시습을 물심양면으로 도왔고, 김시습도 그의 자제의 공부를 돌봐준 적이 있었다.

금강산을 다녀온 그해 가을 남효온은 이총·이정은·우선언 등과 송도 유람을 떠났다. 서로 태극음양설과 이기설을 토론하며 활발하게 지냈다. 그러나 잠깐이었다. 벽란도에 갔을 때다. 자신이 배고파 우는 늙은 말 같다는 생각이 들었던 모양이다.

늙은 말이 뙤약볕 아래 배고파 울부짖네	老馬飢嘶日欲嚧
소금 친 조밥에 반찬이란 부추 뿌리가 고작이라	一鹽粟飯劈菁根
우리 살고 죽음도 들고 나는 바닷물과 같아라	潮來潮去猶生死
살다가 피고 지는 것이 모두 뜬구름 아니겠나	在世榮枯惣似雲

우리 인생이 파도처럼 사라지고 뜬구름 같은 것이 아닌가 하다가 시대와 처지에 대한 쓰라림을 이기지 못하고 갑자기 허무해졌던 것이다. 「송경록(松京錄)」에 나온다.

해원과 얽힘

남효온은 발걸음을 멈출 수 없었다. 성종 17년(1486)부터 한없이 떠돌았다. 호서지방을 돌다가 공주 국선암(國仙庵)에서 새해를 맞고 호남으로 발길을 옮겨 지리산 천왕봉에 오르고 경상도로 가서 김일손과 같이 청도의 운문산을 찾았다.

성종 20년(1489)에는 평안도를 두루 돌다가 상원군의 동굴을 탐사하였다. 조상이 물려준 전장이 있는 경상도 의령의 사굴산 아래에서 한때를 보낸 적도 있었다. 성종 22년(1491) 한 해는 거의 삼남에서 보냈다. 떠났다가 돌아오고 다시 떠나곤 하는 세월이었다. 그동안 적지 않은 관찰과 체험의 기록을 남겼으니 「지리산일과」 「천왕봉유산기」 「가수굴유람기」 등이 있다. 역사와 국토의 발견이었다.

남효온의 방랑은 소원(訴願)의 길이었다. 다음은 평양의 「단군묘를 알현하다」이다.

단군이 우리를 낳시어 우리 강산에 사람이 많지 않나	檀君生我靑丘衆
패수에서 윤리도덕을 가르치시고	教我彝倫浿水邊
약초를 찾고 형벌을 내린 지 만세가 되어도	採藥呵斯今萬世
지금까지 사람들은 무진년을 기억한다네	至今人記戊辰年

암각 '추강사우(秋江祠宇)'

전남 장흥군 장흥읍 예양리 예양서원(汭陽書院) 소재. 소릉복위상소를 올리고 행주와 한강의 압도에 살았던 남효온은 전국을 유랑하며 지냈는데, 전라도에서는 장흥에서 오래 머물렀다. 장흥 위씨(魏氏), 수원 백씨(白氏), 영광 김씨(金氏), 인천 이씨(李氏) 등의 유력 사족과 긴밀하게 지냈다고 한다. 이런 인연으로 광해군 12년(1620) 장흥 유림이 이색(李穡)을 위하여 건립한 예양서원에 배향되었다. 이때가 숙종 7년(1681)이었는데, 단종이 복위되기 이전으로 아마 처음으로 서원의 제사를 받았을 것이다. 암각은 예양서원 뒤편에 있는데 언제 새긴 것인지는 알 수 없지만, 남효온과 장흥의 인연이 얼마나 짙었는가를 보여준다.

우리 터전에 교화와 민생의 공덕을 펼쳤던 단군에 대한 찬미였다. 넷째 행 '무진(戊辰)'은 기원전 2333년으로 단군이 나라를 세운 해다. 그런데 단군을 약초를 찾아 질병을 치료하였다고 묘사한 구절이 이채롭다.

태고의 인간은 질병과 상처를 춤〔巫〕으로 빌었고 나중에 술〔酒〕을 찾았는데, 문명이 발달하면서 마침내 약(藥)을 얻었다. 약(藥)은 즐거움〔樂〕을 주는 풀〔艸〕이다. 사람의 고통을 고치는 행위의 문자가 처음에 '의(毉)'였다가 '의(醫)'가 되고 나중 문명 단계에 접어들어 '의약(醫藥)'이 되었던 궤적을 생각하면 남효온이 기억하는 단군은 문명의 성군이었다. 세상의 고통스런 삶과 자신의 아픈 몸을 고쳐줄 임금을 바라는 마음의 발로였을 것이다.

이총과 같이 간 백제의 마지막 도읍 부여에서는 한바탕 해원 의식을 치렀다. 먼저 소정방(蘇定方)이 상륙한 조룡대(釣龍臺)에서 '성난 물결이 조룡대를 치고 오르네' 하며, 나라가 망한 데에 대한 백마강의 원통함과 노여움이 아직 풀리지 않았다고 하였다. 그리고 성충 같은 충신의 갈망, 장렬한 계백의 산화 등이 안타까운 혼백이 되어 떠돌고 있음을 읊었다. 눈물을 흘리며 술을 올렸다. 연작시 「부여를 회고하다」는 차라리 제문(祭文)이었다. 그중 하나다.

깊은 강물 아래 쌓인 여자의 원망이	水府深深女怨多
고운 자태로 환생하여 봄 강에 핀 꽃이 되었을까	艶容化作春江花
온조대왕 위업은 물길 따라 사라졌는데	溫王家業隨流盡
술에 취하여 들으니 어디선가 궁녀의 노래 아닌가	醉裏如聞玉樹歌

백마강에 몸을 던진 여인의 혼백이 아름다운 꽃이 되어 강물처럼 사라졌던 온조의 왕업을 붙잡는다, 하는 듯하다. 이총의 거문고 가락에 더욱

슬펐으리라.

하동 쌍계사에서는 「토황소격문(討黃巢檄文)」으로 당나라를 구하였으나 정녕 제 나라에서는 뜻을 펴지 못하고 숨었던 최치원(崔致遠)과 기운을 통했다. 최치원이 찬한 '진감국사비(眞鑑國師碑)'를 본 감상을 「쌍계사비」에 풀었다. 먼저 '고운이 간 지 육백 년, 아이와 부녀가 좋아하니 귀신이 지켰구나' 하였다. 글 모르는 백성의 사랑으로 최치원의 유적이 보존되었다고 한 것이다. 그러나 후반부는 달랐다.

어찌 다시 신라의 불교를 섬기며	胡爲再奉鷄林敎
인간세상 용렬한 일을 적었을까	疏錄人間一庸交
하늘에 빌고 염불하는 일 망령되고 어리석어라	祝上念佛妄庸事
은근 간절한 찬사와 탄식을 입에 담지 말아야지	慇懃讚嘆不容口

세상에서 숨었으면 그만이지 불교를 받들고 진감국사에 찬사를 보내면서 시절을 탄식하였는가, 한 것이다. 김시습에게 품었던 서운한 배타감을 최치원에게도 옮겼던 것이다.

남효온은 불교를 부정하였다. 고려의 멸망도 불교 때문이라고 생각하였다. 강원도 간성(杆城)에 있는 공양왕의 무덤을 지나며 지은 「간성릉을 지나며」에 이런 구절이 있다.

| 주나라 여불위가 제위를 바꿔쳐서 | 奏家不韋移神器 |
| 함곡관 천하를 자영에게 주었지 | 函谷山川付子嬰 |

신돈의 자손이 고려의 거짓 왕이 되었다는 사실을 여불위(呂不韋)가 자기 아이를 밴 애첩을 진왕(秦王) 자초(子楚)에게 넘긴 고사에 견주며, 신

돈으로 인하여 이미 고려의 맥을 끊겼음을 말하고 있다.

　언젠가 개성을 찾아 「송악의 옛 궁궐에 오르다」에서 '주인 없는 옛 도읍이라 엷은 안개에도 어둑한가, 과객은 오르며 눈물을 흘리네' 하였는데, 옛 도읍의 쓸쓸함 때문만은 아니었다. 한때 인재를 뽑았던 과거제도가 덧없이 무너져서 안타까웠던 것이다. 그래서 '함원전(含元殿)의 학 떠난 지 이미 천 년이라' 하였다. 함원전은 쌍기(雙冀)의 건의를 받아들인 광종이 처음 과거를 치른 전각이다.

6. 아픔이 없는 아름다움은 없다

꿈의 해석

남효온은 세상과 단절하다시피 살았다. 깊은 고독도 이제 익숙하였다. 그런 중에도 어슴푸레 기쁨이 있었다. 성종 17년(1486) 세 살 아래 이달선과 열 살 아래 김일손이 당당하게 문과에 합격하였을 때였다. 자신은 과거를 포기하고 살지만 후배들이 제 몫을 하고 있어서 무척 좋았다. 단번에 연작 「이달선과 김일손의 급제를 축하하다」를 지어 세 수씩 주었다.

남효온은 '이달선의 착함을 기뻐하는 성품'이 좋아 자주 어울렸다. 더구나 그의 부친 이형원은 홍문관 부제학을 지낼 만큼 학술이 있었고 한명회를 탄핵하는 바른 언론으로 신진사림의 존중을 받았었다. 그러나 성종 10년(1479) 통신사로 갔다가 대마도주(對馬島主)의 방해 책동으로 일본 본토에 상륙하지도 못하고 귀국하던 중에 화병을 얻어 거제도에서 세상을 떠났다. 그래서 이달선 몫의 첫 번째에서 '지하의 선공도 감격하여 눈물을 흘리시리라' 하였다. 다음은 둘째 수 후반이다.

농사짓던 부열은 황금 솥에서 조리를 잘하였으니	祇隨傅說調金鼎
이게 바로 동황이 팔폐를 구한 뜻이리라	正是東皇八狴求

부열(傅說)은 은나라에서 농사짓다가 발탁된 명상이며, 황금 솥은 좋은 정치를 의미한다. 그런데 4행 춘신(春神)을 뜻하는 '동황(東皇)'과 여덟

마리 개 즉 '팔폐(八斃)'는 무엇인가? 사연이 「추강냉화」에 있다.

어느 날 이달선의 꿈에 누가 나타나 다음과 같은 시를 주고 홀연히 사라지더라는 것이다.

세상이 붉은 먼지로 가득하니	世上紅塵滿
하늘 누각의 자주빛 보석은 차가워지더라	天樓紫玉寒
동황이 팔폐를 구하니	東皇求八斃
마침내 고향을 그리워하지도 못하겠네	終不憶家山

이달선은 불길하여 '저승에서 부르는구나' 하였다. 팔폐를 무덤 앞의 석물 정도로 생각한 것이다. 다른 사람도 '얼마 살지 못하겠다' 걱정하였다. '세상이 어지럽고 하늘도 무심한 시절에 봄이 오면 고향집에 가지 못할 것이다'라고 풀었던 것이다. 과거에 따른 강박감이 없지 않던 터에 고향에 대한 그리움이 그렇게 나타난 것이리라. 그런데 과거에 들자 이번에는 '동황이 팔폐를 구함'은 '임금이 훌륭한 신하를 찾음'이 되었다. 흉몽이 아니라 길몽이었던 것이다. 그렇다면 남효온은 '이달선! 그대는 임금이 찾는 꿈까지 꾸었으니 부열과 같은 명재상이 되어 세상의 티끌을 씻고 하늘에 보답하시게'라고 당부한 것이다.

남효온은 일찍부터 김일손의 영민함과 당찬 기개가 좋았다. 두 사람은 단종의 죽음을 가까이에서 겪고 원주에 숨어 살던 원호를 함께 배알하기도 하였다. 또한 자신은 배우지 않았지만 마음의 스승으로 삼았던 김종직의 기대를 한 몸에 받았다는 사실도 듬직하였다.

그러던 차에 김일손이 약관에 급제하니 한껏 좋을 수밖에. 그래서 '우리 스승 누구를 그대만큼 높였을까, 명성은 일월만큼 높고 문장은 이부시랑(吏部侍郞)이로세'하며 치켜세웠다. 이부시랑은 당나라 한유(韓愈)로

이달선 비각

전남 화순군 화순읍 앵남리 소재. 이달선의 가문은 호남의 명가였다. 김종직이 전라감사로 와서 이형원의 중형 이조원(李調元)을 방문하고 '학문이 높은 오원가(五元家)'라 하였으며, 이달선 대에는 문과급제자가 8인이라 하여 '팔선(八善)'을 더하여 '오원팔선가(五元八善家)'의 칭호가 있었다. 이달선은 연산군 즉위 후 훈구대신과 정면 대결하다가 남평 만적동(萬積洞) 즉 나주시 삼포면 등수리에 낙향하여, '날마다 술잔을 즐거움으로 알고 집사람에게 살림이 어떠한가를 묻지 않고 살다가' 연산군 2년(1506) 타계하였다. 비문은 기묘명현의 한 사람으로 윤선도의 중조부인 윤구(尹衢)가 지었는데, 오랫동안 세우지 못하다가 선조 9년(1576) 이달선의 손자 이중호(李仲虎)가 이이에게 비음기(碑陰記)를 받고 이산해(李山海)의 글씨를 받아 세웠다. 당대 최고 명사의 솜씨가 어우러진 보기 드문 비석이다. 처음에는 사진에 보이는 비각의 뒷산에 있는 이달선의 묘소 앞에 세웠다가 지금의 오현당(五賢堂) 옆으로 옮겼다. (사진 김성철)

「원도(原道)」 등을 통하여 상고의 문명과 유학의 정신을 발견한 대학자요, 고문(古文)의 가치를 살린 문장가로 '당송팔대가(唐宋八大家)'의 으뜸이었다. 이렇게 당부했다.

그대 문채가 이미 오봉을 보고 닦았으니	文藻已看修五鳳
이제 마음을 가다듬고 여남전을 배워야지	心齊須識呂藍田

여남전(呂藍田)은 북송 시절 섬서성(陝西省)의 남전(藍田)에서 교육 진흥과 풍속 교화, 상부상조를 위하여 향약을 처음 실시한 여대균(呂大鈞)을 말한다. 문장은 이미 훌륭하니, 백성을 살리는 경세제민에 매진하라고 충고한 것이다.

남효온은 후배들의 합격을 축하할 수 있음이 다행이었지만 자신은 자꾸 왜소해지는 것만 같았다. 그래서 두 사람에게 '세상의 웃음거리가 되고 있는 것이 부끄럽다'고 고백하였다. 그대들은 조정에서 바쁠 터인데 나는 무엇을 할 수 있는가, 깊은 자조에 빠져 든 것이다. 그리고 다시 떠돌았다.

아름다워 차라리 눈이 시리다

남효온은 유랑 중에 수령이나 인근 사족과 사귀며 호의 어린 대접을 받곤 하였다. 어떤 때는 기문을 부탁받았다. 전라도 여산에서 조그만 개천가에 정자를 지은 주인이 작명과 기문을 부탁하자 이렇게 적었다

물은 천하에 가장 낮은 곳에 있으면서도 다른 것과 다투지 않으며, 또한 온갖 사물을 잘 비추어 아름답고 못생긴 모습을 절로 드러낸다. 그래서

견문이 높고 기꺼이 물러설 줄 아는 선비들은 물을 좋아한다. 「감정기(鑑亭記)」

마음은 명경지수라는 평소의 생각을 풀면서 물을 보며 세상을 살펴야 한다는 뜻으로 정자 이름을 '감정(鑑亭)'이라고 하였다. 작은 개울은 감계(鑑溪)가 되었음은 물론이다. 옛사람의 자연과 하나가 되며 풍광에 이름을 보태는 것이 이러하였다.

한동안은 장흥 객사의 별관에 한참 머물며 천관산을 찾고 나루터를 기웃거리며 이리저리 노닐었다. 전 사복시 판관(司僕寺 判官) 윤구(尹遘), 전 함열현감 이침(李琛) 같은 연로한 사족과 장흥부사의 젊은 자제들과 어울려 가지산에서 발원하는 수령천변(遂寧川邊)에서 낚시를 하며 술을 마시기도 하였다. 그들이 고기를 낚던 바위를 조대(釣臺)라 이름 짓고 글을 부탁하자, '건곤이 정해지며 만물이 나왔으니 우리가 그 혜택을 입었다' 하면서 적었다. 요약하면 이렇다.

지금 비록 강호에서 낚시를 하며 세월을 보내지만, 하늘이 만물을 낳고 기르며 거두고 감추는 생장수장(生長收藏)이나 용행사장(用行舍藏)의 의리는 피할 수 없는 만큼 항상 임금을 생각하고 나라를 근심하여야 한다. 훗날 천은(天恩)이 내리면 그때는 짚신 벗고 낚싯줄을 감고 조정에 나가서 임금을 제대로 보필하여야 한다. 「조대기(釣臺記)」

정녕 자신은 세상과 나라를 잊은 듯 살지만 강호의 벗들은 조정에 나가 임금을 제대로 보필하는 자세와 마음을 키웠으면 하였다. 도성을 벗어난 풍광에 마음의 앙금이 씻겨감인가?

성종 18년(1487) 11월 해운대에 들른 적이 있었다. 모친의 당부로 선대가 물려준 전장을 살피고 아픈 몸도 요양할 겸 의령에 있는데 자신을 극진히 대우한 현감이 연회를 마련하고 초대한 것이다. 창원 월영대(月影臺), 양산 임경대(臨鏡臺), 지리산 청학동, 가야산 해인사 등에 숨었던 최치원이 얼마 동안 머물며 '해운대'라고 이름 붙인 사실을 알고 있던 터라서 반갑고 고마운 마음으로 따라나섰다. 한껏 풍류를 즐기며 시문을 주고받고 시첩으로 묶었는데, 서문은 남효온 차지였다. 이렇게 시작한다.

> 검은 파도가 하늘에 닿으니 경계가 눈에 들어오지 않구나. 해 뜨는 곳이 좌우로 흔들리다 잠기면, 물고기 거북이 상어 고래 앞뒤로 뛰어오르니 황홀하구나. 마침내 혼탁한 세상 티끌을 씻은 듯, 매미가 껍질을 벗고 나오듯 하다.
> 「해운대유람기서문」

해운대의 풍광에 감격한 것이다. 그러면서 시대의 불운을 잊고자 자신을 숨겼던 최치원의 서사에 빨려 들어갔다. 바다에 피는 구름을 타고 어지러운 세상을 벗어나고 싶었다. 그러나 자신은 정녕 최치원을 따를 수 없었다. '모친이 나를 믿고 사시고 처자가 나를 쳐다보고 있다'는 자책감을 떨칠 수 없었던 것이다. 이것만이 아니었다. '세도가 쇠퇴하면 강산이라도 마음을 다스리는 데 도움이 될 수 없다'는 생각이 스쳤다. 아아, 아름다운 강산을 진정 사랑하고 즐거워하자면 먼저 좋은 세상을 만나야 하는구나, 한 것이다. 그래도 해운대는 찌든 때가 절로 씻기는 듯 시원한 공간이었다.

길을 찾으니 힘을 잃었어라

남효온은 평소 '옛사람의 풍모를 보았다'고 하며 김종직을 존경하였다.

성종 16년(1485) 정월 김종직이 이조참판이 되었다가 얼마 후에 첨지중추부사로 물러앉자, 「나를 읊다」 일곱 번째에서 '점필재 선생이 뜻을 얻었다지만, 참판에서 첨지중추부사로 물러앉았네' 하며, 아쉬움을 삭인 적도 있었다. 그러나 만나지는 못하였다. 그러다가 성종 18년(1487) 전라도 여행 중에 감사로 내려온 김종직이 나주를 순시 중에 배알하였다.

섣달 그믐날은 제야(除夜) 혹은 수세(守歲)라고 한다. 해마다 소망하는 바를 이루지 못하고, 특히 부모에게 효도하고 임금에게 충성하고 싶은 바를 다하지 못하여 '오늘 밤이 없으면 아쉬운 한 해가 가지 않겠지' 하고, '올해를 지키고 싶다' 하는 마음으로 그렇게 불렀다.

이러한 섣달 그믐밤을 두 사람은 나주의 객사 금성관(錦城館)에서 함께 보냈다. 그때 김종직은 남효온에게서 '불사(拂士)' 즉 임금을 보필 할 만한 어진 선비라는 인상을 받았다고 한다. 무슨 말을 나누었을까? 다음은 김종직이 전주에서 보낸 「남효온에게」이다.

금성관에서 섣달 그믐밤을 지새며	守歲錦官城
가느다란 버들가지 강가에 천막을 쳐놓고 시도 읊었지	吟詩細柳營
그대와는 회포가 서로 통하여	同君襟抱暢
날을 이어가며 맑은 담소를 나누었지	連日笑談淸
그러다가 새해가 열리자 언뜻 이별을 하여	滄海悠然別
어느덧 봄이 왔으나 꽃피는 경치에도 마음은 텅 빈 듯	韶華空復情
완산에 꿀맛 나는 술이 남았는지라	完山餘臘味
예형과 함께 기울이고 싶네	思與禰衡傾

김종직이 '술이 있으니 전주의 감영으로 찾아오라'고 초대하며 '예형(禰衡)과 함께 기울고 싶다' 하였다. 후한의 명사인 공융(孔融)이 20여 세

나 아래이지만 어린 벗으로 삼았던 사람이 예형이었다. 그대를 벗으로 삼고 싶다는 뜻을 전한 것이다. 무척 다정하다.

남효온은 해남의 두륜산에 있었으므로 바로 갈 수 없었다. 해남은 팥배〔棠梨〕가 많아 당성(棠城)이라고도 한다. 그때 「감사 점필재 선생께 받들다」 두 수에 고마움과 미안함을 전했다. 이런 구절이 있다.

팥배나무 꽃 온 성에 가득하듯	棠梨花滿城
온 백성이 감사 어른 칭송합니다	萬口頌行營
덕에서 우러나온 충직하심과 근실하심 위대하고	德自忠勤大
마음은 비어 있고 희고 맑더이다	心因虛白淸

전라도 민심을 전하며 김종직의 허심탄회한 도덕심을 존경한다는 뜻을 전한 것이다.

그리고 한양. 새해가 되었지만 남효온은 세배를 갈 수 없었다. 아들이 죽고 자신도 무척 아팠던 것이다. 그래서 '엎드려 생각건대 나라를 위하여 몸을 보존하시라'는 간절한 편지를 보냈는데, 하필이면 이때 136구, 680자가 되는 자신의 죽음에 부치는 4장의 만사(挽詞)까지 보냈다. 「점필재선생께 올리는 자만(自挽)」인데, 제1장 후반에 이런 구절이 있다.

행실이 거칠어 미친 사람 취급당하며	行穢招狂號
허리를 굽히지 않아 존장의 화를 돋았고	腰直怒尊客
신발은 구멍 나서 발꿈치가 돌부리에 치이고	履穿踵觸石
집은 작아 서까래에 얼굴을 부딪치며 살았네	屋矮椽打額

김종직은 기가 막혔다. 그래도 36살에 처절한 만사를 짓는다는 것이

영남루

경남 밀양시 내일동 소재. 보물 제147호. 본래 절이 있었는데 고려 공민왕대에 이곳에 처음 지었다. 진주 촉석루, 평양 부벽루와 함께 가장 유명한 누정의 하나이다. 주변의 경관과 비스름한 조화가 빼어나다. 신숙주가 영남루 보수 확장 공사를 기념하여 지은 「영남루기」에 "옛날은 다만 강산의 경치를 드러냈는데, 오늘은 강산으로 하여금 드넓고 탁 트인 모습의 아름다움을 독차지하지 못하게 하였다" 함은 결코 과장이 아니다. 김종직은 자주 영남루를 찾았는데, 언젠가 「영남루 아래에 배를 띄우다(嶺南樓下泛舟)」를 남겼는데 "난간 밖의 맑은 강 만 이랑의 구름 아래/ 그림 같은 배가 물결을 넘어서니 주름살 무늬 생기는구나" 하였다. (사진 김성철)

안쓰러워 '사람들이 오래 살려고 관곽을 미리 만들고 수의도 갖추는데 만사도 이런 것이 아닌가' 하며 농담을 섞어 위로하였지만, 좀처럼 이해하기가 쉽지 않았다. 아마 성종 20년(1489) 새해였을 것이다.

이후 남효온은 김종직을 찾아 밀양까지 갔다. 형조판서를 사직하고 낙향하였을 때였던 것 같다. 「영남루에서 점필재를 뵙다」가 있다.

시루봉 사시는 도사께서 푸른 소를 타고 오시니	甑峰道士下靑牛
하늘나라 신선이 걸치는 관대와 패옥이 즐비하다	紫府仙曹冠佩稠
점필재공이 천 년에 한 번 나올까 으뜸이시라면	千載一人金佔畢
영남루는 백 년을 이어온 멋진 절경이더라	百年勝地嶺南樓

영남루와 김종직을 극묘하게 대비시켰다. 겉치레로 들리지 않는다. 남효온은 그럴 수 있는 재주가 없었다.

7. 슬픔마저 망가지다

나는 있어 무엇 하랴

남효온은 각처를 떠돌 때나 머물 때나 항상 가족에 대한 미안함과 죄책감에 가슴을 쓸어내렸다. 금강산을 나와 모친의 편지를 받은 적이 있었다. '나는 평안한데 우리 진사는 어떠한가?'라고 썼던 모양이다. 「고성 온천에서 어머님 소식을 얻고」이다.

천 리 길을 온 어머님 편지 한 장	千里慈堂一紙書
전해준 사람에게 차마 안부 여쭙지 못하다가	御來不忍問何如
열어보니 처음 보이는 평안 두 글자에	開封始見平安字
날마다 남쪽 향한 태반 시름 흩어졌다네	日日南愁太半舒

남효온은 병치레가 잦은 둘째 아들이 항상 걱정이었다. 「병든 아들을 생각하며」가 있다.

몸이 약한 데다 헐벗고 못 먹어 병마가 삼켰으니	弱質飢寒致病侵
아비 되는 부끄러움을 어찌할 길 없구나	念爲人父媿難禁
네 생각에 근심으로 밤이 되어도 잠을 못 이루다가	憶渠半夜愁無寐
마을에서 피리소리 나면 내 마음이 더욱 두려울 뿐이라	村笛一聲驚慟心

아들을 잘 먹이지 못하고 입히지 못한 자책감이었다. 성종 17년(1486) 초봄 아들은 결국 저세상으로 갔다. 이해 늦봄에는 사위가 자기 부친의 임지인 김해에서 과거 공부를 한다기에 떠나보냈다. 딸도 같이 갔다. 열심히 살고 공부하라는 당부를 「광진나루에서 사위를 전송하다」에 담았다. 얼마나 하고 싶은 말이 많았는지 열한 수나 되었다. 그중 처음에

| 이른 봄에 아들을 잃은 슬픔을 겪었는데 | 春前喪子痛 |
| 늦봄에 그대를 보내는 내 마음이 어쩌겠나 | 春後送君心 |

하였다. 사위에게 준 시였지만 딸도 읽었으면 하였을 것이다. 그런데 2년 후, 사위는 불귀의 객이 되었다. 새재까지 한걸음에 달렸다. 「사위의 영구(靈柩)를 맞이하며」 네 수에 가라앉히려 했지만 소용없었다.

백 년이 춘몽이라지만	百年似春夢
슬픔과 환난이 꿈에도 살아나니	憂患夢中新
한없이 서쪽으로 흐르는 물을 보며	無限西流水
누각에 오른 이 사람 아무 생각도 없구나	登樓失意人

부인 윤씨(尹氏)에게도 항상 미안하였다. 관서 여행 중에 「그윽한 그리움」에 풀었는데, 첫 수에서 '직녀는 능숙하게 베틀을 돌리는데, 견우는 일년 내내 눈물이 마르지 않는다' 하였다. 태연히 살아가는 부인과 초라함에 떨고 있는 자신을 직녀와 견우로 비유한 것이다. 다음은 두 번째다.

| 하루에도 열두 번 고개를 돌려보지만 | 日日回頭十二時 |
| 남쪽에서 오는 편지는 왜 이토록 힘들게 더디 오는지 | 南來魚雁苦向遲 |

| 가을 연꽃이 이슬 머금고 오가는 길이 어두워지면 | 秋荷露和徂徠黑 |
| 아내의 애간장 끊는 편지를 더듬어본다네 | 手點淑眞斷腸詩 |

아마 부인으로부터 편지를 받았던 모양인데, 이를 만지작거리며 애틋한 마음을 달래는 모습이 선하다. 길쌈으로 어려운 살림을 꾸리는 부인이 차라리 외경스러웠으리라.

희망의 단약(丹藥)은 없다

남효온은 병마가 덮치며 급격히 쇠약해졌다. 여독이 겹치고 한강의 습한 기운과 지나친 술 탓이었을 것이다. 풍병(風病)과 울화증〔火低症〕은 폐병이 되었다. 광진나루에서 사위를 보내면서도, '폐병이 해를 가며 심해지니, 걱정 근심을 날마다 떨칠 길이 없다'고 하소연하며, 깊은 기침과 각혈을 호소하였다. 소갈증〔渴症〕도 무서웠다. 요즘의 당뇨병이다. 물은 자꾸 쓰이는데 비싸서 마음껏 마실 수도 없었다. 자신을 비관한 「나를 읊다」 세 번째에 나온다.

가을 되니 소갈증이 평소보다 더한데	秋來渴病倍平昔
장안 물 값이 이리 오르니 어찌하란 말인가	其奈長安水價增
병든 여종이 항아리 들고 마른 우물가 지키다	病婢持甁枯井上
해 쳐다보는 두 눈에서 흐르는 눈물이 고드름이 되었다네	日看雙淚自成氷

한강에서 길어 도성으로 나르는 물이 비싸 마음대로 살 수 없는 처지가 한탄스럽기도 하지만, 샘으로 물 길러 간 병든 여종이 추운 데에서 얼

마나 기다렸는지 눈물이 고드름이 되었다니, 슬픔마저 망가지는 듯하다.

남효온은 식량이 떨어지는 날도 많았다. 관청에서 곡식을 빌리기도 힘들었다.「환곡을 얻지 못하다」후반이다.

쥐들도 처량하게 울며 굶어 죽으려 하니	凄凉鳴鼠欲飢死
영락하여 잔약해진 내 마음 더욱 암담하여라	零落殘魂倍黯然
듣건대 단약을 만들면 곡식을 끊는다고 하니	聞道煉丹能辟穀
차라리 이 신세에 신선술이나 배워볼까	寧將身世學神仙

병마보다 무서운 것이 굶주림이었는지 모른다. 그래서 '누가 늙은 미치광이를 동정할까' 하며 연단술(煉丹術)이나 익혀볼까 한 것이다.

남효온은 어느덧 단약에 관심을 갖고 장생술에 빠져들었다. '용호비결'에 심취한 나머지 세상의 비난을 뒤집어썼던 구영안(丘永安)과도 가깝게 지냈다. 언젠가 조신이 구영안을 데리고 압도를 찾아왔던 모양이다. 세 사람은 갈대를 태워 물고기와 게를 구워 먹으며 밤을 새웠다.「조신과 같이 시를 짓고 구영안에게 주다」가 있다.

가난을 견디고 배고픔을 참고	耐貧乃耐飢
곡식은 한 항아리뿐	留粟一瓦缸
십 년 낚싯대를 지켰네	十年守釣竿
추우면 거적 창을 따라 앉았다 누웠다 하네	坐臥隨蓬窓

그동안 가난으로 자식들을 울부짖게 하며 질병으로 힘들었던 신세를 한탄하였다. 그러면서도 도리어 구영안을 위로하였다.

그대도 입방아에 많이 올랐으니	夫君亦多口
계책이 궁하기는 우리 서로 쌍벽이라네	窮略與我雙
그래도 다행히 서로 말이 통하니	幸來話契闊
누가 살짝 와서 엿들을까 하네	耳邊疑有跫

마치, 세상의 비웃음을 받는 신세가 다르지 않으니 '그대는 남모르게 오래 사는 비책을 가르쳐주시게나' 하는 듯하다.

남효온은 실제로 연단술에 빠져들었다. 그러나 부질없었다. 충청도에서 그리 높지 않은 산을 오르며 지은 「홍주산성에 오르다」가 있는데, '연단술 생각이 떠나지 않았지만, 부서진 이 몸을 이제 어이하겠는가' 하였다. 패기(敗器)가 되어간다는 절망에 허물어지는 모습이 선하다. 전라도의 「장흥에서 생각 없이 읊다」에서도

신선이란 본디 뜻을 잃고 뒤뚱거리는 나그네	神仙本是蹭蹬客
사람들은 살기를 탐한다고 술가를 비루하게 여긴다네	人道貪生鄙術家

하며, 스스로 못났다는 회한을 쓸어 담았다. 지난 세월이 한없이 쓰라렸다. 그래서 장흥의 천관산을 오르다가 절규하였다. "술꾼 노릇 이십 년 오래도 되었으니, 지금같이 영락한들 어디에 울부짖을 데도 없구나."

행주의 강바람이 너무 차구나

성종 23년(1492) 10월 남효온은 시대에 대한 분노, 개인적 불행에 얽힌 갈등을 내려놓았다. 향년 39세. 이제 살아 있을 때만큼 화제를 뿌릴 일이 없

었다. 그러나 억울한 혼백이 떠돌았음인가?

무오사화가 일어나자 둘째 사위 이총이 걸려들었다. 평소 자주 슬픈 노래를 연주하던 이총이 김일손·신용개 등과 어울리다가 '슬픈 노래가 유행하는 것은 세상의 종말이 어떻게 될지 몰라 염려하기 때문이다' 하였다가 '난언'에 걸려 유배를 간 것이다.

그런데 사화가 마무리될 즈음에 유자광이 남효온을 끌어냈다. 한때의 '죽림우사'를 '세상을 업신여기고 조정과 나라를 우습게 여긴 불순한 만남'으로 고발한 것이다. 원한은 아무리 작아도 반드시 조금도 잊지 않고 되갚는다는 무서운 적이었다. 그러나 자신의 아들 유방은 물론이고 당대의 훈구 노사신의 아들, 죽어서도 위풍당당한 한명회의 손자 한경기가 그 자리에 있었음을 알았다. 상당히 난처하였다. 어쩌면 '홍유손과 남효온 등이 우리 자식을 끌어들인 것은 무슨 일이 있을 때 방패막이로 삼고자 하였을 것이다' 하였을지 모른다.

그런데 연산군이 알아차렸을까? 세 사람은 쏙 빼고 홍유손·우선언 등은 제주와 갑산 등 변방의 봉수군(烽燧軍)으로 내쳤고, 이정은·이현손 등은 종친이라 풀어주긴 했지만 심하게 고문한 다음이었다.

갑자사화가 일어나자 남효온의 많은 벗들이 죽었다. 공신 천하에 대한 공세의 포문을 열었던 이심원도 피할 수 없었다. 무오사화에서 간신히 살아남았던 이총·이현손 등도 역시 목숨을 빼앗겼다. 특히 남효온의 사위인 이총은 부친과 형제 7부자가 모두 죽었다. 종친이라도 '왕을 업신여기는 무리에 끼어 있으면 씨를 말린다'는 싸늘한 보복이었다.

연산군은 남효온도 좌시하지 않았다. 생모의 죽음에 대한 앙갚음을 빌미로 일으킨 갑자사화 때에 무덤을 파고 뼛가루를 행주나루의 백사장에 뿌렸다. '소릉복위상소'가 '임금을 능멸하고 왕실을 경시하는 풍조'의 단초를 제공하였다는 것이다.

남효온의 아들 충세(忠世)까지 무사하지 못하였다. 자신을 체포하러 온 의금부 관리를 보고 아들은 조금도 두려움 없이 호통을 쳤다. 미친 사람 흉내를 낸 것이다. 의금부가 '형벌을 가할 수 없다'고 건의하였으나, 연산군은 거들떠보지도 않았다. "미친 자를 살려두어 무엇하나!"

남충세의 시신도 행주의 모래사장에 버려졌다. 차가운 겨울 강바람에 시신이 꽁꽁 얼었다. 누구도 거둘 생각을 할 수 없는 상황에서 그의 아내가 부둥켜안고 입김으로 녹여가며 장례를 지냈다. 그때 시어머니 윤씨가 '시체를 꺼리지 않으니 모질다'고 타박하였다. 허망한 세월이 만든 풍경이다. 허봉의 『해동야언(海東野言)』에 전한다.

중종반정 이후 연산군에게 화를 당한 선비나 관료들은 거의 복권되었는데, 남효온은 한참을 기다려야 하였다. 조신이 시문을 수습하여 알리자, 나라에서 문집을 간행하자는 말까지 나왔지만 그뿐이었다. 역사의 여정은 아직도 많이 남았다.

8. 부활의 서사

아름다운 반역

성종 20년(1489) 겨울, 남효온은 관서지방을 오래 돌다가 고향 의령에 머물고 있었다. 깊은 시름, 병마로 몸도 가누기 힘든 상태였다. 이때 분연히 '내가 죽는 것이 두려워 어찌 충신의 이름을 없어지게 할 수 있으랴!' 하며 붓을 들었다. 성삼문·박팽년(朴彭年)·이개(李塏)·하위지(河緯地)·유성원(柳誠源)·유응부(俞應孚)의 삶과 죽음을 구성한「육신전」의 탄생이었다.

남효온은 육신의 충성과 청렴과 경륜을 드러냈다. 계유정난 직후에 수양대군이 의정부에서 큰 잔치를 베풀자 박팽년은

묘당 깊은 곳 풍악소리 구슬프니	廟堂深處動哀絲
오늘 같은 세상만사가 어찌 될지 도통 모를레라	萬事如今摠不知

하였다. 세월의 비상함에 연회를 즐길 겨를이 없었던 것이다.

하위지는 세조가 즉위하자마자 모든 국사를 의정부의 의결을 거쳐 시행하도록 하는 의정부서사제를 폐지하고 육조가 직접 임금에게 보고하도록 하는 육조직계제(六曹直啓制)를 실시하자, 이를 반대하였다가 죽음 직전까지 간 적이 있었다. 도저히 조정에 머물 수 없어 고향인 선산으로 내려가자 박팽년이 도롱이를 주었다. 하위지가 그의 뜻을 눈치 채고「박팽

창절서원(彰節書院)

강원도 영월군 영월읍 영흥리. 사육신을 동시에 배향하는 유일한 서원으로 본래 장릉 경내에 있는 사우였다가, 17세기 말 단종의 복위와 함께 복권되면서 현 위치로 옮겨 세웠다. 사육신은 모험주의, 혹은 학문과 문장에서는 업적이 없었을 것이란 선입견이 있다. 그러나 아니었다. 거의 모든 글이 폐기되어 살필 수 없지만 당대의 최고 인재였다. 훈구계열 문인학자로 문형을 감당한 성현의 『용재총화』에 '세종께서 집현전을 설치하고 문장과 학문의 선비들을 맞아들였는데, 신숙주・최항・박팽년・성삼문・유성원・이개・하위지 그리고 이석형(李石亨) 같은 이들이 이름을 떨쳤다'고 나온다. 즉 8인 중에 유응부를 제외한 사육신이 들어 있는 것이다. 특히 이개는 시문이 뛰어났고, 하위지는 대책(對策)과 소장(疏章)에는 발군이었다. 그런데 사람들은 박팽년을 문장과 경술, 필법에 모두 뛰어난 '집대성(集大成)'으로 인정하였다고 한다. '집대성'은 맹자가 공자를 지시수시(知時守時)의 성인 즉 시중(時中)의 성인으로 찬양하면서 '백이(伯夷)와 이윤(伊尹)과 유하혜(柳下惠)와 같은 옛 성인을 모아 크게 이룩하신 분이다'고 한 데서 나왔다. 박팽년의 위상을 가늠케 한다. 지금도 영월 유림은 봄과 가을 제사를 올리고 매달 초하루와 보름에 참배를 한다. 사육신은 이렇게 살아 있다.

년이 도롱이를 빌려주자 화답하다」에 속마음을 풀었다.

남아의 득실이 예나 지금이 같구나	男兒得失古猶今
머리 위에 밝은 달이 밝게 비추는데	頭上分明白日臨
도롱이를 건네주는 뜻이 있을 것이라	持贈簑衣應有意
강호에 비 내리면 즐겁게 서로 찾자는 것이로군	五湖煙雨好相尋

하위지는 박팽년이 도롱이를 빌려준 뜻을 '다시 올라오는 날 상왕을 모시자' 이렇게 들었던 것이다. 이들은 울적한 마음을 주고받으면서 바른 뜻을 새겼으니, 다음은 이개가 지었다.

까마귀 눈비 맞아 희난 듯 검노매라
야광명월(夜光明月)이 밤인들 어두우랴
임 향한 일편단심(一片丹心) 변할 줄이 있으랴

남효온은 유응부가 함경도 북병사로 있을 때 지었던 시까지 수습하여 실었다. 그의 기상은 우렁찼다.

장수가 도끼를 휘둘러 변방의 오랑캐를 진압하니	將軍持節鎭夷邊
자줏빛 요새에 흙먼지 가라앉고 군사는 졸고 있네	紫塞無塵士卒眠
오천 필 준마들은 버드나무 아래에서 울고	駿馬五千嘶柳下
삼백 마리 날쌘 송골매가 누대에 앉아 있구나	良鷹三百坐樓前

「육신전」은 국문 현장을 상세히 담았다. 육신들은 세조를 '나으리〔進賜〕'로 부르며, '평일에 주공(周公)을 끌어댔는데, 주공도 남의 나라를 도

둑질하여 빼앗았는가?' 하였다. 주나라 시절 어린 조카 임금 성왕을 도와 성세를 열었던 주공이 되겠다고 한 약속의 배반을 들춘 것이다.

남효온은 죽음 앞에서도 좋은 벗을 향한 의리와 우정을 변치 않았던 육신들의 아름다운 모습도 기록하였다. 성삼문은 거사 계획을 알았기에 거의 죽을 지경에 이르렀던 강희안(姜希顔)을 두고 '정말 현사이니, 많은 사람이 죽게 된 마당에 이 사람만은 남겨두고 쓰시오'라고 하며 두둔하였다.

「육신전」은 세조가 박팽년과 하위지 등을 회유하며 '네가 항복하고 역모를 하지 않았다고 숨기면 살 수 있다'고 하였음도 적었다. 세조에게 명분이 없음을 들춘 것이다. 또한 세조에게 적극 협조한 신숙주의 의리 없음도 놓치지 않았다. 성삼문이 '그대의 악함이 이 지경에 이를 수 있는가' 하며 질타하자 신숙주는 부끄러워 자리를 피하였다는 것이다.

살아라 그리고 기억하라

「육신전」의 백미는 의연한 죽음이었다. 불로 살을 지지는 낙형(烙刑)이 계속되자, 성삼문은 '나으리의 형벌이 참으로 독하다' 하고, 이개는 '이것이 무슨 형벌인가?' 하였으며, 하위지는 '반역의 죄명은 마땅히 베는 것인데 무엇을 다시 묻는가?' 하였다. 유응부도 '한 칼로 족하(足下)를 폐하고 상왕을 세우고자 하였으나 불행하게도 간인(奸人)이 고발하였으니 다시 어찌하겠는가. 빨리 나를 죽이시오' 하였다. 족하는 자네와 같은 호칭이다.

또한 남효온은 유응부가 죽음 앞에서도 '사람들이 서생과는 일을 같이 할 수 없다고 하더니만, 과연 그렇다' 하며 성삼문 등을 질타하였음도 빠뜨리지 않았다. 한명회가 명나라 사신을 접대하는 연회에 운검(雲劒)을 세우지 않기로 하자, 성삼문 등이 쉽게 거사계획을 포기하며 물러선 사실이 못내 아쉬웠던 것이다.

남효온의 서사는 장렬하고 애절하였다. 절명시(絶命詩)와 가족의 절규를 실었으니, 성삼문은 '한 번 죽음이 충의인 줄 알았다' 하고, 이개는 '죽음도 가벼이 보아야 한다면 이 죽음이 영화로세' 하였다. 거적으로 바람을 가릴 정도로 가난하게 살았던 유응부의 늙은 아내는 '편히 살아본 적 없다가 죽을 때에는 큰 화를 얻었다' 하였다.

「육신전」은 다음과 같은 사찬(史贊)으로 마감하는데 줄여 싣는다.

누가 신하가 아닐까마는 지극하다 육신의 신하됨이여! 누군들 죽지 않을까마는 장하다 육신의 죽음이여! 살아서는 임금 사랑의 신하 도리를 다하고, 죽어서는 임금 충성의 신하 절개를 세웠도다. 충분(忠奮)은 백일을 꿰뚫고 의기는 추상보다 늠름하다. 슬프다. 육신으로 하여금 금석 같은 단심을 지키고 강호에 물러나게 하였더라면 상왕의 수명도 연장할 수 있었고 세조의 치세는 더욱 빛났을 것인데 불행히도 분격한 마음으로 큰 화에 빠지고 말았구나.

'사육신은 충신이다'라는 선언이었다. 나아가 현덕왕후의 복위와 함께 추진하여야 할 또 하나의 진실 과제로 노산군의 복위, 육신의 복권을 주장하였다. 어떻게 하여야 하는가? 마냥 현실을 부정할 수만은 없었다. 앞으로도 나라는 세조를 계승한 사왕(嗣王)이 다스려갈 것이기 때문이었다. 그래서 세조가 육신을 죽이지 않고, 상왕도 폐위하지 않고 오래 살게 하였다면, 그의 치세가 더욱 빛났을 것이라고 하고, 지금이라도 그렇게만 된다면 과거와 화해할 수 있다는 소망을 펼쳤다.

그러나 남효온의 소망과 정치현실과의 괴리는 너무나 요원하였다. 언제 현재를 살아가는 가해자나 피해자가 짊어진 어두운 과거의 짐을 벗게 할 수 있을는지? 아득하였다.

부르지 못한 노래: 「원생몽유록(元生夢遊錄)」

중종 8년(1513) 현덕왕후가 복위되면서 남효온도 신원되고 좌승지로 증직되었다. '소릉복위상소'의 뜻을 죽어서 이룬 셈이다. 그러나 천상의 남효온은 반갑지만은 않았을 것이다. 노산군과 사육신은 여전히 종묘사직의 죄인이었기 때문이다.

조광조·김정·권벌(權橃)·김안국(金安國) 등 기묘사림이 혁신정치를 주도하면서 사정은 호전되었다. 이들이 주장하여 노산군에게 봉사손을 정하여 나라에서 제관과 제물을 보내 제사를 지내도록 하는 입후치제가 단행되었다. '성삼문 등은 노산군에 대한 지조를 잃지 않았으니 만약 세조에 바쳤다면 또한 세조의 충신이 되었을 것이다' 혹은 '성삼문 등은 국가가 위태롭게 되자 목숨을 바쳤다'는 의견이 임금께 올라갔다. 이른바 '사육신충신론'이었다. 놀라운 진전이었으나 잠깐이었다.

흔히 기묘정국은 신진사림의 현량과 실시, 반정의 거짓 공훈 삭출 등에 따른 훈구파의 반격, 즉 수구와 개혁, 기득권을 둘러싼 이해갈등으로 이해한다. 그러나 역사의 진실인가 은폐인가, 나아가 기억인가 망각인가를 둘러싼 역사투쟁의 양상을 띠고 전개되었음도 간과할 수 없다.

기묘사화 이후 외척권신이 정국을 농단하며 진실은폐, 역사망각의 정국이 반세기 이상 지속되면서 '사육신충신론' 역시 잠복하였다. 그러나 이런 상황에서도 「육신전」은 빛을 보았다. 널리 읽히고, 감동이 깊게 퍼진 것이다. '전(傳)'의 형식을 취한 소설적 구성도 한몫을 하였을 것이다. 그런데 뜻밖에 금서조치가 내려질 뻔했으니, 외척권신체제가 마감된 선조 치세 초반, 사림이 정국을 주도하려던 참이었다.

선조가 「육신전」을 읽고 분개하여 '실로 놀랍다. 망령되게 선조(先朝)를 욕하였으니 모두 찾아내 거두어들여 불에 태우고, 이 책을 읽고 말하는 사람을 죄 주겠다' 하였다. 이 책을 보면 누가 왕실을 따르겠는가, 두려웠을지 모른다. 영의정 홍섬이 극진히 만류하여 그만두기는 하였지만, 우리나라 금서 1호가 나올 뻔하였다. 『석담일기』선조 9년 6월조에 나온다. 이렇듯 임금도 읽을 만큼「육신전」은 당대를 풍미하였고, 임금까지 전율시킬 정도로 왕실의 어두운 과거를 적나라하게 펼쳐놓았던 것이다.

이즈음 임제(林悌)가 「원생몽유록」을 지었다. 선비 원자허(元子虛)가 호남아(好男兒)를 만나서 단종과 사육신을 상봉한 이야기를 꿈의 형식으로 엮은 소설이다. 「원생몽유록」은 사육신과 원자허, 그리고 호남아가 단종 앞에서 주고받은 노래를 통하여 복위운동의 좌절에 따른 감회와 상흔을 고스란히 재현하였다. 특히 세조가 즉위하였을 때 사육신이 떠나가지 않고 그대로 벼슬에 머물렀던 의도, 처음의 계획을 실행할 수 없자 쉽게 포기하는 성삼문 등을 질타하였던 유응부의 분노와 체념을 절절히 드러냈다. 「육신전」의 가공이며 각색이었던 것이다.

여기에서 '훤칠하고 이목이 수려하며 들옷을 입고 두건을 쓴 호남아'가 바로 남효온이었다. 압도에서 농사짓고 소요건을 쓰고 죽림우사를 자처한 모습을 옮긴 것이다. 남효온은 분노하였다.

요·순과 탕·무는 만고의 죄인입니다. 후세에 여우처럼 아첨을 떨어 선위를 얻은 자 이들을 빙자하고, 신하로서 임금을 친 자 또한 이들에게 명분을 붙여서 천 년이 흘러 마침내 구할 길이 없게 되었습니다. 「원생몽유록」

고대 성군의 선양과 혁명을 빌미로 정치적 명분과 질서를 파괴하는 역사 현실에 대한 극렬한 반감을 표출한 것이다. 그런데 요·순과 탕·무가 죄인이라는 것, 어디서 들은 듯하다. 김종직의 「도연명의 술주시에 화답한다」와 김시습의 「역사를 보면 마음이 아프다」에 나오는데 후자에 더 가깝다. 물론 남효온의 실제 발언이 아니었다. 임제가 남효온의 정서와 의식을 그렇게 묘사한 것이다.

또한 남효온은 백이숙제와 굴원과 도연명의 절의를 서럽도록 아름답게 노래하였는데 이렇게 마감하였다.

한 편의 야사를 감히 후세에 전하니　　　　　　　　一編野史堪傳後
앞으로 천 년 동안 선악의 가르침 되리라　　　　　　千載應爲善惡師

만세에 남길 야사를 기록하는 일을 자신의 소임으로 삼겠다는 각오를 피력한 것이다. 임제가 그려낸 「육신전」 저술의 의도였다.

「원생몽유록」은 남효온의 기록 정신을 새삼 일깨우며, 기억하지 못하면 역사가 없고 나아가 다시 거친 모멸의 시대가 온다 한들 어떠한 변명도 할 수 없다는 임제의 당대 통신이었다. 또한 꿈의 공간에 의탁하였지만, 어두운 과거를 결코 잊지 않아야 한다는 참여문학이며, 정치를 소재로 삼아서가 아니라 정치적 의도가 분명하다는 의미에서 정치소설이었다.

그런데 흥미롭다. 소설의 마지막 부분이 꿈에서 깨어난 원자허가 친구인 해월거사(海月居士)를 만난 장면이었다. 그렇다면 해월거사는 누구를 형상화한 것일까? '요와 순은 아득하기만 하고, 탕과 무는 어찌 이리 많다는 말이뇨?' 한 것을 보면 분명 매월당 김시습이다. 그렇다면 원자허는 누구일까? 바로 원주에서 은둔한 원호였다.

임제는 사림의 시대를 이룩한 정신계보를 '김시습—남효온'으로 그렸던 것일까? 알 수 없다. 설사 그렇다고 하여도 이런 관점은 이어지기 힘들었다. 선조의 분노에서 보았듯이 자칫 잘못하면 세조의 왕위계승을 부정하는 것으로 받아들여질 수 있기 때문이다. 한동안 남효온과 김시습은 '꿈의 공간'의 주인공이었다. 조선후기 숙종 치세에 단종과 함께 온전히 복권되지만, 이미 신화가 되고 전설로 굳어진 한참 후였다.

오늘날 사육신을 알지만 남효온이 그들을 충의의 열사로 되살렸다는 사실은 아스라하다. 일찍이 남효온은 「귀신론」에서 '충신과 현자의 죽음은 사사로운 욕망이 아니라 의리를 간직하기 때문에 원한을 남기지 않는다'고 하였다. 그렇다면 충의열사로 살아난 사육신의 원한은 씻겼을 것인데, 남효온은 어떠할까?

지금 남효온을 기억할 만한 유적이 없다. 본래 무덤이 있던 고양이 신도시로 개발되면서 무덤까지 김포로 옮겨가야 했던 남효온이 결코 바라는 바는 아닐 것이지만, 한강과 남산 지금은 난지도가 된 압도 그리고 행주나루터 어느 한 곳에서라도 씻김굿도 하고 시비라도 세워야 하지 않을까? 또한 「육신전」의 산실인 의령의 학가정을 단장하고 표지판을 설치했으면 더할 나위가 없겠다. 남효온이 아들 충세와 같이 학가정에서 지내면서 지었던 「아들을 따라 고향 집 뒷동산에 오르다」가 있다.

아이에 끌려 느릿느릿 산비탈을 돌아서니	携兒散步歷山陂
붉은 꽃망울 걸친 나무 끝에 보름달이 휘영청 걸려 있네	紅杏梢頭月午時
이미 죽은 몸이라도 마음은 봄을 찾는 뜻에 따라 움직이니	半死心隨春意動
바람 맞으며 가장 꽃 많은 가지나 꺾어볼까	臨風折得最繁枝

시문출처

· 꿈에 성광을 보다 夜夢醒狂, 『秋江集』 권1
· 백연을 이천의 유배지로 보내며 送別白淵謫伊川, 『秋江集』 권1
· 고순이 꿈에 안응세를 보다 跋高熙之夢子挺錄, 『秋江集』 권1
· 이총이 압도의 초가를 찾다 是歲後九月念後 百源與祖胤太白 乘舟訪余于鴨島蘆間, 『秋江集』 권3
· 이정은과 같이 달빛 타고 비파 들고 이종준의 문을 두드리다 與正中乘月掛琵琶敲仲勻門, 『秋江集』 권2
· 주잠 酒箴, 『秋江集』 권1
· 남산에 올라 登南山, 『秋江集』 권2
· 수락산으로 청은을 방문하다 訪淸隱于水落山, 『秋江集』 권3
· 동봉에게 드림 贈東峯, 『秋江集』 권2
· 추강에 화답하다 和秋江, 『梅月堂集』 권6
· 끌려간 군인의 원망을 노래함 征夫怨, 『秋江集』 권4
· 추강에 보내는 답장 答南秋江書, 『梅月堂集』 권21
· 관동으로 돌아가는 동봉 열경을 송별하다 癸卯三月十九日送東峯悅卿歸關東, 『秋江集』 권1
· 추강과 헤어지며 別秋江, 『梅月堂集』 권6
· 행주 전장에서 동봉을 그리워하다 幸州田莊憶東峯, 『秋江集』 권2
· 귀신론 鬼神論, 『秋江集』 권5
· 심론 心論, 『秋江集』 권5
· 성론 性論, 『秋江集』 권5
· 명론 命論, 『秋江集』 권5
· 나를 읊는다 自詠, 『秋江集』 권3
· 금강산유산기 遊金剛山記, 『秋江集』 권5
· 보덕암 普德庵, 『秋江集』 권3
· 송경록 松京錄, 『秋江集』 권6
· 단군묘를 알현하다 謁檀君廟庭, 『秋江集』 권3
· 부여를 회고하다 扶餘懷古, 『秋江集』 권3
· 쌍계사비 讀雙溪寺碑, 『秋江集』 권2
· 송악의 옛 궁궐에 오르다 登松嶽故王氏宮墟, 『秋江集』 권2
· 간성릉을 지나며 過杆城陵, 『秋江集』 권2
· 이달선과 김일손의 급제를 축하하다 奇兼之季雲賀登第, 『秋江集』 권3

- 감정기 鑑亭記, 『秋江集』 권4
- 조대기 釣臺記, 『秋江集』 권4
- 해운대유람기서문 遊海雲臺序, 『秋江集』 권4
- 남효온에게 寄贈南秋江, 『佔畢齋集』 권22
- 감사 점필재 선생께 받들다 奉和監司金佔畢韻, 『秋江集』 권2
- 점필재 선생께 올리는 자만 自挽四章上佔畢齋先生, 『秋江集』 권1
- 영남루에서 점필재를 뵙다 密陽嶺南樓謁佔畢齋, 『秋江集』 권2
- 고성 온천에서 어머님 소식을 얻고 高城溫井 得慈堂消息, 『秋江集』 권3
- 병든 아들을 생각하며 憶病子, 『秋江集』 권3
- 광진나루에서 사위를 전송하다 丙午暮春哉生魄 廣津別和叔, 『秋江集』 권3
- 사위의 영구(靈柩)를 맞이하며 戊申九月初吉 女壻之柩來自金海 余迎于鳥嶺之南, 『秋江集』 권3
- 그윽한 그리움 幽思, 『秋江集』 권3
- 환곡을 얻지 못하다 官家告糴不得, 『秋江集』 권2
- 조신과 같이 시를 짓고 구영안에게 주다 同叔度分韻 得楚江巫峽牛雲雨寄仲仁, 『秋江集』 권2
- 홍주산성에 오르다 登洪州山城, 『秋江集』 권2
- 장흥에서 생각 없이 읊다 長興偶吟, 『秋江集』 권3
- 박팽년이 도롱이를 빌러주자 화답하다 答朴仁叟借蓑衣, 『河先生遺稿』 詩
- 아들을 따라 고향 집 뒷동산에 오르다 杏花時節 鄕家 一夜 乘月 從忠世 登家後小隴杏花下坐玩, 『秋江集』 권3

말과 글은 뜻을 다하지 못한다

정여창 鄭汝昌

정여창 연보

본관 하동(河東), 자 백욱(伯勖), 호 일두(一蠹)·수옹(睡翁)

1450년	(세종 32)	——	함양 지곡리 개평마을 출생
1467년	(세조 13)	——	18세, 부친상
1471년	(성종 2)	——	이관의에게 배움
1472년	(성종 3)	——	김종직 문하에 들어감
1473년	(성종 4)	——	지리산 공부
1476년	(성종 7)	——	1차 상경, 성균관 생활
1478년	(성종 9)	——	이심원의 상소에서 정여창 추천
1480년	(성종 11)	——	성균관에서 '경명행수(經明行修)'로 천거, 낙향
1481년	(성종 12)	——	하동 칩거
1482년	(성종 13)	——	남원으로 윤효손을 방문하고 성리학을 물음
1483년	(성종 14)	——	2차 상경, 소과 급제, 승려 도첩제 반대 상소
1486년	(성종 17)	——	모친 최씨 별세
1489년	(성종 20)	——	4월 김일손과 지리산 기행
1490년	(성종 21)	——	3차 상경, 소격서 참봉, 12월 별시 문과 급제
1491년	(성종 22)	——	예문관 및 세자시강원에서 활동
1494년	(성종 25)	——	가을 안음현감, 12월 연산군 즉위
1498년	(연산 4)	——	7월 무오사화로 '난언' 죄에 걸림
1504년	(연산 10)	——	4월 유배지 종성에서 별세, 9월 부관참시

정여창은 한동안 지리산에서 공부하고 섬진강에서 살았다. 햇빛이 한결같아도 한 기슭이 양달이면 저 편은 음지라 하였을까, 너무나 담담하였다. 그러나 세상을 향한 뜻, 인간에 대한 신뢰는 끝이 없었다. 섬진강 물길이 하염없이 굽이치는 것처럼. 정여창은 시문을 달갑게 여기지 않았고 생활은 금욕적이었다. 그만큼 외향적 친화력은 부족했다. 그러나 마음의 벗은 적지 않았고, 학술적 만남을 즐거워하였다. 그러곤 다시 침잠하며 자신을 낮추고 비웠다.

정여창은 오래도록 현실정치를 생각하지 않았다. 그럼에도 어느덧 발을 들여놓았다. 정치는 권력과 재물로 하는 것만은 아니었기 때문이다. 즉 일상의 수신과 실천에 따른 인간 감화의 힘이었다. 저술은 별로 남기지 않았다. 사화로 없어지기도 하였지만 글과 말 모두에서 생략이 많은 탓이었다. 「이기설(理氣說)」 「선악천리론(善惡天理論)」 「입지론(立志論)」이 전할 뿐인데 주리철학(主理哲學) 즉 이학(理學)의 관점에서 원시유교와 근세 도학의 요령을 풀어낸 선구적 업적에 해당한다. 그러면서 관념으로 흐르지 않았고, 역사와 현실에서의 인간의 길을 한시도 잊은 적이 없었다. 그것은 죽음의 길이었다.

주요인물 해설

이관의(李寬義) 세종 20년(1438) 진사가 된 후 대과에는 실패하였지만, 성리학을 비롯하여, 천문·지리·기상·역학 등에 일가를 이루어 젊은 선비가 많이 따랐다. 성종 14년(1483) 손순효의 추천으로 경연에서 『대학』과 『중용』을 강론하여 이학(理學)에 정통한 원로로 대우받았다.

윤효손(尹孝孫) 단종 1년(1453) 식년 문과에 급제하고 좌참찬에 이르렀는데, 부모 봉양을 이유로 장흥부사, 전주부윤 등을 자청하였다. 『경국대전』 『오례의주(五禮儀註)』 편찬에 참여했으며, 성종 21년(1490) 정조사(正朝使)로 명나라에 갔다가 『활민대략』 『속자치통감』 『자치통감강목』 등을 구해 왔다.

김제신(金悌臣) 세조 8년(1462) 문과에 급제해 '이시애의 난'에 공을 세웠으며, 성종 8년(1477) 양성지·임원준 등을 탄핵하였다. 경상도와 함경도의 경차관으로 민생을 구제하고 수령의 불법을 엄단하였다. 경기관찰사, 병조참판, 대사헌을 거쳤는데, 연산군이 폐비 윤씨의 사묘(私廟)를 세우려 하자 반대하였다가 사후에 추형을 당하였다.

신종호(申從濩) 신숙주의 손자로 김종직에게 배웠다. 성종 9년(1478) 식년문과에 장원하고 이듬해 사가독서의 은전을 입었으며 『동국여지승람』 편찬에도 참여하였다. 이조참판과 도승지를 거쳐 연산군 2년(1496) 겨울 명나라에 정조사로 갔다가 귀환 중에 세상을 떠났다.

유호인(俞好仁) 김종직의 문인으로 성종 5년(1474) 문과에 급제하고, 성종 9년(1478) 사가독서를 하고 『동국여지승람』의 편찬에도 참여하였다. 성종이 시고(詩藁)를 보내라고 할 정도로 시가 좋았다. 성종 25년(1494) 합천군수로 나가서 병사하였는데 제문은 정여창이 지었다.

정여해(鄭汝諧) 정여창의 동년 팔촌 아우이며 김종직 문인. 고향 능주에서 김종직, 김굉필, 정여창, 김일손 등의 넋을 위로하기 위하여 해망단(海望壇)을 세우고 위패를 봉안하고 제사를 지냈다. 오늘날 전남 화순군 춘양면 대신리 해망서원이다.

1. 지리산 공부

이유 없는 존재는 없다

정여창의 첫 스승은 경기도 이천에 살던 이관의였다. 『해동야언』에 '정여창은 수(數)에 밝았다'고 전하는데, 아마 상수학에 조예가 깊은 이관의의 영향이었을 것이다. 상수학은 북송의 소옹(邵雍)이 '만물의 바탕에는 수(數)가 있음으로 상(象)이 있고, 상이 있음으로 형체(形體)가 있다'는 명제를 통하여 우주의 기원과 운행을 밝혀낸 성리학적 자연철학이었다.

정여창이 1년 이상을 이관의에게 배우다가 고향으로 내려왔는데, 마침 김종직이 군수로 부임해 있었다. 자연스럽게 찾아가 배웠다. 더욱 정진하리라 마음을 세웠으리라. 얼마 후 지리산으로 들어갔다.

아마 지리산 가며 단성을 지나는 길이었을 것이다. 「강성군의 목면 재배기에 적다」가 있다. 강성군(江城君)은 문익점의 봉호(封號)다.

한낱 전 왕조의 간의대부에 지나지 않았으나	一介前朝諫大夫
백성 옷 입힌 공은 태산만큼 높아라	衣民功與泰山高
고향에 돌아와 날마다 삼백 잔을 마시며	歸來日飲杯三百
천지간에 취하여 누웠으니 그 기상 호걸이로세	醉臥乾坤氣象豪

우리나라 의류의 역사를 바꾼 문익점이었지만 고려의 충신으로 남고자 낙향하여 살았다는 사실을 담담히 적었다. 지금 경남 산청군 단성면 사

월리 문익점이 태어난 마을에 목화시배유지(木花始培遺趾)가 있다.

정여창은 지리산의 육중함과 계곡의 옹골참이 좋았고, 운무(雲霧)의 가벼움과 기암괴석의 형색(形色)에 설레었다. 아침과 저녁이 다른 초목의 빛과 금수의 울음도 반가웠다. 한 사물, 한 현상도 한결같지 않음이 새삼스러웠다. 관찰은 생각을 낳고, 생각은 관찰을 부풀리고 다졌다. 개체에서 보편을 찾고 추상에서 구상을 보며 현상과 원리의 관계를 탐구했다. 그 공부는 깊었다.

기(氣)는 형(形)과 질(質)이 드러나는 사물과 운동의 구체적 현상이었다. 그러나 기의 원인이나 이유가 있으니 바로 리(理)였다. 이 리가 없다면 어떤 사물이 바로 그 사물이 되고, 어떤 현상이 바로 그 현상이 될 수 없다. 따라서 '기에는 리가 없을 수 없지만, 리 또한 기를 만나지 않으면 없다.' 이렇게 정리하였다.

무릇 기 없는 리가 없고, 리 없는 기가 없으니, 리가 있는 곳에 기가 모이고, 기가 움직이는 바에 리가 유행하니, 피차 구별이 없는 듯하다. 그러나 리는 텅 비어 맑고 깊으며 지극히 선하며 영위가 없고, 기는 맑고 흐림과 깨끗함과 찌꺼기로 운행하니 서로 구별이 있는 듯하다. 「이기설」

즉, 리와 기는 서로 떨어질 수 없고 서로 섞일 수 없는 '하나이면서 둘이고 둘이면서 하나'인 '불상리불상잡(不相離不相雜)'의 관계였다. 그러나 무차별한 혼효(混淆)는 아니었다. 어디까지나 엄연한 선후와 차서가 있으니 '먼저 리가 있고, 리는 기의 위에 있다.' 다름 아닌 '이선기후(理先氣後)' '이상기하(理上氣下)'였다. 따라서 이기의 관계는 병립할 수 없는, 리가 본체라면 기는 발용으로서의 체용(體用) 관계이다.

천지 사이에 리가 있고 기가 있으며, 기의 유행은 리에 근본하지 않는 바가 없다.
「이기설」

기의 움직임이 리에 근본을 두고 있다는 것은 리가 기를 주재한다는 의미였다. 여기에서 '원인의 리'는 '당위의 리' 나아가 '필연의 리'가 된다. 따라서 '기는 리를 벗어날 수 없다.'

리에 근본하지 않는 바가 없는 기의 움직임은 만 갈래로 달라진다고 하여도 하나의 근본은 같으니 이것이 진정 리다.
「선악천리론」

기의 만 갈래 다름은 모든 현상이 '하나의 리'를 바탕으로 한다는 이른바 '이일만수(理一萬殊)' 내지는 '이일분수(理一分殊)'였다.
'하나의 리' 즉 리의 총화가 바로 태극이었다. 태극은 송나라 성리학을 열었던 주돈이가 '무극이태극(無極而太極)'이라고 하였듯이 존재로서는 없으나 의미로서 존재하는 우주만물의 의미적 근원이었다. 이렇게 이해하였다.

태극은 텅 비어 맑고 깊으며 아무런 조짐이 없다고 하여도 그 안에 이미 만 가지 형상이 갖추어 있고, 만 가지 사물 또한 서로 다름이 있지만 하나로 꿰어져 있다.
「이기설」

태극이라는 하나의 근원과 원리가 관통되어 있기 때문에 우주만물은 조화와 균형을 이룰 수 있다는 것이다.
이렇듯 정여창은 현상 이전의 이유나 원인, 구체 이전의 추상을 중심으로 자연과 사물을 관찰하고 사유하였다. 구태여 말하면 주리론(主理論)

이었다.

도의 주인은 인간이다

정여창은 이기설을 인간의 도덕과 실천의 문제와 연결 지었다. 이렇게 이해하였다. 사람의 몸(形)에 기운이 깃들면 형기(形氣)가 있게 되고 또한 하늘의 이치(理)를 받은 본성(性) 즉 이성(理性)을 갖추게 되는데, 리가 기의 앞에 있고 또한 그 위에 있듯이, 이성이 형기의 앞에 있고 또한 그 위에 있다.

또한 리가 기를 주재하듯이 이성은 형기를 주재하며, 기는 리를 벗어날 수 없듯이 형기는 이성을 벗어나서는 아니 된다. 이러한 이성을 따름이 바로 인간의 마땅한 길 즉 도(道)이다.『중용』의 '하늘이 명하는 바를 성이라 하고, 성을 따르는 바를 도라고 한다' 는 첫 구절을 이상과 같이 풀었다.

그런데 정여창은 이성이 인간의 구체적 감정과 행위 즉 형기를 떠나 구현되는 것은 아니라고 생각하였다. 다음 구절은 이런 의미를 담아 적었을 것이다.

> 배우는 사람은 모름지기 리와 기가 둘이면서도 하나가 되는 실상과 또한 하나이면서 둘이 되는 뜻을 알아야 비로소 극기복례(克己復禮)하여 도심(道心)이 한 몸을 주재하며 인심(人心)으로 하여금 천명을 따르게 할 수 있다.
> 「이기설」

이성과 형기가 '하나이면서 둘이고 둘이면서 하나' 인 관계 다시 말하여 이성과 형기의 위상이 다르지만 이성이 형기를 떠나서 구현될 수 없다는 사실을 체득하여야 도심이 한 몸에 가득 차고 이때 인심은 하늘이 명한 바의 이성을 일상의 생활에서 구현할 수 있다는 것이다.
그러나 이성과 형기, 도심과 인심이 내면적 통일을 이루기란 쉽지 않았다. 이렇게 적었다.

리와 기를 싸잡아 하나로 보면 사사로움에 사로잡혀 '작용이 바로 성이다(作用是性)'하는 폐단에 흐르고 리와 기를 갈라 둘로 보면 미묘한 도를 구한다고 하며 끝내 천지와 일월마저 환상이며 허망하다고 한다. 「이기설」

리(도심)와 기(인심)를 하나로 알면 리가 기를 주재함을 모른 채 일체의 행위나 감정조차 이성으로 오해하여 마음대로 행동하고, 리와 기를 판연하게 나누어놓고 오로지 리에 도취하면 알 수 없는 현묘한 도에 빠져 일상의 예악과 제도문물을 팽개친다는 것이다.
후자는 무위의 도를 추구하는 노장학파를 지목한 것이 틀림없는데, 전자는 어떤 유파일까? 아마 전국시대 맹자에게 '생(生)이 성이다'고 한 고자(告子)나 위아(爲我)를 내세운 열자(列子) 그리고 남북조 시대 세상의 어지러움을 빙자하여 개인의 안일을 추구한 죽림칠현 등 일체의 자유방종 세력의 심사를 지적한 듯하다. 이러한 경향을 불식하지 못하면 도학을 실천할 수 없다는 간절한 생각을 담아 적었으리라. 그러면서 인간의 도덕능력에 대하여 반추를 거듭하였다.
정여창은 인간이라면 선천적으로 이성을 따르는 마음 즉 도심(道心)을 갖추고 있다고 보았다. 이런 관점에서 『주역』에 있는 '형체가 있기 이전[形而上]에 도(道)가 있고 형체가 있은 이후[形而下]에 기(器)가 있다'는 공자의 어록에 주목하였다. 이렇게 풀었다.

정여창 고택의 사랑채

경남 함양군 지곡면 개평리 소재. 이 마을에서 태어난 정여창은 젊은 시절 이천과 지리산에서 공부하고 중년에는 하동의 악양과 한양에서 살았고 함경도 종성 유배지에서 세상을 떠났다. 정여창은 10세 때에 의주부 통판(通判)이 된 부친 정육을(鄭六乙)을 따라 의주까지 갔고 부친이 이시애의 난으로 순국하자 함경도로 가서 시신을 수습하였다고 한다. 거의 옮겨 살지 않았지만 유배지가 함경도이었음까지 보태면 '정주(定住)의 유랑'이었던 셈이다. 소년 시절 의주에서의 일화가 전한다. 부친이 명나라 사신에게 아들 형제의 이름을 부탁하자, '사람이 이름을 귀하게 할 수 있는 것이지 이름이 사람을 귀하게 하는 것이 아니다'고 하면서, '이 아이로 집안이 창성(昌盛)하겠다'고 하며 '여창(汝昌)'으로 하고 동생은 '집안을 여유롭게 하라'는 뜻으로 '여유(如裕)'라 하였다고 한다. 고택은 후손이 1570년대에 건축하였고 사진은 사랑채이다.

공자가 전(上)과 후(下)에 각각 형(形)자를 붙이고 또한 도(道)와 기(器)를 구분한 뜻을 알아야 이기(理氣)의 오묘함을 알 수 있다. 「이기설」

만물은 형체를 이루기 전에 도(道)를 이미 갖추고 있고, 형체를 이룬 다음에는 그에 합당한 그릇(器)을 갖춘다는 것이다. 인간도 이와 마찬가지였다. 선천적으로 도를 갖추고 태어났기 때문에 후천적으로 수양과 공부를 통하여 도를 담는 그릇이 될 수 있다는 것이다. 이른바 '이선기후(理先氣後)', '이상기하(理上氣下)'에서 유추한 '도선기후(道先器後)', '도상기하(道上器下)'의 논리였다. 이것은 선천적 도덕능력에 대한 확신이며 동시에 '성선(性善)'에 대한 믿음, 나아가 인간을 보는 낙관의 소산이었다. 그러나 한동안 당혹스러운 때가 있었다.

실천이성을 위하여

언젠가 정호(程顥)를 읽었는데 다음과 같은 구절이 있었다.

천하의 선과 악은 모두 천리이니 악이라고 하여도 본래 악이 아니다. 다만 지나치거나 모자라면 그렇게 된다. 「성리대전」 권30 「기질지성」

11세기 도학의 지평을 열었던 정호가 '선과 악이 모두 천리다' 한 것이다. 정호는 처음에는 왕안석의 신법운동에 참여하였지만 나중에는 인재를 얻지 못하고 공리주의로 흐르자 반대로 돌아섰다. 그러나 말년까지 신법=소인, 구법=군자라는 이분법 도식에서 신법파를 악으로 배척하지는 않았다. 그만큼 온화한 인품의 소유자로 포용력이 있고 정치적 감각도 뛰어났다. 그런데 한 살 아래 동생인 정이(程頤)는 달랐다. '가을의 서리와 강렬하게 내리쬐는 해'라고 하듯이 열정과 냉정함이 분명하였다. 정여창은 처음에는 당혹스러웠다. 이렇게 적었다.

> 공자 다음의 아성(亞聖)인 맹자가 성선(性善)이라고 하고, 천리는 진실로 선하고 악이 없으므로 기(氣)에 빠지지 않는 것이 분명한데, 정호는 무엇 때문에 선악은 모두 천리라고 하였던 것일까? 「선악천리론」

그러다가 문득 정호의 다음 구절에 시선을 멈췄다.

> 무릇 사람들은 '도를 이어감이 선이다'는 구절을 가지고 성을 언급할 따름인데, 맹자의 성선이 바로 그렇다. 「성리대전」 권30 「기질지성」

'도를 이어감이 선이다[繼之者善]'라는 구절은 '한 번 음이고 한 번 양이 되는 바를 도라고 하니, 도를 이어감이 선(善)이며 도를 이루는 것은 성(性)이다'는 『주역』「계사전(繫辭傳)」의 한 구절이다. 해답은 간단하였다. "도를 이어감이 선이며 도를 이루는 것이 성이므로 본성은 착하다."
정여창은 번뜩하였다. '맹자의 성선설은 본원처만 말했고 그 아래 기질지성은 언급하지 않았다'는 주희의 발언이 쉽게 다가왔다. 그렇다면 맹자의 선성은 『중용』의 '천명(天命)의 성'이었다. 장재는 '천지지성(天地之性)', 주희는 '본연지성(本然之性)'이라고 하고, 정호는 '생전(生前)의 성'이라고 하였다. 모든 사람에게 다를 수 없는 본성 혹은 천성이다.
생전(生前)의 본성은 어떤 느낌이나 뜻, 생각이나 헤아림, 셈과 가름이 있을 수 없기 때문에 이 자체로 순수지선일 따름이다. 마치 텅 비어 맑고 깊으며 조짐도 없는 태극을 성(誠)이라고 보는 것과 같다. 그러나 음양을 낳은 태극이 동정의 기미를 보이는 순간, 기운이 뭉치고 맺음과 드러나고 나타냄과 베풀고 이룸의 현상이 생긴다. 이 점을 주돈이가 요약하였다. "성(誠)은 작위가 없고, 기미(幾微)는 선악이 있다."

생후(生後)의 본성도 마찬가지다. 생(生)과 동시에 도타움과 엷음, 깨끗함과 찌꺼기, 치우침과 바름이 드러나는 것이다. 바로 '기질지성(氣質之性)' '형기지성(形氣之性)'으로 기질 혹은 형기이다. 따라서 본성은 순수지선이지만 기질은 선악의 갈림이 있다.

그러나 기질이 본성을 벗어나는 것은 아니다. 기가 리를 벗어날 수 없는 것과 같다. 그래서 정호는 '선과 악이 모두 천리'라고 하면서 이렇게 덧붙였던 것이다. "성 안에서 본래 선과 악이 상대하는 것이 아니니 기질을 잘못하여 악하게 되었다고 하여도 본성은 착하지 않음이 없으므로 악도 성이라고 한다."

정여창은 반가웠다. 정호의 기질지성에서 인간의 실천, 인간의 개과천선을 향한 신뢰와 희망을 읽었던 것이다. 이렇게 적었다.

> 본래 착한 리는 움직이지 않으면 착함을 드러내지 않다가 마침내 움직이며 드러낸 후에야 그 착함을 알 수 있다.
> 「선악천리론」

후천적 기질을 바르게 가져가면 얼마든지 본성의 순수지선을 구현할 수 있다는 것이다. 본성에 기대지 말고 일상의 수양을 거듭하자는 뜻도 있었다. 인간에게 악행은 잠시이며 머지않아 악행을 버리고 바르게 설 수 있다는 소망을 다졌을 것이다. 정여창은 말하였다. "천하의 도에는 선이 있고 악이 있는데, 악이 생기는 것 또한 선에서 나오지 않는 것이 없다."

계곡에 한참을 앉아 있었을까, 섬진강을 다녀왔을까? '도랑의 물이 아주 혼탁하지만 애당초 깨끗한 물이 없었다면 무엇으로 인하여 도랑물이 있게 되었겠는가' 하였던 주희가 생각났다. 이렇게 풀었다.

물이 산속에 있을 때는 맑음을 모르지만 물이 흐르고서야 비로소 맑다는 것을 알 수 있다. 「선악천리론」

마치 착한 본성을 믿는다면 이제 드러내야 한다, 하는 것 같다. 지금 비록 어긋난 사람이라도 언젠가 본래의 착함을 알 것이고, 지금 비록 세상이 혼탁하여도 본래의 맑은 모습을 찾아갈 것이니 희망을 품어도 된다는 뜻으로도 읽힌다.

2. 세상 곁으로

어울림의 나날

지리산 생활 3년, 정여창은 서울에 나타났다. 정희왕후의 수렴청정이 마감되고 성종이 친정을 시작한 성종 7년(1476)이었다.

정여창은 성균관에 출입하며 과거를 준비하였는데 누워 자지 않을 만큼 열심이었다. 성균관에서 만난 남효온의 증언이다.

> 정여창은 코를 골기는 하였으나 누워 자지 않았다. 남들이 이것을 몰랐는데 어느 날 눈에 띄어 '정모(鄭某)는 참선을 하고 자지 않는다'는 소문이 성균관에 퍼졌다.
> 「사우명행록」

참선하는 정여창! 아마 이 때문에 유교와 불교가 어떻게 다른가에 대한 입장 표명을 요구받았던 모양이다. 혹여 정여창은 유교의 '존천리알인욕(存天理遏人欲)'과 불교의 '청정과욕(淸淨寡欲)'이 취지는 같지만, 유교는 실(實)을 추구한 반면 불교는 공(空)으로 흘렀다고 하지 않았을까? 그래서 남효온이 '정여창은 유교와 불교에 대하여 도는 같지만 자취가 다르다는 것을 알았다'고 적었을 것이다.

여러 사람이 정여창의 「이기설」 「선악천리론」 등을 보았던 모양이다. 역시 남효온이 전한다.

정여창은 지리산에서 3년 동안 오경을 닦아 그 깊은 진리를 터득하여 체(體)와 용(用)의 근원은 같으나 갈린 끝이 다르고, 선과 악이라도 본성은 같고 기질이 다른 것을 알았다.　　　　　　　　　　　　　　「사우명행록」

정여창의 도기론(道器論)과 이기설, 나아가 본성과 기질에 대한 이해와 논리가 잔잔한 감동을 일으켰음을 말해준다.
　남효온이 '사서와 오경에 통달하였으며 손에서 책을 놓지 않았다'고 감탄하였던 이심원도 정여창의 성리학을 높이 샀다. 그랬음인지, 성종 9년(1478) 4월 '세조의 공신은 이제 물러나게 하자'는 상소에서 정여창을 '숨어 있는 어진 선비'로 추천하였다.

우리나라는 땅이 좁아서 숨은 현자가 없을 것이라 하지만 공자가 '열 집 고을에도 반드시 마음을 다하고 믿음이 곧은 인재가 있다'고 하였으니, 함양의 정여창과 태인의 정극인, 은진의 강응정이 바로 숨어 있는 성현의 무리입니다.　　　　　　　　　　　　　　「성종실록」 9년 4월 8일

최초의 가사문학「상춘곡」을 남긴 것으로 유명한 정극인(丁克仁)은 태인에서 향약을 시행하여 힘써 향풍을 교화하였으며, 강응정은 주희의「증손여씨향약」을 모범으로 남효온을 비롯한 성균관 유생들과 '소학계' 혹은 '효자계'를 결성하여 매달『소학』을 강론하는 등, 학풍 쇄신에 자취를 남겼다. 이심원은 정여창을 이들과 같은 반열에 놓고, 성종이 신하로 삼아야 할 새로운 인재라고 천거한 것이다.
　이때 도승지 임사홍은 처음에는 '정여창과 강응정은 어떤 사람인지 모르고, 정극인은 문종 조에 일민(逸民)으로 천거되어 사간원 정언(正言)에 임명되었는데 강개한 뜻이 남과 조금 다를 뿐이다'고 하며 애써 무시하였

다. 그러다가 남효온이 '소릉복위'를 주장하자 마침내 적의를 드러내며 '남효온, 강응정, 정여창 등은 『소학』의 도(道)를 행한다고 하는 붕당을 맺고 있다'고 하였다. 왕실의 인척과 훈구만이 임금의 유일 상대라는 발상에서 나온 공격이었지만 붕당을 군주의 통치권을 가로막는 불온한 존재로 간주하던 분위기에서 위험할 뻔하였다. 그러나 성종의 무마로 무사하였다.

대화와 공부

남효온은 정여창이 좋았다. 단정하고 금욕적이고 정갈하였으며, 게다가 대화는 평범하지만 깨달음이 배어났던 것이다.

> 정여창은 성품이 단아하고 정중하며 술을 마시지 아니하였으며 냄새나는 채소를 먹지 않고 소와 말고기를 먹지 아니하였다. 겉으로는 늘 평범한 말〔常談〕만 하였으나 내면으로 크게 깨달은 바가 있어 성성(惺惺)하였다.
> 「사우명행록」

언젠가 두 사람은 『중용』 첫 구절 '천명지위성(天命之謂性)'을 주희가 '하늘이 음양, 오행으로 만물을 낳았는데 기로서 형체를 이루고, 리 또한 부여하니 명령하는 바와 같다'고 풀이한 구절을 두고 생각을 주고받은 적이 있었다.

정여창은 주희와 약간 다른 의견을 냈다. "어찌 기 다음에 리가 있을 수 있는가." 즉 '기 다음의 리〔後氣之理〕는 없다' 한 것이다. '리선기후(理先氣後)'였다. 남효온은 처음에는 높이 평가하였지만 석연치 않았다. 이렇게 반박하였다.

이른바 리가 기에 앞선다는 것은 리의 체(體)이며, 이른바 기가 리에 앞
선다는 것은 리의 용(用)이다.   「추강냉화」

즉 '기에 앞선 리〔理先於氣者〕'는 의미의 존재인 '리의 본체(本體)'이
며, '리에 앞선 기〔氣先於理者〕'는 기가 있고 난 다음에 리가 주재한다는
의미이므로 '리의 발용(發用)'으로 보아야 한다는 것이다. 아무 조짐이 없
는 본체의 리가 기를 타야만 비로소 기를 주재할 수 있다는 견해였다. 정
여창이 주리(主理)라면 남효온은 주기(主氣)에 가까웠다.

두 사람은 '성과 정'의 관계에 대해서도 대화를 나누었다. 남효온이 단
언하였다.

악양정(岳陽亭)

경남 하동군 화개면 덕은리. 정여창이
생활하며 강론하던 집이다. 무오사화
이후 거의 방치하여 흔적이 없어졌는
데, 지방 유림이 1901년 4월에 중건하
고, 1994년 대대적으로 보수하였다.
(사진 하동군청)

인간에게 모두 갖추어진 인의예지는 성이라고 하면서 인의예지의 네 가지 발단을 구분하여 '성이 아니다'라고 할 수 있겠는가? 「추강냉화」

인의예지의 발단 즉 측은(惻隱)·수오(羞惡)·사양(辭讓)·시비(是非)의 마음도 성으로 보아야 한다는 것이다. '마음도 성이다' 한 셈이다. '마음에 인의예지를 드러내는 리가 있다'고 보았음에 틀림없다. '마음이 곧 리다'라는 '심즉리(心卽理)'에 가깝다.

정여창의 답변은 전하지 않는다. 혹여 성즉리(性卽理)의 관점에서 '인의예지라는 성이 드러나는 마음은 정(情)이며 따라서 기(氣)다' 하지 않았을까? 그러나 알 수 없다. 만약 이렇게 논쟁하였다면 훗날 이기논쟁과 사단칠정논변이 이때에 처음 시작된 셈이다.

심학논쟁

정여창과 남효온은 '마음을 잡으면 보존하고 마음을 놓으면 잃는데, 마음은 들고 남에 때가 없다'는 공자의 가르침을 두고도 대화를 나눈 적도 있었다. 정여창이 마음을 출입하는 물건 정도로 생각하는 듯 말하였다. 남효온의 「심론」에 나온다.

남효온: 마음이 어찌 출입하겠는가?
정여창: 여기에 앉아도 마음은 천 리 밖을 노닐다가 잠깐 사이에 텅 빈 곳에 있으니 출입하지 않는가?

남효온은 마음이 몸 밖으로 들고 나는 것으로 들었던 모양이다. 찬성

할 수 없었다. 「심론」에 적었다.

> 마음을 잡는 조심(操心)은 신체의 기운을 순수하게 하여 마음 또한 항상 밝게 한다는 것이니 '들어온다'고 하는 것이고, 마음을 놓는 사심(舍心)이란 신체의 기운이 어지럽고 거칠어져 마음의 주인이 밖에 있게 되어 '나간다'고 하는 것이지 마음이 정말로 출입하는 것은 아니다.

몸에 있는 욕망을 철저히 지우면 마음이 몸의 주인이 되며, 그렇지 않으면 마음을 외부에 빼앗긴다는 것이다. 그리고 '경학에 밝고 행실이 돈독하기로 근세에 비할 바가 없는 정여창이지만 그 소견에 의심할 만한 것이 있어 견해가 다름을 널리 알리고 싶다'고 마무리하였다. 「심론」을 지은 이유이기도 하였다.

남효온의 마음은 바깥 사물을 있는 그대로 비출 수 있는 맑은 거울과 같고, 깨끗한 물과 같았다. '명경지수'의 마음 즉 '부동심(不動心)'이었다. 정여창 역시 마음의 본령은 깨끗함과 맑음이었다. 그렇다면 마음 출입은 무엇일까? 「입지론」에서 그 단서를 찾을 수 있을 것 같다. 이런 구절이 있다.

> 배움이란 성인을 배움이요, 뜻[志]은 배움을 이루는 데에 두어야 하니, 모름지기 먼저 뜻을 세우지 않을 수 없다……. 선을 따르기는 산에 오르는 것처럼 힘들고 욕심을 따르기는 물이 낮은 곳으로 흐르는 것처럼 쉬운 법이니, 누가 천리를 보존하며 인욕을 막을 수 있겠는가. 「입지론」

'뜻을 어디에 두는가' 즉 천리인가 인욕인가 하는 문제를 제기한 것이다. 뜻의 세움을 굳세고 튼튼하게 한다는 다짐을 이렇게 적었다.

질풍과 횡류의 어려움 속에서도 우뚝 자립하여 굽히지 않고, 바름을 지켜 세상에 나서 공을 세우고 이름을 알리고도 뜻을 변하지 않고 배움을 이루려는 사람이 천하에 몇이나 될까?
「입지론」

어떻게 보면 두 사람은 동어반복을 하는 것 같다. 그러나 아니다. 남효온이 마음을 보존하며 기르는 양심(養心)을 생각하였다면, 정여창은 천리를 찾아 인욕을 없애는 마음 세움 즉 정심(正心)에 방점을 찍었다. 또한 마음을 물에 비유하여 남호온이 맑음을 비추는 지수(止水)라고 보았다면, 정여창은 맑음을 드러내는 유수(流水)라고 하였을지 모른다.

도학의 마음 이해는 정이·주희의 리학(理學)계열과 정호·육구연(陸九淵)의 심학(心學)계열에 미묘한 차이가 있고 수양론과 실천론에 반영되었다. 전자가 거경궁리(居敬窮理)라면, 후자는 정좌심득(靜坐心得)이었다. 정여창이 전자라면 남효온은 후자에 가까웠다. 우리나라 학술논쟁의 첫 막이었으니, '심학논쟁'이라고 할 만하다.

정여창의 마음 이해는 훗날까지 변함이 없었다. 안음현감 시절 마침 현풍으로 내려온 김굉필과 중간 지점인 거창군 가조면에서 간혹 만났는데 이런 대화를 주고받았다고 한다.

정여창: 배움에도 마음을 모르면 배움을 어디에 쓸 것인가?
김굉필: 마음이 어디에 있는가?
정여창: 없는 데도 없고 있는 데도 없다.

선문답 같지만 정여창은 마음을 어디에 두는가, 즉 정심과 입지의 문제로 생각하였음이 틀림없다.

정여창과 남효온은 무척 친하였다. 그러나 차츰 멀어졌다. '문장론'에서도 충돌이 있었던 것 같다. 남효온이 전한다.

> 주돈이·정호·정이·장재·주희의 이론에 견해를 내고 오경에 정통한 정여창은 시문에 힘쓰는 선비를 '시는 성정(性情)에서 피어나니 애써 공부할 필요가 무엇이냐' 하고 홀로 타박한다. 덕을 갖추고 경서에 능통하면 시를 짓지 못해도 허물이 될 수 없다는 뜻이니 부유(腐儒)의 견해나 다를 바 없다. 「추강냉화」

'부유'는 변통을 모르며 제 생각만을 고집하는 선비를 일컫는다. '시는 도를 싣는 도구'라는 원칙만을 강조한 정여창이 못마땅하였던 것이다. 세상을 비판하며 시와 음악 그리고 술로 지새며 거리낌 없이 살아가는 남효온의 입장에서 술을 전혀 마시지 않고 시도 잘 짓지 않는 정여창이 서운하기도 하였을 것이다.

3. 섬진강에 살다

악양통신(岳陽通信)

성종 11년(1480) 성균관에서 경학에 밝고 행실이 뛰어난 유생을 천거한 적이 있었는데, 정여창이 뽑혔다. 서거정까지 임금 앞에서 경전을 강의하라고 권유하였다. 그러나 사양하고 고향으로 내려왔다.

  정여창은 섬진강변 하동 악양에 터를 잡았다. 거의 칩거였다. 훗날 조신이 정여창에게 준 「안음현감을 축하하다」에 나온다. "본시 세상을 피한 것은 아니지만, 절로 세속과 멀어졌다네."

  정여창은 어느덧 은자가 되어 있었다. 그러나 공부는 접지 않았던지 많은 책을 갖추었다. 역시 조신의 시에 나온다.

옛집이 섬진강 나루에 있었는데	舊業蟾津上
팔구 칸 띳집에서 살았다네	茅簷八九居
물가 대밭은 천 이랑이 되고	水竹富千頃
그림과 책은 다섯 수레 가득했다	圖書盈五車

정여창은 제법 큰 팔구 칸 띳집을 지었으며, 강변에 대밭까지 조성하였던 것이다. 지금도 하동군 악양면에는 악양정이 있고 토지마을 들어가는 입구의 섬진강변에는 대밭이 있다.

  정여창은 섬진강에서 낚시를 하고 간혹 말을 타고 쌍계사와 청학동을 찾았다. 그러나 공부 갈증은 컸고 의문 또한 끝이 없었으며 사우에 대한 그리움은 물씬하였다. 친구 박언계(朴彦桂)에 보낸 짧은 편지에 있다.

> 벗끼리 아끼는 도리는 선으로 나아가자고 다짐하는 책선(責善)에 있으며, 공부는 정성을 향하고 몸은 공경으로 세운다고 합니다. 「박언계에 보내는 답서」

책선의 의미는 공자의 '친구라면 진심으로 말하여 착함으로 이끌어주는 데에 있다'에 나온다. 여기에 덧붙여 '벗이 먼 데서 찾아오니 또한 기쁘다'는 구절을 되새기며 적었을 것이다.

또한 「혹인(或人)에 보내는 답장」 일부가 남아 있는데 아마 상대방이 하늘과 사람, 사람과 사람의 관계는 하나의 실체가 관통한다고 적었던 모양이다. 정여창이 조심스럽게 자신의 견해를 적었다.

> 하늘과 사람이 서로 함께 하는 것에서 시작하여 사람과 사람이 관계하는 데에 이르기까지 '하나의 실〔一實〕'이 관통한다는 점은 정자와 주자가 다시 나와도 고칠 수 없다고 하신 말씀 실로 크십니다. 「답혹인(答或人)」

이른바 하늘과 사람 사이에는 오로지 진실이 있을 따름이라는 '천인합일설'에 대한 소통이며 일치였다. 그러나 상대방의 '순임금이 하늘에 울부짖었던 것과 같은 정성을 보여야 하늘도 비로소 감응하며, 하늘은 사람이 할 수 없는 바를 늘리고 보태준다'는 견해에는 찬동할 수 없었다.

정여창은 '하늘이 나를 낳고 덕을 주었다'는 공자의 어록을 사람의 일이란 하늘에 대한 울부짖음이나 기도로는 제대로 될 수 없다는 가르침으로 받아들였다. 즉 하늘이 사람에게 내린 덕을 충분히 발휘하였을 때에 비로소 하늘에 다가설 수 있다는 것이다. '진인사대천명(盡人事待天命)'이었

「화개현구장도(花開縣舊莊圖)」

국립중앙박물관 소장, 보물 1046호. 안견화풍의 산수화가 이징(李澄)이 정여창이 살던 악양 산하를 전언과 문헌을 토대로 그렸다. 선조의 부마로 당대 명필이며 문장인 신익성(申翊聖)이 부탁하여 그린 것인데, 신익성 자신은 화제(畵題)와 발문을 썼다. 인조 21년(1643) 작품이다. 정여창은 말년에 '졸기만 하는 늙은이'라는 뜻의 수옹(睡翁)이라고 자호하였지만, 평소에는 '천지간에 한 마리 좀벌레(天地間一蠹)'라고 자신을 낮추었다. 「구장도」야말로 정여창의 진솔하고 겸허한 인품이 만들어낸 예술이었던 것이다. (사진 국립춘천박물관)

다. 이렇게 비판하였다. "사람이 하늘의 도를 이루는 것인데, 으뜸 자리 성인이 하늘에 빌자 하늘이 보태주고 더해주었겠습니까?"

이때 상대방이 어떻게 반응하였는지는 알 수 없다. 다만 하늘의 뜻을 따르는 인간의 길에 대한 생각을 주고받던 두 사람의 다정한 모습이 눈에 잡힐 따름이다.

천리 밖 하늘로 솟는 고니가 될 수는 없다

악양 시절 정여창은 모친 봉양을 위하여 남원의 향리에 머물던 윤효손을 방문하였다. 스승 김종직과 동년으로 일찍부터 문장으로 이름을 날렸고 선현의 성리학설을 초록하는 등 경학에도 조예가 깊었다. 예조참의를 지내다가 늙은 부모 봉양을 이유로 사직하려고 하자 성종이 전주부윤을 삼을 만큼 배려하였던 학자관료였다.

전주부윤 시절 윤효손은 '귀신 섬기는 일이나 사람 다스리는 일을 지극 정성으로 하였는데, 공자를 추모하는 석전(釋奠)에는 물론 반드시 참석하였고, 수재와 한발이 있으면 매양 기도를 올려 하늘의 감응을 끌어냈다.' 『신증동국여지승람』 「전주부」에 나온다. 그렇다면 앞에서 살핀 「혹인에 보내는 답장」의 주인공이 윤효손이 아닐까? 단정할 수 없다.

언젠가 정여창은 윤효손에게 그동안 정리한 예설과 성리학설 관련 글에 대한 품평을 부탁한 모양인데, 아쉽게도 전하지 않는다. 다행히 윤효손의 답장 한 편이 전한다. 겸손함인가 아니면 조정에 다시 나서게 되어 분주하였음인가 무척 짧게 보낸 글이다. 먼저 '자신이 허명을 얻고 있는 것 같아 부끄럽다' 하며 이렇게 적었다.

나같이 세속에 구속되어 사는 구차한 처지에서 신선이 산다는 두류산 절경에서 숨어 살며 홀로 착함〔獨善〕을 구하고 높은 절조에 부응하려는 모습을 보니 그대가 고니라면 나는 애벌레나 다름이 없다.

정여창이 고니라면 자신은 애벌레, 분명 정여창의 공부와 수양을 높이 평가한 것이다. 그러나 글투를 보면 다른 뜻이 숨겨져 있는 듯하다. 고니와 애벌레는 '도를 추구하는 선비는 고니이고 현실에서 고달프게 사는 사람은 애벌레'고 한 우화에 나오는데, 노장학파가 중심이 되어 여러 잡가의 학설을 집대성한 『회남자(淮南子)』에 있다. 그렇다면 이렇게도 읽힌다.

정여창! 그대는 산수를 벗 삼아 신선과 같이 살며 은둔에 자족할 것인가. 정녕 천 길 하늘 밖으로 솟는 고니가 되려는 그대가 나 같은 애벌레 신세에게 물어볼 것이라도 있을까?

윤효손은 훗날 무오사화 당시 실록청 당상으로 있으면서 김일손의 사초를 보고 '김일손이 이렇게까지 인걸인 줄을 몰랐다' 하며 감탄하였으며, 자신의 비행을 적은 사초를 숨겨달라는 이극돈(李克墩)의 거듭된 요청을 거절하였다.

아아, 어머니!

성종 14년(1483) 정여창은 생원이 되었다. 이미 서른넷, 늦은 나이였다. 다시 성균관 생활. 모친상을 마치고 조정에 나선 김종직도 찾았을 것이다. 또한 75세의 노구를 이끌고 어전에서 『대학』과 『중용』을 강의한 첫 스승

이관의를 다시 뵌 것도 즐거움이었다. 이때 「율정(栗亭) 이관의 선생의 운을 따르다」를 올렸다.

우주와 인간을 탐구하는 공부는 당대 으뜸이시지만	學究天人冠一時
거친 마을에 지내시며 남이 알아주기를 바라지 않으셨고	而居陋巷不求知
성군께서 특별히 부르시어 다스리는 도리를 물으시지만	聖君特召問治道
이내 산림으로 돌아가려는 뜻을 받아주셨네	因許山林意所之

성종이 이관의의 학문이 높은 것을 알고 벼슬로 붙잡고자 하였으나 나이가 너무 많아 어쩔 수 없어서 향리로 떠나보내며 대신 상급으로 곡식과 면포 등을 내린 사실을 담담히 적었다.

당시 왕실에서 창덕궁과 수강궁 등을 대대적으로 보수하면서 승려를 동원한 일이 있었다. 한 달 사역을 마치면 도첩을 내렸는데 성균관 유생이 집단으로 반발하였다. 정여창도 나섰다.

한 달을 수고한 것으로 도첩을 내리면 종신토록 부역을 면제받는데, 이렇게 되면 군적(軍籍)에서 빠지려는 무리가 머리를 깎고 나라에서 궁궐 짓기만을 기다릴 것이다.

「성종실록」 14년 9월 11일

불교의 교리에 대한 배척이 아니라, 도첩을 대가로 한 승려 사역이 양민의 군역기피로 이어진다는 주장이었다. 그러나 왕실에 필요한 일이라 받아들여지기 힘들었다.

정여창은 공부에 열중하였다. 대과를 놓칠 수 없다는 생각이었을 것이다. 대사성에게 『중용』『대학』의 난해한 구절을 깊이 질문하여 곤혹스럽게 한 적도 있었다. 그러나 계속하지 못하였다. 연로한 모친이 고향을 휩

쓴 역병에 걸린 것이다.

정여창은 즉각 함양으로 귀향하였다. 집은 물론 마을까지 격리되어 있었으나 아랑곳하지 않았다. 간호는 지극 정성이었다. '향을 사르고 기도를 하였고, 모친의 대변을 맛보고 차도가 없음을 알자 울부짖으며 통곡하였다'는 일화가 전한다. 주위에서도 '전염병도 효자는 해치지 못한다'는 감탄이 일었다. 그러나 모친을 구할 수는 없었다.

'주자가례'에 따른 장례는 엄격하고 비통하였다. 경상감사가 소식을 듣고 곽판(槨板)을 마련해주려고 하자 정중하게 사양하였다. 김종직의 처남으로 마침 함양군수로 와 있던 조위가 역군을 보내주려고 하였으나 역시 거절하였다. "백성을 번거롭게 하여 원망이 생기면 반드시 선모(先母)에게 미칠 것이다."

정여창은 누구의 도움도 받지 않았다. 가사와 가산에 무심한 자신을 생각하여 모친이 비축한 전곡으로 상장(喪葬)의 모든 비용을 충당하였다. 장례가 끝나자 모친이 이웃에 빌려준 전곡까지 깨끗이 탕감하고 모든 문권을 불태웠다. 모친이 남긴 재산을 자식들이 사용할 수는 없다는 것이었다. 동생들을 이렇게 설득하였다. "어머니가 나눈 곡식을 우리가 거둔다면 원망이 어머니에 미칠 것이다."

정여창은 모친 간병과 치상, 그리고 시묘 중에 모든 것을 버렸다. 금식에 가까운 절제, 살림을 돌보지 않고 기꺼이 버리는 모습은 진한 감동을 불러일으켰다. 『성종실록』에 전한다.

정여창이 상을 치르는 것을 보고 한 고을이 감화를 받았는데, 한 갑사(甲士)가 상중에 죽만 먹으니 어느 백정(白丁)이 '정여창을 본받아 이렇게 죽만 먹으니 얼마나 고생스러운가?' 하였다.

성종 21년 7월 26일

4. 산행의 비밀

지리산의 야기(夜氣)

성종 19년(1488) 봄 김일손이 찾아왔다. 약관에 문과에 들어 중앙의 좋은 벼슬에 있을 수 있었지만 노모 봉양을 이유로 고향에서 가까운 진주향교의 교수를 자청하여 내려와 있던 참이었다. 3일 동안 『대학』을 같이 읽고 풀었다.

김일손은 차분하고 진지한 정여창이 좋았다. 학문의 깊음도 알았다. 김굉필에게 '우리 중에서 학문을 점진적으로 고루 충실하게 성취한 사람은 정여창이다'고 알렸다. 이듬해 2월에는 정여창이 청도를 찾았다. 김일손이 벼슬을 버리고 학문 연구에 매진하던 참이었다. 지리산 유람을 약속하였다.

성종 20년(1489) 4월 여름이 오는 길목, 두 사람은 함양 백무동에서 시작하여 여러 골짜기를 오르고 산등성을 탔다. 등귀사(登龜寺)·단속사(斷俗寺)·암천사(巖川寺) 등 큰 사찰과 금대암(金臺菴)과 불일암(佛日菴) 등의 작은 암자를 지났다. 천왕봉(天王峰)에 올랐고 향적사(香積寺)·영신사(靈神寺)·의신사(義神寺)를 거쳐 화개의 쌍계사(雙溪寺)를 만나고 악양으로 내려왔다. 하루를 푹 쉰 날을 포함하여 16일에 걸친 산행이었다. 산중에서 비에 흠뻑 젖기도 하고, 탁 트이다가 잠기곤 하는 풍광에 취하였다.

정여창은 무척 힘이 들었다. 이미 불혹이었으니 20대 후반의 김일손을 쉽게 따를 수 없었을 것이다. 발이 부르트고 길이 미끄러워 스님의 밧줄을 잡고 힘겹게 오르기도 하였다. 끌려오는 모습이었을 것이다. 그래서 김일손이 '스님은 어디에서 죄인을 끌고 옵니까?' 하자, 정여창은 '산신령에게서 도망친 나그네를 잡아오고 있다' 하며 서로 웃었다. 등귀사에 도착하자 비가 오고 구름이 잔뜩 끼었다. 운무밖에 보이지 않았다.

김일손: 조물주가 무슨 마음으로 산악의 형세를 감추는 것일까요? 우리를 시샘하는 것이겠지요.
정여창: 산신령이 소란스런 나그네에게 빗장을 치려는 것인지 어찌 알겠는가?

도망친 나그네와 소란스런 나그네. 지리산에서 한동안을 지내 아쉬울 것이 없는 정여창과 처음 온 지리산의 풍치에 감탄하여 아쉬워하는 김일손의 모습이 훤하고 상큼하다. 그러다 밤이 되어 구름이 걷히고 달이 뜨자 희붐히 여러 봉우리가 드러났다.

김일손은 감탄사를 연발하였다. 정여창이 독백처럼 '사람의 마음과 밤의 기운도 이쯤 되면 모든 찌꺼기가 없어진다' 하였다. 『맹자』의 '인의의 양심을 보존하자면 밤의 기운이 필요하다'는 구절을 생각한 것이었다. 그런데 '그대여! 이 밤의 풍광에 취할 것만은 아니다'로 들린다.

금대암에서는 누더기 가사를 걸치고 불경을 외우며 도량으로 들어가는 20여 스님들을 만났다.

정여창 : 저들의 수행법은 매우 정밀하여 잡된 것이 없으며 나아갈 뿐 물러설 줄을 모른 채, 낮과 밤을 쉬지 않고 깨달음을 이루려는 공부를 한다.
김일손 : 불자의 깨달음을 위한 노고가 저러한데 학자가 성인을 이루려

는 공부를 저렇게 한다면 어찌 성취가 없겠습니까?

스님의 정진을 보고 유자 나름의 자아비판을 한 셈인데, 성인의 학문을 무시하는 세태에 대한 안타까움이 깃들어 있다.

천왕봉에서 김일손은 산신에 제사를 지내려고 그런대로 제문까지 갖추었다. 정여창이 '음사(淫祀)가 된다'고 말렸다. 이에 김일손, '산신령이 흠향(歆饗)하지 않을 것 같으면……' 하며 그만두었다.

향적사 한구석에 석가의 으뜸 제자 가섭(迦葉)의 화상(畵像)이 있었다. 찬시(贊詩)까지 적혀 있었다. 시와 글씨, 그림에 뛰어난 삼절(三絶)로 많은 문인과 묵객(墨客)을 몰고 다녔기 때문에 왕위를 엿본다는 혐의를 받고 수양대군에게 죽임을 당한 안평대군의 작품이었다. 그림을 보는 안목이 대단하였던 김일손은 '어찌 진귀한 물건이 이 산중에 있는 것일까?' 신기하기도 하고, 아쉽기도 하였다. 그래서 '왜 이곳에 구들 연기에 그을린 채 버림을 받아야 하는가' 하며 가져갔으면 하였다. 정여창이 만류하였다.

한 사람의 집에 사사로이 보관하는 것이 어찌 명산에 두고 보고자 하는 사람들이 마음껏 보게 하는 것만 같을까.

머쓱해진 김일손! 이 물건이 지금도 지리산 어디에 있을까?

이제 섬진강, 저 물처럼

김일손은 '원숭이가 아니면 다닐 수 없을 만큼 골짜기가 높고 깊다'는 청학동(靑鶴洞)을 찾아가보지 못한 것이 아쉬웠다. 정여창이 말하였다.

산과 물은 인자와 지자가 좋아하지만 공자가 '물이여, 물이여' 하셨으니 산이 물만 못하다. 그러니 날이 밝으면 악양으로 나가 큰 물결을 보세나.

일찍이 '지자(知者)는 요수(樂水)하고 인자(仁者)는 요산(樂山)이라' 하였던 공자가 어느 날 강가에 섰다가 '가는 것이 이 물과 같구나, 밤낮을 멈추지 않는구나!' 하였다. 지혜로운 사람은 사리에 달통함이 흐르는 물과 같아야 하고, 어진 사람은 사람과 세상을 아끼는 마음을 산과 같이 중후하게 가져야 한다. 그리고 배움은 강물처럼 조금도 쉼이 없어야 한다는 가르침이었다.

그런데 정여창은 굳이 '공자는 산보다 물을 좋아하였다'고 읽었다. 성급한 조합인 듯하다. 그러나 아니다. 김일손이 산에 깊이 빠져 있음에 '물을 보자' 한 것이다. 그런데 자꾸 우리의 삶과 배움도 멈출 수 없는 물과 같아야 하지 않을까, 이렇게 읽힌다.

산을 내려오니 바로 섬진강이었다. 두 사람은 배를 띄웠다. 김일손이 먼저 지었을 것이다.「지리산에서 놀고 악양에 배를 띄우다」이다.

푸른 물결 가득하고 노 젓는 소리 고요한데	滄波萬頃櫓聲柔
소매 가득 맑은 바람 도리어 가을인가	滿袖淸風却似秋
고개 돌려 다시 보니 참 모습이 아름다워라	回首更看眞面好
느릿한 저 구름 두류봉 지나 자취를 감추네	閒雲無跡過頭流

시원한 강바람에 그만 계절을 잊고 가을인가 하다가 지난 보름 몸을 맡긴 깊고 짙은 빛깔 지리산이 멀어져가는 것이 아쉽기만 하였다. 떠나가는 정경이 눈에 잡히는 듯하다. 정여창이 화답하였다. 과작(寡作) 중에서도 대표작으로 꼽히는「악양」이다.

창포를 휘감는 바람 가볍고 부드러운데 　風蒲獵獵弄輕柔
사월 화개는 이미 보리가 익어가고 　　　四月花開麥已秋
온통 첩첩한 두류산을 둘러보고 있자니 　看盡頭流千萬疊
외딴 배 내려내려 큰 강으로 흘러간다 　　孤舟又下大江流

늦봄의 포근한 강바람을 타고 지리산이 멀어져 가는 것이 아쉬웠지만 문득 보리가 익은 절기가 왔음을 알고 반갑고 고맙다, 하는 듯하다.

두 사람은 내친 김에 진주로 가서 승정원 주서를 사임하고 내려와 있던 강혼(姜渾)을 만나고 김종직을 찾았다. 이해 3월 형조판서가 되었지만, 병환도 깊었고 거칠어가는 세월을 뒤로 하고 싶어 밀양에 물러나 있던 참이었다. 정여창은 거의 보름을 머물며 여러 경전을 읽고 학자들과 토론하였다. 그리고 악양에 돌아오자 어느덧 유월, 한여름이었다. 꿈길 같은 산행, 그리고 공부 여행이었다. 오랜만에 스승과 만남도 있었다.

김일손은 저간의 여정과 대화를 「속두류록(續頭流錄)」에 담았다. 스승 김종직이 이미 지리산을 다녀와 「두류기행록(頭流紀行錄)」을 꾸몄으니, 자신의 글은 속편이 된다는 것이다. 스승 존경이 제목에도 배어 있는데『속동문선(續東文選)』에도 이렇게 실렸다. 그렇다면 근세에 꾸민 김일손의『탁영집』에서 「두류기행록」이라고 한 제목은 원래대로 바꾸어야 한다.

그런데 김일손은 기행문에 두 사람의 사연을 모두 적지 않았다. 이때 정여창은 계유정난 당시 광양에 유배된 우의정 정분이 교형(絞刑)을 당함에 이르러 '김종서와 죽은 것은 같지만 명절(名節)에는 다름이 있다'고 하면서 태연하게 죽었다는 사실을 말했다. 정분의 시신을 수습하여 장례를 치러준 탄(坦) 선사가 생전의 부친과 교류가 깊었던 관계로 찾아왔다가 전해준 내용이었다. 세조 치세로 가는 억울한 상흔, 어두운 과거였다.

얼마 후 김일손은 정분의 사실을 기록으로 남겨줄 것을 요청하였고, 정여창은 안음현감 시절 「정분전」으로 꾸며 보냈다. 이를 바탕으로 김일손은 사초를 꾸렸다. 무오사화 때에 밝혀진다.

5. 죽음의 문

세상을 속이지 말게 하소서

성종 21년(1490) 7월 사섬시정(司贍寺正) 조효동(趙孝仝)이 학문과 행실의 선비로 정여창을 천거하였다. 모친에 대한 지극한 효성, 치상과 시묘 중에 감사와 군수의 도움을 사양하고 모친이 모아놓은 재산까지 기꺼이 버리는 모습을 자세히 올렸다. 이것만이 아니었다.

함경도 병마우후(兵馬虞候)로 있던 부친이 '이시애의 난'을 만나 전사하자, 천 리 길을 달려가 시신을 수습하여 장례를 치렀고, 나라를 위해 죽은 사람의 자식을 서용한다는 예에 따라 군직(軍職)을 제수하자, '아비가 적병에 패하여 죽었는데 자식이 그 일로 영광을 받는 것은 나라의 은혜가 비록 중할지라도 마음에 진실로 차마 하지 못할 바입니다' 하고 사양하였다는 사실도 밝혔다.

성종은 감동하였다.

이 말을 들으며 눈물이 흐르는 것도 깨닫지 못하였구나. 빨리 뽑아 등용하여 착함을 표창하는 나라의 뜻을 보이도록 하라.　『성종실록』 21년 7월 26일

그런데 도승지 신종호가 좀처럼 믿을 수 없었던지 '경상감사에게 사실인지를 물어 확인하자'고 제동을 걸었다. 이때 이조참의 윤긍(尹兢)도 조효동을 거들고, 좌승지 김제신까지 나서 '신이 정여창의 사람됨을 아는데 군

교수정(敎授亭)

경남 함양군 지곡면 덕암리. 고려말기의 문신으로 조선개국에 반대하여 고향으로 은퇴한 조승숙(趙承肅, 1357~1417)이 인근 자제를 가르친 곳으로 정여창의 개평 마을과 가깝다. 태종도 그의 인품과 절의를 칭송하여 침향궤를 하사하였다고 하는데, 마치 조선의 건국을 반대한 문익점에게 '고려충신지문'이란 정려를 내린 것과 같다. 성종 또한 조승숙을 위하여 제문(祭文)을 내렸는데, 이 중 '수양명월율리청풍(首陽明月栗里淸風)'이라는 글귀가 있다. 고려의 충신으로 칭송한 것이다. 정여창을 학행으로 천거한 조효동이 바로 조승숙의 증손자였다. (사진 김성철)

수가 효자로 추천하려고 하자, 저는 효자가 아니라고 하며 울며 사양하여 그만둔 적이 있습니다' 하였다. 조효동과 김제신은 모두 함양 출신이다. 정여창의 출사 장면에 숨겨진 밑그림이 들춰지는 듯하다.

정여창은 소격서 참봉으로 발탁되었다. 알성 혹은 별시문과에 응시할 수 있는 징검다리 같은 자리였다. 훗날 조광조가 조지서(造紙署) 사지(司紙) 벼슬을 받고 알성문과에 응시한 사실을 생각하면 된다. 처음에는 사양하였다. 상소문이 있다.

신이 어미의 초상을 치르면서 안으로는 애통해하는 마음이 부족하면서도 겉으로는 슬퍼하는 모습을 지어 고을 사람으로 하여금 효자일 것이라는 생각을 갖게 하고 그런 말들이 고을 사람들 입에 오르내리게 하였으니 이는 향당을 속인 것이며, 국가에 전해져 포상으로 관직이 내려왔으니 이는 국가를 속이는 것이며, 만약 이를 받아들이면 자리를 훔치는 것이니 조정을 속이는 것이 됩니다.

「참봉을 사직하는 상소」

정여창은 말하고 있었다. '자신의 효행은 자식 구실의 몸짓이었을 뿐, 고을의 이목을 어지럽혔으니 이로서 벼슬을 받으면 나라를 속이는 큰 죄가 된다.' 의례적이라고 하기에는 너무나 진실하다.

이해 12월 정여창은 별시문과에 합격하였다. 그동안 경학 탐구에만 주력하고 시부(詩賦)를 소홀히 하여 쉽지 않았을 것인데 다행이었다. 양희지가 시를 보냈다.「급제를 축하하며」이다.

새벽 해 궁중에 떠오르니 엷은 먹 빛깔 새로워라	曉旭金明淡墨新
간곡한 임금 말씀 진정한 유자라 하셨도다	丁寧天語許儒眞
평생 임금과 백성을 요순시대로 이끌려고 하였으니	君民堯舜平生志

대궐 섬돌에 절 올리며 인재 얻으심 하례 드리네   起向舟墀賀得人

경상도 양산 출신으로 젊은 날 경주 남산에서 공부를 하다가 김시습을 만난 적도 있었던 양희지는 훗날 조광조를 희천 유배지의 김굉필에게 소개한 장본인이다.

연산군과의 만남

정여창이 조정에 들어오자 김일손은 좋았다. 얼마 후 진하사 서장관으로 북경을 가게 되자, 자신의 후임으로 예문관 검열이 되었으면 하였다. 임금에게 「검열을 사임하며 정여창을 천거하는 상소」를 올렸다. 정여창의 행실과 경학 그리고 문사의 장점을 열거하면서, 특히 '말을 기록하고 세세한 일까지 살피는 기언세사(記言細事)'의 재능을 강조하였다. 사관의 직책을 제대로 수행할 수 있다는 것이었다. 지리산 유람 중에 정분에 관한 사실을 듣고 느낀 바가 있었을 것이다. 성종도 기꺼이 받아들였다.

    정여창은 근실하고 정밀한 문신으로 선발되어 천문과 산학을 익히기도 하였다. 당대의 명사인 최부·권오복·강혼·유숭조(柳崇祖)·이세인(李世仁)·정붕(鄭鵬)·이과(李顆) 등과 함께 하였다. 또한 홍문관이나 예문관의 관원이 겸직하던 세자시강원의 설서(設書)로 봉직하였다. 세자의 공부에 필요한 서책을 선정하고 준비하는 직임이었다.

    그때 세자는 『명신언행록(名臣言行錄)』을 읽고 있었다. 정여창은 시강원의 최고책임자인 이사(貳師)와 빈객(賓客)을 겸임하던 정승·판서와 상의하여 서책을 바꿀 것을 건의하였다.

『명신언행록』은 분량이 매우 많아 한두 해를 읽어야 마칠 수 있는데, 근본이 되는 책은 모름지기 젊을 때에 진강(進講)하여야 하므로 이제부터 사서(四書)를 진강할 것입니다.　　　　　　　「성종실록」 24년 8월 6일

그때까지 세자는 『논어』 『맹자』와 같은 근본이 되는 경전을 읽지 않았음일까? 아니다. 전에 읽었겠지만 도저히 흥미도 없고 깊은 뜻을 생각하기도 싫어 『명신언행록』을 택한 것이다. 요즘의 '위인전기전집'인데 워낙 분량이 많고 생각 없이 책장을 넘겨도 되니 경서를 읽지 않으려는 핑계로는 그만이었을 것이다. 그것도 지루하게 읽었지 않았을까? 그런데 정여창이 이번부터 경전을 강독하자고 건의하자 성종이 쾌히 승낙한 것이다.

세자의 표정이 어떠하였을까? 연산군의 게으름과 부왕 속이기를 매양 눈감아주던 김수동(金壽童)의 출세기사에 나온다.

왕은 동궁에 있을 적부터 학문이 싫어 강독을 즐겨하지 않았으며 간언을 듣고도 자기 생각대로 하려는 조짐이 말씨와 얼굴에 나타났다. 시강원 관료 중에 굳세고 바르며 자신을 지키려는 사람이 바로잡으려고 풍간(諷諫)할 것 같으면 곧바로 얼굴을 찌푸렸는데 조지서(趙之瑞) · 황계옥(黃啓沃) · 이거(李琚) · 정여창 등을 늘 좋아하지 않았다.　　「연산군일기」 5년 1월 11일

세자는 자신을 바로 잡으려는 시강원 관료에 대하여 당장은 어찌 할 수 없지만, 훗날 두고 보자는 협박을 표정과 말씨에 드러냈던 것이다. 결국 조지서 등은 시차를 두고 모두 죽임을 당하였다. 이에 비하여 연산군에 영합한 김수동은 빠르게 승진하여 쉽게 정승이 되었고, 중종 치세 초반에는 영의정까지 지냈다.

안음 이야기

정여창은 마음이 편하지 않았다. 악양이 그리웠다. 동향이며 동문인 유호인에게 그 풍광을 눈에 선하게 이야기한 모양이다. 낙향을 결심하였을 것이다. 유호인이 그렇겠다 싶어「악양정」을 지었다. 전반부만 옮긴다.

남쪽 하늘 끝으로 가고 싶은 마음 뭉클하니	一掬歸心天盡頭
그곳 악양은 곳곳이 밝고 그윽하지	岳陽無處不淸幽
구름과 샘 서로 또렷하여 흥취를 돋우는데	雲泉歷歷偏共興
벼슬을 부질없어하며 시름만 자아내네	軒冕悠悠惹起愁

정여창의 그리움이 유호인에 옮겨간 듯하다. 마치 자신이 살다온 것 같다. 아마 '이것으로 위안을 삼아 힘을 내시게' 하였을 것이다.

해망서원(海望書院)

전남 화순군 춘양면 대신리. 해망서원은 정여창의 동갑나기 팔촌동생으로 능주 출신인 정여해가 중종 3년(1508) 김종직, 김굉필, 정여창, 김일손 등의 위패를 모시고 제사를 지낸 해망단을 1934년 현재의 규모로 증축하고 해망서원이라고 하였다. 지금은 정여해를 포함하여 5위를 모시고 있다. (사진 김성철)

이즈음이었을 것이다. 정여창이 전라도 능주에 사는 족제(族弟) 정여해에게 「해망 유거에 부치다」를 보냈다.

고매한 선비 숨은 곳이라 사치스러울 리 없지만	高士幽居儉不奢
동구 밖까지 너무 고요하여 절경까지 자물쇠 채웠나	洞門寂寂鎖煙霞
소금 절인 나물은 싱거워도 살아가는 세상의 맛이라	齏鹽淡泊人間味
비 온 뒤 고사리 캐는 것도 무방하리니	雨後何妨採蕨芽

정여창은 '고사리를 캐더라도 그대처럼 사는 것이 나을 것 같다'라고 말하고 있었다. 함양까지 찾아가 김종직에게 배웠던 정여해는 시절을 비관하여 벼슬에 나서지 않고 바다가 보인다는 해망산(海望山) 아래에서 살고 있었다.

정여창의 마음은 조정을 떠나 있었다. 함양 이웃고을인 안음의 현감을 자청하였다. 조선후기 지명이 안의로 바뀌고 오늘날에는 함양과 거창으로 나뉘었는데, 북학파의 대가 박지원(朴趾源)이 부임하여 큰 물레방아를 설치하여 수리문제를 해결한 고장으로도 유명하다.

정여창에게 안음 가는 길은 벼슬을 떠나기 위한 과정이었다. 훗날 이황이 단양현감, 풍기군수 등을 거치며 '퇴거계상(退去溪上)'하였음을 연상하면 된다. 앞에서 잠깐 인용한 조신이 「안음현감을 축하하다」에 아쉬움을 전하였다. 제3수 후반이다.

조용히 강론할 곳에	從容講論地
마땅히 있어야 할 사람이	宜得斯人在
이리 급히 귀향을 청하였으니	胡爲便乞歸
고을이 중하고 조정은 가벼워서인가	重外而輕內

세자시강원에서의 회한을 이해하면서도 어찌 될지 모르는 조정을 두고 떠나는 정여창이 아쉽고 서운하다고 하면서도, '고을도 소중하다'는 뜻을 담았다. 그러면서 당부하였다. 넷째 수 중간에 나온다.

시경과 서경을 따라야 교화가 쉽고	詩書易爲敎
형벌로는 공을 아뢸 수 없으리라	箠楚難奏功
어찌 술수로 백성을 부릴까	豈伊採術馭
마음을 터놓으면 민심이 통하지	坦腹民情通

목민관의 역할과 자세를 당부한 것이다. 그래도 허전하였던지 마지막을 이렇게 채웠다.

비록 일은 마땅하게 되겠지만	雖然事當爾
어찌 오래 새장에 갇혀 있겠나	豈久籠禽鹿
반드시 벼슬을 버리고 돌아가	從須決定歸
왕관곡에서 생애를 마쳐야 하리	終老王官谷

왕관곡(王官谷)은 중국 중조산(中條山) 골짜기로 당나라 사람 사공도(司空圖)가 난세를 피해 은거하여 삼휴정(三休亭)을 짓고 생애를 마친 곳이었다. 왕관곡을 빗대어 '결연히 은퇴하여 온전히 생애를 마치는 것이 낫다'고 한 것이다. 정여창이 어떻게 새겨들었을까?

조신이 아무리 견식과 문장이 일품이었다고 하지만 지체로는 서자 출신 역관에 지나지 않았는데 어찌 이토록 분명하게 당부할 수 있을까? 고금을 막론하고 의리와 관용의 마음이 없고 학술을 가볍게 아는 사람일수록 신분과 권세로 사람을 차별하며 담장을 높게 치는 일이 비일비재함을 생각하면, 조신이 아무에게나 그렇게 하였을까? 도의가 통하고 마음이 열린 사람에게만 그리하였으리라. 사람 만남과 글쓰기가 장벽을 넘어 교류와 소통으로 가는 여정이 이렇게 열리는가 싶다.

정여창이 안음현감이 되자 사람들은 '고을 다스리는 일을 제대로 할 수 있을까?' 하며 우려 섞인 눈초리를 보냈다. 정여창의 살아온 내력이나 성품을 보고 그리 짐작한 것이다. 그러나 제대로 해냈다. 먼저 민정을 위한 관과 민, 공과 사에 이로운 '편의조(便宜條)'를 제정하였다.

수십 항목이나 되었다는 '편의조'는 원문이 남아 있지 않지만 백성의 요역과 부세를 줄이고 농상(農桑)을 장려하며 토호와 향리의 가렴과 횡령을 막는 방안을 담았다고 한다. 아마 유향소가 중심이 되어 제정된 사족 중심의 '향규(鄕規)'나 하층민까지를 포괄한 '상하합계(上下合契)'의 향약(鄕約)보다는 구체적인 자치 규약이었던 것 같다. 현재 읍지(邑誌)에 전하는 조선후기 각 지방의 '사례(事例)'에 가까웠을 것이다. '사례'는 향족의 대의기구인 향청과 향리의 집무기구인 질청(秩廳)이 지켜야 할 오늘날의 조례(條例)의 성격이 있었다. 수령이라도 이를 무시하고 지방을 다스릴 수는 없었다.

정여창은 양로례(養老禮)를 거르지 않았다. 남녀를 모두 불러 따로 자주 자리를 마련하였다고 한다. '장유유서(長幼有序)'의 미풍을 장려하자는 행사이지만, 백성의 억울하고 드러내지 못한 민은(民隱)은 이런 자리에서 들춰지게 되어 있다. 향촌의 불목(不睦), 불효(不孝) 그리고 토호 향리의 불법을 규찰할 수 있는 기회로 삼았음이 틀림없다.

6. 낮은 곳을 향하여

남계(灆溪)의 풍경

연산군 4년(1498) 7월 정여창은 함양에 있었다. 김일손이 찾아왔다. 연산군 원년(1495) 정계를 은퇴하고 공부하며 지낼 요량으로 이웃 마을 남계에 정사(精舍)를 마련해 놓았는데, 모친상을 마치고 들어온 것이다. 그때의 정사가 청계서원이 되었는데 정여창을 위한 남계서원 근처에 있다.

두 사람은 시국을 근심하였다. 김일손이 말하였다.

> 선왕(先王) 때 젊고 뜻있는 선비가 요순시대를 이룩할 수 있다는 포부로 극언을 꺼리지 않아 권간(權奸)의 미움을 샀는데, 이제 시대가 바뀌고 세태가 변하여 간신들이 뜻을 얻었으니 머지않아 화가 박두할 것이다.
>
> 「탁영선생연보」, 연산군 4년 7월조

신진사림의 좋은 나라를 위한 비판적 언론활동이 머지않아 보복을 당할 것이라는 우려였다. 정여창의 의견도 다르지 않았을 것이다.

김일손이 「취성정부(聚星亭賦)」를 지어 보였다. 후한 시절 환관의 횡포와 권세에 대항하던 선비들이 당한 '당고(黨錮)의 화'를 소재로 삼았다.

위로 임금이 혼매하니	主昏於上
아래에서 선비가 격분하다	士激於下

당고의 화 일어나	黨錮禍作
존숭 받고 신망 있는 자들이 형벌을 받았으니	崇信刑餘
삼백 년 키운 인재를	三百年儲養之人才
초개만큼도 여기지 않았구나	視草芥之不如

지금도 후한 말기와 다르지 않아 임금이 어리석으니 나라의 인재들이 몰살당할 것이라는 예견이었다. 정여창이 '걱정이 너무 깊은 것 같다' 위안하였지만 내심 불안은 매한가지였을 것이다.

이렇게 서로를 위로하며 지내는데, 며칠 후 의금부 도사가 들이닥쳤다. 김일손은 '사초로 인한 필화일 것'을 직감하였다. 자신의 사초가 실록청에서 문제가 되고 있음을 이미 알고 있었다.

백형 김준손(金駿孫)의 사위가 홍문관 교리 손주(孫澍)에게 듣고 전해 주었는데, 실록청 당상 이극돈이 전라도 관찰사 당시 정희왕후 상중에 장흥의 관기를 가까이한 자신의 비행을 적은 김일손의 사초를 삭제하려다가 편찬 일정을 맞추지 못하자, '김일손의 사초에 왕실에 저촉되는 기사가 많아 어렵다'고 핑계를 댔다는 것이다.

또한 실록청에 참여한 이목(李穆)도 비슷한 내용을 편지로 적어 보냈었다. 금부도사가 김일손의 가택을 수색하다가 찾아냈는데 『연산군일기』에 일부를 옮겨놓았다.

> 성중엄(成重淹)은 형의 사초를 한 자도 빠뜨리려고 하지 않고, 당상 윤효손도 형의 사초를 보고 '이렇게까지 인걸인지 몰랐다'고 하는데도, 이극돈은 윤효손에게 사초를 숨기라고 하니 섶을 지고 불로 들어가려는 어리석은 짓이 아닐 수 없다.
>
> 연산군 4년 7월 12일

이극돈이 김일손의 왕실 관련 기사를 빌미로 자신의 비리 부분을 없애려고 하다가, 신진사림인 성중엄·이목만이 아니라 동료 당상인 윤효손과 알력을 빚었던 것이다. 결국 이러한 사실이 유자광·윤필상을 통하여 연산군에게 알려지면서 의금부 관리가 급파되었던 것이다.

김일손은 정여창에게 '몸을 보전하시고 도를 이루시라' 당부하였다. 그러나 정여창도 자신의 「정분전」이 사초에 실린 이상 무사할 수 없음을 알았다. "나도 곧 뒤따라가겠다."

정여창은 '난언'에 걸렸다. 유언비어를 날조하여 국가와 왕실을 어지럽혔다는 것이다. 모진 고문 끝에 곤장 백 대와 유배형으로 결정이 났다. 세자 시절 공부를 독려한 데에 대한 연산군의 반감까지 겹쳐졌다. 유배지는 함경도 종성이었다. 양희지가 급히 글을 보냈다.

옛 선현도 밝은 세상에서 멀리 쫓겨나는 일을 면치 못했으니, 북쪽 삼천 리로 다급히 갔어도 죽지 않았으니 하늘의 뜻이다. 「정여창에게」

반드시 살아 돌아올 것이라는 위로였다. 그러나 아니었다. 연산군 10년(1504) 4월 종성에서 세상을 마감하였다. 갑자사화의 광풍이 불기 얼마 전이었다. 그러나 끝이 아니었다. 연산군은 고향에 묻힌 정여창의 관을 헤치고 시신에 칼을 댔다.

조금도 변치 않았다

유배지의 정여창은 정로부(庭爐夫)로 살았다. 관청 마당의 화로에 불을 지피는 천역(賤役)이었다. '향리나 관노, 그리고 백성들아! 오고 가며 정여창을 보아라' 하였을 연산군의 음산함이 섬뜩하다. 관청에서 '차마 그럴 수는 없다'고 말렸지만, 정여창은 더욱 공손하고 정성스럽게 일을 하였다.

연산군 6년(1500) 부임한 반우형(潘佑亨)이 2년여 재임하면서 자주 방문하며 위로하였다. 반우형은 평소 정여창의 학문을 존중하고 김굉필의 제자를 자청한 때가 있었다. 두 사람은 서로 '장사(長沙)에서 망각됨이 바로 이것이다' 하며 위로하였다. 고려 말기 이존오(李存吾)가 신돈의 독단과 비행을 탄핵하다가 극형에 처할 뻔했으나 이색(李穡)의 변호로 풀려나 장사감무(長沙監務)를 지낸 사실을 견준 것이다. 죽을 뻔했다가 겨우 살아난 정여창의 처지나 혼탁한 조정을 견디지 못하고 외직을 자청한 반우형이나 비록 처지는 다르지만 세상에서 잊혀가는 것은 같다는 뜻이었을 것이다. 반우형의 『옥계집(玉溪集)』에 있는 「반우형신도비명」에 나온다.

정여창은 죽은 날까지 태연하고 원망하거나 후회하는 빛이 조금도 없었다. 언제 지었을까? 「두견(杜鵑)」이 전한다.

두견새는 무슨 일로 눈물로 산꽃을 적시는가　　　杜鵑何事淚山花
남은 한을 풀명자나무 늙은 등걸에 의탁함인가　　遺恨分明託古櫨
슬픔은 맑고 충정이 붉은 것이 어찌 네 홀로만이더냐　清怨丹衷胡獨爾
충신과 지사란 결코 다른 마음을 품지 않는단다　　忠臣志士矢靡他

봄에 붉고 하얀 꽃을 피우다가 모과보다 신 열매를 맺는 풀명자나무가 있는 고향 마을이 그리웠음이리라. 그래도 원망 없이 살리라 하였다.

정여창은 틈을 내서 간혹 배우고자 찾아오는 사람을 조금씩 가르쳤다. 언젠가 절도사의 아들 이희증(李希曾)이 입문하였다. 처음에는 '신하로서 국가에 불충의 죄를 지었고, 자식으로서 제사를 모시지 못하는 불효를 저질렀으니 무슨 면목으로 사람을 만나는가' 하며 사양하였다. 그러나 반가움에 던진 진정한 충과 효가 무엇인가 하는 화두로 들린다. 용맹정진을 당부하였다. 유희춘의 「종성기문(鍾城記聞)」에 전한다.

> 자질이 남만 같지 못한 내가 최선을 다해 노력하지 않았다면 어찌 조금이라도 공력을 들인 효과가 있을 수 있었겠는가? 좋은 곡식도 자갈밭에서는 잘 자라지 못하는 법이지만, 그렇다고 비옥한 땅이라고 힘써 갈고 김매지 않으면 어떻게 되겠는가?

아무리 자질이 영민하고 환경이 좋아도 스스로 열심히 하려는 의지와 실천이 없으면 좋은 공부를 할 수 없다고 가르친 것이다. 이 일화를 전한 유희춘도 을사사화(1545) 2년 후 반대세력을 일망타진하기 위하여 윤원형 세력이 일으킨 '양재역벽서사건(1547)'에 걸려 18년이나 종성에서 유배를 살았다.

16살에 진사가 된 이희증은 중종반정이 일어난 해(1506)에 문과에 들었다. 21살이었다. 예문관 검열이 되자 '이극돈이 사법(史法)을 어지럽혀서 무오사화가 일어났음'을 피력하며, '역사학이 없으면 시비가 가려지지 않는데, 직필을 보장하자면 사초에 사관의 이름을 적지 않도록 하자'고 주장하였다. 신진정예의 웅장한 출현이었다. 그러나 2년 뒤에 세상을 떠났다. 생애가 너무 짧았던 것이다. 조금 더 살았다면 기묘사림의 혁신정치의 한복판에 있었을 것이다.

'사초의 무기명'은 바른 역사쓰기를 위하여 사관을 보호하자는 뜻이었다. 그러나 오늘날에는 이렇게 읽어야 한다. "역사가는 자신의 이름을 남기기 위하여 역사를 쓰는 것이 아니라, 세상을 위하여 미래를 위하여 자신을 감추고 쓸 수 있어야 한다."

역사의 삶을 위하여

기묘사림의 혁신정치가 궤도에 오를 때 주역의 한 사람이었던 김안국이 경상감사가 되어 안음향교를 순시하며 지은「안음 학자에게」라는 시가 있다.

성리학의 연원이신 정선생이 계셨으니	淵源性理鄭先生
당시의 정치와 교화를 흠모하며 생각하네	欽想當時政化成
남기신 유풍으로 교생들도 응당 덕행 돈독하겠지만	餘俗定應敦德行
모름지기 소학을 더욱 닦고 밝혀야지요	須將小學益修明

정여창이 안음현감 시절『소학』으로 후학을 계도하였고 나아가 성리학을 가르쳤음을 회상하며 후학들에게 본받기를 당부한 것이다. 그러면서 정여창을 '성리학의 연원'으로 추앙하였다.

당시 김안국은 정여창의 안음 제자인 노우명(盧友明)을 천거하였는데, 이 사실을 기록한『중종실록』사평에 이런 구절이 있다.

> 정여창은 팔짱을 끼고 천천히 걸었으며 비가 오는 중에라도 일찍이 종종걸음으로 뛰거나 황급히 서두르는 일이 없었다. 어떤 날 집 앞을 지나가는 사람이 갑자기 비가 쏟아지자 황급히 대문으로 뛰어 들어가니 정여창의 가솔 한 사람이 '주인어른께서 오셨다' 하였다. 그러자 한 노비가 '주인어른께서 어찌 이렇듯이 황급하고 경솔하게 행동하실 리가 있겠느냐? 필시 나그네일 것이다' 하였는데 과연 그러하였다. 〈중종 13년 6월 1일〉

정여창이 얼마나 조용하고 차분하게 살았는가를 전하는 일화이다. 앞

남계서원(灆溪書院)

경남 함양군 수동면 원평리. 명종 7년(1552) 강익(姜翼)·노관(盧祼)·임희무(林希茂) 등 지방 유생들이 발의하여 건립하였고 명종 21년(1566) 사액서원이 되었다. 풍기의 소수서원(紹修書院)에 이은 두 번째였다. 아마 이황의 다음 시는 이즈음에 지었을 것이다. "천령은 우뚝도 하여라 정공의 고향이라 堂堂天嶺鄭公鄕 / 백세토록 풍화 전해질 덕행을 사모하여 百世傳風永慕芳 / 사당 지어 존숭함이 참으로 좋은 일이네 廟完尊崇眞不忝 / 어찌 문왕을 따라 일어날 호걸이 없을까 豈無豪傑應文王"(사진 김성철)

에서 모친상중의 솔선수범과 자기희생으로 세상을 감동시켰다고 하였지만, 이렇듯 정여창은 말과 글이 아니라 행동으로서, 아니 행동 이전의 존재로서 세상과 함께하려는 신민(新民)의 길을 뚜벅뚜벅 걸었던 것이다. 맹자도 말하였다. "옛사람은 뜻을 얻지 못하였다고 하여도 제 몸을 닦는 것으로 세상에 자신을 드러낸다."

젊은 시절 한때는 무척 흔들렸었다. 부친을 잃은 슬픔을 홀로 가누지 못하였기 때문일 것이다. 통음을 하고 들판에서 쓰러져 밤을 보낸 적도 있었다. 모친의 간곡하고 엄격한 질책이 있었다. "오직 너를 의지하는데 이 같은 네 모습을 보니 나는 누구를 의지하고 살아가야 하느냐!"

정여창은 완전히 술을 끊었다. 성균관 시절 여러 벗을 만날 때도 모친과의 약속을 지켰다. 예문관 검열 겸 세자시강원 설서로 있을 때 임금이 내린 술까지 마시지 않았다. "신의 어미가 살아 있을 때 일찍이 술을 마신 일로 꾸중을 듣고서 술을 마시지 않겠다고 맹세하였습니다."

개과천선(改過遷善)의 길, 이것이 정여창의 참 모습이다. 이런 점에서 우리에게 당신은 과거완료형이 아니라 현재진행형이다.

시문출처

· 강성군(江城君)의 목면 재배기에 적다 題文江城君木棉花記,『一蠹集』속집 권1
· 이기설 理氣說,『一蠹集』속집 권1
· 선악천리론 善惡天理論,『一蠹集』속집 권1
· 입지론 立志論,『一蠹集』속집 권1
· 안음현감을 축하하다 賀宰安陰,『一蠹集』유집 권3
· 박언계에 보내는 답서 答朴馨伯彦桂,『一蠹集』속집 권1
· 답혹인 答或人,『一蠹集』속집 권1
· 율정 이관의 선생의 운을 따르다 謹次栗亭李寬義先生韻,『一蠹集』속집 권1
· 지리산에서 놀고 악양에 배를 띄우다 與鄭伯勖同遊頭流歸泛岳陽湖,『濯纓集』속집 상
· 악양 岳陽,『一蠹集』유집 권1
· 참봉을 사직하는 상소 辭參奉疏,『一蠹集』유집 권1
· 검열을 사임하며 정여창을 천거하는 상소 辭檢閱薦鄭汝昌疏,『濯纓集』속집 상
· 급제를 축하하며 賀鄭伯勖擢第,『大峯集』권1
· 악양정 岳陽亭,『一蠹集』유집 권3
· 해망 유거에 부치다 題族弟汝諧海望幽居,『一蠹集』속집 권1
· 취성정부 聚星亭賦,『濯纓集』권1
· 정여창에게 與鄭伯勖,『大峯集』권2
· 두견 杜鵑,『一蠹集』속집 권1
· 안음 학자에게 勸示安陰學者,『慕齋集』권1

당신의 죽음은 하늘의 시샘이었다

김일손 金馹孫

김일손 연보

본관 김해, 자 계운(季雲), 호 탁영(濯纓)

1464년	(세조 10)	청도군 이서면 서원리 출생
1478년	(성종 9)	15세, 단양 우씨와 혼인, 선산의 이맹전 배알
1480년	(성종 11)	밀양으로 김종직을 찾아가 배움
1481년	(성종 12)	남효온과 함께 원주의 원호를 배알
1482년	(성종 13)	두 형인 김준손과 김기손 문과 급제
1483년	(성종 14)	부친상
1486년	(성종 17)	23세, 문과 급제
1487년	(성종 18)	남효온과 함께 파주의 성담수 배알
		가을 진주향교 교수, 함안의 조려 배알
1489년	(성종 20)	11월 요동질정관(1차 북경행)
1490년	(성종 21)	3월 노산군 '입후치제' 주장.
		11월 진하사 서장관(2차 북경행)
1491년	(성종 22)	『소학집설』 교정
		10월 충청도 도사, 소릉복위 주장(1차)
1492년	(성종 23)	김종직·김기손·남효온 별세
1493년	(성종 24)	가을 독서당 생활, 「추회부」 지음
1494년	(성종 25)	12월 성종 승하
1495년	(연산 1)	5월 시폐 26개조 상소, 소릉복위 주장(2차)
		가을 「질풍지경초부」 지음
1496년	(연산 2)	정월 소릉복위 주장(3차), 3월 모친상
1498년	(연산 4)	봄 「유월궁부」 「취성정부」 지음
		7월 능지처사

김일손은 사람을 감동시키는 재덕과 기상을 타고났으며, 백성을 아끼는 성찰과 희망을 담아낸 문장으로 일세를 격동시켰다. 세상을 향한 포부와 소망은 웅대하고 간절하였다. 좋은 스승을 만나고, 의로운 선후배 동료가 있어 서로 힘이 되었으며, 훗날의 재상감으로 기대한 성종도 후원을 아끼지 않았다. 그만큼 분주하였다.

김일손은 훈구대신의 오만과 전횡이 세조의 정변과 즉위가 빚어낸 어두운 과거에 뿌리를 두고 있음을 잊지 않았다. 또한 임금 앞의 번듯한 너스레로 부패와 탐욕을 숨기는 거짓의 세월을 언제 마감할까, 나아가 유자의 진정한 길과 관료의 참된 삶이 어떠하여야 하는가를 항상 고뇌하였다. 그만큼 고통의 길이었다.

김일손은 기억하지 못하면 내일이 없고, 올바른 기록이 없으면 시대의 아픔을 극복할 수 없다는 역사투쟁의 선봉이었다. 특히 「조의제문」을 사초에 실은 것은 몰래 부르는 슬픈 기억의 노래를 내일을 향한 불멸의 서사로 살리겠다는 쾌거였다.

우리는 김일손의 기억운동을 신진사림파로 하여금 일시에 세력을 잃게 만든 섣부른 도전 혹은 모험주의로 폄하하고 있다. 더구나 그가 아름다운 산수와 기암괴석, 심지어 화초조차 겉[皮]이 아니라 속[實]에서 풍기는 빛을 찾아야 진정한 즐거움을 안겨주고, 문장과 서화·음률도 개인의 재주이며 풍류이기에 앞서 소통과 공존의 마당을 찾아야 제 구실을 한다는 새로운 문예관의 주인공임을 애써 눈감았다. 이에 그치지 않는다. 그의 역사투쟁이 십대 중반부터 불의의 시대를 거부한 노(老)선비를 찾아간 배움의 길, 김시습·남효온과의 중흥사 회합으로 대미를 장식한 순례의 여정이 낳은 자각의 산물임을 모른 체하였다. 현실의 척박함, 학술의 가벼움이 아쉬울 따름이다.

주요인물 해설

권오복(權五福) 예천 출신으로 성종 17년(1486) 문과에 급제, 필법이 굳세고 문장이 맑고 강하여 '나라를 다스리는 일은 작은 생선을 굽듯이 한다'는 뜻의 「치국여팽소선론(治國如烹小鮮論)」과 같은 명문을 남겼다. 또한 율법에 밝아 사율원의 관리를 교육하였고, 소의 병을 치료하는 『수우경(水牛經)』에도 밝았다.

강혼(姜渾) 성종 17년(1486) 문과에 급제하였는데 문장에서 김일손과 쌍벽을 이루었고 절친하였다. 그러나 무오사화로 장류되었다가 풀려난 뒤로는 시문으로 아부하였는데, 연산군의 애첩의 죽음을 슬퍼하는 「궁인애사(宮人哀詞)」와 제문을 짓기도 하였다.

이목(李穆) 공주 출신. 성종 20년(1489) 진사가 되고 이듬해에는 인수대비가 성종의 병환을 치유하고자 무당으로 하여금 성균관의 벽송정(碧松亭)에서 굿을 하도록 하였는데, 유생들과 함께 제단을 부수고 무당을 쫓아냈다. 무오사화 때에 참형을 당하였다. 한편 차의 미각이 가져다주는 오공(五功)·육덕(六德)을 「다부(茶賦)」에 설파한 다인(茶人)이기도 하다.

권경유(權景裕) 성종 16년(1485) 별시문과로 급제하였고 절의와 효행, 사장(詞章)과 정사(政事)로 이름이 높았는데, '성품이 강직하면서 굳세고 일을 만들기를 즐기지 않았다'는 남효온의 인물평이 있다.

표연말(表沿沫) 함양 출신으로 김종직에게 배우고 성종 3년(1472)에 문과에 급제하였는데, 『동국통감』 보완에 참여하여 사론을 지었으며, 학문과 정치에 관한 「논학(論學)」이라는 논문을 남겼다. 무오사화로 함경도 경원으로 유배를 가던 중에 고문의 후유증을 이기지 못하고 세상을 떠났다. 갑자사화 때 부관참시를 당하였다.

홍한(洪瀚) 성종 16년(1485) 별시문과에 급제하고 홍문관 부제학, 이조참의를 지냈다. 무오사화 때에 난언에 걸려 경흥으로 유배를 가다 죽었으며 연산군이 내궁에서 활쏘기를 구경한 사실을 논계하였다고 하여 갑자사화가 일어나자 부관참시를 당하였다.

1. 풍경은 마음에 있다

아름다운 현장

성종 21년(1490) 여름, 27세의 김일손은 고향 청도에 있었다. 우리나라 사람과 중국인이 요동(遼東)에서 마찰이 있자, 이를 단속하고 해명하는 질정관(質正官)으로 중국에 다녀온 포상으로 휴가를 얻었던 것이다. 마침 김굉필이 찾아와서 가야산 유관(遊觀)을 약속하였다.

가야산 가는 날을 기다리고 있는데 이웃 고을 영산(靈山)에 사는 부로들이 찾아왔다. 거의 5년을 재직하면서 헌신적으로 민생을 살펴 칭송이 자자한 전 현감 신담(申澹)을 위한 생사당(生祠堂)의 기문을 부탁한 것이다. 김일손도 진주향교 교수로 있으면서 그의 치적을 익히 알고 있었고, 그래서 성종 19년(1488) 이임하자 아쉬움과 고마움을 전한 적도 있었다. 「신담을 전송하며」 두 수가 있는데 다음은 첫 번째다.

금학만 가지고 맑은 바람 타고 떠나지만	琴鶴淸風遠
우리 백성에게 끼친 사랑 오래 남으려니	黔黎遺愛長
지금 그대 버리고 떠나지만	今君雖捨去
훗날 이곳이 동향이 되리라	他日是桐鄕

제1행의 금학(琴鶴)은 학을 그린 거문고만 가지고 임지를 떠난다는 청렴한 관리의 상징이며, 4행 동향(桐鄕)은 한나라 시절 동성(桐城) 사람들

이 제 고장을 잘 다스린 주읍(朱邑)이란 관리를 위하여 거짓 무덤을 만들고 사당을 세웠다는 고사에 나온다. 신담도 훌륭한 정사를 행하였으니 영산 고을에서도 제 고향 사람으로 알아줄 것이다, 한 것이다.

이렇듯 신담의 치적을 흠모하고 칭송하였지만 살아 있는 사람의 사당에 기문을 지어야 하다니, 참으로 어색하고 아무래도 물의를 빚을 것 같았다. 그런데 영산의 부로들은 사당을 지은 것은 물론 신담의 화상까지 그려 놓고 강권하다시피 하였다. 결국 '신담의 생사당은 한 고을의 문제가 아니라 우리 전하의 치세에 인재가 있어 풍속이 개화(開化)하였음을 증명하는 것이니 기문을 남기는 것도 괜찮겠다'고 생각하여 붓을 들었다. 이렇게 마감하였다.

> 나를 낳은 것은 부모요, 나를 살린 것은 신후(申侯)로세. 신후의 덕이여, 하늘이 만물을 낳음과 비길 만하네.　　　「영산현감신담생사당기(靈山縣監申湛生祠堂記)」

신담의 공적을 하늘의 생민(生民)에 비유한 것이다. 수령이라면 하늘과 같은 생민의 마음으로 백성을 어루만졌으면 하는 바람이 간절하였겠지만, 지나침이 없지 않다.

생사당 기문은 곧바로 물의를 일으켰다. 적지 않은 신료가 김일손을 탓하였는데 성종은 '김일손은 문학(文學)하는 선비이니 반드시 망령되게 짓지는 않았을 것이다' 하며 옹호하였다. 문학은 정치활동 및 영역의 본령으로서의 학술과 문장 즉 학문(學文)이다. 김일손에 대한 신임이었다. 그래도 지나친 과장이 있을지 모르니 진상을 조사하라는 전교를 내렸다.

경상감사 김여석(金礪石)이 치계(馳啓)를 올렸다. 역마를 쉬지 않고 급히 올린 보고였다. 대강 다음과 같았다. "영산의 사민(士民)은 이구동성 신담이 청렴하고 어진 마음으로 백성들을 친자식처럼 사랑하였다고 하고, 특히 백성이 거의 죽을 지경이었던 을사년(1485) 흉년에는 신담이 음식을 짐바리에 싣고 두루 돌아다니며 굶주리는 자를 만날 때마다 어루만지고 먹였기 때문에 굶어 죽은 사람이 한 사람도 없었다."

결국 김일손의 기문이 감사의 보고와 다르지 않음이 밝혀지자 물의는 진정되었다. 이때 성종은 '신담이 끼친 사랑은 헛말이 아닌 듯하지만, 장래 폐단이 있을까 염려가 된다' 하였다. 분명 우려 섞인 질책이었다. 김일손은 어떤 심정이었을까? 너무 가볍게 붓을 놀렸구나, 하였을 것이다.

천연(天然)의 교훈

김일손은 '이제 가야산으로 가야지' 하였다. 그러나 바로 갈 수 없었다. 새로 부임한 경상감사 정괄(鄭佸)의 순행을 잠시 따라야 했다. 스승 김종직과 절친한 사이인 데다 지체도 높은 감사의 요청을 거절하기 어려웠을 것이다. 합천에 당도하자 수령이 객관 동북 편에 연지(蓮池)를 조성하고 호사스럽지도 누추하지도 않은 누각을 지어놓고 기다리고 있었다. 감사가 달이 뜨는 밤에는 매화나무가 누각의 창에 비친다는 뜻으로 매월루(梅月樓)라 이름을 짓고 김일손에게 기문을 당부하였다.

김일손은 매(梅)를 '염매조갱(鹽梅調羹)'으로 풀었다. 상고시대 은나라의 고종(高宗)이 재상 부열에게 훈시한 '그대가 만약 술과 감주를 빚으려면 네가 누룩과 엿기름이 될 것이며 만약 국에 간을 맞추려면 네가 소금과 매실이 되어라'는 구절 후반에서 따온 것이다. 『서경』「열명편(說命篇)」에 있다.

월(月)의 의미는 『서경』「홍범」에 나오는 무왕을 위한 기자의 충고 중에서 '왕은 한 해를 먼저 살피고, 높은 벼슬아치인 경사(卿士)는 한 달을

자계서원(紫溪書院)

경북 청도군 이서면 서원리. 1488년(성종 19) 가을 진주향교 교수를 사임한 김일손은 학자의 길을 위하여 영귀루(詠歸樓)와 탁영대(濯纓臺)가 딸린 운계정사(雲溪精舍)를 조성하였다. 이때 연못은 천운담(天雲潭), 계곡의 물은 활수(活水)라고 하였다. 운계정사가 중종 13년(1518)에 운계서원이 되고, 현종 2년(1661)에 '자계(紫溪)'로 사액을 받았다. 김일손의 선조는 김해에서 세거하였는데, 고조가 이곳으로 옮겨 살았다. 조부 김극일(金克一)은 향리에서 목족계(睦族契)를 창시하고 인근 자제들에게 『소학』을 가르쳤으며 부모는 물론 두 서모(庶母)에게도 효성이 극진하여 효행으로 정려(旌閭)를 받았다. 세종 23년(1441) 문과에 급제하여 사헌부 집의를 마지막으로 은퇴한 부친 김맹(金孟)은 남이가 이끄는 도총부(都摠府)의 경력(經歷)을 지낸 적이 있었다. 일화가 전한다. 남이의 휘하 요속(僚屬)들이 집을 찾아가 명함을 내밀었는데 이들은 '남이의 옥'에 연루되어 죽거나 곤혹을 치렀는데, 김맹은 그렇지 않았기 때문에 화를 면하였다. 『해동잡록』에 나온다. (사진 김성철)

먼저 살피고, 낮은 벼슬아치 사윤(師尹)은 하루를 먼저 살펴야 한다'는 구절에서 찾았다. '월'을 '경사유월(卿士惟月)'로 풀었던 것이다.
　김일손은 '매월' 두 글자에서 백성을 위한 수령의 헌신적 자세와 계획적 선견지명의 중요성을 찾아낸 것이다. 이렇게 마감하였다.

　꽃이나 새와 같은 깨끗한 아름다움을 조롱하고 맑은 빛을 탐내듯 좋아함은 사람을 소란스럽게 하는 것이니, 매월이란 다만 가지고 놀며 탐할 물건이 아닌 것이다.
「매월루기」

　자연의 아름다움을 즐기기에 앞서 백성을 위한 좋은 정사가 있어야 진정 자연도 빛이 나는 것이 아니겠는가, 한 것이다. 참으로 기막힌 비유이며 소망이며 다짐이었다. 감사와 수령은 조금 싸늘하게 들었을 것이다.
　김일손은 풍경에 도취하는 가벼움을 경계하였다. 산하의 풍광도 인간과 함께하였을 때, 또한 인간의 도리를 깨우치고 실천하였을 때 비로소 찬연히 빛난다는 생각이었을 게다. 죽령을 넘어 단양 장회원(長會院) 계곡에 있는 이요루(二樂樓)를 찾았을 때였다.
　이요루 가는 길은 실로 장관이었다. '가인과 이별하듯' 되돌아보며 갔다. 더구나 누각의 편액이 안평대군 글씨였는데 '찬연하기가 명월야광(明月夜光)과 같았다.' 지탱할 수 없는 환희에 젖었다. 그러나 한정 없이 풍경에 취할 수도 없었다. 공자의 '지자(知者)는 요수(樂水)하고 인자(仁者)는 요산(樂山)이라'는 가르침이 스쳤을 것이다. 동행한 단양군수 황린(黃璘)에게 토로하였다. "요산요수의 가르침을 모르고 산수에 빠져 지나치게 정을 두면 스스로를 속이는 것이 아닐까?"
　「이요루기(二樂樓記)」에 속내를 풀었다. "지혜로운 사람은 낮은 데로 흐르면서 암초 같은 장애를 만나면 피하는 물처럼 세상의 흐름과 사물의 이치를 살피고, 어진 사람은 풍상을 견디며 우뚝 솟은 산처럼 바른 생각을 굳게 지키며 한뜻으로 세상을 견딜 수 있어야 한다. 그렇지 않고 술잔을 놀리고 음악을 들으며 '은연하게 솟은 것이 산이로세' 하고, '아련히 흐르는 바가 물이구나' 하면 요산요수를 욕되게 하는 것이다."

김일손은 산하에 마음을 빼앗기면 정녕 자연이 주는 교훈은 놓친다고 생각하며 이렇게 마감하였다.

> 본성으로 타고난 인과 지를 제 몸으로 체득하고 실행하는 사람은 좋은 뜻을 옮기지 않기를 산의 고요함같이 하고, 한곳에 얽히지 않기를 물의 움직임과 같이 한다. 이리하여 일심(一心)의 덕을 안돈하게 하고 만물의 변화에 두루 통하게 되는데, 이것이 요산요수의 진정한 즐거움이다.
> 「이요루기」

진정 산을 사랑하고 물을 좋아하려면 산처럼 물처럼 의리와 지혜를 체득하여야 한다는 뜻이다. 그렇다! 진정한 풍경사랑은 풍경에 빠지는 것이 아니라 풍경과 함께 자신을 살피며 삶을 알차게 꾸미는 물아일체의 자아완성에 있다. 그래서 산하의 경관은 바람처럼 변한다는 뜻으로 바람의 경관 즉 풍경이라고 한다.

한여름 밤의 꿈

김일손은 마침내 가야산에 들어섰다. 해인사를 만났다. 그런데 김굉필은 아직 오지 않았다. 이제나 저제나 하면서 가야산 아래 합천 야로현 처가에 머물렀을 것이다. 조법사(祖法師)는 친절했다. 그런데 최치원이 한때 선유

(仙遊)하던 장소를 물었는데, 사우(寺宇)를 짓는 데만 열중할 뿐 그곳이 어디인가를 모르고 있었다. 아니 관심이 없는 듯하였다. 거슬렸다.

김일손이 한참 올라 중턱에 이르니 연못이 나오고 암자 두 채가 호젓하였다. 노승이 마중을 나왔다. 저 멀리 지리산이 보이는 듯하였다. 아, 저 산을 작년 초여름에 정여창과 함께 올랐지, 감회가 새로웠을 게다.

그제야 김굉필이 나타났다. 한때 이곳에서 공부도 하며 왕래가 있었던지 노스님과 친숙하였다. 서로를 소개하였다. 옥명(玉明) 장로라 한다. 스승 김종직이 해라(海螺)를 제대로 연주한다고 하여 '나화상(螺和尙)'이라고 불렸던 당대의 고승이었다. 왕실에서 회암사의 주지로 초빙하였지만 한 해가량 머물다 내려왔다고 한다. 불교를 탄압하며 어우르던 시절, 쉽지 않은 일이었다. 친근했다.

노승도 김일손의 성명을 익히 들었던 차라 무척 반가워했다. 연못의 이름이 '득검지(得劍池)'가 된 내력을 말했다. 스님이 연못을 파는데 옛 검이 나왔다는 것이다. 가야산 아래 터가 야로현(冶爐縣)인 것을 보면 어쩌면 옛적에 이곳에서 쇠를 녹여 검을 만들었거나, 신라와 가야 아니면 백제 사이의 전쟁이 남긴 유물이었는지 모른다.

두 채의 암자에 걸린 나월헌(蘿月軒)과 조현당(釣賢堂)이라는 편액이 눈에 띄었다. '나월'은 몽라파월(蒙蘿把月) 즉 달이 덩굴에 걸려 있어 잡을 수 있다는 뜻이다. 덩굴에 비치는 달을 본다는 것이니 산중 암자의 이름으로 그럴듯하였다. 무척 좋았다.

그런데 어진 사람을 낚는다는 '조현'이라니? 스님이 최치원의 숨은 뜻을 은근히 보이며, 도연명이 깊은 산중에서 금족(禁足) 수행을 하던 스님을 만났는데, 스님이 배웅하다 무심코 계곡을 넘어서자 호랑이가 울었다는 '호계(虎溪)'의 고사까지 덧붙이며 설명하였다.

현자란 지금의 현자가 아니라 옛날 현자라오. 자줏빛 옷 입고 이름을 내는 현자가 아니라 청운에서 도를 사모하는 현자이지요. 「조현당기」

맑고 아름다운 이름을 남긴 은자와 고승의 이야기를 들어 오늘날에도 한마음이라면 옛사람의 어질고 착함을 구할 수 있다는 소망을 비친 노스님, 김일손은 '능히 마음은 천고(千古)에 노닐면서 홀로 착하게 살며 산림에 숨었구나' 하며 감탄하였다. 암자의 벽에 서거정·김맹성·유호인·표연말 등 당대 문사의 시를 적은 현판이 많은 연유도 알 것 같았다. 물론 김종직의 시가 가장 많았다. 실로 호걸의 스님이었다.

밤이 되어 옷을 벗으니 추위가 느껴졌다. 스님이 해라를 불며 「나월독락가(蘿月獨樂歌)」를 읊었다. 세상을 즐기며 자신과 사물의 얽힘을 떨쳐내는 노래였다. 그리고 너울거리는 소매에 계수나무 그림자가 드리운 듯 춤을 추었다. 미투리를 벗으니 속진(俗塵)을 온통 털어버린 듯하였다. 한여름의 피서!

김일손은 스님의 부탁으로 「조현당기」를 남겼다. 피서 중의 글짓기, 아름다운 만남을 들춰냈다. 떠나옴이 아쉬움이었다. 「나화상과 헤어지며」가 있다.

고운이 살던 동구에 봉우리 겹쳐 있고	萬疊孤雲洞
산 위에는 이름난 사찰이 있다네	名藍擧上頭
해라 불자 잠자던 새 놀라 깨어나니	螺鳴驚宿鳥
옛 검은 차가운 땅속에 숨어 규룡으로 변했을까	劍化蟄寒蚪
보이는 곳 강과 산의 끝이러나	眼界江山盡
가슴에 하늘과 땅이 흐르고	胸襟天地流
다리 가에 핀 꽃과도 말을 통하니	橋邊花欲語

호계에 노닐다 웃음으로 대답한 스님이로세 　　　　應笑虎溪遊

김굉필은 산행과 휴식 내내 조용하였다. 김일손이 '인간계와 다른 산중 별천지가 아닌가' 하여도, '한 달을 같이 있었으면 좋겠다' 하여도 도통 말이 없었다. 그대 앞에 국사가 기다리는데 그러시는가? 하였을까, 혹은 아무리 아름다워도 마음을 놓쳐서는 아니 되지, 하였는지 모른다. 김굉필은 그런 사람이었다. 묵묵히 묵상하는 그래서 은근한 위엄이 있었다.

2. 시공유예(時空游藝)의 꿈

삶과 글의 일치

김일손은 문장을 지엽적 기예로 생각하였다. 도본문말(道本文末) 내지는 '문장은 도를 담는 그릇이다'는 재도문학론(載道文學論)에 충실한 것이다. 그러나 문장의 효용성은 결코 가볍게 보지 않았다. 문장이 아니면 도를 드러낼 수 없다는 '도문일치론(道文一致論)'에 가까웠다. 「권오복의 관동록(關東錄)에 붙이다」에 나온다.

> 사장(詞章)은 특히 말기(末技)일 뿐이다. 그러나 도(道)가 있으면 반드시 말[言]이 있고 말이 정갈하여 사람을 감발(感發)시키면 시가 된다. 그러니 사장이 도에 배치되는 것은 아니다.

김일손과 권오복 두 사람은 '그대 간담이 나의 간담이고, 흉중의 호발(毫髮)이라도 서로 감추지 않고 드러낸다'고 할 만큼 막역한 사이였다.
김일손에게 좋은 글은 유희가 아니라 도를 드러내고 사람의 심성을 바로 이끌어내는 감동을 주는 글이었다. 삶과 글의 일치, 김일손이 보기에 권오복의 글이 그러하였다. "어찌 시로만 볼 것인가? 조금도 연월(烟月)을 조롱하는 것을 일삼지 않았을 뿐 아니라 충과 효를 향한 성정이 그대로 드러나 손에 잡히는 듯하다."
권오복도 문장이 도의 말기이며 또한 기예라는 생각은 마찬가지였다.

김일손이 소과에 으뜸하자 주었던 「장원 김일손에게 올린다」에서

수식하며 다듬는 일 본래 폐와 간을 괴롭히는 법	雕篆從來困肺肝
문장은 작은 기예니 돌아볼 것 없다네	文章小技不須看

하였다. 김일손도 반가워 '문자로 그대 아양을 따르지 않으리니, 임천에서 끝까지 살아도 내 몸은 편하다네' 하며 화답하였다. 마치 그대가 비록 좋은 글로 나의 장원을 축하하지만 나는 문장으로 그대의 칭찬에 답하지 않으리라, 하는 듯하다. 믿음과 정감이 넘친다.

김일손은 문장을 위한 문장, 즐거움을 위한 문장을 싫어하였다. 그의 문장은 세상에 대한 고뇌, 묵직한 성찰을 담고 있지만 항상 경쾌하였다. 또한 경사의 해박함을 자랑하지 않는 담박함이 있었고 인간의 아름다움에 대한 무한한 신뢰를 담았다.

싸늘한 감상

김일손은 기문이나 서문 혹은 발문 등을 많이 부탁받았다. 일세의 문장으로 대우받은 것이다. 이럴 때면 보고 듣고, 알고 생각하는 바를 솔직하고 꾸밈 없이 써내려갔다.

성종 22년(1491) 8월 병조좌랑 겸 교서관 박사로 봉직하며 『자치통감강목』을 교정하고 있을 때였다. 당시 승지이던 강구손(姜龜孫)이 증조부 강회백(姜淮伯)이 심은 '정당매(政堂梅)'에 얽힌 사연을 여러 문사에게 알리며 시문을 구하여 한 권을 엮고서 김일손에게 말미(末尾)를 요청하였다. 후록(後錄) 혹은 발문이었다.

김일손은 이미 '정당매'를 알고 있었다. 정여창과 지리산에 가면서 단속사에서 보고 들었던 것이다. 이러한 내력을 「정당매의 시문 뒤에 적다」에 담담하게 풀었다.

단속사 앞뜰에 두 그루 매화가 있었는데, 한 그루는 밑둥치가 절반은 썩어 들어간 고목(枯木)이고 한 그루는 한 십 년이 되었다. 오래된 매화는 젊은 시절 절에서 공부하던 강회백이 심었는데, 훗날 의정부 이전의 최고 권부인 문하부(門下府) 2품 벼슬인 정당문학(政堂文學)에 올랐기 때문에 절에서 '정당매'라 이름을 지었고, 다른 한 그루는 강구손이 부친 강희맹의 명을 받고 선대의 유적을 살피러 갔다가 심었다.

강구손 가문은 당대의 훈구명가였다. 조부 강석덕(姜碩德)은 세종과 동서지간이었고, 부친 강희맹은 경사(經史)와 전고(典故)에 통달했으며 『금양잡록(衿陽雜錄)』이라는 농서까지 남겼고, 시서에 뛰어났던 백부 강희안은 조선중기 인물산수화의 징검다리라 평가되는 명작「고사관수도(高士觀水圖)」를 남긴 화가로도 유명하다.

정당매(政堂梅)

경남 산청군 단성면 운리 단속사 옛터에 있다. 단속사는 솔거(率去)가 벽화를 남겼다는 사실로 유명한데 없어지고 동서로 삼층석탑이 있다. (사진 김성철)

성종의 즉위와 남이의 옥사를 처리한 공로로 진산군(晉山君)으로 봉호(封號)된 강희맹이 강희백과 강석덕 그리고 강희안 3인의 시문을 모은 『진산세고(晉山世藁)』를 세상에 보였을 때, 세간에서는 당대 최고의 가승문집(家乘文集)으로 손꼽기를 주저하지 않았다. 그 서문을 바로 스승 김종직이 지었다. 강구손도 김종직에게 배운 적이 있었다. 그렇다면 강구손과 김일손은 동문인 셈이다.

김일손 역시 가문의 성망(盛望)을 모르지 않았기에 '강희백만 자손을 둔 것이 아니라 그가 심은 매화까지 자식을 두었으니 풍류의 높은 품격을 상상할 만하다' 하며 이렇게 적었다.

사람은 가지만 때는 머무는 것이고, 일은 지나지만 이름은 남는 것이니 궁벽의 산중 끊어진 계곡의 옛 고목에서 새 가지가 나와 차가운 그림자로 서로를 상대하게 되었으니 어찌 감회가 없겠는가. 「정당매 시문 뒤에 적다」

자신에게 발문을 부탁한 강구손의 뜻을 헤아린 것이다. 여기까지는 풍경에 대한 활발한 소묘였다. 구태여 말하면 풍경의 문장이었다. 그러나 '조물주(造物主)는 본래 마음이 있는 것을 싫어하는 법이다' 하면서부터는 달랐다.

먼저 당나라에서 화석(花石)을 좋아한 이문요(李文繞)가 끝도 없이 끌어 모았다가 자손을 수고스럽게 하였다는 고사를 인용하며 적었다. "선세의 유지(遺趾)를 추모한다고 초목 때문에 고역(苦役)을 치르면서 또한 후손에 남기는 것은 결코 조물주의 이치에 도달하는 길이 아니다."

이에 그치지 않았다. 하늘이 사물이나 인간을 낼 때 아무런 작위가 없고 의도하는 바가 없다는 점을 새삼 들추며 적었다.

풀 한 포기, 나무 한 그루의 피어남과 메마름과 살고 죽음은 모두 조물주의 처분에 따른 것이니, 비록 사람에게 맡겼다고 하여도 사람의 꾀를 허용하지 않는 법, 이를 모르면 조물의 유위(有爲)를 훔쳐 자기 것으로 삼으려는 것이다.

모든 사물은 하늘의 조물주가 정한 운수를 받았는데, 작위적으로 생명을 관장하겠다는 생각으로 억지로 키우려고 하면 부질없다, 한 것이다. 그리고 당부하였다. "매화로 선조의 뜻을 이어가는 것은 괜찮지만 이 매화를 잊지 못하고 지나치게 사모하다가 시들거나 부러질까 걱정된다."

김일손은 말하고 있었다. 진정한 조상 추모는 조상이 화초를 남긴 마음을 즐기는 완심(玩心)에 있지, 화초에 대한 집착에 따른 완물(玩物)·완상(玩賞)에 있지 않다. 여기에 더하여 지나친 화초 사랑은 민생을 생각할 겨를까지 빼앗으므로 하늘의 뜻도 아니다, 하는 듯하다. 그러니 서늘하다. 조상 추모와 가문 품격을 자랑하고 싶었던 강구손이 어떠하였을까?

지금도 '정당매'는 살아 있다. 하즙(河楫)이 고려 말에 심었다는 단성면 남사리 여사촌 분양고가(汾陽古家)의 '원정매(元正梅)'와 조식이 말년에 시천면 원리에 산천재(山天齋)를 조성하고 심었던 '남명매(南冥梅)'와 더불어 '산청삼매(山淸三梅)'로 꼽힌다. 조식이 언젠가 「단속사의 정당매」에 소감을 풀었는데, '추위에 절조를 지키는 매화의 일을 조물주가 그르쳤나니, 어제도 꽃피고 오늘도 또 꽃을 피웠구나' 하였다. 고려 말에 출사하여 조선에서도 승승장구한 강회백의 처신을 비꼰 것으로 들린다.

차가운 사랑

완상의 경계, 완심의 추구를 향한 김일손의 생각과 마음은 임금 앞에서도 예외가 아니었다.

일찍이 안평대군은 자기의 별장인 비해당(匪懈堂)의 풍물을 칠언율시로 읊었다. 이때 풍물이 마흔여덟 가지나 되었기 때문에 「사십팔영(四十八詠)」이라고 하고 당대 문사인 최항·신숙주·성삼문·김수온·서거정·강희맹 등으로 하여금 따라 짓게 하였다. 안평대군이 꿈에 본 비경을 안견(安堅)으로 하여금 「몽유도원도(夢遊桃園圖)」로 그리게 하고, 여러 문신의 시문을 덧붙였던 사실과 더불어 한 시절 문치의 융성을 상징하는 문화적 사건이었다.

그리고 수십 년. 이번에는 성종이 안평대군의 시에 차운하고 이를 따라 최고의 문사들인 홍귀달·채수·유호인 등에게 짓게 하였다. '성종판(版)' 「사십팔영」의 탄생이었다. 자기 치세의 왕성한 문운을 과시하기 위함이었을 것이다. 여기에 김일손도 포함되었다. 성종 24년(1493) 8월 임금이 내린 휴가를 이용하여 호당에서 독서를 하고 있을 때였다.

이 중에 「해를 향한 해바라기」가 있다. 햇빛 따라 움직이다 해가 지면 고개 숙이는 해바라기는 흔히 임금을 바라보는 신하의 충절, 마음가짐으로 비유되곤 하였다. 성종의 노래인데 후반부만 옮긴다.

그윽한 향기는 가장 먼저 시인의 배를 채우고	幽香最入詩人腹
농염한 넉넉함은 가녀의 입술을 가볍게 하지만	濃泰還輕歌女脣
낮은 처마 너머로 고개 쳐들고 충절을 드러내니	開向小軒忠節著
응달진 산의 한 떨기라도 이름 있는 자를 꾀일 만하여라	陰山一朶瞰名人

해바라기와 같은 충절이 그대들에게 있는가, 묻는 듯하다. 그러나 의심이 없고 걱정은 더욱 없다. 자신의 치세에 대한 자족함이리라. 김일손이 따라 읊었다.

꽃무리 퍼지자 고개 숙임 자랑스러워라	鵝暈初勻誇點額
씨앗 보이며 살짝 입술을 반쯤 여네	犀瓠半露見開脣
그대 천성이 본래 하늘을 향하고 있다면	知渠向日元天性
주인 배반은 천년 가도 씻을 수 없는 부끄러움임을 알아야지	愧殺千秋背主人

해바라기만큼의 충절을 드러내지 못하는 신하가 없지 않음을 은근히 꼬집는 듯하다.

임금의 시에 차운한다는 자체가 광영이었다. 문재가 당대 일류임을 임금이 인정하고 또한 임금과 가까운 위치에 있음을 증명하고 과시하는 기회였던 것이다. 김일손도 그렇게 받아들였을 것이다. 그러나 무언가 서운하였다. 시로 다하지 못한 감회를「사십팔영의 발문」에 풀었다.

김일손은 시의 형식을 칠언율시로 정한 것부터가 탐탁지 않았다. 당나라 시대에 처음 나온 율시가 차츰 형식에 구애되면서 성정의 표현을 자못 제약하게 되었다고 진단하였다. 즉 형식이 내용을 구속하면 시병(詩病)이 생긴다는 것이다.

또한 집 주위의 풍물이 마흔여덟 가지나 되는 것도 못마땅하였다. 즉 '자미(紫薇)와 백일홍(百日紅)' '산다(山茶)와 동백(冬柏)'은 본래 한 가지인데, 민간에서 달리 부른다는 사실을 모르고 둘로 나누는 식으로 풍물을 억지로 만드니 마흔여덟 가지나 되었다는 것이다. 이렇듯 같은 사물을 억지로 나누며 아름다움을 꾸미려는 작위는 성정의 도야에 보탬이 되지 않고 세상의 이로움과도 상관이 없었다. 마침내「사십팔영」을 다음과 같이 규정하였다.

마음을 즐기고 마음에 노니는 완심이 아니라 사물에 빠져 마음을 빼앗기는 완물의 유희이며, 음풍농월에 지나지 않는다. 「사십팔영의 발문」

언뜻 안평대군에 대한 혹평으로 들으면 무관하지만 임금도 비판에서 자유스러울 수는 없었다. 무척 당돌한 언사였다. 그것은 임금에 대한 무례와 오만으로 비칠 수 있었다. 그러나 개의치 않았다.

꽃보다 사람이 아름다워라

김일손은 화초 사랑, 풍경 심취에 쏟을 마음과 노력이라면 세상과 사람에 바쳐야 한다고 생각하였다. 아니 그런 정도 정성이 있으면 충분히 세상을 아름답게 만들 수 있다고 확신하였다. 먼저 우리나라 예쁜 화초 중에 중국에서 들여온, 특히 원나라 공주가 고려의 왕에게 시집오면서 가지고 온 화초가 잘 자라고 있다는 사실을 지적하며, 다른 나라 화초를 잘 키울 수 있는 정성이라면 왕도정치를 실천할 수 있음을 주장하였다.

오호라! 식물은 풍토와 원근을 분간하지 않고 능히 자라 오래 살아감이 이러한데 왕도는 어찌 중화와 이적, 대국과 소국 사이에 틈이 있겠습니까?

다른 나라 식물을 우리나라에서 키울 만큼의 정성을 쏟는다면 바른 길과 좋은 세상이 활짝 열린다는 것이다. 그러자면 화초를 사랑하고 풍물을 좋아하는 마음으로 인재를 기르고 찾아야 한다.

문치(文治) 백 년, 교육과 양성이 오래되었는데 큰 산과 깊은 계곡 사이에 어찌 뜻을 숭상하는 선비가 없어 조정의 벼슬 명부에 이름을 올리지 않고 있겠습니까? 장차 세상의 어진 사람을 숭상하는 바가 화훼에 미치지 못해서야 되겠습니까.

여기에서 김일손은 인재의 양성과 발탁은 지금까지의 과거와 문음에 의존하지 말고 옛적의 제도인 향천(鄕薦)·향거(鄕擧)를 부활하여 병행하자고 제안하였다. 향촌의 여론을 들어 먼 시골, 깊은 산중에 숨어 있는 인재를 찾아야 한다는 것이다.

또한 화초와 암석의 풍경에서 인간 생활과 국가 정치의 교훈을 찾을 것을 건의하였다. 예를 들었다. 풍상에도 변하지 않는 송죽을 보고 군자가 지키려는 절조를 알아야 하고, 낭떠러지와 골짜기의 그윽하고 고요한 바위에서 은사가 벼슬을 구하지 않는 취향을 엿보아야 한다. 즉 사물에 따라 바른 이치를 얻어가는 '수물격득(隨物格得)' 즉 격물치지(格物致知)의 길이었다. 이렇게 마감하였다. "사물마다 일종의 의사가 없는 바가 없으니 여기에서 만물의 삶의 의지〔生意〕를 살피시며 어진 마음을 기르시고, 또한 덕의 향내를 본받으려 하시며 요염함을 경계하소서."

이때 김일손의 나이 갓 서른 살, 노성(老成)의 준엄함이 느껴진다. 이러하니 시의 향내가 달랐다. 시격(詩格)의 차이였다. 다음은 「해남의 옥돌」 전반부다. 해남의 옥돌은 바다가 훤히 보이는 미황사가 있는 달마산에서 많이 나온다. 성종이 읊었다.

푸른 바다에 내린 쇠줄을 구름 끝에 매달고	滄溟鐵索繫雲根
갈고리로 옥 뿌리를 긁어 파니 푸른 빛깔이 드러나네	鉤出蒼然玉樹痕
푸른 이끼 더덕더덕 고기비늘이 움직이는 듯	苔鮮磷磷漁甲動

촛불처럼 밝은 빛이 물무늬에 비치듯 하네	輝光燭燭水紋奔

성종은 옥돌을 캐는 웅장함, 바다의 빛깔을 담아내는 옥돌의 아름다움을 노래하였다. 김일손은 달랐다.

번들거림은 군자의 덕만큼 사랑스러워도	愛潤可方君子德
기물 좋아함은 높으신 제왕이 경계할 일	好奇當戒帝王尊
어리석은 사람이 아녀자 유혹하는 노리개나 된다면	癡人作佩媚兒女
차라리 경전을 사서 후손에게 물려줌이 어떠할지	何以買經遺後孫

옥돌에서 군자가 갖추어야 할 도덕을 찾고 사치품을 경계하는 뜻을 담으면서 옥을 사는 비용으로 경전을 사서 보급함이 낫다고 한 것이다.

풍물과 산하에서 하늘의 이치와 사람의 마음을 읽는 김일손의 시선은 「눈잣나무」에서는 이렇게 발전한다.

백 척까지 너울대며 구름 위까지 솟을 텐데	婆娑百尺勢凌雲
마른 껍질 성긴 수염은 아직도 그윽한 향기 품어내니	瘦甲疏髥送暗芬
달 밝은 밤 학이 머물기 좋겠다만	好得月明留鶴羽
일찍이 벼락 맞아 용무늬마저 갈라졌구나	曾經雷霹坼龍文

서역의 고산지대가 원산지인 '눈잣나무' 즉 만년송(萬年松)은 온대에서 잘 자라지 않지만 관상과 분재(盆栽)에 제격이다. 그런데 만년송을 보는 순간 김일손에게는 세상을 만나지 못한 인재, 그리고 꺾일 운명을 타고난 안타까운 인재가 먼저 들어왔다.

3. 아름다운 동행

와유미학(臥遊美學): 그림에 들어앉다

김일손은 냉정하여 아름다움에 소홀한 듯이 보인다. 그러나 아니었다. 무척 글씨와 그림을 좋아하고 문예의 힘을 믿었다.

성종 20년(1489) 겨울 요동질정관으로 북경에 갔을 때였다. 임무를 수월하게 끝내고 여유가 있었다. 옥하관(玉河館)이라고도 하는 오만관(烏蠻館)에 머물며 서책을 구입하는 등으로 소일하였다. 오랜만의 휴식, 북경의 휴일이었다.

그런데 숙소 근처에 사는 하왕(何旺)이란 상인이 김일손의 취미를 눈치 채고 그림과 글씨를 자꾸 보였다. 그러나 마음에 들지 않아 시큰둥하였다. 그런데 귀국이 내일 모레인데 '열네 폭짜리 고화(古畵)'를 가져왔다. 흥정에 여유를 두지 않고 이익을 보려는 속셈이었을 것이다.

김일손은 가격을 흥정할 때는 사고 싶다는 표정을 드러내면 불리한데도 '자신도 모르게 좋아 탐이 났음'을 숨기지 않았다. 경전을 비롯한 여러 서책을 사느라고 여비를 거의 써버린 탓에 여유도 없었다. 결국 여러 벌 옷을 내주었고, 그래도 부족하여 황제가 내린 명주 두 필까지 보태지 않을 수 없었다. 그러나 개의치 않았다. 배웅하는 중국 관리도 좋은 작품임을 보증하였다. 중국행 '제일소득'이었다. 이런 사연을 「중국의 병풍에 적다」에 담았다.

김일손은 서화를 보는 안목이 있었다. 지리산을 갔을 때에 안평대군의

경광서원(鏡光書院)

경북 안동시 서후면 금계리. 이종준을 배향하는 유일한 서원이다. 성품이 씩씩하고 쾌활한 이종준은 남효온, 권경유, 이정 등과 절친하였다. 성종 16년(1485) 별시문과에 급제하고 의령현령으로 재직하며 「경상도지도」를 만들었고 그림에 뛰어나서 매와 죽을 잘 그렸다고 하는데 국립중앙박물관 소장의 「송학도(松鶴圖)」가 전칭(傳稱) 작품이다. 일화가 전한다. 서장관으로 북경을 가는 도중에 역관(驛館)의 병풍 그림을 보고 붓으로 뭉개버렸는데, 귀국 길에 중국 관리가 새 병풍을 들여놓자 그림을 그려놓고 왔다고 한다. 또한 시문도 일품이었는데, 남효온은 '맑고 차며 세상 티끌을 벗어났으니 화식(火食)하는 사람이 아니라 선인(仙人)이라야 이런 시를 지을 것이다' 하였다. 경광서원은 선조 원년(1568)에 유정사(有定寺)라는 절터에 들어선 서당이었는데 숙종 12년(1686)에 승격되어 서원이 되었다. 고려 말 공민왕 시절 정국이 불안하자 안동으로 낙향한 배상지(裵尙志)와 유성룡, 김성일에게 배우고 정구(鄭逑)의 문하에서 학문을 연마하여 평생 벼슬에 나가지 않고 후학을 양성하여 후기 영남학파를 일으킨 장흥효(張興孝)를 같이 모시고 있다.
(사진 김성규)

'가섭화상'을 알아보고 가져오려다 정여창의 만류로 그만둔 적이 있었다. 언젠가 강혼의 시를 화제(畫題)로 삼은 이종준의 팔 폭 그림을 보고서는 '서화와 시문은 흉중에 품은 토저(土苴)가 없다면 어떻게 화려한 빛깔(華)이 나오겠는가?'로 시작하는 화평을 남기기도 하였다. 토저는 거름이 되는 두엄풀이니, 서화와 시문의 빛은 가슴에 품은 기운을 거름 삼는다는 것이다. 눈과 달과 바람과 연기를 배경으로 한 매화와 대나무 그림이었다.

김일손은 눈에 휘늘어진 가지와 줄기, 달이 옮겨오는 향기와 그림자, 바람에 뽐내는 잎사귀와 꽃술, 연기에 숨어버린 고운 빛깔로 소묘하며 이렇게 갈무리하였다.

고요하고 막막한 듯, 시원하고 깨끗한 듯, 높고 밝은 듯, 확 트이고 맑은 듯하다. 붓끝의 조화를 보면 분명히 정갈하고 차분하며 씩씩하며 편안하니 그의 뜻과 생각이 이러함이라. 여덟 폭 병풍 가운데 앉아 있노라니 알지 못하는 사이에 중균의 가슴속에 들어가는구나. 아, 우리 중균이여.

「이종준의 그림에 적다」

김일손의 감상법은 조망이 아니었다. 그림을 따라 노니는 유관(遊觀), 혹은 그림 속에 드러누워 즐기는 와유(臥遊)였다. 이 병풍을 지금에 볼 수 없음이 정녕 안타까울 따름이다.

그러나 김일손은 항상 작품에 드러눕지만은 않았다. 언젠가 강혼이 품평한 박눌(朴訥)의 글씨를 보았을 때였다. 한 획 한 획에 기운이 돌고 넋이 서린 듯 서체가 웅장하고 활달함에 감탄하였다. 박눌의 부친 박경(朴耕) 역시 명필이었다. 그러나 박경이 서자 출신인 데다 교서관에서 '사서(寫書)'로 연명할 만큼 가난한 탓에 진취를 생각할 수 없었다. 김일손은 안타까웠다.

만약 이 아이가 좋은 집안에서 태어났으면 반드시 세상에 드러나지 말라는 법이 없고 또한 기쁜 일 많은 고장에 태어났다면 학사(學士)와 노유(老儒)가 소중하게 여겨서 왕공(王公)의 아낌을 받지 말라는 법이 없을 것이다. 그런데 헐벗고 배고픔이 이 지경에 이르렀으니 국법에 구애(拘碍)되고 인재의 능력을 존중하지 않는 나라의 습속이 애석할 따름이다.

「박눌의 글씨에 적은 강혼의 발문 뒤에 적다」

김일손은 박눌의 글씨에서 세상의 질곡, 아웃사이더의 고통을 엿보았다. 그리고 능력보다는 관습을 따지고 적서의 차별이 심하여 인재를 키우지 못할 뿐 아니라 헐벗게 만드는 현실에 숨을 죽였다. 이렇듯 김일손의 세상에 대한 사랑은 깊고도 넓었다. 그것은 문명과 소통을 향한 바람으로 표출되곤 하였다.

제2차 중국행

성종 21년(1490) 11월 김일손은 다시 북경에 갔다. 진하사의 서장관이었다. 정사와 부사를 보좌하며 사행의 기록과 보고를 담당하는 직임인데, 하급 관원에 대한 규찰을 담당하는 행대어사(行臺御使)를 겸하였다. 요동질정관으로 다녀온 지 1년 만이었다.

그때 중국에서의 소감을 「지난 여행의 감회를 노래하다」에 담았는데 이렇게 시작한다. "수레와 말이 넘쳐나 오르고 내리며, 번화한 문물 백 년의 성대함을 자랑하는구나."

그런데 김일손은 북경이 마음에 들지 않았다. 문물은 번화하지만 인재를 만날 수가 없었던 것이다. 그때의 정경을 이렇게 표현하였다.

도포 입은 선비들 몰려들어	來縫掖之貿貿兮
군자 소인 뒤섞여 괴상한 것만 물어보며	相怪問兮雜薰蕕
짧은 글 주면서 사귀자고 청하니	贄短章而求友
밝은 달을 어둠에 던진 듯 부끄럽기만 하였네	愧明月之暗投

도포를 입었으나 군자인지 소인인지 알 수 없는 무리들이 조선에서 온 자신에게 괴상한 잡담만을 늘어놓았다는 것이다. 문명과 도덕의 괴리였다. 더구나 만나는 사람마다 재물만 좋아하는 것 같았다.

시대 만나지 못한 현사를 저자에서 찾았으나	訪屠狗於市上
노래 끊겨 슬프더라 누구와 수작할까	悲歌斷兮酬與酬
풍속과 교화가 시대에 따라 변하더니	俗與化而推移
사람도 천해져서 재물만 더 좋아하더라	人向下而益偸

어쩌면 서책을 비싸게 팔려고 드는 상인이나 뇌물을 바라는 관리를 만났는지 모른다. 그래도 자신의 안목이 부족한 것은 아닌가, 반성하며 '내가 두 눈을 가지고서도 혼자 지극한 덕의 세상을 보지 못하는 것은 아닐까' 하였다. 그러다가 중국의 학자들은 조선의 사신을 어리석은 '비부(鄙夫)'로 여기고 있을지 모른다는 자괴감이 들었다. 무척 서운하였다. "개미 같은 내 인생 한스럽구나."

그러던 차에 예부원외랑(禮部員外郞) 정유(程愈)를 만났다. 『소학』의 여러 주해를 모은 『소학집설(小學集說)』의 편찬자였다. 얼마나 반가웠는지 '소학의 인간상이다' 하였다. 정유 역시 김일손을 '동방의 한유'로 추켜세우며 「주자서첩(朱子書帖)」 한 점까지 선물로 주었다.

그리고 얼마 후 순천부(順天府)의 학사(學士) 주전(周銓)과도 사귈 기회가 있었다. 박학하고 차분한 인품의 소유자로 패도(佩刀)를 정표로 기증하자 여러 권의 도서(圖書)로 답례하였다. 아낌없는 만남이었다. 훌륭한 인재를 너무 늦게 만난 것이다.

김일손은 귀국하여 『소학집설』을 나라에 올렸고 성종은 교서관으로 하여금 인쇄하여 널리 보급하도록 하였다.

교류와 소통을 향한 열망

김일손은 정유와 주전을 만나기는 하였지만 처음부터 중국의 인재들과 폭넓게 교유하지 못한 것이 못내 아쉬웠다. 왜 좋은 기회를 놓치게 되었을까? 절친한 후배 이목(李穆)이 성종 25년(1494)에 북경으로 떠나자 그러한 사정을 자세히 일러주었다.

먼저 예전의 중국은 변방 열국의 자제를 받아들였기 때문에 우리나라도 얻은 바가 많았고 문헌도 적지 않게 가지고 왔는데 지금은 그렇지 못한 사실을 지적하였다. 문명의 교류와 소통이 막혔다는 것이다. 그러나 시대의 상황으로 돌릴 수만은 없다. 자신의 불찰도 있었던 것이다.

김일손은 예로부터 중국의 학문과 도덕의 인사는 하남성(河南省), 강소성(江蘇省) 그리고 절강성(浙江省) 출신이 대부분이라는 사실만을 알고 있었을 뿐, 천하의 수도가 된 북경에 인재가 모인다는 사실을 생각하지 않았다. 어설픈 선입견으로 인재를 찾지 못했던 것이다. 또한 중국의 인재를 만나기 어려운 이유도 헤아리지 못하였다.

조정에 있는 재위자(在位者)는 남과 사귀는 외교를 싫어하고 벼슬을 하지 않는 재야인 시가에서 쉽게 볼 수 없을 뿐 아니라 구도(求道)의 간절함을 보여도 만나기를 꺼려한다. 「지난 여행의 감회를 노래한 다음에 적다」

조정의 인재는 공무가 아니면 사교를 멀리하고, 재야의 인재는 시가를 잘 다니지 않을 뿐 아니라 조선의 선비를 알지 못하여 꺼려한다는 것이다. 그렇다고 인재와의 교유를 포기할 수는 없다. 왜 인재를 만나야 하는가? 이목에게 당부하였다.

성현의 도는 계책을 어떻게 하는가에 있지 중화의 안과 밖에 차이가 있을 수 없으니 사람을 기다리지 않고도 배울 수 있다. 그래도 사우(師友)의 연원(淵源)이 있으면 도움이 되니 어찌 만나지 않을 수 있겠는가.

성현의 도는 우리의 하기 나름에 달려 있지만 그래도 사우는 필요하니 나라와 겨레를 떠나 찾아야 한다는 것이다.

김일손은 이목과 기맥이 통하였다. 성종 23년(1492) 12월 성균관 유생 시절 이목은 영의정 윤필상을 귀신같이 간사한 '간귀(奸鬼)'로 규탄한 상소를 올린 적이 있었다. 여기에서 '윤필상을 삶아 죽여야만 하늘이 비를 내리게 될 것이다'는 세간의 원성을 숨김없이 옮겼다. 얼마 후 거리에서 만난 윤필상이 태연하게 물었다. "자네가 꼭 늙은 나의 고기를 먹어야 하겠는가?"

교육수국(敎育壽國)을 위하여

김일손은 진실을 추구하는 진유(眞儒)라면 『시경』『서경』『예기』『악기』 『춘추』『역경』의 육학(六學)을 바탕으로 사람의 절제와 화합에 필요한 예악(禮樂)과 활 쏘고 말 타는 사어(射御) 그리고 글을 쓰며 셈을 하는 서수(書數)와 같은 기예 즉 육예(六藝)를 연마하여야 한다고 생각하였다.

그런데 근세 유자는 '훈고와 사장, 그리고 문장에 치우쳐 있다.' 이것만이 아니었다. 백성을 살리고 나라를 지키자면 전곡(錢穀)과 갑병(甲兵) 즉 재정과 군사에도 밝아야 하는데 여기에 익숙하지도 않고 또한 익히려고도 하지 않는다. 훗날 중종반정의 주역이 되는 유순정(柳順汀)이라고 생각되는 동지가 평안도 평사가 되자 적어준 「유평사를 보내며」에 나온다. "우리 동지들은 시무가 중요하다고 말만 할 뿐, 이런 재주와 역량을 갖추지 못하였다."

참다운 학자관료는 무엇부터 하여야 하는가? 연산군 원년(1495년) 권경유가 홍문관 교리라는 요직을 사직하고 작은 고을 제천의 현감으로 나갈 때였다. 경제적으로 넉넉하지 못한 데다 식구가 많아 녹봉으로 한양 살림을 꾸리기가 만만치 않은 터에 상처(喪妻)를 당하자 더욱 막막하여 지방관을 자청한 것이다. 어지러운 세상을 피하고 싶은 생각도 없지 않았을 것이다. 서로 뜻이 통하고 무척 친하여 서로를 분신으로 여기던 사이였다.

김일손이 「교화설(敎化說)」을 지어 보냈다. 먼저 '학자의 사명은 백성을 위한다는 위민(爲民)에 있고 위민은 백성을 착하게 하는 선민(善民)에 있다'고 교화를 정의하였다. 사람을 사람의 길로 인도하는 사업이 교화였다. 어떻게 할 것인가?

교화를 생각하는 선비는 자신을 먼저 낮추어야지, 사람을 무시하거나 세상을 낮추어 보아서는 아니 된다. 열 집 사는 고을이라도 반드시 충신(忠信)하는 사람은 있을 것이므로 사람을 무시할 수 없다고 하는 것이요, 향음례(鄕飮禮)와 양로연(養老宴)의 시행도 세상을 낮추어 보지 않으려는 때문이다.

불비인(不卑人)과 불비세(不卑世)! 교화를 하자면 사람을 무시하거나 세상을 낮추어 보아서는 아니 된다는 일갈이었다. 권경유가 그렇다는 것이 아니라 세상의 속유(俗儒)가 백성을 탓하며 교화가 되지 않음을 변명하는 풍조에 대한 질타였다.

오늘날도 그렇다. 무슨 일을 한다고 하면서 일이 수월하지 않으면 으레 '사람들이 본래 비루하여 그렇다' 혹은 '어느 지방은 물정이 완고하여 일하기가 쉽지 않다' 한다. 세상과 사람에게 다가가려고 하지 않고 백성 탓, 세상 탓으로 돌리는 세태에 대한 일침으로 읽어도 손색이 없다.

그러나 훌륭한 관료라면 교화에 그칠 수는 없다. 김일손은 '가난을 구제하는 것이 교화보다 먼저이다' 하였다. 따라서 '홀아비와 과부, 고아 등 의지할 데 없고 가난한 환과고독(鰥寡孤獨)을 젖먹이처럼 보살펴야 한다.' 그렇지 않으면 '수국(壽國)'을 이룰 수 없다. 나라의 무궁과 백성의 장수라는 두 가지 뜻을 담았다. 나라가 만세토록 건재하자면 백성이 제명을 다하여 살아야 하니 먼저 빈궁을 구제하여야 한다는 것이다.

나의 친구는 바보다

권경유가 제천에서 객관 서편의 허물어진 집을 수리하고 지붕을 새로 얹어서 서재로 꾸미고 김일손에게 기문을 청하였다. 요사이 공공도서관을 세웠으니 기념되는 글을 부탁한 것이다.

김일손이 서재의 이름을 치헌(癡軒)이라 지었다. '바보의 집'이라는 뜻이다. 먼저 권경유의 어리석음을 적었다.

그대는 외딴 고을의 현감을 자청하였으니 벼슬살이의 바보다. 또한 조용히 앉아서 못된 토호와 간사한 향리는 무찌르고 홀아비와 과부를 어루만지는 데에만 마음 두고 세금 걷는 일에 서투르니 정사에 어리석다. 「치헌기」

중앙의 요직에 있을 사람이 고을 현감을 자청하였으니 벼슬살이의 바보요, 토호 향리와 같은 지방 유지를 싫어하고 힘없는 백성을 어루만질 뿐, 관료 평가에 중요한 세금징수에는 서투르니 행정의 바보라는 것이다.

그렇다면 누가 벼슬과 행정에 밝다는 말을 듣는가? '중앙의 요직을 바라며 민첩하게 사무를 처리하고 백성을 생각하기에 앞서 자신의 이름을 내세우고 윗사람을 받들며 칭찬을 바라는 관리였다.' 조정의 실정과 관료의 모습에 대한 지독한 냉소였다. 권경유의 바보스러움은 이것만이 아니었다. 줄여 옮긴다.

못난 관리는 관아가 허물어져도 그대로 방치하면서 백성을 수고롭게 하지 않았으니 '정사를 간명히 하였다'고 자랑한다. 그리고 분별이 있고 명석하다고 생각하는 관리들은 멀쩡하게 좋은 관아까지 헐고 말을 몰듯이 급히 새 집을 지어놓고 '부지런하고 결단력이 있다'고 소리치면서 토목공사가 백성을 고단하게 하였음을 모른다. 그런데 그대는 허물어진 집을 고치고 지붕을 새로 얹었으니 분명 못나지 않았다. 그렇다고 분별이 있다고도 못하겠다. 고을에 살고 있는 백성을 수고롭게 하는 대신 떠돌며 사는 유수(遊手)를 부리면서 마음을 오히려 고단케 하였으니, 그대의 노심(勞心)이야말로 그대가 일에 서툴기 때문이다. 「치헌기」

김일손은 어느덧 말하고 있었다. '우리의 벗이여, 그대는 홀로 마음을 힘들게 하며 백성을 아끼고 고을의 모습을 바꾸는 데 성심을 다하고 있을 뿐 세상의 간사한 기교를 정녕 모르는구나.' 이렇듯 친구를 바보라고 부르며 서로 애틋한 웃음을 주고받았으니 아픔이 없는 아름다움은 없고, 아름다움은 차라리 눈을 시리게 한다는 말은 이런 정경에 어울린다.

이것만이 아니다. 김일손은 '하늘과 땅 사이의 만물은 모두 조물주가 주관하는 공물(公物)이 아닌 것이 없는데 만약 한 물건에 집착하면 그 순간 사사로움이 끼어든다' 하면서, '이 집이 그대의 착한 정사의 산물이지만 그렇다고 자신의 업적으로 자랑하지 말라'는 당부도 잊지 않았다. 오늘날 대규모 공사와 장대한 건축으로 '우리 고장을 새롭게 바꾸었다'고 하며 또한 '이것이 내가 한 일이다' 큰소리치는 군상에 대한 경종으로 들린다.

4. 진유(眞儒)의 길

우렁찬 등장

김일손은 어린 시절 조부와 부친에게 『소학』과 『통감강목(通鑑綱目)』 그리고 사서(四書)를 익혔다. 17살에는 밀양을 찾아 상중의 김종직에게 배웠다. 김종직은 '나의 의발(衣鉢)을 전할 사람은 그대인데, 훗날 문병(文柄)을 차지할 것이다' 하며 기대를 숨기지 않았다. 문병은 문형으로 국가의 학술과 문장의 표준을 세우는 예문관과 홍문관의 대제학이다.

김일손은 19살에 두 형과 같이 문과에 도전하였는데 중간에 아프다는 핑계로 퇴장했다고 한다. 이때 두 형이던 김준손과 기손은 나란히 합격하였다. 김일손은 4년 후 부친상을 마치고 문과에 올랐다. 성종 17년(1486), 23세였다.

김일손이 문과를 치를 때의 책문(策問)은 '중흥(中興)'이었다. 즉 '옛적부터 제왕이 천하를 얻고 대업을 이루었으나 자손이 지키지 못하여 쇠퇴하고 부진하다가 중흥하곤 하는데 연유와 사적을 설명하라.' 또한 '천하의 형세는 정해진 운수가 있어 인력을 용납하지 않는 것인가, 아니면 치도(治道)를 다하지 못하기 때문인가'를 논하라는 것이었다.

먼저 '형세·운수·치도'의 관계에 대하여 '도(道)가 벼리[綱]이니 도를 얻으면 형세와 운수는 말할 필요가 없다' 하며, 형세와 운수도 사람의 처사[人事]와 사람의 노력[人力]에 따른 치도의 실행 여부로 판가름난다고 하였다. 따라서 일치일란(一治一亂)과 일합일리(一合一離)도 치도의 문제이지 형세와 운수에 의탁할 수는 없다. 그리고 다음과 같이 풀어나갔다.

치도의 주인은 임금이며 치도의 요체는 수기임인(修己任人)이다. 수기는 밝은 임금 즉 명군이 되기 위한 바탕인데, 아무리 훌륭한 성군이라도 홀로 천하를 안정시키고 다스릴 수 없기에 때문에 양상(良相)을 얻어야 하는데, 수기를 하지 못한 임금은 결코 양상을 얻을 수 없다. 즉 임금의 수기가 있어야 좋은 재상을 얻어 정사를 맡기는 임인(任人)이 가능하다.

흔히 역사는 창업주의 덕목으로 용기와 지혜 그리고 강인함에만 주목하는데 그렇지 않다. 물론 군웅이 각축하고 백성이 의지할 데가 없던 난세를 마감하고 창업을 하자면 이상의 덕목이 절대 필요하다. 그러나 자세히 살펴보면 창업주도 수기임인이 없이는 결코 민심을 얻고 천명을 받을 수 없었다. 수기임인이 창업의 바탕이라는 것이다.

그런데 역사를 보면 모든 국가는 창업을 거쳐 수성을 지나면서부터는 쇠퇴하고 인심이 흩어지는 과정을 겪는다. 중흥과 멸망의 기로에 서게 된다는 것이다.

김일손은 당대를 중쇠기로 보았다. 창업 백 년을 거치면서 일시 쇠퇴하고 민심의 이반을 겪었다는 것이다. 그러나 중흥할 수 있다는 확신이 있었다. 그래서 '아아, 중쇠(中衰)가 없다면 어찌 중흥(中興)이 있겠습니까!' 하였다. 중흥을 이렇게 정의하였다.

무릇 중흥이란 이미 끊긴 천명을 다시 맞아 이어가고 이미 흩어진 민심을 다시 거두어 합치는 것이니, 넘어진 나무의 그루터기에 싹이 트는 것과 같고 고인 물이 다시 흐르는 것과 같습니다. 「중흥책(中興策)」

김일손은 금상의 치세를 중흥기로 만들고 싶었다. 그렇다면 임금은 어떻게 하여야 하는가? 용기와 지혜, 강인함에 있어서는 창업주에 미칠 수 없다면 한층 힘써야 할 것은 무엇인가? 다름 아닌 수기임인이다. 이렇게 적었다.

중흥의 도는 수기임인인데, 수기는 중흥의 실체〔實〕이며 임인은 그 활용〔用〕이니 수기를 하지 않고서는 임인을 할 수 없습니다.

그러나 임금이 아무리 수기를 하고 임인을 하고자 하여도 착한 선비와 어진 인재를 얻지 못하면 소용이 없다. 따라서 먼저 풀어야 할 일이 있다.

천지의 억울함을 풀고 일월의 어둠을 열면, 기강과 법도가 찬란하게 수복될 것이며 예악문물이 다시 떨칠 것이니, 이러한 다음에 중흥의 성대함이 열린다고 하겠습니다.

천지의 억울함과 일월의 어둠은 무엇일까? 단종의 죽음과 현덕왕후의 폐출을 암시하는 대목으로 읽어도 좋을 듯하다. 중흥을 위한 일차적 과업으로 어두운 과거의 상흔을 치유할 것을 제기한 것이다. 당당하고 우렁찬 경륜이며 포부였다.

기상과 언론

김일손은 주로 예문관·홍문관·사간원·사헌부에서 봉직하였다. 또한 항상 춘추관의 기사관(記事官)·기주관(記注官) 등을 겸임하며 경연에 출입하였다. 언관과 사관을 맡으며 국가 학술과 문장에 관한 사업에 종사한 것이다. 정예관료의 길이었다.

　김일손의 언론은 준엄하고 냉정하였다. 훈구대신에게는 거침이 없었다. 특히 윤필상·이극돈·성준(成俊) 등이 권력을 남용하고 세력 부식에 열중한 사례를 폭로하며, 이들을 '권귀(權貴)' 즉 권세 있는 귀족으로 비판하였다. 사대부의 길을 벗어났다는 것이다.

　김일손의 언론은 비판에 머물지 않았다. 단적인 사례가 있다. 성종 22년(1491) 3월 지방관의 불법과 탐학을 줄이는 방안을 논의하는 자리였다. 대부분 신료가 사헌부와 의금부의 관료를 파견하여 감시하고 처벌할 것을 주장하였다. 김일손은 달랐다.

> 국가에는 예문관이 춘추관을 겸하면서 시사(時事)를 기록하는 일을 맡고 있습니다마는 지방은 야사(野史)가 없기 때문에 불법을 저질러도 악명이 후세까지 전해지지 않고, 품행이 탁월하고 기위(奇偉)한 사람의 이름도 아울러 묻혀 전해지지 않습니다. 지방에도 정치와 풍화(風化)에 관계되는 일을 기록하는 기주관을 두어야 합니다. 「성종실록」 22년 3월 21일

　'지방에 기주관을 두자' 한 것이다. 기주관은 5품의 관료가 겸임하는 사관(史官)이었다. 엉뚱한 것 같다. 그러나 춘추관의 직무와 직제를 보면 발언 의도를 살필 수 있다.

　춘추관은 국가의 대소 정사를 기록하는 기관으로 여기에서 생산된 기사는 조보(朝報)에 실리고 나아가 실록 편찬을 위하여 임시로 설치되는 실록청에 이관되어 실록의 기본 자료가 되었다. 이때 기사에는 작성자의 평론이 실리는데 이것이 사초이며, 실록에 실리면 사평 혹은 사찬(史贊)이라고 하여 국가적 공인을 받게 된다. 이런 점에서 춘추관은 국사의 투명성과 공정성을 보장하고 역사적 포폄(褒貶)을 교훈으로 삼는 문치의 핵심기구

인 셈이며, 춘추관의 기사는 역사적 권위를 갖기 때문에 이를 감당하는 관료를 '사관'으로 호칭하였다.

그런데 춘추관의 직제에는 상근자가 없었다. 정2품 이상 판서와 정승이 동지사(同知事)·지사(知事)·영사(領事)가 되어 총괄적으로 감독하고, 나머지 직책은 홍문관과 언론 삼사 등의 정예관료가 겸임하면서 품계에 따라 직무를 분담하였다. 정3품 수찬관(修撰官)과 종4품~종3품 편수관(編修官)은 기사의 감수와 편집을 맡았으며, 5품의 기주관과 이하의 품계가 겸임하는 기사관이 실무를 감당하였다. 굳이 구분한다면 기사관이 기사를 작성하여 올리면 기주관이 검토 보완하는 정도였다.

그렇다면 김일손이 제안한 '지방기주관'은 '춘추관의 분소(分所)'임을 알 수 있다. 즉 지방의 사건이나 인물의 행적을 날마다 기록하는 지방사관 즉 '야사(野史)'를 두자는 것이다. 다만 '야사' 제도를 어떻게 구성할 것인가 이를테면 수령을 책임자로 하고 향교의 훈도나 교수를 기주관 정도로 생각하였는지, 아니면 별도로 중앙에서 파견하려고 하였는지는 밝히지 않았지만, 지방의 불법을 방지하고 훌륭한 인재를 발굴하는 지방정치와 교화의 핵심적 문치기구로 상정하였음은 분명하다. 자못 큰 그림이었다.

다른 신료는 아무 말이 없었다. 그런데 유독 영의정 윤필상이 나서 '조정에 이미 사관이 있어 시정(時政)을 낱낱이 기록하고 있으니 다시 새로운 법을 마련할 필요가 없다'고 제동을 걸었다. 결국 김일손의 제안은 없던 것이 되고 말았다.

임금의 기대와 걱정

성종은 김일손의 포부와 기개 그리고 경륜을 높이 샀다. 아마 세 형제가 모두 문과에 급제한 것도 좋았던 모양이다. 자신 치세에 이룩한 성대한 문치의 징표라고 생각하였을 것이다.

　성종은 김일손 형제가 모친을 봉양할 수 있도록 집현전 학사 출신으로 세조의 으뜸 공신이며 영의정을 지낸 최항이 살았다가 후사가 없어 반납한 집까지 내렸다. 홍인문 근처의 낙산 아래 영천동(靈泉洞)의 낙산원정(駱山園亭)으로 개울과 바위가 어우러져 자못 상큼한 정취를 돋우고 샘 위에 이화정(梨花亭)이라는 작은 초가까지 딸려 있었다. 그런데 한양 생활에 적응하지 못했던지 모친이 자꾸 귀향을 고집하자 백형 김준손이 함양군수로 나가며 반납하자 성종은 요동질정관에서 돌아온 김일손에게 내렸다.

　언젠가 성종이 동부승지 조위에게 김일손에 대한 소감을 털어놓은 적이 있었다. 조위는 성종 21년(1490) 가을부터 이듬해 여름까지 승정원에 봉직하였으니 저간이었을 것이다. 『탁영선생연보』 연산군 원년(1495) 2월에 전하는데 이때에 조위에게 처음 듣고 적었기 때문이다.

　김일손은 문장이 뛰어나고 학문의 재능과 기량을 갖추었으며, 풍채는 장대하고 기절은 곧고 바르다. 또한 의론은 준엄하고 정연하여 대각(臺閣)을 통솔할 만하고, 지략은 넓고 깊어 낭묘(廊廟)의 직책을 맡길 만하다. 언론을 위하여 백부(柏府)의 요직을 맡겼고, 학문을 위하여 경연과 한원(翰苑)의 직위에 오르게 하였으며, 반드시 경사(經史)의 직책을 겸임하게 하였으니 장차 보상(輔相)으로 크게 쓰고자 함이다.

　대각은 사간원, 낭묘는 의정부, 백부는 사헌부, 한원은 예문관을 말하고 경사는 홍문관과 춘추관의 직임이던 경연관과 사관이었다. 간쟁과 실무, 학문과 문장 그리고 언론의 기량을 고루 갖추었으니 장차 보상 즉 임금을 보좌할 정승에 오를 것으로 기대한다는 것이다. 두 차례의 북경행도 사대외교의 경험을 쌓게 하려는 성종의 배려였는지 모른다. 그러나 걱정이 없지 않았다. 역시 조위에게 말하였다.

김일손은 성품과 행실이 너무 준엄하고 고상할 뿐 아니라 젊어서인지 기상이 너무 날카롭고 언론이 심히 곧으니 노성(老成)을 기다릴 수밖에 없다.

성종은 김일손의 기상과 언론이 지나치게 비타협적인 것을 우려하였던 것이다. 그래서 지방으로 잠시 내려 보낼 생각을 하였던 것 같다. 아마 '그대 조위는 김일손과 절친하니 이 말을 조용히 전해야 할 것이다' 하였으리라. 실제로 김일손은 얼마 후인 성종 22년(1491) 10월에 충청도 도사로 나갔다. 감사를 보좌하며 서무를 총괄하던 직임이었다.

무거운 짐을 지고 달리다

김일손의 언론은 임금도 예외가 아니었다. 거의 숨김이 없었다. 성종 20년(1489) 7월 예문관 검열로 있으면서 '임금이 술을 좋아하고 희첩을 가까이하며, 종친과 기락(妓樂)을 즐기는 폐단'을 아뢰었다. 폐비사건을 겪을 만큼 후궁이 많고, 또한 대왕대비와 왕대비·대비는 물론 월산대군을 위로하는 연회를 자주 열었던 사실을 적시한 것이다. 그리고 국정의 요체로 '학문권장·욕망억제·학교진흥·풍속교정·궁금엄정(宮禁嚴正)·유일등용(遺逸登用)·간쟁가납(諫諍加納)·충간분변(忠奸分辨)'을 건의하였다.
이에 그치지 않았다. 국가의 금기사항도 서슴없이 들춰냈다. 성종 21

년(1490) 3월 『춘추좌씨전』을 강의하는 경연에 나갔을 때였다. 김일손이 '끊어진 세계(世系)를 이어주는 것이야말로 임금의 어진 정사'라고 하면서, 태종에게 죄를 입었지만 세종은 인륜의 도리로서 '넷째 왕자 광평대군(廣平大君)과 다섯째 왕자 금성대군(錦城大君)을 방번(芳蕃)과 방석(芳碩)의 봉사손으로 삼고 사당까지 세웠다'는 전례를 거론하였다. 그리고 아뢰었다.

당초 노산은 유약하여 책무를 이기지 못하였을 뿐 종사에 죄를 지은 것이 아니었는데, 지금 고혼(孤魂)이 의탁할 곳 없이 떠도는지라 하늘에 계신 조종의 혼령이 어찌 근심이 없고 마음이 편하겠으며 상심하지 않겠습니까?

「탁영선생연보」 성종 21년 3월

노산군을 위하여 후사를 정하여 제사를 지내자는 입후치제, 이제껏 아무도 말하지 않았던 처음 있는 건의였다. 세조의 손자인 금상의 치세, 세조의 공신이 여전히 실권을 잡고 있는 상황에서 결코 쉽게 할 수 없는 제안이었다. 더구나 '노산군은 종사의 죄인도 아니다'고 하였다. 성종은 놀라울 뿐이었다.

성종 22년(1491) 10월 충청도사로 나갔는데 때마침 '흰 무지개가 달을 관통하는 이변'이 있었다. 성종이 구언교를 내리자, 이번에는 현덕왕후의 원상회복 즉 소릉의 복위를 주장하였다.

김일손은 세종 즉위년(1418) 상왕으로 물러앉은 태종이 외척을 견제하려고 금상의 국구(國舅)인 심온(沈溫) 일가를 역적으로 몰살하였지만, 결코 세종의 중전인 소현왕후(昭顯王后) 심씨(沈氏)를 내쫓지 않았음을 거론하며 아뢰었다.

아무 죄 없이 세상을 떠난 현덕왕후를 노산군의 생모라는 사실만으로 서인으로 강등한 조치는 아무리 보아도 잘못이다. 「청복소릉소(請復昭陵疏)」

김일손은 공자의 '삼 년 동안 아버지의 길을 고치지 않아야 효자라고 할 수 있다'는 가르침의 참뜻을 풀이하며 '선왕의 조치를 바꿀 수 없다'는 반대 논리를 논박하였다.

아들 된 자로서 아버지가 잘못이 있어 고쳐야 할 바가 있다고 하여도 바로 고치지 않고 삼 년을 기다려 서서히 고치라는 것이지, 잘못된 아버지의 길을 종신토록 고치지 말라고 한 것은 아닙니다. 「청복소릉소」

소릉폐치가 세조대의 일이고 지금은 예종을 지나 금상에 이르기까지 3대가 되고 또한 37년을 넘었으니 '이제는 고칠 수 있다'고 한 것이다. 남효온의 소릉복위상소 이후 13년만이었다.

얼마 후 성종은 한때의 국모였던 노산군 부인 송씨에게 적몰재산을 돌려주었고, 송씨는 정미수(鄭眉壽)를 양자로 삼아 제사를 맡겼다. 정미수는 문종의 부마인 정종(鄭悰)이 역모에 걸려 죽은 후에 관비가 된 경혜공주(敬惠公主)가 낳은 유복자로 단종의 조카였다. 문종의 외손으로 유일하게 살아남은 혈육이라서 세조의 중전인 정희왕후가 거두었는데, 성종이 어린 시절 임금이 되기 전 궁궐 밖에 살 때에 곁에서 시중을 들었던 인연이 있었다.

외로운 행보

김일손은 임금의 배려가 항상 부담스러웠다. 성종 23년(1492) 3월 인사문제를 다루는 이조전랑(吏曹銓郎)이 되었을 때는 '소년등과(少年登科)가 불행이다'라고 하면서 거듭 사직을 간청하였다. "지금 서른이 되지 않았는데 예문관·홍문관을 거치며 사관을 겸직하고 이조의 전랑까지 올랐으니 세상에서는 청선(淸選)이라고 하지만 전하의 은총이 두려울 따름입니다."

성종 23년(1492)은 김일손에게 유독 힘들고 슬픈 한 해였다. 김종직이 세상을 떠나더니 여름에 중형 김기손이 불귀의 객이 되었고, 가을에는 남효온까지 저승으로 갔다. 이원·신영희·정성근(鄭誠謹) 등을 만나 탄식하였다. "우리 도의 외로움이 더해가니 조야의 불행이다."

임금이 배려하였을까? 고향에도 다녀오게 할 요량이었던지 임금의 유시를 각 고을에 전하는 경상도 방면 반유어사(頒諭御使)로 삼았다. 성종 24년(1493) 정월에 길을 떠났다. 용인의 객관에서 호남 방면으로 나가는 정광필(鄭光弼)과 하룻밤을 지냈다.

정광필이 훈구대신과의 마찰을 걱정하며 언사의 과격함을 충고하자, 대뜸 '사훈(士勛) 그대마저 비굴한 논리를 펴는가' 일갈하였다. 사훈은 정광필이다.

일대의 위인이 될 만한 자네가 나라에 도덕이 무너지면 침묵하며 용신(容身)에 만족하고, 나라에 도덕이 행해지면 재주와 명망으로 벼슬을 높이며 만족해한다면 될 말인가? 그대가 빠뜨릴 수 없음이 강직함일세.

정광필의 성품과 행실, 재주와 기량을 인정하였지만 현실 안주의 태도가 마음에 들지 않던 차에 그간의 아쉬움을 토해냈던 것이다.

김일손은 정광필이 재상의 재목이기는 하지만 임금을 제대로 보필하지는 못할 것 같은 느낌도 숨기지 않았다. "그대가 재상 자리에 올라 임금을 보필할 때 간사한 말에 속아 충성스럽고 어진 신하가 욕을 당하게 될 때에도 그대는 피눈물을 흘리며 죽음으로써 임금의 마음을 돌려놓아 간흉을 내치게 하지는 못할 걸세."

사실 그랬다. 정광필은 연산군 말년 갑자사화로 잠시 유배를 살았다가 중종반정으로 풀려나 승승장구하여 중종 11년(1516) 54세에 영의정에 올랐다. 그러나 '신무문(神武門)의 변' 즉 기묘사화가 일어나자 처음에는 조광조 등을 구원하려고 하다가 남곤(南袞)과 심정(沈貞) 등에게 굴복하고 말았다.

5. 무서운 세상이 오고 있다

예언의 노래

성종 24년(1493) 가을 김일손은 독서당에 들어갔다. 강혼·신용개·이과 등과 함께 사가독서의 은전을 입은 것이다. 가을의 정취에 젖어 수심이 물밀듯 밀려왔고, 아스라한 쓰라림을 이기지 못하여 책을 덮고 붓을 잡았다.

김일손 문학의 백미로 꼽히는 「추회부(秋懷賦)」는 '밝은 낮은 짧아짐이 힘겨운 듯, 어두운 밤은 더욱 아득하여라. 들보의 제비는 둥지를 떠나 남으로 가니, 먼 북방에서 찾아온 기러기가 찬 서리를 맞으며 울어대는가. 땅 밑 뿌리를 찾아 떨어지는 나뭇잎에 눌렸을까, 귀뚜라미 소리가 더욱 서글퍼지네'로 시작한다. 그리고 강혼의 말을 빌어 자신의 비장한 심정을 토해나갔다.

날마다 옛 글을 읽고	日耕墳典
마음은 우주에 노닐면서도	心遊宇宙
요순시대에 태어나지 못한 것을 한탄하는 것인가	恨未置身於虞唐者耶
충량에 감개하고	感慨忠良
흉악함과 간사함을 무척 미워하다	憤疾凶邪
부질없이 지난 흥망에 이맛살을 찌푸리는가	謾顰蹙於前代之興亡者耶

악이 선을 이기고 학문과 기상이 통하지 않는 세상에 분개하는 자취를

드러내며 어두운 시대가 오고 있음을 예감한 것이다.

성종은 공신천하의 조정을 바꾸어보려고 신진사림을 지지하였지만 어느 틈엔가 유자광과 임사홍 등을 재등장시키더니 훈구공신의 전횡과 임금의 정사를 비판하는 신진사림을 '능상(凌上)'으로 간주하고 기피하였다. 이런 모습에 대한 실망이 없지 않았을 것이다. 그래도 금상은 학문을 좋아하고 간쟁을 받아들였는데, 다음 세상에서는 어찌 될 것인가? 무서운 쇠락의 광풍이 휘몰아치지는 않을까? 그러나 이것이 어찌 시절 탓인가? 나는 정말 떳떳한가? 김일손은 성현과 세상에 죄를 짓고 있는 자책감에 몸도 가눌 수 없었다.

위로는 성현의 가르침을 저버리고	上負聖教
아래로는 세상의 바람을 가엾게 하다가	下孤時望
나라의 곡식을 축내며 헛되이 날을 보냈으니	耗公廩而費日
내 자신의 사욕이었는가, 감당할 수가 없네	省吾私兮不敢當
먼 길을 떠났으나 이미 해는 떨어졌으니	臨長途而景迫
옛사람 따라 발버둥 치다 힘겨워 기우뚱거림인가	企古人兮力不遑

지난 세월도 다가올 날들도 아득하였다. 그러나 강혼은 좀처럼 김일손의 슬픔에 동의하지 않았다. 그렇다면 무슨 말이 필요할까? 그래서 '거문고 하나를 골라서 낭랑하게 어루만졌다'로 끝맺음을 하였다.

훗날 이 글을 읽은 조광조가 감탄하였다. "문장의 품격은 천고에 드물고 품은 뜻은 강개하고 격앙하며 기개는 웅장하며 분방할 뿐 아니라 평생의 마음자취가 잘 드러나 있다."

음률의 세계

김일손은 평소에도 '음률은 성정(性情)을 다스리는 데 도움이 된다'는 생각으로 간혹 거문고를 다루었다. 그러다 독서당에서 본격적으로 입문하였다. 강개와 격정으로 인한 심신의 피곤을 잊고 싶었을 것이지만 독서당이 한강과 남산이 모두 잘 보이는 풍광 좋은 곳에 있어서 글 읽기도 좋지만 거문고를 켜는 데도 안성맞춤이었을 것이다. 독서당의 벗들과 같이 하였는데, 거문고의 달인으로 양화진에 살던 이총이 한강을 타고 올라와 음률을 잡아주곤 하였다.

권오복도 간혹 찾아왔는데, 어느 날 육현금(六絃琴)의 유래와 함께 거문고와 학이 어울려 짝이 된 사연을 들려주었다.

> 고구려의 왕산악(王山岳)이 처음으로 여섯 줄 거문고를 연주하며 현학무(玄鶴舞)를 췄기 때문에 현학금(玄鶴琴)이라고 하였는데 나중에 학(鶴)자를 빼고 그냥 현금(玄琴)이라고 하였다. 「육현금 뒤에 적다」

김일손은 반가웠다. 문득 '학은 먹을 것을 생각하지만 거문고는 먹지 않고, 학은 욕심이 있지만 거문고는 욕심이 없는데 서로 어울리는 것은 무엇인가. 그런데 그림 속의 학은 욕심이 없을 것이니 그려도 되지 않을까' 하는 생각이 들었다. 그래서 당대 화가 이종준에게 부탁하여 거문고에 학을 그려 넣었다. 거문고를 켜며 욕심을 잊고 시절의 절박한 안타까움조차 초월하겠다는 뜻을 주고받은 듯하다. '행위예술'의 장면이 눈에 잡히는 듯하다.

어느 날 권오복이 '옛것을 좋아하면서 오현금이나 칠현금을 켜지 않고 왜 육현금을 즐기는가' 물었다. 김일손은 옛 도를 흠모하면서도 의복은 옛

것을 취하지 않았던 소옹(邵雍)의 '지금 사람은 마땅히 지금의 옷을 입어야 한다'는 어록을 빌렸다. '우주연표' 혹은 '우주시간의 사이클'을 작성하여 성리학의 우주철학을 정립한 대가의 권위를 빌려 시대의 변화에 따라 좋아하는 음률이 다르고 따라서 악기도 달라졌으니 마냥 옛것을 고집할 수 없다고 한 것이다.

그런데 김일손은 집에서는 순임금 시절에 유행하였다는 다섯 줄 오현금을 켰다. 육현금은 독서당 몫이었다. 밖에서는 지금을 따르지만 안에서는 옛것을 취하고 싶은 '외금내고(外今內古)'의 의도가 있었다.

탁영금(濯纓琴)

보물 제957호. 김일손의 18대 종손 김상인 소유, 대구국립박물관 소장. 중앙에 탁영금이라고 음각(陰刻)되어 있고, 하단부에 학이 그려져 있다. 김일손은 거문고의 유래에도 해박하였다. 순임금 시절 오현금이었고 주나라 문왕 때 칠현금이 나와 이후로 유행하여 중국 진(晉)나라가 고구려에 전해준 거문고도 물론 칠현금이었다. 그런데 왕산악이 육현금으로 개작하여 신라에 전해지고 지금까지 유행하게 되었다는 것이다. 김일손은 집에는 오현금이 있었지만 육현금을 구하고 싶었던 터에 언젠가 동화문 밖 어느 집 대문이 패이고 헐어가지만 재목이 오동나무이고 재질 또한 좋아서 주인에게 물으니 '약 백 년이 되어 이제 부엌으로 들어갈 때가 되었다'고 하여 얻어서 제작하였다. 그래서 '문비금(門扉琴)' 즉 '문짝 거문고'라고 하였고, 이종준의 그림까지 새겼던 것이다. 얼마나 좋았던지 '사물은 외롭지 않고 마땅히 짝이 있는 법인데, 백 년이나 공허하여 반드시 남을 것을 기약할 수 없었는데, 오호라 이 오동이 나를 만나지 않으면 사라져서 상대할 바가 없었을 것이니 누구를 위하여 나왔다 하겠는가!' 하였다. 김일손은 거문고를 시렁에 알뜰히 간직하였다. 다름이 아니었다. 「금가명(琴架銘)」에 적었다. "거문고는 내 마음을 단속하는 것이라 시렁을 만들어 높이는 것이지 소리가 좋기 때문만은 아니다."

비록 옛것과 전부 합치할 수는 없지만 옛것에 심히 어긋나지 않고 싶지 않기 때문에 집에서라도 태고의 유음(遺音)을 즐기려고 한다. 「오현금 뒤에 적다」

음률에서도 소박한 옛 도를 따르겠다는 간절함이 스며 있다.

물러설 수 없다

김일손은 정녕 슬픈 세월이 오고 있음을 예감하였다. 세자가 공부를 싫어하는 것을 이미 알고 있었지만 실제 시강원에서 대면하니 낙담이 이만저만이 아니었다. 진시황의 유자 탄압과 같은 시대가 다시 오지 않으리라는 보장이 없었다. 성종 25년(1494) 7월 시강원 동료들에게 '주상이 돌아가신 다음에 분서갱유(焚書坑儒)의 변이 있을 것이다'는 걱정을 털어놓기도 하였다. 성종이 붕어하자 김일손은 울부짖었다.

하늘이여, 우리 동국이 요순의 치세를 보지 못하게 하려는 것입니까? 복이 없는 창생을 버리시면 누구에게 복을 내리시려는 것입니까? 너무 하오이다. 어찌하여 이렇게 되었나이까. 「탁영선생연보」 연산군 원년 2월

연산군 원년(1495) 3월 김일손은 '임금의 마음이 바른 정사의 근본이다'고 하며 사직장을 던지고 귀향하였다. 「한강을 건너며」가 있다.

말 한 마리 느릿느릿 한강을 건너니	一馬遲遲渡漢江
낙화가 물에 떠내려가니 버드나무가 비웃음을 머금은 듯	落花隨水柳含嚬
미천한 신하 이제 가면 언제 다시 돌아오겠는가	微臣此去歸何日

그래도 고개 돌려 남산 바라보니 이미 봄은 저물었더라 　回首終南已暮春

낙화와 같은 자신의 신세를 강가의 버드나무가 비웃고 있다는 것이다. 세태에 굴복하고 떠나감에 따른 자괴감이었다. 그러나 고향에 오래 머물 수가 없었다. 충청도 도사로 복귀하였다. 이때 유명한 「시폐(時弊) 26개조」를 올렸다. 연산군 원년(1495) 5월이었다. 도입부만 간추린다.

신하가 전하를 두려워하는 것처럼 전하는 하늘을 두려워하소서. 그러나 멀다 하지 마소서. 천도(天道)를 한번 멀다 여기시면 하늘을 업신여기는 마음이 생기고, 하늘을 업신여기는 마음을 가지고 만물을 보면 마음의 방자함을 막을 수 없습니다. 　　　　　　　　『연산군일기』 원년 5월 28일

여기에서 김일손은 임금의 마음공부와 솔선수범을 비롯하여 내수사의 혁파를 통한 왕실재정의 축소와 투명성 확보를 주장하였다. 각 관아를 책임지는 제조(提調)의 철폐도 제안하였다. 대신이 제조를 맡아 각 아문의 운영과 실무관료를 장악하면서 오는 권력집중을 막자는 취지였다. 이외에도 사관제도의 확대, 어진 종친의 발탁, 숨은 인재의 발굴, 유향소의 활성화 등을 제안하였다. 훗날 사림의 정치 과제가 거의 망라되어 있다.

이때 김일손은 '소릉복위'도 제창하였다. 선대에서 역사의 상흔을 치유한 사례까지 들었다. "태종이 정몽주를 베었지만 세종은 충신으로 추숭하고, 태조가 왕씨를 죽였지만 문종은 숭의전(崇義殿)을 세워 끊어진 제사를 잇게 하였다."

연산군은 김일손의 상소에 대꾸도 하지 않았다. 부왕의 상이 끝나기만을 기다리며 벼르고 있었는지 모른다. 이해 늦가을 김일손은 다시 조정에 복귀하였다.

폭군의 얼굴

가을이 깊어가던 어느 날 뜰에 서 있는데 삭풍이 거칠게 휩쓸고 지나갔다. 모든 풀이 엎드리는데 한 치도 못되는 촌초(寸草)가 굳세게 버티고 있었다. 문득 '질풍이 불어야 굳센 풀을 알 수 있구나' 하였다. 「질풍지경초부(疾風知勁草賦)」에 풀었다.

장하다 한 치 풀아	竊矣寸草
이 바람을 깔보는구나	今亦凌風
사람과 사물이	人之與物
이치는 다름이 없거늘	理無不同
나라의 형편이 어지러운 시절에	何異夫板蕩之歲
외로운 충절을 드높이는 것과 어찌 다를손가	拔千丈之孤忠

그렇다면 어려운 시대를 외면하고 고개 숙이는 공후장상(公侯將相)의 모습은 질풍에 고개 숙이는 잘 자란 풀과 다름이 없지 않은가! 아아, 형세는 이미 기울었나, 이렇게 마쳤다.

비록 숲에서 빼어나게 솟은 나무라도	雖然木秀於林
바람에 반드시 꺾일 것인데	風必折之
그렇다고 꺾인들 무엇을 아파하겠는가	折之亦何傷兮

온 힘을 다하여 절개를 지키겠다, 혹은 물러설 수 없다는 다짐이었다. 수사선도(守死善道)의 길을 결심한 것이다.

김일손은 예전보다 더욱 강력하게 소신을 피력하였다. '경연을 폐지하지 말 것, 신하의 진언과 간쟁을 받아들일 것, 마음을 다스리는 공부에 충실할 것'을 거듭 아뢰었다. 특히 '외척을 등용할 때에는 반드시 왕망(王莽)의 일을 경계로 삼을 것'에 힘을 주었다. 전한(前漢)의 외척이었던 왕망이 인사권을 틀어쥐고 권력을 독단하다가 결국 반국(反國)하여 '신(新)'을 세운 사실을 상기시킨 것이다. 왕실의 친인척을 마구 등용한 인사정책에 대한 비판이었다. 연산군의 반응은 싸늘했다. "총명을 조작하여 옛 법을 어지럽히지 말라."

 김일손은 사직하지 않을 수 없었다. 표연말·최부·성중엄·송흠(宋欽)·권민수(權敏手) 등이 김일손의 사직을 받아들이지 말라고 재차 건의하였지만 연산군의 대꾸가 걸작이다.

> 내가 즉위한 이래로 대간은 노상 궐정에 서서 논쟁만 벌이고 있으니 어리석은 백성들은 지금 사왕(嗣王)에 무슨 큰 과오가 있어 이 지경에 이른 것인가 여길까 염려가 된다. 「연산군일기」 원년 11월 30일

 그리고 한술 더 떴다. "김일손 등이 나를 용렬한 임금이라고 여겨서 섬기려 하지 않는 것이고 이렇게 임금을 사랑하는 마음이 없으니 어찌 옳은 일인가!"
 김일손은 다시 한 번 소릉복위를 주장하고 조정을 나왔다. 성종 치세까지 포함하여 세 번째 문제제기였다. 연산군 2년(1496) 2월이었다.

통한의 세월

고향에 내려온 김일손은 합천군수로 있던 권오복을 낙동강이 가파르게

청계서원(淸溪書院)

경남 함양군 수동면 원평리. 김일손은 연산군 1년(1495) 벼슬을 그만두고 정여창과 더불어 강론하며 살고자 함양 남계에 청계정사를 조성하였다. 그러나 이듬해 모친이 세상을 떠나 뜻대로 하지 못하였는데, 탈상 후에 이곳으로 왔다. 여기 있을 때 무오사화가 일어나서 연산군에게 잡혀갔다. 1907년 지방 유림이 청계정사 터에 서원을 조성하였다. 남계서원 바로 옆에 있다.

돌아가는 길목에 있는 관수루(觀水樓)에서 만났다. 「권오복과 같이 관수루에 오르다」가 있다.

느즈막에 물가 모래밭에 나뭇잎 같은 배를 매니	晩泊沙汀葉葉舟
말과 소가 어지럽게 오가는구나	紛紛去馬與來牛
강산은 만고부터 항상 이와 같지만	江山萬古只如此
인간과 사물은 잠시 살다 오래 쉬는 법	人物一生長自休
서쪽 해는 이미 뉘엿뉘엿 물이랑에 아득한데	西日已沈波渺渺
동으로 흐르는 물에 솟구치는 걱정을 흘려 보내며	東流不盡思悠悠
홀로 멈춘 배에 서서 석양의 따사로움 쐬다 보니	停舟獨立曛黃久
흰 갈매기 두 마리 물을 차고 날아간다	掠水飛回雙白鷗

혼란한 세상을 말과 소의 움직임으로, 허전함과 쓰라림에 감싸인 자신과 벗의 모습을 두 마리 갈매기에 대비시키고 있다. 권오복이 따랐다.

이 몸은 천지 사이 하나의 빈 배더라	是身天地一虛舟
칼날 같은 기운이 올해는 견우성과 직녀성에 비추네	劒氣當年射斗牛
전에 나그네 생각은 무척이나 높았어도	羈思向來何落落
벼슬 생각은 버리고 편안하게 지내야지	宦情從此便休休
만고의 영웅이 이제 얼마 남았으며	英雄萬古幾人在
은은한 달빛 머금은 빈 강에 흥을 낸 적이 언제던가	烟月空江引興悠
물을 보고 산을 보면 이것이 즐거움이라	觀水觀山皆可樂
오는 갈매기 나를 잊으니 나도 갈매기를 잊어야지	鷗來忘我我忘鷗

권오복은 말하고 있었다. '비록 벼슬을 버리고 산수를 벗 삼아 살더라

도 어둠에 꺾이는 모습일랑 보이지 말자.'

김일손은 노환이 깊은 모친을 모시고 살다가 연산군 2년(1496) 윤3월에 떠나보냈다. 향년 73세였다. 김일손은 참으로 조용하게 지냈다. 글이 없고 사연을 남기지 않는 시절이었다. 그래도 좀처럼 마음이 놓이지 않는 수심과 고뇌의 나날이었을 것이다.

언제일까? 권오복이 편지를 보내왔다. 무오사화가 일어난 직후 가택수색 과정에서 밝혀졌다. 간추려 옮긴다.

그대들이 급히 개현(改絃)하여 만사를 일신하려다가 온갖 비방을 샀으니 나는 울부짖으며 하염없이 눈물만 흘릴 따름이다. 비록 먼 곳에 있지만 위태로움을 느끼지 않을 수 없다.
「연산군일기」 4년 7월 12일

개현은 악기의 줄을 바로 잡는다는 말이니 요사이로 말하면 개혁이다. 급격한 개혁으로 임금과 훈구대신의 반감을 초래하여 화가 닥칠 것을 예견한 것이다. 그러나 권오복은 개혁이 필요 없다거나, 늦추어야 마땅하다고 하지 않았다. 오히려 화는 닥쳐오더라도 '그대와 뜻을 같이 하리라' 하였다.

6. 아는 만큼 힘들다

충성이 무엇이란 말인가

탈상이 얼마 남지 않는 연산군 4년(1498) 정월이었다. 나라 사정이 금나라에 쫓겨나기 직전 송나라의 어지러운 시절과 같았다. 「유월궁부(遊月宮賦)」에 소회를 풀었다. 임금이 정사를 잊고 노니는 유희의 공간을 월궁 즉 달나라에 비겼다.

바둑으로 천하를 내기하듯	賭天下於碁局
판을 이리 옮기고 저리 옮기다 돌을 떨어뜨리니	謾推枰而落子
바로 승패가 결정되었네	俄勝敗之兩決
이백 년 왕업이	二百年之基業
한판 노름에 망하고	輸孤注於一擲
갈 곳 없이 남과 북으로 흩어졌네	各飄然而南北兮

임금이 유희에 빠지면 나라가 망한다는 노래였다. 이렇게 되면 충신과 현자는 숨을 곳조차 없고, 권간과 환관이 활개를 치며, 임금은 사치하며 백성을 못살게 한다. "권간이 나라를 좀먹고, 충현(忠賢)을 배척하며, 환관을 중히 높이고, 토목공사를 일삼는다."

연산군 4년(1498) 7월 김일손은 함양의 남계에 있었다. 모친상을 끝내고 정여창이 살던 근처에 지어놓은 집에서 요양하며 더불어 공부할 요량이었다. 여기에서 금부도사에게 체포되어 국청으로 끌려왔다.

연산군은 『성종실록』 편찬을 위하여 실록청에 수합된 김일손의 사초를 직접 읽고 국문하였다.

연산군 : 네가 『성종실록』에 세조의 일을 기록했다는데 바른대로 말하라.
김일손 : 신이 어찌 감히 숨기리까. '권귀인(權貴人)은 바로 덕종의 후궁이온데 세조께서 일찍이 부르셨는데도 분부를 받들지 아니했다'는 사실을 듣고 적었습니다.
「연산군일기」 4년 7월 12일

또한 연산군은 '세조는 소훈 윤씨(昭訓 尹氏)에게 많은 전민과 가사를 내렸고 항상 어가가 따랐다'는 사초에도 신경을 곤추세웠다. 권귀인과 윤소훈은 성종의 생부로 덕종(德宗)으로 추존된 의경세자(懿敬世子)의 후실로서 세조의 며느리들이었다. 궁정의 숨기고 싶은 비밀이었다.

연산군은 김일손을 '왕실을 능멸하였다'는 빌미로 죽이고 말겠다는 살기를 품고 출처를 집요하게 추궁하였다. 김일손도 '사초의 출처를 밝히면 실록은 폐지될 것이다' 하며 완강하게 버텼다. 그러나 무서운 불 담금질에 어쩔 수 없이 허반(許磐)에게 들었음을 실토하였다. 세조의 부름에 응하지 않았던 권귀인의 조카이며 양자이기도 하였다.

허반도 바로 잡혀왔다. 언젠가 좌의정 홍응(洪應)에게 '세자는 훗날 임금이 되면 만백성이 우러러 의지할 분인데, 지금 환관과 함께 거처하고 서연(書筵)에 나아가는 때는 적고 놀며 희롱하는 때가 많다'는 걱정을 털어 놓았다가 연산군에게 들킨 적이 있었다. 이미 죽을 목숨이었다.

국문은 계속되었다. 연산군이 '소릉의 관을 파서 바닷가에 버렸다'는 사초를 들이대며, '세조에게 반심(反心)을 품은 증거이다'라고 하였을 때에도 김일손은 당당하였다.

성종 대에 출신한 신이 소릉에 무슨 정이 있으리까. 임금의 덕은 인정(仁政)보다 더한 것이 없으므로 소릉을 복구하기를 청한 것은 군상(君上)으로 하여금 어진 정사를 하시도록 하려는 것입니다. 『연산군일기』 4년 7월 12일

소릉복위는 어진 정사의 첫 단추라는 것이다. 이튿날에도 김일손은 사관의 책무를 말하며 바른 기록이야말로 임금과 국가에 대한 충성의 발로임을 강조하였다. "옛적에도 사관은 순과 우와 같은 성군의 부친이라도 그 악행을 숨김없이 바른 대로 적었으며, 공자 역시 『춘추』에서 당대 임금의 조그마한 잘못도 놓치지 않았습니다."

죽음까지 동행하다

김일손의 다른 사초들이 속속 들춰졌다. 즉 '박팽년·하위지 등의 재주를 애석히 여긴 세조가 신숙주를 보내어 효유(曉諭)하였으나 모두 듣지 않고 죽었다'거나, '탄 선사가 시구(屍柩)를 수습한 정분은 죽으면서 김종서와 죽음은 같아도 의리는 같지 않다고 말하였다'는 등의 내용이었다. 남효온의 「육신전」과 정여창의 「정분전」에서 발췌하였던 것이다.

또한 성종 21년(1490) 3월 노산군의 입후치제를 주장하고 작성한 '노산군의 시체를 숲 속에 던져버리고 한 달이 지나도 염습하는 자가 없어 까마귀와 솔개가 날아와서 쪼았는데 한 동자가 밤에 와서 시체를 짊어지고 달아났으니, 물에 던졌는지 불에 던졌는지 알 수가 없다'고 한 사초도 문제가 되었다. 『세조실록』에 실린 '노산군이 영월에 있을 때 금성대군과 송현수(宋玹壽)·정종(鄭悰) 등이 형벌로 죽었다는 소식을 듣고 스스로 목을 매고 세상을 마치니 예로서 장사 지냈다'는 사론에 대한 정면부정이었

다. 조정은 엄청난 충격파에 휩싸였다.

　이때까지만 해도 「조의제문」은 거론되지 않았다. 그러다가 유자광이 '김종직이 과거하기 전에 꿈속에서 보고 느낀 바대로 충분(忠憤)에 부쳤다'는 김일손의 평가에 주목하여 세조의 정변과 찬탈에 대한 분노이며 풍자임을 조목조목 밝히면서 사태는 일변하였다. 7월 15일, 김일손이 잡혀온 지 3일 만이었다.

　사초에서 「조의제문」을 언급한 권오복과 권경유도 즉각 잡혀왔다. 권오복은 '간곡하고 측은하고 침착하고 비통하여 남이 말 못하던 데를 말하였다'고 하였고, 권경유는 '충의가 격렬하여 보는 자가 모두 눈물을 흘렸다'고 적었던 것이다.

　권경유는 조금도 거리낌이 없이 '항우가 의제를 시해한 악행에 대하여 만세가 지나더라도 통분하지 않을 사람이 없을 것이라고 생각하여 「조의제문」을 실었다'고 공술하였다. 그런데 공초를 작성하는 추관이 '만세가 지나더라도 통분하지 않을 사람이 없을 것이다'는 부분을 삭제하였다. '단종의 죽음에 대한 원통함도 만세까지 간다'로 읽었던 것이다.

　권경유는 결코 내용은 고칠 수 없다고 하며 공초에 서명을 거부하였다. 항우의 의제 시해나 세조의 단종 죽임이나 마찬가지라는 생각을 끝까지 포기하지 않았던 것이다. 실로 무서운 고문이 가해졌다. 그러나 '눈을 감고 견디며 아프다고 외치지 않았다.' 연산군이 전해 듣고 '권경유는 강포(强暴)한 자'라고 하였다. 『연산군일기』 4년 7월 22일에 나온다.

　다른 사초도 문제가 되었다. 홍한은 '세조께서 화가(化家)를 꾀하고자 하는데 한명회 등이 무사와 결탁했다'고 하였고, 신종호는 '정창손이 노산군을 벨 것을 처음으로 주장하였는데, 노산이 비록 세조에게 죄를 지었다 할지라도 몸소 섬겼던 정창손이 어찌 베자고 제창할 수 있겠는가' 하였다. 또한 표연말은 '소릉을 헐어버린 일들은 문종에게 저버림이 많았다'

하고, '소릉은 반드시 헐지 않아도 되는데 헐었다'고 적었다.

이 사초들은 「조의제문」을 거론하지는 않았지만 한명회가 배후에서 무력 동원을 획책하였음과 정창손의 의리 없고 떳떳하지 못함을 들춰냈을 뿐만 아니라 세조 치세의 소릉폐치가 분명 과도한 조치임을 거론한 것이다. 어두운 기억의 저편에서 건져낸 편린이며 망각의 탈출을 위한 진실기록이었다.

운명적 만남

김일손은 마침내 무거운 짐을 벗었다. 붓도 함께 내려놓았다. 김일손의 문헌은 무오사화로 가택이 압수되면서 거의 없어졌지만, 백형 김준손의 아들인 김대유가 겨우 일부의 시문과 일기를 수습하여 중종 7년(1512)에 『탁영선생문집』을 꾸몄다. 또한 명종 3년(1548)에는 김일손의 일기를 바탕으로 『탁영선생연보』를 엮고 친동생이며 김일손의 후사로 정해진 김대장(金大壯)에게 맡겼다. 김일손은 초혼의 단양 우씨와 재혼한 예안 김씨 사이에도 아들이 없었던 것이다. 이후 사손(祀孫)들이 흩어지면서 『연보』도 사라졌는데, 고종 11년(1874) 춘천의 한 집안의 서책 중에서 발견되어 빛을 보았다. 다음은 『연보』를 중심으로 본 김일손의 성종 21년(1490) 27세의 삶을 간추린 것이다.

1월 연경의 오만관에 머물다
3월 노산군 입후치제 주장, 사초에 「조의제문」 실음
4월 「육신전」 첨삭 교정, 근친 귀향. 「영산현감신담생사당기」 지음
5월 「매월루기」 지음. 김굉필과 가야산 유람, 「조현당기」 지음

8월 홍문관 부수찬으로 경연 검토관 · 예문관 검열 · 춘추관 기사관을 겸함
9월 김시습 · 남효온과 중흥사 모임
10월 예문관 대교(待敎)로 승진, 정여창을 후임 검열에 천거
11월 진하사 서장관으로 북경으로 떠남

이해에 김일손은 노산군의 입후치제를 주장하고, 남효온이 힘겹게 지은 「육신전」을 『승정원일기(承政院日記)』 등 국가의 문서를 참조하며 첨삭 교정하였고, 고향에서 신담을 위한 생사당의 기문과 「매월루기」 등을 남겼으며 김굉필과 가야산을 올랐다. 그리고 정여창을 예문관 검열로 추천하고 북경으로 다시 떠났다. 일 년 사이 두 차례나 북경을 찾은 것이다. 무척 분주한 삶이었다. 그 사이 남효온과 함께 처음으로 김시습을 만난 이른바 '중흥사 모임'도 가졌다. 세 사람은 사육신의 희생과 노산군의 분한에 관한 많은 사연을 주고받으며 지난 세월의 상흔을 더듬고 쓰린 가슴을 쓸어 담았다. 김일손은 실로 무거운 짐을 지고 달린 것이다.

김일손이 어두운 과거와 대면하며 역사의 상흔에 접한 것은 남효온과 김시습을 만나기 한참 전, 선산의 이맹전을 찾았을 때였다. 계유정난이 일어나자 벼슬을 버리고 평생 귀머거리 소경노릇을 하며 숨었던 노(老)선비였다. 『주역』을 제대로 풀이하여 '동방의 주역선생'이라는 의미로 역동(易東)이라 불린 우탁(禹卓) 집안의 규수와 혼인하고 신행 가는 길이었을 것이다. 이맹전의 나이 87세, 세상을 떠나기 2년 전이었다. 이맹전이 반가운 마음에 시를 지어주었을까? 이렇게 되어 있다.

집 옆 맑은 계곡에서 꿈도 많이 꾸었지	宅邊淸澗夢行多
문득 우리 집에 등잔이 밝게 비추는 것을 알았네	俄覺燈明在我家
음성과 용모 지척인데 보지도 듣지도 못하니 애달프다	惆悵音容違咫尺

| 이제 이 몸은 늙고 병들어가는 나날이라네 | 只因衰病日來加 |

김일손이 「경은(耕隱)선생께 올리다」를 바쳤다. 경은은 이맹전의 호다.

선생이 숨어 살며 청맹과니 하신 뜻을	先生韜晦久盲聾
소자가 어찌 알아 뜻을 같이하오리까	小子何知意欲同
밤마다 접동새 우는 소리 끊이질 않는데	夜夜子規啼不盡
달빛 받아 구의산 빛깔이 더 흰하네요	九疑山色月明中

이맹전을 배알한 후 김일손의 뇌리에는 한때 만백성의 어버이였던 임금이 어디에 묻혔는지도 모르고 제사도 지내지 않는다면 말이 되는가? 현덕왕후는 쫓겨난 임금의 생모라는 이유로 넋마저 떠돌아야 하는가? 왜 문종은 종묘에서 홀로 제사를 받아야 하는가? 이렇듯 왕가에 의리도 명분도 없으니 훈구공신이 오만과 방종, 사치와 부패를 일삼는 것이 아닌가? 이러한 화두가 떠나지 않았다. 운명적 만남이었다. 이때가 15세였다.

순례자의 노래

김일손은 성균관에서 공부를 하면서 남효온을 만나고 원주의 원호를 배알하였다. 계유정난이 일어나자 집현전 부제학을 버리고 영월에서 흐르는 동강과 제천을 흐르는 서강이 만나 만들어낸 '한반도지형'이 아래로 보이는 산 중턱에 오두막을 짓고 단종의 최후를 가까이서 지킨 은사였다. 평소 단종의 억울함에 분노하며 백이숙제와 같이 살리라는 뜻을 「탄세사(歎世詞)」에 읊었다.

저 동쪽을 바라보니 솔잎이 푸르디푸른데　　　　　　　瞻彼東岡松葉蒼蒼
부수고 빻아서 주린 배를 채운다　　　　　　　　　　　采之擣之療我飢腸
아득하다 하늘 한 귀퉁이여　　　　　　　　　　　　　目渺渺兮天一方
흙빛 같은 암울함이여 구름이 오색 빛을 가리누나　　　懷黯黯兮雲五光
아 백이숙제가 아득하여 벗할 수가 없어라　　　　　　嗟夷齊邈焉寡儔兮
수양산에서 푸른 풀 뒤적이며 공연히 헛손질하네　　　空摘翠於首陽
세상이 모두 의리를 잊고 녹봉을 쫓으니　　　　　　　世皆忘義循祿兮
나만이라도 몸을 깨끗이 하고 노니는 척하여야지　　　我獨潔身而徜徉

김일손은 북받쳤다. 「무항(霧巷)의 탄세사를 받들다」를 올렸다. 무항은 원호의 호다. 이때가 18세였다.

한강물은 흘러 흘러가고　　　　　　　　　　　　　　漢之水兮滾滾
솟아오른 산은 푸르고 푸르러라　　　　　　　　　　　起之山兮蒼蒼
어디선가 들려오는 두견새 울음소리　　　　　　　　　鵑哭兮一聲
이 사람의 애간장을 끊어놓네　　　　　　　　　　　　愁人兮斷腸
서리가 대지를 덮으니 울창한 숲 빛깔이 변하고　　　　霜滿地兮喬林變色
구름이 하늘을 가리니 훤한 햇빛이 없어지네　　　　　雲遮天兮白日無光
풍채가 장대한 사람이　　　　　　　　　　　　　　　若有人兮頎然
양지 바른 산에 홀로 서 있구나　　　　　　　　　　　表獨立兮山之陽
당신은 이제 떠나 목숨을 버려도 후회하지 않으리　　此君一去沒身而不悔兮
아아 나 또한 따르려고 하며 기웃거리네　　　　　　　我欲從之而徜徉

문과에 합격한 다음 해인 성종 18년(1487) 가을에는 파평의 남곡으로 성담수를 배알하였다. 성삼문의 재종제로 그의 부친도 단종복위운동 때

관란정(觀瀾亭)과 원호유허비각

충북 제천시 송학면 장곡리. 충청북도 기념물 제92호. 원호가 단종이 유배된 영월의 청령포를 향하여 조석으로 눈물을 흘리며 문안을 드리던 곳으로 손수 가꾼 채소와 과일을 빈 박통에 넣고 물에 띄워 청령포로 보내어 단종께서 드시게 하였다는 이야기가 전한다. 세종 5년(1423)에 문과에 급제하고 집현전 직제학에 이르렀던 원호는 세조가 왕위에 오르자 고향인 원주에 내려와 은거하였으며, 단종이 죽자 영월로 가서 2년상을 마쳤다. 임제의 「원생몽유록」에서 두건을 쓴 호남아로 형상화된 남효온을 하늘에 있는 단종과 사육신에게 인도한 선비 원자허로 나온다. 원호의 손자 원숙강은 벼슬에 나갔다가, 『세조실록』 편찬 당시 사초에 사관의 이름을 빼고 실록청에 올려야 한다는 주장을 하였다가 장살당하였다. 이때 원호는 모든 집안의 서책과 문헌을 불태웠다고 한다. 오른쪽 비각의 유허비는 조선후기 홍양호(洪良浩)가 찬하고 세웠다.

에 희생되었다. 비바람도 가리지 못할 오막살이 초가집에서 돗자리도 없이 흙바닥에서 밤을 지내고 날이 새면 낚시로 소일하고 있었다. 역시 남효온과 같이 갔는데 열흘을 함께 지냈다. 하루는 술병을 차고 강으로 나갔는데 성담수가 마음이 풀어졌던지 시를 지었다.

낚싯대 잡고 종일토록 강변을 헤매다가	把竿終日趁江邊
푸른 물에 발 담그고 곤한 잠을 청하니	垂足滄浪困一眠
백구와 함께 나라 밖으로 날아가는 꿈꾸다가	夢與白鷗飛海外
깨어나니 이 몸이 석양 아래 있더라	覺來身在夕陽天

김일손이「문두(文斗)선생께 올리다」를 바쳤다. 문두는 성담수의 호다.

갈매기 해오라기 때 모르고 강 양편을 날고 도는데	鷗鷺忘機護兩邊
모래를 깔고 바위를 베고 함께 한가로이 잠이 들었네	茵沙枕石共閒眠
그대 꿈에 어디를 가서 놀고 왔는지 알 것 같지만	知君一夢遊何處
지금은 맑은 바람 부는 북쪽 바다 하늘 아래 있을 뿐	只在淸風北海天

성담수를 만난 다음 김일손은 진주향교의 교수를 자청하고 내려갔다. 그곳에서 얼마 후에 함안의 조려를 찾았다. 세조가 임금이 되자 과거를 포기하고 함안의 서산(西山) 아래에서 살았던 은사였다. 세조 4년(1458) 동학사에서 단종을 위한 초혼제에 참례한 적이 있었는데 낚시질 하던 어계(漁溪)로 호를 삼았다. 그때 조려는 69살이었다. 무척 좋았던 모양이다. 그런데 소식이 없었다. 조려의「멀리 보내다」는 그때 보낸 시였다. 성종 19년(1488)이었다.

한번 가더니만 하늘 끝인가 결국 오지 않고	一去天涯邈不來
다시 소식이 없으니 무엇을 애달파하랴	更無消息竟何哀
지금도 홀로 서서 두둑에서 고기 잡으며	如今獨立漁溪畔
그대가 아니라 소개한 사람을 도리어 원망하노라	不怨伊人却怨媒

조려는 김일손을 다시 보고 싶었는데 서운했던 모양이다. 그래서 '소개한 사람이 밉다' 하였다. 반전이 좋다. 그런데 누가 소개하였을까? 김일손이 황급히 「어계선생의 글을 받들다」를 보냈다.

숨어 있는 붉은 꽃 누굴 향해 피었을까	幽花一朶向誰開
봄 숲에 두견새 슬피 울어 창자를 끊는구나	斷腸春林蜀魄哀
동풍에 휩쓸려 다 떨어진다고 해도	縱被東風零落盡
단심을 지킬 뿐 벌 따위에 시집을 갈까	守紅不許嫁蜂媒

김일손의 글을 받아본 조려는 이듬해 세상을 떴다.

이렇듯 김일손은 열다섯 살부터 이십 대 후반까지 세조의 치세를 은둔으로 저항한 노선비를 차례로 탐방하였다. 그것은 차라리 순례였으며, 우리나라 역사운동의 전통을 잉태한 풍경이었다. 따라서 김일손의 기억투쟁은 결코 섣부른 모험주의가 아니다. 오히려 추악한 승리에 매진하는 오늘날에 더욱 소중하게 새겨야 할 교훈이다.

시문 출처

- 신담을 전송하며 送靈山縣監申澹解官歸京師,『濯纓集』속집 상
- 영산현감신담생사당기 靈山縣監申澹生祠堂記,『濯纓集』권3
- 매월루기 梅月樓記,『濯纓集』권3
- 이요루기 二樂樓記,『濯纓集』권3
- 조현당기 釣賢堂記,『濯纓集』권3
- 나화상과 헤어지며 留別螺和尙,『濯纓集』속집 상
- 권오복의 관동록에 붙이다 題權睡軒關東錄後,『濯纓集』권1
- 장원 김일손에게 올린다 上金季雲壯元,『睡軒集』권1
- 정당매의 시문 뒤에 적다 政堂梅詩文後,『濯纓集』권1
- 해를 향한 해바라기 向日葵花,『濯纓集』속집 상
- 사십팔영의 발문 四十八詠拔,『濯纓集』권1
- 해남의 옥돌 海南琅玕,『濯纓集』속집 상
- 눈잣나무 萬年松,『濯纓集』속집 상
- 박눌의 글씨에 적은 강혼의 발문 뒤에 적다 題士浩拔朴訥書後,『濯纓集』권1
- 중국의 병풍에 적다 書唐屛,『濯纓集』권1
- 이종준의 그림에 적다 書仲勻畵,『濯纓集』권1
- 지난 여행의 감회를 노래하다 感舊遊賦送李仲雍,『濯纓集』권1
- 지난 여행의 감회를 노래한 다음에 적다 感舊遊賦後序,『濯纓集』권2
- 유평사를 보내며 送柳評事序,『濯纓集』권2
- 교화설 敎化說送權子汎,『濯纓集』권1
- 치헌기 癡軒記,『濯纓集』권3
- 중흥책 中興策,『濯纓集』권5
- 청복소릉소 請復昭陵疏,『濯纓集』속집 상
- 추회부 秋懷賦,『濯纓集』권1
- 육현금 뒤에 적다 書六弦背,『濯纓集』권1
- 오현금 뒤에 적다 書五絃背,『濯纓集』권1
- 한강을 건너며 渡漢江,『濯纓集』속집 상
- 질풍지경초부 疾風知勁草賦,『濯纓集』권1
- 권오복과 같이 관수루에 오르다 與睡軒登觀水樓,『濯纓集』권5
- 김일손과 같이 관수루에 오르다 與季雲登洛東江觀水樓,『睡軒集』권1
- 유월궁부 遊月宮賦,『濯纓集』권1

· 경은선생께 올리다 謹和呈耕隱李先生, 『濯纓集』 속집 상
· 무항의 탄세사를 받들다 奉和元霧巷歎世詞, 『濯纓集』 속집 상
· 문두선생께 올리다 奉和文斗成先生, 『濯纓集』 속집 상
· 멀리 보내다 寄遠, 『漁溪集』 권1
· 어계선생의 글을 받들다 謹和漁溪趙先生寄遠, 『濯纓集』 속집 상

침묵, 미래와의 대화

김굉필 金宏弼

김굉필 연보

본관 서흥(瑞興), 자(字) 대유(大猷), 호 한훤당(寒暄堂)

1454년 (단종 2)	한양 정릉 출생
1470년 (성종 1)	김종직 함양군수 부임
1472년 (성종 3)	순천 박씨와 혼인
1477년 (성종 8)	선산향교 모임 참가
1480년 (성종 11)	생원시 급제, '정지교부계' 결성
1485년 (성종 16)	김종직에게 '풍간' 시를 보냄
1487년 (성종 18)	부친상
1490년 (성종 21)	여름 김일손과 함께 가야산 유람
1492년 (성종 23)	남효온 임종
1494년 (성종 25)	경상감사의 유일 천거, 남부참봉
1495년 (연산 1)	전생서 참봉
1496년 (연산 2)	군자감 주부와 사헌부 감찰을 지냄
1497년 (연산 3)	형조좌랑
1498년 (연산 4)	무오사화로 희천으로 유배
1500년 (연산 6)	순천으로 배소를 옮김
1504년 (연산 10)	갑자사화로 참형

김굉필은 '성리학의 참뜻을 실천하고 전파한 일세의 사표(師表)', '정몽주가 단서를 열었던 동방 도학을 밝힌 진유(眞儒)'로 추앙되고 있다. 사림정치의 전개에서 가장 중요한 인물인 조광조의 스승이라는 점도 거론된다. 그러나 이러한 선양이 김굉필에게 다가설 수 없는 걸림돌이 아닌지?

유교의 신성 영역인 문묘에 올랐고 '동방오현(東方五賢)'의 으뜸이라는 사실만으로 찬양할 수 없는 오늘날 우리가 찾아야 할 김굉필의 매력은 무엇일까? 아마도 '빛을 감추고 흔적을 숨기며 미래를 설계하는 진중한 포부'일 것이다. 그러나 실상을 밝히기란 쉽지 않다. 생애가 무척 단조로웠고, 글을 거의 남기지 않았기 때문이다. 유배와 죽음의 최후 몇 년을 제외하곤 극적 요소나 일화가 거의 없다.

김굉필은 젊은 시절 한때를 제외하면 평생을 고요하게 살며 자신을 드러내지 않았다. 마치 침묵에 관한 공자의 '잘 꾸민 말은 덕을 어지럽히며', '더불어 말할 수 없는데도 말을 하면 말을 잃으니', '나라에 도가 없으면 자신을 거두고 감추라'는 교시를 그대로 따르는 것 같았다. 『논어』 「위령공편」에 나온다. 『중용』도 말하였다. "나라에 도가 있으면 언론을 일으키고 나라에 도가 없으면 침묵을 받아들여야 한다."

이 글은 침묵의 해석이며 은밀함의 복원이다. 이를 통하여 '말과 글만으로 세상을 바꿀 수는 없다'는 김굉필의 웅변을 듣고자 하며, 근엄하고 냉정하게 치장된 모습에 감추어진 '실망하고 분노하고 감정을 숨기지 않았던 여백(餘白)'을 드러내고 싶다.

주요인물 해설

허반(許磐) 성종 14년(1483) 사마시에 합격하고, 음보(蔭補)로 사직서참봉(社稷署參奉)이 되었다가 식년문과에 급제하였다. 본래 협기(俠氣)를 자랑하며 점쟁이와 가기(歌伎), 악공(樂工)을 거느리고 '나라 사람이 나의 손안에 있다' 하였는데, 김굉필을 사우로 삼으면서 성리학에 몰두하고 옛 법도를 본받아 '그의 단아함은 천성에서 우러나왔다'는 칭송을 받았다.

최충성(崔忠成) 영암 출신. 문종 치세 집현전 직제학으로 박팽년·성삼문 등 집현전 후배의 존경을 받은 최덕지(崔德之)의 손자. 영암 녹동서원에 배향되어 있다.

이현손(李賢孫) 정종의 후예로 명양부정(鳴陽副正)이 되었는데, 남효온에 의하면 '법도에 따라 몸을 자제하였으며, 독실한 몸가짐은 김굉필의 다음이었고 모친상을 주자가례에 따랐다.'

이적(李勣) 남효온에 의하면 '도학을 공부한 후로 시문에 뜻이 없었고 형식에 구애받지 않고 옛사람을 벗 삼았으며 평소에도 관대를 하고 행동이 당당하였는데, 이심원에게도 배웠다.' 처음으로 김굉필을 위한 「행장」을 지었는데, '이미 전하지 않게 된 도학을 얻어서 의연하게 특립(特立)하였다'고 하였다. 두 번째 「행장」은 기대승이 지었다.

이극균(李克均) 영의정 이극배와 이극돈의 아우이다. 문과 출신이지만 무술과 지리에 밝았으며 병사와 감사를 여러 차례 역임하고 『서북제번기(西北諸蕃記)』『서북지도(西北地圖)』를 편찬하였다. 연산군의 황음(荒淫)을 바로잡으려다 갑자사화 때에 폐비의 사약을 전달한 조카 이세좌(李世佐)와 더불어 사사되었다.

이장곤(李長坤) 김굉필의 문인으로 연산군 8년(1502)에 문과에 급제하였는데, 무예가 있어 유장(儒將)의 적격자로 지목되었다. 갑자사화에 연루되어 거제도에 유배되었고, 무예와 용맹을 갖춘 때문에 변란을 일으킬 인물로 지목되어 처형 위기에 처하였으나 미리 눈치를 채고 함흥으로 달아나 양수척(楊水尺) 무리에 숨어 살았다. 기묘사화 때 우찬성 겸 병조판서로서 심정(沈貞)·홍경주(洪景舟) 등에 동조하였는데 그들의 음모가 신진사류 숙청에 있음을 알고 반대하다가 삭탈관직을 당하고 얼마 후 죽었다.

1. 미로(迷路) 찾기

무거운 세월

김굉필은 평생 열심히 공부하였다. 남효온이 '파루를 친 뒤에야 침소에 들었고 닭이 울면 일어났다'고 전하고, 선조 치세 초반에 임금의 명을 받은 유희춘이 '동방사현(東方四賢)'으로 추앙된 김굉필·정여창·조광조·이언적의 언행과 약간의 글을 모아 엮은 『국조유선록(國朝儒先錄)』에도 나온다.

김굉필은 만년에 단칸방에 단정히 앉아 책상을 마주 대하고 글을 보며 밤이 깊어도 자지 않으므로 연자(蓮子) 갓끈이 책상에 대질리어 잘그락 소리가 나면 그 소리로 그가 아직도 글을 보고 있음을 알 수 있었다.

김굉필은 성종 11년(1480) 생원이 되었지만 대과에 이름을 올리지 못하였다. 성균관 시절에는 '뜻과 마음을 나누며 서로 의심이 없도록 하자'는 취지로 '정지교부계'를 결성하기도 하였다. 나이가 같고 따르는 도가 비슷하였다는 진사 최부, 진사 박담손(朴聃孫), 진사 신희연(申希演), 생원 송석충(宋碩忠) 등과 함께 하였는데, 강응정, 남효온 등의 '소학계'와 같은 성격의 모임이었다.

성종 14년(1483) 식년문과가 있던 해에는 금강산과 송도를 유람하기도 하였다. 금강산은 누구와 동행하였는지 알 수 없지만, 송도는 신영희와 함께 갔다. 신영희는 당대의 문장 성현에게 북송의 문호 '소식(蘇軾)의 경지를 넘나들고 있다'고 칭찬받았지만 대과에 응시하지 않았고, 남효온과 같이 죽림우사를 결성한 바 있었다.

김굉필은 두 군데에 흔적이 남겼다. 금강산의 발령 아래 송라암(松蘿庵)의 벽에는 '절구 한 수를 적고 이름 석 자를 새겼으며' 개성의 영취산(靈鷲山) 현화사(玄化寺) 석탑에도 '이름을 적어놓았다.' 남효온의 「금강산유산기」와 「송경록」에 전한다. 이렇게 이름을 남길 수밖에 없는가 하면서 쓰라린 가슴을 쓸어내렸을지 모른다.

김굉필은 '소학동자(小學童子)'를 자처하였다. 남효온의 증언이다.

> 김굉필은 손에서 『소학』을 놓아본 적이 없었는데, 사람들이 국가 일을 물으면 '소학동자가 어찌 대의(大義)를 알겠는가' 하였으며, 나이 서른이 넘어서야 다른 책을 읽었다.
> 「사우명행록」

물론 서른 살까지 『소학』만 보았다는 것은 과장이다. 성종 8년(1477) 여름 김종직이 지도하는 선산향교 공부모임에서도 '삼분오전(三墳五典)' 즉 『서경』을 읽었으며, 유호인이 김굉필에게 건넨 시에 「상사(上舍) 김굉필이 선정암에서 역사를 읽다」가 있는 것을 보면 경전과 역사를 보았던 것이다. 상사는 대과를 준비하는 생원이나 진사를 말한다.

따라서 남효온의 증언은 '『소학』을 따라 살고 가르쳤다'로 읽어야 한다. 또한 '소학동자'도 겸양 혹은 세상에 드러내지 않고 자신을 찾아가겠다는 의지의 표현이었다. 아마 공자의 '그 자리에 있지 않으면 정치를 말하지 않는다'는 가르침을 새겼으리라.

김굉필은 호를 갖지 않았다. 처음에 '비를 만나도 겉은 젖지만 안은 젖지 않는다는 뜻'으로 사옹(簑翁)을 생각하였으나 '이름을 드러내는 것은 혼연(渾然)한 처세의 길이 아니다'고 하며 바로 취소하였다. 조식이 수집

한 김굉필의 몇 가지 일화 모음인 「유사추보(遺事追補)」에 있다. 한훤당(寒暄堂)은 합천 야로현 처가 마을 개천 건너 바위 아래 지은 조그만 서재의 당호(堂號)였을 따름인데, 말년이 되자 사람들이 존호로 삼았다.

젊은 시절 한때 거친 숨을 몰아쉰 적이 없지 않았다. 여름을 못가에서 보낼 때 지은 「못가의 누각에서 읊다」를 보자.

달빛은 끝없는 대지에 자물쇠를 채우고	月鎖無邊地
못은 머물지 않는 하늘을 머금었네	池涵不住天
내 이곳에 와서 여름날 보내니	我來消畏日
빼어난 경치가 좋아 바람 타고 다님과 같구나	絶勝馭泠然

달빛이 대지를 가두고, 못은 하늘을 머금고 있다고 하였다. 자신의 뜻과

한훤당 김굉필 종가

대구광역시 달성군 현풍면 지리 1142번지. 김굉필의 선대는 본래 개경과 한양에서 살았다. 김굉필은 한양의 정릉에서 태어났다. 어린 시절 자못 호기가 있어 '한양의 시가(市街)에서 놀 때에 뭇 아이들이 두려워 피하였는데 무례하고 거만한 아이가 있으면 그 집에서 파는 고기나 두부를 갈겨버리곤 하였다'는 일화가 전한다. 현풍과의 인연은 예조참의를 지낸 증조부 김중곤(金中坤)이 현풍의 토성대족(土姓大族)이던 곽씨(郭氏)와 결혼하며 시작되고 조부와 부친이 비로소 살기 시작하였다. 현재 종가는 조선 후기에 조성되었는데, 마을 입구에 의병장 곽재우의 집안인 현풍 곽씨 12분의 충효열을 기린 정려각과 '소학세향(小學歲鄉)'이라는 커다란 표지석이 있다. (사진 달성군청)

포부를 하늘처럼 높고 땅처럼 넓게 가져야 하겠다는 기상으로 읽힌다. 처가 마을에서 가까운 가야산에 올라가 공부할 때의 작품이라고 하는데, 그렇다면 못가의 누각은 가야산 중턱 득검지의 나월헌이나 조현당이 아니었을까?

빛을 감추고 자취를 숨겼다

김굉필은 사교가 별로 없었다. 남효온에 의하면 '일찍이 집밖으로는 읍(邑) 근처에도 나가지 않았다.' 한동안 농부 차림의 초립(草笠)도 마다하지 않았는데 실제 농사도 지었던 모양이다. 유호인의 「김굉필과 헤어지며」 앞부분에 나온다.

| 만 그루 소나무가 비탈진 밭두렁을 에워싸는 곳에 | 萬本蒼髥抱壟斜 |
| 한 배미 땅을 파고 갈아서 뽕과 삼을 키우나 | 一區耕鑿長桑麻 |

경사지를 일궈 뽕나무를 심고 삼(麻)을 키웠던 것이다. 김굉필의 몇 편 되지 않는 시 중 수작으로 꼽히는 「마음을 풀다」는 세상과의 인연을 접고 살겠다는 심정을 읊은 것인데, 유호인에 대한 답이었는지 모른다.

홀로 한가롭게 살아 오가는 이도 끊겼으니	處獨居閒絶往還
다만 밝은 달 불러내서 차가운 외로움을 비추어볼 뿐	只呼明月照孤寒
그대는 번거롭게 나의 살림살이 묻지 말게	煩君莫問生涯事
두어 이랑 뜰이 물안개 자욱한 첩첩 산중에 있다네	數頃烟波數疊山

김굉필은 말이 없었고 또한 자신을 숨겼다. 역시 남효온이 전한다.

나이가 들어갈수록 도(道)가 더욱 높아진 김굉필은 세태를 돌이킬 수 없음과 세도가 실행하지 못함을 알고 빛을 숨기고 자취를 흐렸는데 사람들 역시 이를 알아주었다.
「사우명행록」

빛을 감추고 자취를 흐렸다는 도광회적(韜光晦迹)은 조조(曹操)의 참모들이 유비(劉備)를 미리 제거하려고 하자 유비가 재능을 숨기며 몸을 낮춰서 위기를 모면하였다는 고사인 도광양회(韜光養晦)와 같다. 중국이 개혁개방과 사회주의 시장경제를 추진하면서 외부세계에 알리지 않으려고 하면서 즐겨 사용한 단어였다. 따라서 세상과의 인연을 접는 은둔(隱遁) 혹은 둔세(遯世)와는 차원이 다르다.

김굉필이 자신의 의사를 마냥 감춘 것만은 아니었다. 언젠가 송도를 같이 유람한 신영희에게 '남효온과 이총, 이정은, 허반은 청담의 폐해를 입은 진나라 사습(士習)이 있어서 10년이 못 가서 화가 미칠 것이니 그대들과 더 이상 왕래하지 않겠다' 하며 절교를 선언한 적이 있었다.

당대 음률의 대가들인 이총과 이정은은 남효온이 결성한 죽림우사의 일원이며, 허반은 가기·악공을 거느리며 협기가 있었다. 바로 이들을 일찍이 주희가 '겉으로는 청고(淸高)하지만 실은 관직을 구하고 권세를 좋아하며 뇌물을 받았다'고 비판한 중국의 청담파에 견준 것이다. 이들의 비분강개가 초래할 위험을 경고한 것이지만 자못 심각하다. 『연려실기술』 「연산조고사본말」의 〈무오당적(戊午黨籍)〉에 있다.

시병(詩病)을 앓다

김굉필은 시문을 거의 남기지 않았다. 사화로 없어진 탓도 있지만 시문을 즐겨하지 않았던 것이다. 훗날 문인과 후손이 여러 차례에 걸쳐 보완 편찬한 『경현록』에도 시 12수와 부(賦) 1편이 전할 뿐이다. 이 중에서 김맹성에게 올린 시가 네 수나 되는데, 전부 성종 9년(1478)에 지었다. 두 사람이 가까웠음을 말해주는데, 이때 김굉필은 25살, 김맹성은 42살이었다.

젊은 시절 황학산의 능여사에서 김종직과 같이 공부한 평생지기이며 나중에는 사돈까지 맺은 김맹성은 지지당(止止堂)을 당호로 삼았는데, 다음과 같은 시를 걸어두었다고 한다.

만사에 무심하게 잡념 없애는 공부를 하다가	萬事無心學坐忘
깊이 생각하여 새집 이름을 지지라고 지었네	尋思止止勝新堂
우주는 자연이라 하늘의 빛도 절로라네	自然泰宇天光發
광활하다 어진 삶이여 길도다 의로운 길이여	廣矣仁居義路長

'지지(止止)'는 하늘을 보면 욕심을 그친다는 앙지(仰止)와 『대학』의 '멈춤[止]을 알아야 뜻을 정할 수 있다'는 다짐이 함께 담겨 있다.

김굉필은 김종직에게 배우기 전, 결혼 직후에 처외가인 성주의 가천(加川)에 들렀다가 그곳에서 처음 김맹성을 만났고 이후로도 자주 찾았다. 그러다가 성종 7년(1476) 김맹성이 별시문과에 급제하고 조정에 나가자 한동안 뜸했는데, 성종 9년(1478)에 김맹성이 고령으로 유배를 오면서 다시 만났다. 사연이 있었다.

성종 8년(1477) 현석규와 임사홍의 첨예한 대결로 조정이 떠들썩하였을 때, 사간원 정언이었던 김맹성도 '현석규의 처사가 지나치다'고 규탄한 바가 있었다. 그런데 이듬해 이심원의 공신퇴진, 남효온의 소릉복위 주장이 있은 다음에 임사홍과 유자광이 붕당을 맺고 배후에서 사간원을 움직여 현석규를 궁지로 몰았다는 사실이 밝혀지면서, 김맹성 역시 그 당여로 몰려 축출되었던 것이다. 벼슬에 나선 지 얼마 되지 않아 조정의 동태에 어두웠다고는 하지만 결코 떳떳할 수는 없었다.

김굉필이 모를 리 없었다. 그런데 「지지당에 올리다」에서

이제 고령 땅 가까운 곳으로 집을 옮기겠으니	徙隣欲向高陽地
틈나는 대로 시병에 가는 침을 놓아주소서	詩病時時得細鍼

하였다. '그동안 시문 짓기가 힘들었는데, 이제 경사(經史)를 연마하도록 따끔하게 가르침을 주소서' 한 정도였다. 반가움이었다. 그러나 마음이 편치 않았을 김맹성이 그렇게 받아들였을까? 혹시 시문을 지을 만큼 편하지 못한 자신을 아무 일 없는 것처럼 대하며 '시병을 고쳐달라고 하니 무심하다' 하였을지 모른다.

얼마 후 두 사람 사이에 이상한 기운이 감돌았다. 김굉필의 「마음을 적은 두 수를 지지당께 올리다」가 있는데 첫 번째가 이렇다.

임금 곁 옥당의 봄날에 붓을 휘두르니	日邊揮翰玉堂春
푸른 구름 자욱하더니 뒤따라 먼지를 일으켰지요	靄靄青雲鬧後塵
영남에 와서 띳집에서 책을 베개 삼아 누워 있는 밤	嶺外枕書茅屋夜
곱고 고운 외로운 달은 이제 저의 차지랍니다	娟娟孤月屬斯人

김굉필은 위로와 사과의 마음을 전하고 싶었던 것 같은데 그만 '조정에서 먼지를 일으켰다'고 하였다. 어찌 들으면 서운할 성도 싶다. 그리고 '외로운 달은 자기 차지이다' 한 것이다. 이렇게 읽힌다. '곤혹스러움에 예쁜 달마저 쓸쓸히 여기실 터이니 제가 대신 즐기겠습니다.' 김맹성은 긴장했다. 다음은 「김굉필에게」 중 첫 수다.

깨끗한 그대 마음 세상 밖 봄이로세	灑落胸中物外春
구름 뚫고 솟은 날개 속세를 떠났구나	凌雲逸翮逈離塵
묻노라 그때 기둥에 글을 적은 나그네 누구였으며	爲問當時題柱客
훗날을 위하여 비단 버린 사람도 반드시 알아야지	須知他日棄繻人

앞 두 행은 김굉필이 세속에 뜻이 없는 듯 시원스레 살아가는 모습을 적은 것이리라. 그런데 후반 두 행은 다른 뜻이 깔려 있는 듯하다. 3행 '기둥에 글을 적은 나그네'는 촉나라 사마상여(司馬相如)가 장안으로 가면서 다리 기둥에 '높은 수레를 타지 않으면 이 다리를 지나지 않겠다고 하였다'는 고사에 있고, 4행 '비단 버린 사람'은 한나라의 종군(終軍)이란 사람이 관문을 통과하며 증빙으로 받은 비단 한쪽을 '황제의 사절이 되면 비단 쪽지가 무슨 소용인가 하며 버렸다'는 고사를 옮겼다. 모두 장안에 들어가 출세한 이야기다.

왜 하필이면 이런 고사를 인용하였을까? 이런 뜻을 담은 것이 분명하다. '그대는 조정의 파란을 겪지 않으니 좋겠지만, 그래도 언제까지 강호에 있을 수만은 없을 것이니 우선 조정에서 뜻을 펼 생각을 하여야 한다.' 김굉필은 무슨 생각이 들었을까?

이렇듯 성종 9년(1478) 한 해에 여러 차례 시를 주고받은 두 사람이 이후에도 시문을 교환하였다거나 만났는지는 알 수 없다. 그런데 이해 「연보」 기사에 '이후로 문장을 짓는 데 뜻을 두지 않았다'는 내용이 있다. 혹여 「연보」 편찬 당시에 '시병이란 참으로 무서운 것이다' 내지는 '시문으로 오해를 일으킬 수는 없다'고 하는 김굉필의 독백이 전해졌던 것은 아닐까?

2. 환희와 결별

어색한 미소

김굉필은 김종직이 함양군수로 부임하자 문하에 들었다. 처음에 곽승화와 같이 간 모양이다. 훗날 임진의병장 곽재우(郭再祐)의 고조이다. 예로부터의 관행에 따라 예물과 글을 바치는 속수집지(束脩執贄)의 예를 올렸을 것인데, 두 사람의 글은 없고 김종직의 「김·곽 두 수재(秀才)에게 답하다」 두 수가 전한다. 수재는 과거를 준비하는 학생이다.

김종직이 첫 수에 '궁벽한 땅에서 이런 사람을 만나니 무슨 행운인가, 진주 같은 작품 현란하게 펼쳐 보이네' 하였다. 반가움이 물씬하다. 다음은 두 번째다.

그대의 시들은 옥에서 연기가 나듯	看君詩語玉生煙
이제부터 진탑을 걸어놓을 것 없겠네	陳榻從今不要懸
부디 은나라 반경을 끝까지 캐물으려 하지 말고	莫把殷盤窮詰屈
마음을 천연처럼 맑게 하여야 함을 알아야 할 걸세	須知方寸湛天淵

진탑(陳榻)은 후한(後漢)의 명신인 진번(陳蕃)이 다른 사람은 받아주지 않으면서 오직 서치(徐穉) 한 사람만 오면 특별히 걸상을 내려놓았다는 '진번하탑(陳蕃下榻)'의 줄임이다. '그대들이 앉을 의자를 마련하겠으니 올려놓을 틈도 없이 자주 찾아오라' 한 것이다. 옛 고사를 인용한 과장 섞

인 풍격이지만 듣기가 좋다. 그리고 「반경(盤庚)」을 끝까지 캐물으려고 하지 말고 마음을 천연(天淵)에 두라고 하였다.

천연은 높은 하늘과 맑은 연못으로 『시경』「대아편」의 '솔개는 솟아 하늘을 벗어나고 물고기는 못에서 뛰어놀고 있네'에 나오고, 「반경」은 탕왕의 첫 도읍지가 홍수로 사람이 살기 어렵게 되자 천도를 단행한 임금 반경의 치적을 기록한 『서경』「상서(商書)」의 한 편명이다. 예로부터 난해한 글로 꼽혔다. 김종직은 난해한 글보다는 마음을 높고 맑게 가지라고 당부한 셈이다. 그런데 정녕 「반경」이 난해하므로 캐묻지 말라고 하였을까?

「반경」에 이러한 구절이 있다. 모두 천도를 반대한 귀족에 대한 확고부동한 경고였다.

너희 귀족이여, 짐은 너희들이 좋은 일에 화합하지 못함을 널리 알릴 것이니 그러면 백성들도 해독을 끼치는 무리가 너희들임을 알 것이다.

짐은 너희 귀족과 멀고 가깝고 간에 인척이 되지만 이를 상관하지 않고, 죄는 징벌하여 죽음을 내릴 것이요, 착한 덕은 표창하리라.

나라의 평안은 너희 귀족에게 달려 있고, 나라가 잘못됨은 짐이 형벌을 제대로 행사하느냐 못하느냐에 달려 있다.

천도는 장차 하늘의 명령을 받들어 이어가려고 함이며, 너희를 위협하려는 것이 아니라 오히려 너희를 받들고 기르고자 함이다.

「반경」은 백성을 살리는 일을 자기 이익을 내세워 방해하는 세력을 제압하자면 설득도 중요하지만 형벌의 단호함을 보일 수 있어야 한다는 교훈을 담은 글이었다. 이렇게 읽힌다.

> 천도는 시대의 과제이고 백성이 원하는 바인데 귀족이 반대하고 있으니 백성에게 알려서 누가 나라에 해독을 끼치는가를 알게 할 것이고, 비록 왕의 인척이라도 상벌을 엄격히 적용할 것이다. 또한 나라가 잘되고 못되는 것은 귀족에게 달려 있지만 왕 역시 신상필벌(信賞必罰)의 원칙을 세우지 않아서 나라를 나락으로 떨어뜨렸다는 잘못을 저지를 수는 없다. 그러니 귀족은 형벌이 두렵거든 백성을 살리라는 하늘의 명령을 삼가 받들어 천도한다는 점을 깊이 새기고 적극 협력하기 바란다!

임금은 백성과 나라를 위하여 단호하게 귀족을 억압하였던 것이다. 그러나 왕권을 능가하는 권신의 농단, 권력의 소수 독점 시절에는 좀 더 신중히 읽을 필요가 있다. 기득권 집단을 임금과 백성 나아가 나라의 '공공의 적'으로 지목하는 식으로 들리기 때문이다. 그만큼 조용히 숨죽이며 힘들게 읽어야 진의를 파악할 수 있는 글이 「반경」이었다.

김종직은 이러한 문제를 고민하지 말라고 당부한 것일까? 아니면 마음을 높고 맑게 가지고 가야 「반경」 같은 난해한 글도 이해할 수 있다고 한 것일까? 알 수 없는 일이다. 만약 전자였다면 어색한 침묵이 흘렀을 것이고, 후자였다면 겸연쩍은 미소가 스쳤을 것이다. 어느 쪽이든 긴장감이 감돌았을 것임은 틀림없다.

『소학』의 발견

김굉필은 김종직에게 배우면서 『소학』을 다시 살폈다. 주희의 문인인 유청지(劉淸之)가 초학자로 하여금 원시유교의 수행관(修行觀)과 성리학의 형이상학을 이해할 수 있도록 경전과 선현의 논설과 언행을 가려 뽑은 책이었다. 일찍부터 학자의 필독서로 장려하고 널리 보급하였지만, 여전히 『대학』의 입문서 내지는 초학자의 기초교과 정도로 치부되었다. 김굉필 역시 이미 『소학』을 독파했을 것이다.

김종직은 『소학』의 중요성을 '진실로 학문에 뜻을 둔다면 의당 여기에서 시작해야 한다. 광풍제월(光風霽月)도 여기에서 벗어나지 않는다'고 설파하였다. '광풍제월'은 초목의 잎은 비 온 뒤끝 바람에 더욱 번득이며 달빛은 비가 갠 뒤에 더욱 맑다는 뜻으로 흔히 성리학적 우주론을 처음 제창한 북송의 대학자 주돈이의 쇄락(灑落)한 인품을 말하는데, 주돈이가 창도하여 주희가 집대성한 성리학을 이르기도 한다. 성리학도 수신에서 시작한다는 가르침이었다.

김굉필은 새삼스러웠다. '성리학도 성인의 삶과 뜻을 실천하는 공부일 따름이구나!' 하였을 것이다. 『경현록』에 「소학을 읽고」가 있다.

글공부를 하였어도 아직 천기를 몰랐는데	業文猶未諳天機
지난 잘못을 소학에서 깨달았네	小學書中悟昨非
이로부터 정성껏 자식 도리를 다하며	從此盡心供子職
이제 구차하게 좋은 옷 살진 말을 부러워하지 않으리	區區何用羨輕肥

천기(天機)는 우주 자연의 미묘한 조화를 말한다. 근대의 자연과학적 천문학이 아니라 추상적 천명의 인식 틀이다. 즉 인간의 근원인 하늘을 공부하였으나 뜻대로 되지 않았는데, 이제 비로소 일상적 도덕 실천이 중요함을 깨달았다는 고백이었다.

3행은 주자학을 원나라의 국정교학으로 삼은 학자 허형(許衡)의 '소학』을 신명과 같이 믿겠으며 부모와 같이 공경하겠다'는 어록을 인용한 것이다. 허형은 '우리 임금이 요순이 되고 우리 백성이 인수(仁壽)의 영역에 들게 하는 기본이 『소학』에 있다'고 하며 수기가 곧 치인이라는 명제를 설파하기도 하였다.

김종직도 '이 말은 성인을 만드는 근기(根基)이니, 노재(魯齋) 이후 어찌 또 그런 사람이 없겠는가' 하며 반가워하였다. 노재는 허형의 호다. 그런데 「점필재연보」에는 세 번째 행이 '앞으로 절로 명교(名敎)의 즐거움이 있으리니'로 되어 있다. 인륜과 명분의 가르침을 오로지 추구하겠다는 뜻이니 맥락은 비슷하다. 혹여 '허형을 곧바로 인용하기보다는……' 하며 고치라고 주문하였는지 모르지만 『경현록』의 표현이 절실하다.

간절한 소망

김종직이 모친상을 마치고 조정에 나서려던 참이었다. 김굉필이 다섯 수를 올려 소망을 올렸다. 김굉필의 시는 전하지 않고 김종직의 답장 「김굉필에게」 다섯 수만 전한다. 첫 수가 이렇게 시작한다.

백수가 외람되게 임금님 전교를 받았으니	白首叨蒙一札頒
시골에 살면서 청렴과 겸양을 내세울 것은 아닌 듯	幽居空寄讓廉間
그대 나라를 고치라는 말은 너무 이른 계책이 아닌지	君言醫國太早計
우리 도는 예로부터 굽혀 있기도 어려웠다네	吾道從來骫骳難

벼슬을 사양하고 은둔하는 것이 능사가 아니기 때문에 조정에 나선다고 하면서, 그대의 나라를 고치라는 의국(醫國)의 계책은 아직 때가 아니

라고 한 것이다. 역사적으로 유교의 이상은 구현에 앞서 보존하기조차 어려운 날이 많았다는 사실도 덧붙였다.

  김굉필이 어떤 말을 하였는지 어렴풋이 살필 수 있다. 아마 조정에 나설 때인지 아닌지 알 수 없는 마당에 이왕 나서실 것 같으면 나라를 고치는 일에 매진하여 주시라는 바람을 적었을 것이다. 다소 격렬하게 시대의 병폐를 지적하고 개혁의 필요성을 제기하였을지 모른다.

  김종직은 마지막 수에서 도를 실현하는 일이 어렵기도 하지만 자신에게 그럴 만한 힘이 없음도 토로하였다.

대사를 어찌 내가 감당하리	大事吾何敢擔當
고질병엔 예로부터 좋은 처방이 없었다네	膏肓從古少良方

「한훤당선생청초호주즙도(寒暄堂先生靑草湖舟楫圖)」

최근 경주의 어느 고가에서 발견된 김굉필의 유일한 작품. 청초호는 속초의 명승지인데, 아마 금강산을 다녀와서 그렸을 것이다. 오세창(吳世昌)의 『근역서화징(槿域書畵徵)』에 의하면 김굉필은 '그림을 잘 그렸는데[善畵]' 작품은 없다고 한다. 오세창은 박규수와 같이 활동한 개화사상가 오경석(吳慶錫)의 아들로 한말에 애국 계몽 지사로 활동하고 훗날 3·1운동 당시 민족 대표 33인의 한 사람으로 활동하였는데, 서예가이며 감식가로서 또한 금석문 연구로 최고의 권위가 있었고 우리나라 최초의 근대미술인 모임 서화협회를 발기하였다. 한편 김굉필은 '안견의 묵화 열 폭을 병풍으로 만들어 간직하였다.' 조식의 「한훤당의 그림 병풍에 적다[寒暄堂畵屛跋]」에 나온다. 이 때의 감상을 조식은 '선생께서 이 병풍을 마주보고 누워 계실 때나 눈길을 주고 감흥을 일으키실 적에 무슨 생각을 하였을까? 상쾌한 바람 같은 선생의 영혼이 흐릿하게 그림에 남아 있는 듯하고, 사모하는 마음 사이에 예전의 모습이 오히려 보이는 듯하다'라고 적었다. 무척 흠모하였음이었다. 이 병풍은 갑자사화로 집안이 적몰될 때 도화서(圖畵署)에 압수되었다가 민간에 흘러들어갔는데, 조식에게 배운 오운(吳澐)이 처가 집에서 얻어 김굉필의 손자인 김립에 전해주었다고 하나 지금 볼 수 없음이 안타깝다. (사진 한훤당선생기념사업회)

| 장차 임금의 고문에 참여할 때에 | 細氈顧問如將備 |
| 반드시 그대 시 다섯 장을 외우리라 | 要取君詩誦五章 |

자신은 시대의 변화와 나라의 개혁과 같은 국정을 감당할 능력이 없음을 숨기지 않고 다만 그대의 뜻은 잊지 않겠노라 하였다.

김굉필의 열성적 건의에 대하여 김종직이 무척 미온적으로 반응한 셈이다. 그러면서 셋째 수에서 '세간의 만사가 참으로 소가 싸우는 것 같다'고 하며 여건이 좋지 않음을 말하면서 이렇게 당부하였다.

| 한공이 오궁 보낸 것은 배우지를 말고 | 莫學韓公送五窮 |
| 장차 송옥의 웅풍부 같은 글을 짓게나 | 且同宋玉賦雄風 |

'한공의 오궁(五窮)'은 한유가 자신에게 부족한 지혜, 학문, 문장, 운명, 교유 등 다섯 가지를 한탄하며 글을 지었다는 사실을 말하고, '송옥의 웅풍부(雄風賦)'는 초나라 굴원의 제자인 송옥이 초나라 임금의 교만과 사치를 풍자하며 지은 노래였다. 학문 지혜의 부족을 탓하거나 교유와 문장을 멀리하지 말고 세상과 임금을 향한 기상을 드러내라. 이렇게 들으면 그만이다. 그러나 이에 그치지 않았던 것 같다. 자꾸 '나에게 간곡하게 건의할 것이 아니라 조정에 당당히 나서 임금에게 직접 주장하라'로 들린다. 심상치 않다.

스승과 갈라서다

성종 16년(1485) 김종직이 이조참판이 되자, 김굉필이 시를 보냈다.

도는 겨울에 가죽옷 입고 여름에 얼음을 마시는 것에 있는데	道在冬裘夏飮氷
비가 개면 가고 장마 지면 멈추는 것을 완전하다 하겠습니까	霽行潦止豈全能
난초도 세속에 따르면 마침내 변하는 것이니	蘭如從俗終當變
이제 소가 밭 갈고 말을 탄다 한들 누가 믿겠습니까	誰信牛耕馬可乘

뜻이 분명하다. 도는 일상으로 추구하여야 할 과제인데 '스승께오선 시세 탓만을 하고 계시지는 않으십니까? 그래서 지금 세상에서 스승이 변했다고 하니 누가 앞으로 말씀을 바로 따르겠습니까?' 추궁한 것이다. 그런데 1행의 '겨울에 가죽옷 입고 여름에 얼음물 마시는 것'은 주희의 어록을 세밀하게 살피면, 여기에 그치지 않는 것 같다.

일찍이 맹자는 존주(尊周)를 포기하고 도리어 제(齊)나라로 하여금 통일천하의 혁명에 나서도록 촉구하였는데, 이 때문에 북송의 사마광(司馬光) 등으로부터 공자를 거역한 것으로 호되게 비판받은 바가 있었다. 그러나 주희는 맹자를 옹호하였다. "공자가 높였던 주나라를 맹자가 존중하지 않은 것은 겨울에는 가죽옷 입고 여름에는 베옷을 입으며 배가 고프면 먹고 목마르면 물을 마시는 것과 같다."

주희의 맹자 옹호는 다름이 아니었다. 공자와 맹자의 시대가 다르기 때문에 공자는 존주를 표방하고 맹자는 혁명을 생각하였다는 것이다. 그리고 덧붙였다. "이미 쇠락하여 명맥을 다해버린 주나라를 정성껏 지키다가 사람들로 하여금 끊임없는 화를 앉아서 당하게 한다면 어찌할 것인가!"

만약 김굉필이 이러한 뜻을 담고 적었다면 '나라에 대한 충성, 임금에 대한 충성도 세도를 실천한 다음의 문제이며, 그렇지 않으면 오히려 백성에게 해를 끼치는 일에 편드는 것이 아니고 무엇입니까' 한 셈이 된다. 그렇다면 진정으로 싸늘한 비판적 풍자가 아닐 수 없다. 아무리 믿고 친한 사이라도 수용하기 쉽지 않은 풍간(諷諫)이었다.

김종직은 당혹스러웠다. 답장을 보냈다.

분수 넘치는 벼슬이 이어져 얼음을 깨게 되었으나	分外官聯到伐氷
임금 바르게 하고 풍속 고치는 일 어찌 할 수 있을까	匡君捄俗我可能
가르침 따르는 후배가 날 보고 못났다고 조롱하지만	從教後輩嘲迂拙
시세와 이해를 따라 구차하게 편승하지는 않으리니	勢利區區不足乘

김종직은 아무 일도 할 수 없는 자신의 처지를 숨기지 않았다. 그러나 자신도 후배들이 무엇을 원하는지를 알고 있고, 또한 시세에 아부하며 이해득실에 따르지는 않을 것이라고 하였다. 그러나 무척 서운하였다.

김굉필의 도발과 같은 비판, 쉽지 않는 사건이었다. 이런 사실이 널리 퍼진 것 같지는 않다. 그만큼 은밀하게 이루어졌으리라. 그런데 남효온이 어떻게 알았을까? 「사우명행록」에 두 사람의 시를 옮기고 '김종직이 시사를 건의하지 않는데 따라 마침내 갈렸다'고 적었다.

이듬해인 성종 17년(1486) 이런 일을 알게 된 김일손은 무척 서운하였다. 「김굉필이 점필재선생께 올린 시를 따라 짓다」를 다섯 수나 지어 보냈는데 다음은 첫 번째다.

여름 벌레 어찌 차가운 얼음을 말할까	夏蟲那可語寒氷
대성도 오히려 겸손하여 이룰 수 없는 일이 있으니	大聖猶謙一未能
옛사람은 은밀함을 드러내지 않았음을 알았다면	欲識古人無犯隱
앞으로 소는 밭 갈고 말은 탄다고 하지 않았으면 하네	莫將牛馬說耕乘

성인도 할 수 없는 일이 있는데 스승의 잘못을 그렇게 노골적으로 들

취내는 법은 없다고 항의한 것이다. 맹자가 성인이라지만 제나라의 천하 통일을 이루지 못하였음도 넌지시 비친 것 같다.

　김굉필은 모른 척하였다. 오히려 진주향교 교수를 자청한 김일손을 지켜보며 좋아서 '김일손은 교수하는 근본을 깊이 체득하여 교학에 임하고 있다'고 널리 알렸다. 그리고 부친상을 마친 얼마 후 성종 21년(1490) 여름에는 가야산에도 같이 올랐다.

3. 교사의 길

학도를 모으다

김굉필은 항상 자신을 되돌아보며 끊임없이 자신과 대화하였다. 「길가의 소나무」이다.

늙은 소나무 하나 길 가에 먼지 뒤집어쓰고	一老蒼髥任路塵
괴롭게도 오가는 길손을 맞이하고 보내네	勞勞迎送往來賓
찬 겨울 너와 같이 변하지 않는 마음을	歲寒與汝同心事
지나는 사람 중에서 몇이나 알 수 있을까	經過人中見幾人

혼탁한 세상이 자신을 알아주지 않지만 묵묵히 자신의 길을 굳세게 가겠다는 각오를 피력한 것이다. 공자의 '차가운 겨울이 된 후에야 소나무와 잣나무의 잎이 나중에 시든다는 것을 안다'는 어록을 생각하며 지었으리라. 소나무가 밀양에 있다고 하는데 김종직을 배알하고 오는 길에 지었을지 모른다.

김굉필은 무엇을 꿈꾸었을까? 후진 양성의 길이었다. 남효온이 전한다.

> 김굉필이 후학을 불러와서 정성껏 쇄소(灑掃)의 예(禮)를 집행하니 육예(六藝)를 닦는 학자들이 앞뒤로 가득하였다. 「추강냉화」

쇄소는 바른 행실의 기본으로 배우는 사람은 제집부터 쓸고 닦는 일부터 시작한다는 『소학』의 가르침이며, 육예는 예악사어서수(禮樂射御書數)로서 과거시험과는 거리가 있는 기본교양이었다. 김굉필은 사람됨의 도리와 행실 그리고 선비의 덕목을 가르친 교사이며, 사숙(私塾)의 주인이었던 것이다. 성종 21년(1490)에는 아예 현풍의 모친까지 모시고 한양에서 터를 잡았다.

누구를 어떻게 가르쳤을까? 성종 23년(1492) 가을에 세상을 떠난 남효온이 전하는 바에 의하면 '무성한 재질과 독실한 행실로 이름이 높은 제자'로 이현손·이적·최충성·윤신(尹信)·박한공(朴漢恭), 이장길(李長吉)이 있었다.

이 중에서 정종의 후예로 종친인 이현손은 김굉필보다 13살 연하이고, 이장길은 김굉필과 동문수학한 이승언의 첫째 아들인데 그의 동생 이장곤(李長坤)이 성종 5년(1474) 출생인 것으로 보면 김굉필과는 20년 차이가 나지 않았다. 그렇다면 김굉필이 이들을 가르쳤고 이들은 배웠다고 하여도 무방하다. 그런데 최충성은 겨우 네 살 연하에 지나지 않았다.

최충성은 문집 『산당집(山堂集)』의 「정명론(正名論)」 「일언흥방론(一言興邦論)」 「성인백세사론(聖人百世師論)」 등을 보면, 그의 공부가 깊고 촘촘하였음을 알 수 있다. '명분과 의리의 개념' '나라를 일으키는 한 마디 말' 그리고 '성인이 백세의 스승이 되는 이유' 정도로 풀이되는 논설이다. 여기에서 최충성은 명분과 의리의 개념과 전제조건, 정치에서 차지하는 중화의 가치를 정리하고, '도는 사람을 바탕으로 한 다음에야 실행할 수 있다'는 주체적 도학의 관점에서 새로운 사우론을 제창하였다.

또한 최충성은 「속원인(續原人)」에서 맹자의 '인(仁)이란 사람[人]이다'는 명제를 '사람의 길은 참[實]을 갖추어야 하는데, 그것은 하늘에 바탕을 두고 자신의 모든 것을 다함에 있다'로 풀이하였다. 이외에도 「독소

학문(讀小學文)」「독소학입교편(讀小學立敎篇)」「독소학명륜편(讀小學明倫篇)」「독소학경신편(讀小學敬身篇)」 등에서 『소학』의 가치와 독해법을 상세히 밝혔다.

최충성과 김굉필은 일방적으로 가르치며 배우는 관계가 아니었다. 두 사람은 스승이며 동지인 사우로서, 서로 강론하며 비판하는 사이였다. 그런데 '자명종(自鳴鐘)'을 만들어 공부시간을 어기지 않을 만큼 열심이었던 최충성은 평소 병약함을 추스르려고 청포나 쑥을 채운 증실(蒸室), 요즘의 찜질방을 고안해서 실용하기도 하였지만 성종 22년(1491) 34세로 세상을 떠났고 말았다.

무엇을 가르쳤을까

추호(秋豪)는 형체와 외관으로는 보잘것없는 무의미한 존재이며, 태산(泰山)은 웅장한 외형 때문에 누구라도 인정하지 않을 수 없는 의미의 존재였다. 그래서 흔히 현상의 천차만별을 추호와 태산으로 비유하곤 한다.

김굉필에게 단 한편의 부(賦), '추호라도 태산과 견줄 수 있다'는 「추호가병태산부(秋毫可竝泰山賦)」가 있다. 먼저 현상은 다르지만 본질 혹은 원리는 같다고 하였다.

> 나는 안다네, 천하의 사물은 　　　　　　　　　　吾知天下之物
> 이치가 있고 분수가 있으며 　　　　　　　　　　　有理有分
> 만상(萬象)이 모여 하나가 되는 이치란 　　　　　理會萬而爲一
> 만 가지로 나뉘고 갈려도 헝클어짐이 없다네 　　分萬殊兮不紊

녹동서원(鹿洞書院)

전남 영암군 영암읍 교동리. 문종 치세에 집현전 직제학으로 지냈던 최덕지(崔德之)를 모신 사원으로 최충성도 같이 모시고 있다. 문종 치세 집현전 직제학을 지낸 최덕지는 영암 영보촌으로 낙향할 즈음에 성삼문·유성원·신숙주 등이 지은 시가 한 권에 이를 정도로 젊은 학인의 흠모를 한 몸에 받았다. 박팽년은 발문에서 '한 세상을 움직일 만한 공명과 부귀를 가졌더라도 변변찮은 사람들의 마음을 얻지 못하는 사람이 있는가 하면, 낮추고 겸손하여 자시 자신도 가눌 수 없을 듯해도 천하 후세의 인망을 한 몸에 받기에 충분한 사람이 있다' 하고, 후자의 인간상이 바로 최덕지라고 추앙하였다. 최덕지의 손자인 최충성은 김굉필보다 네 살 연하이지만 제자로 입문하여 '재질이 많고 행실이 독실하다'는 평가를 받았다. (사진 영암군청)

즉 현상이 아무리 달라도 관통하는 이치는 하나라는 성리학의 핵심이론인 '리일분수(理一分殊)'를 풀이한 것이다. '태극이 음양을 낳는다'는 '태극생양의(太極生兩儀)'로 부연하였다.

하나가 둘을 낳은 후에	以一生兩之後
사물은 만 가지가 같음이 없지만	物有萬其不同
그 소이를 미루어 따져보면	然推究其所以
마침내 근본이 같은 줄 훤하게 알리라	卒爛漫而同宗

우주자연과 삼라만상이 현상적으로는 크고 작음, 드러남과 감춤이 있지만 실체는 동본(同本) 동종(同宗)이라는 것이다. 즉 우주만물의 불변과 변용 모두 '하나의 리[理一]'에 뿌리를 두고 있다. 그러나 리는 '추상의 리'가 아니라 '구체의 리'였다. 모든 만물은 '형체가 있기 전의 도(道)'와 '형체가 있은 다음의 기(器)'를 아울러 갖추고 있기 때문이다.

인간도 마찬가지였다. 인간은 똑같이 '리'로서 추상적 천명을 받았다. 그러나 인성의 구체적 발현은 달랐다. 원리와 현상을 혼동하고 제 안목, 제 지식에 들어온 것만을 고집하기 때문이다.

어찌 세상 사람들은 근본을 버리고 말단을 쫓아	何世人遺本而逐末
천차만별에 현혹당할까	眩千差與萬別
어떤 이는 대롱으로 하늘을 살피고	或用管而窺天
어떤 이는 송곳으로 땅을 가리키면서	或用錐而指地
이것이 크고 저것이 작다고 싸우며	爭此大而彼小
시끄럽게 시시비비를 가리려고만 한다네	鬧非非而是是

우주와 자연의 가지런한 질서의 원리가 하나의 이치에서 나온다는 사실을 모르기에 인간은 갈등하고 분란을 일으킨다고 진단한 것이다. 어떻게 할 것인가? 먼저 현상의 불합리, 현실의 부조리를 있는 그대로 볼 것을 주문하였다.

그러나 사물이 가지런하지 않음이	雖然物之不齊
또한 사물의 실상이라	物之實也

그러나 하늘이 부여한 도덕 가치인 인륜은 보편적이며 누구라도 흩뜨릴 수 없는 가치였다.

자줏빛이 어찌 붉은빛을 어지럽힐 것이며	紫豈可以亂朱
피가 어찌 곡식을 자라지 못하게 할 것인가	稗不可以亂穀
만일 이것을 혼동하여 하나라고 한다면	苟混同而一之
인륜과 풍속을 어지럽히지 않을까	恐亂倫而亂俗

거짓이 진실을 이길 수 없다는 믿음의 다짐이었다.

「추호가병태산부」는 하늘의 이치와 인간의 길을 일목요연하게 제시한 노래였다. 결코 추상에 머무는 법이 없었다. 출세와 부귀를 목표로 하는 좁은 안목, 짧은 지식에 안주하며 교만하고 분쟁하는 이기심에 대한 비판을 오롯이 드러내며 진실을 향한 실천의 금도(襟度)를 곳곳에 밝혔다. 그러나 격분하거나 침체하지 않았다.

또한 자제의 미학이라고나 할까, 절제된 표현도 좋다. 인간의 본성과 실천, 선비의 의무와 책임을 거시적 안목에서 조망하려는 바람이 그만큼 간절하였음이리라. 특히 이 노래가 우리를 매혹하는 것은 문장이 쉽고 간결하며 명쾌하다는 사실이다. 또한 지식 차원에서 바라보면 시시콜콜할지 모르지만 '피가 곡식을 방해하고, 자줏빛이 붉은빛을 흐릴 것인가' 등과 같이 일상에서 쉽게 찾을 수 있는 예시도 삶의 현장에서 힘껏 찾은 끝에 나온 것이라 생각하면 차라리 감동적이다.

그러나 이 노래는 아쉽게도 미완의 작품이었다. 혹여 뒷부분이 없어졌을지도 모르겠다. 다음은 마지막 구절이다.

아쉽구나 단서를 구하지 않고	惜乎不求其端
마지막을 찾아보지 않으려 함이여	不訊其末
말만 크고 마땅함은 지나치니	言有大而過當
그림자를 엮어 바람을 가두려고 하는 것과 무엇이 다를까	如繫影而促風

본말을 혼동하고 말만 앞세우며 허장성세하는 세상에 대한 한탄을 피력한 것이다. 그렇다면 다음에는 이러한 잘못된 세태를 마감하자면 독실궁행(篤實躬行)에 나서야 한다는 내용이 나와야 할 것 같은데 아쉽게도 여기에서 그쳤다. 아마 조금 더 나갔다면 하늘의 이치를 따르고자 하는 사람은 끊임없이 조심하고 경계하여야 한다는 교훈을 덧붙였을 것이다. 혹여 다음과 같은 구절이었을지 모르겠다. '군자는 제 몸에서 찾고, 소인은 다른 사람에서 구하는 법, 사람과 하늘이 만나자면 공구계신(恐懼戒愼) 전전긍긍(戰戰兢兢)하여야지.'

혹자는 문장의 지나친 평이함을 이 노래의 취약점으로 지적하고 싶을지도 모르겠다. 그러나 초학자가 쉽게 읽을 수 있도록 꾸민 글이라고 생각하면 전혀 느낌이 다르다. 초학자에게 우주와 인간, 원리와 현상의 관계는 무엇이며, 자연의 섭리나 조화를 따르지 못하는 사회의 불합리와 인간의 욕심, 아집은 어디에서 오는 것인가를 가르칠 수 있는가를 곰곰이 생각하다가, 송나라 학자의 자연철학 실천윤리를 곧바로 주입하기보다는 아무래도 운문(韻文)이면 좋을 것 같다고 판단하고 지은 것은 아닌지? 그렇다면 이 노래는 학식의 깊이를 드러내려는 것이 아니라 가르치기 위한 교안(教案)이었음에 틀림없다.

아아, 이대로 끝나는가?

성종 22년(1491) 이심원이 강학장소를 찾은 적이 있었다. 이때 지은 「김굉필에게 주다」가 전한다. 이심원은 감탄하여

| 그대는 본디 욕심 없이 세상 걱정하면서 | 吾子固囂囂 |
| 거문고를 즐겨 탔지 | 瑤琴性所賞 |

하였다. 세상을 위하여 강학에 열중하는 모습을 거문고 연주에 비유한 것이다. 그리고 많은 후진이 모이니 우리 동지의 힘이 커질 것을 기대하였다. 한 구절이 다음과 같다.

듣는 사람 많아지고	聽者日以多
우리 터전 넓어가니	我地日以廣
바로 금성옥진이리니	金聲與玉振
이제 우리 동지에게 보이리라	也應在吾黨

옛적에 악기를 연주할 때 처음에는 쇠북을 쳐서 시작하고 옥으로 만든 경쇠로 마무리한다는 금성옥진(金聲玉振)은 맹자가 '공자는 백이(伯夷)와

이윤(伊尹)과 유하혜(柳下惠) 세 성인을 집대성하고 시의에 따랐으니 시중(時中)의 성인이다'라고 찬양하면서 '쇠[金]로 소리를 내고 구슬[玉]로 거두었다'고 비유한 구절을 옮긴 것이다. 『맹자』「만장하(萬章下)」에 나온다. 김굉필을 공자에 비유하였으니 극찬이 아닐 수 없었다.

이때 이심원은 남효온과 같이 왔다. 아마 김굉필과의 불화를 잊으라는 뜻이 있었을 것이다. 그러나 남효온은 서운한 감정을 풀지 않았다. 임종에 즈음하여 김굉필이 찾아오자 등도 돌리지 않았다고 한다.

김굉필에 대한 주위의 시선이 차츰 따가워졌다. 무엇 때문에 가르치는 일에 그토록 열심인가 하는 의심과 비방이 일어났던 것이다. 실제 임사홍은 김굉필을 무척 싫어하였다. 훗날의 실록기사에 나온다.

> 김굉필은 평생 한결같게 정자와 주자를 처신과 학문의 지표로 삼고 성학(聖學)에 잠심하여 얻는 바가 몹시 높았으며, 일동일정(一動一靜)이 조금도 어그러짐이 없이 중도의 규범을 지켰다. ……폐조(廢朝) 때에 임사홍이 그것을 위선(僞善)이라 하여 살해하였다. 「중종실록」 13년 4월 28일

정여창이 넌지시 '그만두는 것이 어떤가?' 충고하였다. 고향이 서로 멀지 않아 일찍부터 자주 만났고, 성균관에도 같이 다녔으며, 서울에서는 회현방 한동네에서 살며 뜻이 같고 도가 같은 '지동도합(志同道合)'의 동지였다. 김굉필은 단호하였다.

중 육행(陸行)이 불법을 가르치는데 수업하는 제자가 천여 명이나 되자 한 벗이 '화를 입을 것이 두렵다' 하며 말리자, 육행이 '먼저 안 사람이 뒤늦게 안 사람을 깨우치고, 먼저 도를 깨달은 사람이 뒤늦게 깨달은 사람을 깨우치는 법이니 내가 아는 것을 남에게 알릴 뿐이다. 또한 화복은

하늘에 달린 것이지 내가 어찌 관여하겠는가?' 하였다고 하니 그가 승려라서 취할 것은 없으나 그의 말은 지극히 공평하다. 「추강냉화」

세상의 비방과 훗날의 화를 개의치 않겠다는 것이다. 그러나 서울 생활을 접지 않을 수 없었다. 성종 24년(1493)이었다.

문하를 출입하던 이현손이 전송하였다.「현풍으로 가는 김선생을 전송하다」세 수가 있는데 첫 번째가 이렇게 되어 있다.

청구는 문화가 높은 나라	青丘文獻邦
예부터 문사가 많았지만	古來多文士
조그마한 글재주를 내세우며 우쭐댈 뿐	雕蟲競自售
지극한 도리를 찾지 못하였네	未有尋至理
그래도 큰 도가 없어지지 않아	大道終不泯
선생께서 남녘에서 실마리를 잡으셨다	夫子生南紀
용문에서 도학을 창도하니	龍門倡道學
따르는 사람이 잇달아 일어났다	從者相繼起

우리나라 학문은 문장을 위주로 하여 성리학의 근본이치를 몰랐는데 김굉필이 새로운 도학의 학풍을 열고 문파를 세웠음을 찬양한 것이다. 7행의 용문은 인망이 높은 귀인이지만 김굉필이 잠시 강학한 양평의 용문산일 수도 있다. 그리고 둘째 수에서

중간에 각자 흩어졌으니	中間各分散
이욕으로 스스로 허물어짐이라	利欲甘自毀

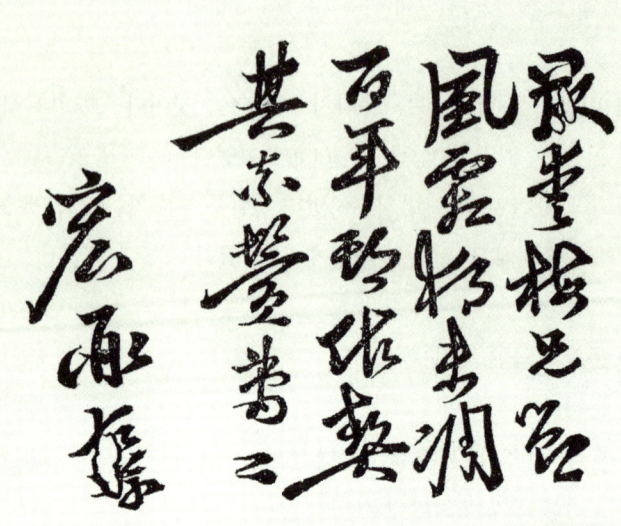

김굉필의 유묵(遺墨)

『경현록』 수록. '굉필호초(宏弼胡草)' 즉 '굉필이 호란하게 적었다'고 한 것을 보면 친필이 틀림없다. 본래 남계서원에 있었다고 하는데, 그렇다면 정여창에게 건넨 것은 아니었을까? 대강 이런 뜻이다. "매형의 절조를 가장 사랑하노니最愛梅兄節 / 바람과 서리에도 시들지 않는구나風霜獨未凋 / 백 년 사귀자고 기약하였건만百年期作契 / 귀밑이 벌써 희어짐을 어이하리其奈鬢簫簫." 김굉필은 정여창을 매형(梅兄)으로 생각하며 사귄 셈이다. (사진 한훤당선생기념사업회)

라고 하였다. 많이 모인 후학이 갑자기 흩어졌다는 것이다. 그렇다면 김굉필의 낙향 이유가 여기에 있을 것인데, 혹여 과거시험을 생각하며 찾아온 제자들이 싫증을 냈거나, 임사홍과 같은 무리의 견제와 훼방이 심했기 때문은 아니었을까?

이현손은 김굉필이 떠나면 정녕 의지할 스승이 없다고 생각하니 더욱 북받쳤다. 평소 따르던 남효온은 이미 세상을 떠났고, 이심원은 도성을 들어올 수 없는 처지였다. 셋째 수에 담았는데 성광은 이심원, 추강은 남효온이다.

성광은 깊은 계곡에서 늙어가고	醒狂老丘壑
추강이 세상 떠난 지 오래인데	秋江長已矣
선생 또한 가버리면	先生今又去
소자는 어디에 기대야 하는지	小子竟何倚

김굉필은 현풍과 합천을 오가며 지냈다. 한때의 도전과 성취가 그대로 묻히는 듯하였다. 깊은 침묵에 젖어들었다. 그렇게 1년…….

4. 침묵의 설계

다시 서울로

성종 25년(1494) 겨울 경상감사 이극균이 '성리학에 마음을 전일(專一)하게 집중하며 행실과 실천이 반듯하다' 하며 김굉필을 천거하였다. 한양의 남부참봉이 되었다. 40세 때였다. 정예관료라면 맡을 수 없는 종9품 미관말직이었지만 순순히 받아들였다. 그리고 1년 후, 전생서(典牲署)와 군자감(軍資監) 주부를 거쳐 사헌부 감찰과 형조좌랑으로 옮겼다. 그래도 겨우 정6품이었다.

김굉필은 묵묵할 뿐 드러나지 않았다. 신진사림과 훈구대신의 대립구도가 확연하였던 국면에서 어떠한 주장이나 언론도 개진하지 않았다. 오히려 관료사회의 악습으로 신참에게 이상한 옷을 입히고 여러 가지 유희를 시키는 '귀복백희(鬼服百戲)'도 마다하지 않았다. 훗날 조식은 '보통 사람과 다르게 하고자 하지 않았다'고 이해하였다.

연산군 3년(1497) 정월 김굉필은 예종의 계비 안순왕후(安順王后)의 친동생인 한환(韓懽)의 불법축재를 조사한 적이 있었는데, 사헌부 감찰의 직책을 수행한 것이지 처음부터 문제를 제기하고 풀어낸 사안이 아니었다. 한환이 외척이었기 때문에 더욱 철저하게 조사했다는 징후도 없다.

또한 여러 사람과 활발히 교유하였던 것도 아니었다. 갑자사화 때에 반우형이 세월이 무서워 이름을 드러내지 못하였지만 오로지 김굉필을 위하여 지었던 조시(弔詩)「사화를 통곡한다」서문에 나온다.

지금의 사습이 동한에서 절의를 내세우던 때와 흡사하여 기이한 화가 닥칠 것 같아 전일 동지와 많이 절교하였다.

김굉필은 세월을 위태롭게 보고 비판하고 있었다. 동한 말기 절의의 선비들이 환관에 반대하다가 '당고(黨錮)의 화'를 당한 상황과 비슷하다는 것이다.

김굉필은 한때 벼슬을 사임하고 현풍으로 내려간 적이 있었다. 임희재(任熙載)가 '권오복도 장차 사직을 올려 수령이나 도사(都事)가 될 모양이며, 김굉필도 이미 사직장을 내고 시골로 떠났음'을 이목에게 알린 적이 있는데, 권오복이 연산군 2년(1496) 초에 합천현감으로 나갔으니 김굉필은 이전이었을 것이다. 『연산군일기』 4년 7월 14일에 나온다. 임희재는 임사홍의 아들로서 부마가 된 형들과는 달리 김종직의 문인으로 학문을 갖추고 정식으로 대과에도 급제하였다.

그러나 김굉필은 곧바로 다시 올라왔다. 아마 이즈음이었을 것인데, 신영희를 만나 '동한 말기와 같은 환란이 박두하였으니 속히 숨으라'고 충고하였다. 그러면서 자신은 '정녕 진퇴를 어찌할 도리가 없다' 혹은 '나 같은 사람은 진실로 화를 면할 수 없다' 하였다. 실제 신영희는 김굉필의 말을 듣고 직산으로 내려가서 훗날 기묘사림의 주역의 한 사람인 김정 등을 가르치며 여생을 마쳤다. 신영희의 「사우언행록」에 있으며 조식의 「유사추보」에도 전한다.

한때 스승 김종직이 벼슬하며 대책의 건의가 없음을 비판하였던 김굉필이 자신은 정녕 아무런 행동과 언론을 보여주지 않으면서도 무엇 때문에 낮은 벼슬을 꿰차고 있었을까?

사연은 섬광처럼

연산군 2년(1496) 가을 현직 성균관 대사성 반우형이 김굉필을 찾아왔다. 품계가 차이 나고 나이도 네 살 연하에 지나지 않았는데, '자신의 뜻이기도 하지만 선친의 유지(遺志)를 따른다' 하며 제자를 자청한 것이다. 일찍이 서거정에게 수업한 반우형은 관료생활은 평범하였지만 성종 5년(1474) 17살에 문과에 합격한 준재(俊才)였다. 경상우수사를 지낸 부친 반희(潘熙)가 평소에 '김굉필·정여창·김일손은 문장과 도덕으로 일세의 영수인데 너도 사도(斯道)를 배우지 않으면 유속(流俗)에 빠질 것이다'고 훈시하였고 유언으로도 남겼다고 한다. 「사화를 통곡한다」의 서문에 이들의 만남이 자세하다.

김굉필은 '벗은 될 수 있을지언정 스승은 될 수 없고, 전날의 동지와 절교한 마당에 어찌 가르치는 일을 할 수 있는가' 하며 사양하였다. 그러나 반우형의 의지가 너무 확고하였다. "도가 있고 없고 그리고 스승을 받듦이 어찌 나이와 관직의 문제이리요!"

김굉필은 '도는 일상에 적용되는 당연한 이치일 뿐이다' 하며, 반우형에 대한 반가움과 함께 공부할 수 없는 아쉬움을 '자신을 닦는 수기(修己)와 사물을 응대하는 접물(接物)에 관한 조문'에 옮겼다. 짧은 머리글과 함께 〈동정(動靜)을 일정하게 한다〉〈마음을 바르게 하며 본성에 따른다〉〈의관을 바로하고 꿇어앉는다〉 등 18개 조문을 담은 「한빙계(寒氷戒)」였다. 반우형의 『옥계집』에 전한다.

「한빙계」는 언뜻 조문의 제목만 보면 '자기 관리를 엄격히 하라' 정도로 보인다. 그러나 자기 이익과 행복을 추구하는 관점과는 거리가 멀었다. 선비와 관료에 대한 매서운 질타를 담았다. 〈구습을 철저히 끊다〉에 이렇게 나온다.

지금 벼슬 공부를 하는 사람들은 거의가 출세에만 조급하여 의리를 돌보지 않으니 마치 처녀 총각이 혼인도 않고 구멍 뚫고 담장을 넘어 간통하는 것과 같다. 〈통절구습(痛絕舊習)〉

의리와 분수에 어긋한 재물과 권세는 결코 용납하지 않고, 벼슬을 위한 벼슬, 출세를 위한 진취를 가장 혐오스러운 간통에 비유한 것이다. 〈욕심을 없애고 분노를 막다〉에서는 더욱 매서웠다.

사람의 욕심은 음식과 남녀만한 것이 없는데, 예(禮)로써 억제하지 않으면 누가 탐욕과 음탕에 이르지 않겠으며, 사람의 분노는 벼슬과 재화를 다투는 분노가 가장 큰데, 의(義)로써 재단하지 않으면 누가 이리나 살쾡이 같은 간사한 도둑이 되지 않겠는가. 〈질욕징분(窒慾懲忿)〉

식욕과 색욕, 그리고 관작과 재물을 둘러싸고 벌어지는 다툼이 얼마나 인간을 야비하게 만드는가를 지적한 것이다. 무사안일과 이기주의에 대한 냉엄하고 통렬한 비판이었다.

물론 김굉필이 재물과 권세를 원천적으로 부정한 것은 아니었다. 공자의 '부귀를 구할 때라면 기꺼이 말채찍이라도 잡겠지만, 그렇지 못하면 좋아하는 공부를 하겠다'는 어록을 인용하며 사람은 누구나 '부자가 되고 싶은 마음이 있다'고 하였다. 다만 분수와 도리를 넘어서는 이기심을 충족하려는 입신출세와 재물을 배척하였던 것이다.

『소학』을 넘어서

「한빙계」는 인격완성과 자아확립에 요구되는 '차가운 얼음'과 같은 계율이었다. 그러나 수기를 위한 가르침만 담지 않았다. 반우형에게도 '어찌 『소학』만을 공부하고 그칠 수 있으랴' 하며 이러한 조목으로 〈말을 함부로 하지 않는다〉〈말을 알아듣는다〉〈징조를 살핀다〉 등을 제시하며 특별히 '혹여 틈새를 보여 소홀히 하면 금일의 화를 면하기 어려울 것이다'고 당부하였다. 몇 구절을 옮긴다.

> 난(亂)은 언어를 사닥다리 삼아 생기니 임금이 신밀(愼密)하지 못하면 신하를 잃고 신하가 신밀하지 못하면 몸을 잃는다. 〈불망언(不妄言)〉

말이 경솔하면 뜻을 이루기도 전에 무너진다는 것이다.

> 장차 배반할 자는 말이 부끄럽고, 마음이 의심스런 자는 말이 산만하고, 좋은 사람은 말이 적고, 조급한 사람은 말이 많고, 착함을 모함하는 자는 말이 들떠 있으며, 뜻을 지키지 못하는 자는 말이 비굴하다. 〈지언(知言)〉

사람의 마음과 행실이 말로 드러나는데 그 말을 알아듣지 못하면 결국 그릇된 사람을 만나서 화를 당하고 뜻을 이루지 못한다고 하였다.

> 군자는 윗사람과 사귀더라도 아첨하지 않고 아랫사람을 사귀지만 모독하지 않아야 하며, 윗사람에게는 반드시 공손하되 신중하게 하고, 아랫사람에게는 반드시 화평하되 조심한다. 〈지기(知機)〉

인간관계는 내밀한 절도가 필요하며 위치와 처지에 온당한 처신이 필요함을 말하였다.

일의 징조를 아는 것이 신통인데, 군자는 은미함에서 드러남을 보고, 부드러움에서 강건함을 알아야 뭇사람이 우러러본다. 〈지기〉

모든 사업은 시세의 기미를 알고 양면을 살피는 안목이 필요함을 역설하였다. 모두 『주역』「계사전」을 인용하여 풀어냈다.

이들 조문은 모두 세상을 살아가며 부딪치게 되는 난관과 재앙을 방지하고 극복하는 데에서 유념해야 할 지침이었다. 어떻게 보면 관료 및 사회생활의 요령으로 읽힌다. 그러나 시세에 따라 살아남기 위한 처세술과는 거리가 멀었다. 어디까지나 맹자의 '도가 통하는 세상에 나서면 착함을 천하와 더불어 이루어야 한다'는 '겸선천하(兼善天下)'를 위한 각오와 자세를 말한 것이다. 이에 그치지 않았다.

김굉필은 세상을 책임지겠다는 선비는 자신을 인내하며 성찰하는 덕목이 필요함을 역설하였다. 더구나 언제 환란이 밀어닥칠지 알 수 없는 상황이었다. 이렇게 풀었다.

지금 많은 선비들은 기개를 높이 세우고 의논이 바람을 일으키는 듯하며 꺼리는 바가 없으니 환란이 닥칠 것이 염려된다. 〈불망언〉

김굉필은 시절의 위태로움이 첨예하고 과격한 언론으로 인하여 양성된 측면이 있음을 굳이 감추지 않았다. 그러나 기개와 언론을 부정하는 것은 아니었다. 어디까지나 선비의 진정한 포부는 드높은 기개나 현란한 언론만으로는 이룰 수 없으므로 오히려 '제 몫을 충실히 해야 한다'에 방점을 찍는 교시였다. 시류에 휩싸이지 말고 현실감을 가지고 차분히 전진하여야 꿈을 이룰 수 있다는 당부였던 것이다. 그러나 구차한 삶을 연명할 수 없음도 상기시켰다.

위태로운 징조를 알고도 피할 수 없는 경우가 있으니 살신성인을 해야 할 것 같으면 군자라면 죽음 보기를 집에 돌아가듯 하여야지 구차할 수는 없다. 〈지기〉

물론 무작정 순교의 길을 결심하라는 뜻은 아니었다. 세상을 바꾸는 힘은 구차한 삶보다는 죽음을 선택할 수 있는 각오에서 생긴다는 수준에서 읽으면 될 것 같다.

'한빙(寒氷)'에 숨긴 밑그림

오늘날 흔히 김굉필이 '소학동자'를 자처하였으므로 「한빙계」 역시 수신의 가르침일 것이라고 생각하는 경향이 있다. 그러나 결코 그렇지 않다. 수신에 못지않게 『주역』에서 찾아낸 일상의 교훈을 비중 있게 제시하며 처세의 중요성을 강조하였다. 처세는 개인의 영화를 위한 것이 아니라 기미를 살피며 변화에 대처함으로써 세상을 책임질 수 있는 처신이었다. '한빙'에도 이러한 뜻을 담았다.

'한빙'은 세 가지 의미가 있었다. 먼저 '쪽에서 나온 푸른 물감이 쪽보다 푸르고〔靑出於藍〕, 물이 얼어 생긴 얼음은 물보다 차갑다〔氷寒於水〕'는 의미가 있었다. 후배는 선배보다, 제자는 스승보다 진취가 있어야 한다는 바람을 담았다. 그러나 '청빙(靑氷)'이라 하지 않고 굳이 '한빙(寒氷)'이라고 한 것은 다름이 아니었다. '청빙'으로는 수신과 처세의 중요성을 한꺼번에 담을 수 없기 때문이었다. 「한빙계」 뒤에 적은 반우형의 글에 있다.

> 『소학』 공부는 '얇은 얼음 밟듯이 하라'는 증자의 말씀이 대강령이 되고, 또한 『주역』은 '추워지면 얼음이 얼고 서리를 밟으면 얼음이 굳어진다'고 하였으니, 한빙에는 일의 기미를 알아 조심하고 두려워하라는 뜻이 있다.
> 　　　　　　　　　　　　　　　　　　　　「한빙계 뒤에 적다(題寒氷戒後)」

『소학』의 조심스럽고 신중한 행실과 『주역』의 일의 기미, 시세의 변화를 살피는 안목과 처신을 '한빙'이란 한 단어에 함축한 것이다. '박빙(薄氷)의 행실'과 '견빙(堅氷)의 처신'은 충돌의 개념이 아니었다. 전자가 개인 수양에 중점을 둔 것이라면, 후자는 치국평천하를 위한 성찰이며 대응이니, 상호보완이며 결국은 하나인 셈이었다.

한마디 덧붙이고 싶다. 쉬운 듯 보이는 수신부터 두렵고 조심스럽게 하여야 실로 어렵게 보이는 변화에 대응하며 사업을 쉽게 가져갈 수 있다. 그래서 같은 문자[易]가 '바뀌다'와 '쉽다'는 뜻을 동시에 가지면서 '역'으로 읽고 '이'로 읽는 것이다. '변화를 알면 사업이 쉽다'는 경험지식의 산물이다.

따라서 감히 말할 수 있다. 「추호가병태산부」가 천인합일(天人合一)의 우주론과 세계관을 바탕으로 인간의 길을 향한 실천이성의 절대가치를 제시한 교안이었다면, 「한빙계」는 수기를 바탕으로 치국평천하를 추구하는 마음가짐과 출처의 자세를 밝힌 교재였던 것이다.

그런데 아무래도 이해되지 않는 점이 있다. 아무리 겸허하고 진지하게 제자를 자청하였다고 해도 최고 사장(師長)에게 '『소학』을 넘어 『주역』을 알아야 한다'고 하며 교과서적 수준의 글을 줄 수 있는가? 반우형이 이런 고전을 이해할 수 없는 수준이었을까? 수긍이 가지 않는다.

「한빙계」는 쉽게 읽을 수 없는 설계도 위에 그려져 있는 듯하고, 엿보기 어려운 암호문을 숨기고 있는 것 같다. 김굉필이 적은 서문에 이런 구절이 있다.

> 반우형과 함께 공부를 해야 되겠지만, 내가 각박하게 '문을 닫고 들어앉아 손님을 사절한 지 오래되었다'고 하자 문득 돌아서니, 나의 마음이 매우 섭섭하여 수기(修己) 접물(接物) 몇 조문을 손수 적어 반우형에게 주고 또한 나 자신을 경계로 삼으려고 한다. 〈한빙계서(寒氷戒序)〉

「한빙계」는 반우형에게 주지만 자신에게도 필요하다는 것이다. 마치 '「한빙계」는 그대만을 위하여 준 것이 아니다'로도 읽힌다. 어쩌면 '내가 후학과 같이 공부하면 이런 글이 필요할 것인데, 그렇다면 그대에게도 참조가 되지 않을까' 하였을지 모른다. 그렇다면 반우형이 어떻게 받아들였을까? 혹여 '선생님이 제가 가르칠 글을 주셨으니, 제 자신부터 경계하며 후학과 같이 공부하겠습니다' 하지는 않았을까?

미지의 학생을 만나다

김굉필을 만난 다음부터 반우형은 도학을 자기 임무로 삼았다. '천지를 아우르는 대일통의 도가 태극이다'는 취지를 자세히 풀어낸 「태일설(太一說)」이라는 논설을 짓기도 하였다. 또한 인륜과 처세를 주제로 한 시를 상당수 지었다.

이러한 시 중에는 「수정지지(守靜知止)」「자구방심(自求放心)」「문방자반(聞謗自反)」「안분물탐(安分勿貪)」「신언(愼言)」「견기이작(見機而作)」 등이 있다. 대강 '고요함을 지키고 멈춤을 안다' '방심에서 자신을 구한다' '비방을 들으면 자신을 돌아본다' '분수에 편안하고 탐내지 않는다' '말은 신중하게 한다' '기미를 미리 알고 행동하라'는 뜻이다. 제목과 내용이 「한빙계」의 〈동정유상(動靜有常)〉〈안빈수분(安貧守分)〉〈불망언〉〈지언〉〈지기〉 등과 비슷하다.

또한「만수동귀일본오륜(萬殊同歸一本五倫)」에서 '갖가지 현상이 하나의 이치로 돌아가며 사람은 오륜을 하나의 근본으로 삼음'을 노래하였는데, 여기에「추호가병태산부」를 줄인 것과 같은 구절이 있다. "흩어짐이 각각 달라도 모이면 같으니, 마음을 잠그고 밝게 살피면 작은 기미라도 드러난다네."

한편 반우형은 오로지 묵묵하게 자신의 장점이나 타인의 단점을 입에 올리지 않고 살았다. 성균관에서 후학을 가르칠 때에도 '고요함을 지키지 않고 출입을 분분하게 하며, 제 몸의 규율을 세우지 못하고 과거를 응시할 날을 세는 모습'을 조용히 훈계하곤 하였다. 훗날 정광필이「반우형신도비명」에 적었다. "반우형의 묵여(默如)와 절구(絶口)는 한훤당의 가르침과 이끌음을 주먹을 불끈 쥐고 따르며 가슴에 품은 때문이 아니겠는가."

이러한 반우형이 아무 말 없이 후진에게「한빙계」를 건네지 않았을까? 그리고 이들이「한빙계」의 주인공이 김굉필임을 알고 마음의 스승으로 흠모하였다면 사숙(私淑)의 제자가 되는 것이다. 언제 배웠는지 알 수 없고 실제 배운 적이 없었을 후학들이 김굉필의 문인록에 오르게 된 것은 이런 연유가 아닐까? 기묘혁신정치가 궤도에 오를 즈음에 조광조가 중종에게 말했다.

김굉필 같은 사람은 당시에 벼슬은 하지 못하였으나, 지금 선비들이 그의 풍모(風貌)를 듣고 선행을 하려는 자가 또한 많으니, 김굉필의 힘으로 사습(士習)의 원기(元氣)가 이같이 보존되었습니다. 「중종실록」 13년 4월 28일

선비들이 김굉필의 풍모에 감화를 받았다는 것이다. 가르침을 베풀지 않았어도 배웠다는 말이다. 그렇다면 김굉필은 반우형에게 「한빙계」를 건넴으로써 미지의 학생과 만났던 셈이 된다!

5. 자유여행

유배지에서 생긴 일

김굉필은 '김종직의 문도로서 붕당을 지어 조정을 비방하고 국정을 논란하였다'는 '붕당죄'에 걸렸다. 양희지가 위로하였다. "반드시 살아 돌아올 것이니 응당 웃음 머금고 길을 떠나시고 부디 곤궁과 횡액 중에도 변하지 않을 것으로 생각하겠네."

 유배지는 평안도 희천이었다. 묘향산을 넘어 청천강 상류에 있는 깊은 산중 고을이었다. 얼마 후 이의무가 이웃 고을 어천역으로 유배를 왔다. 김굉필에게 첫 벼슬로 남부참봉이 주어졌을 때 '행실과 학문이 있는 선비에게 참봉을 시키는 것은 숨은 선비를 찾는 본래의 취지가 아니다'고 건의하여 전생서 주부로 옮기도록 배려한 인연이 있었다. 이의무가 반갑게 시를 보내서,

같이 왔으니 잠시라도 손을 잡고	同來聊把手
각자 서로 아픈 상처를 씻어내자	一別各傷神

하였다. 겨울이 오는 길목이었다. 그리고 한 달 정도 있다가 김굉필을 방문하였는데 재미있는 소문이 들렸다. 그래서 지은 시가 「김굉필이 어린 낭자를 어여삐 여기다 수염을 많이 뽑혔다고 하니 놀리다」이다. 네 수나 되는데, 그중 처음이다.

먼지에 쌓인 피곤함에 틈도 없었을 것인데	幾許塵籠困未閑
하늘을 가르치며 높이 누워 서산을 막고 있다가	天敎高臥塞西山
미인을 무척 예뻐하여 많은 정을 주고 있으니	最憐越女多情思
두고두고 드러내 시인묵객의 웃음에 부치려네	留著騷人一笑間

김굉필에게 배우는 학생은 무척 근엄하다고 여겼겠지만, 배우려는 생각이 없는 낭자는 김굉필을 무던히도 편하게 보았던 것이다. 그래서 이의무가 '운우지정(雲雨之情)'이라도 나누려는 것 아닌가, 놀린 것이다. 무서운 세월을 녹이는 미소가 절로 나오는 편한 그림이다.

내일을 위한 만남

반우형이 희천을 찾자 김굉필이 '섶을 안고 불속에 뛰어들었구나!' 하며 정색을 하였다. 반우형이 복받치는 서러움을 올렸다.「한훤당 김선생에게 올리다」이다.

북풍은 차갑고 눈마저 휘날리는데	北風蕭冷雪飛揚
책보 들고 가야 할 곳이 어딘지 길 또한 멀더이다	負芨安歸路且長
추연의 서리와 우공의 한발이 헛말이 아닌가요	鄒霜于旱皆虛語
낮밤으로 쳐다보는 하늘은 왜 저리 푸르기만 할까요	日夜看天但彼蒼

추상(鄒霜)은 음양오행설을 제창한 추연(鄒衍)이 잘못 옥에 갇히자 서리가 내리고, 우한(于旱)은 한나라 우공(于公)이 시어머니를 죽였다는 누명을 쓴 효부(孝婦)를 변호하다가 관직을 떠나니 삼 년 동안 비가 내리지

않았다는 고사에 나온다. 김굉필이 답하였다.

길을 잃으면 어쩔 줄 모르다가 뜻대로 되면 의기양양	失道倀倀得意揚
사람들은 거개가 소장(消長)의 이치를 모르더라	世人多不會消長
천명을 알고 인을 도탑게 하라는 가르침 받아야지	知命敦仁要順受
어찌 저 푸른 하늘에 원망을 돌리랴	詎能歸怨彼蒼蒼

'그대가 맡고 있는 성균관 대사성의 직임이라도 잘하라'로 읽힌다.

반우형에게 칠언율시「태학생에게 준 시」가 있는데, 희천을 다녀온 다음에 지은 것 같다. 그 마지막 아홉 번째가 '국자감에 오르니 선생께 부끄럽고, 유풍을 어긋나게 할까 두려워 못난 정성 바치네'로 시작하는데, 김굉필에게 부끄럽지 않게 열심히 가르치겠다는 각오로 들린다. 그리고 이어갔다.

엷은 얼음 밟듯이 이 몸은 전전긍긍	如履薄氷身戰戰
험준한 계곡에 들어간 듯 도탑게 뜻을 세우고	若臨峻谷意惇惇
일심으로 군자들과 함께 가기를 바라니	一心願與諸君子
다 같이 하늘의 은혜에 보답하고 태평을 즐기세나	共報天恩樂太平

성균관 유생이라도 『소학』의 가르침을 소홀히 하면 치국평천하를 이루려는 꿈을 가질 수 없다고 한 것이다.

얼마 후 어천 찰방의 아들이 양희지의 소개장을 들고 찾아왔다.

친구의 아들 수재 조군은 나이 스물이 되지 않았는데, 개연(慨然)히 구도의 뜻이 있던 차에 김대유 사문(斯文)이 학문의 연원이 있다 함을 알고,

그의 아버지가 있는 어천에서 희천 적소로 나가서 제자가 되어 배우기를 청하려고 한다면서 소개의 글을 요청하는지라, 그 간절한 뜻을 저버릴 수 없어 보이는 바이니 혹시 '화를 끼치는 선물'로 생각하지 않을는지.

김굉필의 제자를 자청하는 청년을 소개하니 가르치는 일로 또 어려움을 겪을까 걱정이 되지만 받아주라고 당부한 것이다. 양희지의 「조수재를 보낸다」는 이때 부쳐온 것이다.

열일곱 조씨 가문 수재	十七趙家秀
삼천 제자 노릇을 한다며	三千弟子行
매섭도록 부지런히 도를 구하려는 뜻이 있어	辛勤求道志
아득히 먼 관서 고을로 서둘러 간다네	迢遞關西鄕

연산군 4년(1498) 유배 첫 겨울, 17살의 조광조가 제자로 온 것이다. 훗날 이황은 이 광경을 '난세를 당해서도 기꺼이 위험과 난간(難艱)을 무릅쓰고 김굉필을 스승으로 섬겼다'고 적었다.

두 사람은 실로 다정하고 숨김이 없었다. 어느 날 꿩을 얻은 김굉필이 모친에게 보내려고 말렸는데, 그만 새끼 고양이 밥이 되어버리자 심하게 여종을 야단쳤다. 조광조가 '봉양하는 정성이 비록 절실하지만 군자의 사기(辭氣)는 성찰하지 않을 수 없으니 소자가 감히 마음에 의문이 듭니다' 하고 아뢰었다. 이에 김굉필이 벌떡 일어나 손을 잡고 '내가 마침 스스로 뉘우치고 있던 참인데 그대 말이 이러하니 나도 모르게 부끄럽구나. 네가 나의 스승이지 내가 너의 스승이 아니다' 하였다. 참으로 흔쾌하다.

옥천 소요(玉川逍遙)

연산군 6년(1500) 자주 혜성이 나타나고 천둥과 번개, 우박은 때를 가리지 않았다. 민심이 흉흉하였다. 우의정 이극균이 '평안도가 흉년으로 굶주리는데 본래 중국과의 사신 왕래가 빈번한 데다 귀양살이 하는 사람까지 많아 견딜 수 없다'고 보고하여, 평안도 지방의 적객(謫客)들을 경상도와 전라도로 옮겼다. 김굉필의 배소는 순천으로 정해졌다.

의주에 귀양을 살던 조위도 함께 왔다. 전부터 잘 알던 사이였다. 언젠가 조위가 김굉필에게 편지를 보내 은퇴할 뜻을 비친 적도 있었다.

관료가 되어 출입이 무상하여 안정하며 생각할 겨를 없는 생활에 지쳤는데, 그렇다고 그만두면 나라의 믿고 맡김을 훼손할 것 같고, 계속하자니 진실로 마음을 보존하는 일을 영영 놓칠 것 같다. 「한훤당 김굉필에게 보내는 편지」

관료생활의 분주함으로 마음을 가다듬을 수 없다고 하소연한 것이다. 김굉필이 '그렇다면 그만둠이 마땅하다'고 권유하였고, 조위도 '조만간 물러나 편안하게 지내며 함께 도를 강론하는 것으로 만년지계(晩年之計)를 삼겠다'고 화답하였다.

그러나 조위는 뜻대로 하지 못하였다. 무오사화가 일어났을 때 중국의 성절사로 나갔다가, 김종직의 문집을 인쇄하여 배포하였다는 죄목으로 압록강을 넘을 때 잡혀 거의 죽을 지경에 갔다가 「조의제문」의 뜻을 모르고 실었다'는 주위의 변호로 겨우 살아났다.

순천에서 김굉필과 조위는 대조적이었다. 명종 치세 말기 순천부사를 지내며 김굉필을 추모하는 경현당(景賢堂)을 세운 이정(李楨)이 늙은 향리에게 들은 이야기가 있다. 훗날 순천의 역사와 문화를 노래로 만든 『강남악부』에 있다.

조위는 서문 밖에 살고 김굉필은 북문 밖에 살았는데, 조위는 부로들과 자주 어울려 옥천에서 노닐면서 노거수 아래 돌을 쌓아 대(臺)를 만들어 놓고 때로는 바둑을 두거나 술을 마시기도 하고 때로는 시를 읊조리며 시간을 보냈다. 한편 김굉필은 때때로 노거수 밑 대 위를 배회할 뿐 시 읊기를 좋아하지 않았다.

조위는 순천 시내를 살며시 가로지르는 옥천에서 부로와 어울리며 시를 짓고 술을 마시며 편하게 지냈다. 그런데 김굉필은 간간이 배회할 뿐이었다. 17세기 초 순천부사를 지낸 이수광(李睟光)이 편찬한 『승평지(昇平志)』에도 비슷한 이야기가 있다.

선생은 홀로 배회하며 시 읊기를 좋아하지 않았다고 하니 예측할 수 없는 때를 만나도 몸을 삼가고 행실을 규제함이 엄격하였음을 알 수 있다.

이렇듯 김굉필은 무거운 모습이었고, 조위는 겉으로는 편안하고 스스럼없이 지냈다. 그러나 조위는 내심으로 좀처럼 유배지의 슬픔과 외로움을 삭일 수 없었다. 이 시기 지은 「만분가(萬憤歌)」는 디아스포라의 서정을 담은 작품으로 회자된다.

연산군 9년(1503) 11월 조위가 세상을 떠나자 김굉필이 비용을 마련하고 치상을 주관하였다. 조위의 한없이 안타까운 처지를 제문에 풀었는데 이런 구절이 있다. "자녀도 없고 조문하는 이도 없으니 하늘도 어질지 못하구나."

이 소식을 들은 조광조가 「조매계(梅溪)를 애도함」을 남겼다. 매계는 조위의 호다.

매계가 먼저 가시고 한훤당이 조사를 지으시니	梅溪先逝寒暄弔
야사에 올해는 슬픔도 가득하다고 하리라	野史當年感愴多
도를 찾는 일 양지 바른 강가에 어린아이처럼	聞道河陽猶有子
서릿발 가득 하늘에서 누런 꽃을 보는 것같이 하리라	霜天如見一黃花

옥천서원(玉川書院)과 임청대(臨淸臺)

전남 순천시 옥천동. 명종 18년(1563) 순천부사로 부임한 이정이 김굉필을 추모하는 경현당을 세웠는데, 2년 후에 지방 사림이 터를 넓히고 서원으로 바꾸었다. 전라남도 최초의 사액서원이다. 임청대는 조위가 순천의 부로와 노닐던 축대로 기문을 남겼다. 그래서 서원을 세울 때 이정이 이황으로부터 '임청대(臨淸臺)'란 친필을 받아 비석을 세우고, 뒷면에 조위의 기문을 새겨 넣었다. 원래는 지금의 위치에서 동쪽으로 약 30m 떨어진 곳에 있었는데 1971년 5월에 서원 앞으로 옮겼다. (사진 김성철 / 순천시청)

좋은 샘은 마르지 않는다

김굉필은 존재로서 사람을 감화시켰다. 광양의 청년 최산두(崔山斗)는 김굉필을 깊이 흠모하며 학문에 매진하여 중종 치세 초반 혁신정치의 주역으로 성장하였고 기묘사화로 동복에 유배를 당한 후로는 김인후와 유희춘 등 후진을 계도하였다.

김굉필에게 직접 배운 후학도 있었다. 유계린(柳繼麟), 맹권(孟權) 등이었다. 유계린은 김굉필과 같이 성균관에서 '정지교부계'를 결성한 동지이며 이때는 함경도 단천으로 유배를 떠난 최부의 제자이며 사위였는데, 두 아들 유성춘과 유희춘을 각각 기묘명현과 을사명현으로 키웠다.

맹권은 자세하지 않은데, 자식 교육에 열의가 대단한 모친 설씨(薛氏)가 '김굉필을 정성으로 공양하였고, 참형을 당하고 가산이 적몰이 되자 상장에 필요한 모든 비용을 지불하였다'고 한다. 유희춘이 부친에게 듣고 김굉필의 손자인 김립(金立)에게 전하였는데『미암일기』선조 5년(1572) 9월 18일자에 있다.

김굉필은 죽음마저 조용하였다. 다만 수염을 쓰다듬어 입에 물고 '이것까지 다치게 할 수는 없다' 하였다고 한다. 누구의 조문과 조시도 없었다. 다만 반우형의「사화를 통곡한다」가 있다. 이렇게 시작한다.

어른 공경 스승 높임으로『소학』의 정성 가르치시고	敬長隆師小學誠
신성을 보존하고 변화를 알도록「계사」를 밝히셨다	存神知化繫辭明

『소학』으로 사람 된 구실을 가르치고『주역』「계사편」으로 세상의 변화를 살피도록 깨우쳐주었다는 것이다. 마지막 구절이다.

천상에 계신 분을 조금이나 놀라게 할까 두려워　　　恐驚天上人多少
감히 통곡소리도 크게 하지 못하네　　　　　　　　　不敢高吾痛哭聲

천상에서도 의연할 것만 같은 스승을 생각하면서 울음을 참겠노라 한 것이다. 그리고 심상(心喪) 3년을 보냈다.

세월은 참으로 무서웠다. 연산군은 문묘를 오락장으로 만들고, 고양 양주 등 산림을 사냥터로 만들며 민가와 분묘를 쓸어냈으며, 천문과 인사의 상관설이 싫어서 관상감을 없애고, 사간원과 사헌부의 관원을 줄였다. 또한 말이 화를 부른다고 하며 모든 신하에게 '묵언패(默言牌)'를 걸게 하였다. 심지어 부모를 위한 삼년상을 금지하여 단상(短喪)으로 바꾸었다.

이런 시절 부친상을 당한 조광조는 시묘를 마치고도 '처자가 있는 한양에 한 번도 들어가지 않고' 용인 선산에서 오로지 공부로 일관하였다. '광자(狂者)' 혹은 '화태(禍胎)'라고 지목받을 만큼 열심이었다. 화태는 재앙의 빌미 혹은 뿌리라는 뜻이다. 일가친척들에게도 '세속과 어긋나서 남의 비방을 사고 있다'는 꾸짖음까지 당하였다.

중종반정이 일어나자 좋은 세상에 대한 바람이 간절히 일어났다. 그러나 반정공신은 좀처럼 지난 세월의 짓궂은 칙칙함을 씻어내려고 하지 않았다. 그들 자신이 연산군 치하의 악정에서 자유스럽지 못한 때문이었다. 비겁하고 민첩하게 살아남은 자가 공신이 된 세상이었다. 거짓 공신도 많았다. 그런데도 반정의 으뜸 공신 박원종(朴元宗)은 '왕의 여자'까지 차지하고, 구악(舊惡)의 장본인 유자광의 거들먹거림은 계속되었다. 한때 강건한 이름을 얻었던 성희안(成希顔)은 뇌물세례를 당하였다. '임금이 바뀌었으니 세상은 맑아지겠지' 하던 소망들은 숨죽이며 분노하였다.

6. 말과 글로는 세상을 바꿀 수 없다

일그러진 분노

반정이 일어나고 반년, 중종 2년(1507) 윤(閏)정월 박경과 김공저(金公著)가 무한권력을 휘두르는 박원종과 유자광이 반역할지 모른다는 생각을 주고받았다. 세상에 떠도는 말이기도 하였다.

김공저는 의술이 높아 고위 관료를 예우하는 지중추부사(知中樞府事)에 오른 당대의 국의(國醫)였으며, 박경은 서자 출신으로 승문원이나 교서관 등에서 국가 문서나 간행 도서를 필사하는 사서관(寫書官)으로 생계를 꾸린 명필이었다. 김일손의 인물평이「박눌 글씨에 적은 강혼의 발문에 적다」에 있다. "박경의 사람됨은 잠부(潛夫)에 가깝다. 집이 가난하여 글씨로 먹고 살아갈 뿐이지 그 뜻은 글씨에 있지 않다."

이렇듯 세상을 향한 강개한 뜻을 숨기고 살았기에 박경은 김일손과도 기맥이 통하였고, 그래서 홍인문 밖에서 '영응대군(永膺大君) 부인 송씨가 중 학조(學祖)와 사통(私通)을 했다'는 방문(榜文)을 보고 김일손에게 알렸다가, 사초에 적는 바람에 호된 고문을 당하고 겨우 살아난 적이 있었다.

글씨와 의술의 명인은 종친·문인관료 등과 교류가 많은 법, 두 사람은 평소 왕래가 있던 병조판서 김감(金勘), 대사헌 이계맹(李繼孟), 공조참의 유숭조(柳崇祖) 등을 만나서 자신들의 의중과 세간의 분위기를 전했다. 김감과 이계맹은 김종직의 문인이었고, 유숭조는 경학에 밝아『칠서언해(七書諺解)』를 남겼는데, 성균관의 사유를 오래 지내며 많은 후학을 양성하였다. 『중종실록』에 나오는 박경 등의 발언을 줄여 옮긴다.

> 선비들은 이욕에 빠져 있는 박원종이나 문사를 많이 죽인 유자광으로 인해 화가 다시 미치지 않을까 두려워하며 원망하고 있다. 따라서 두 사람이 없어져야 좋은 정치가 있을 것이다. 중종 2년 윤(閏)정월 25일~28일

새 임금이 새 정사를 펼치려면 박원종과 유자광을 제거해야 한다는 것이었다. 또한 중국에 보내는 주문에서 '폐주가 병이 들어 금상에게 양위한 것으로 꾸민 사실'도 거론하였다. 반정의 명분을 스스로 훼손하였으니 공신이야말로 금상의 역적이라는 것이다.

이들은 정미수나 윤탕로(尹湯老)가 중종에게 자신들의 의중을 전해준다면 유리할 것 같았다. 그러나 중종의 외숙인 윤탕로는 믿을 수 없어 포기하고 정미수에게 기대를 걸고 의향을 떠보았으나 빈말로 들었다. 문종의 외손인 정미수는 오랫동안 버림을 받았다가 성종 치세에 조정에 나와서 원로의 반열에 있었다.

물론 구체적 행동도 있었다. '옛적부터 반역은 공신과 왕실의 인척에서 나왔다'는 역사를 들추며 박원종과 유자광이 모반할지 모른다는 소문을 낸 것이다. 여론을 유리하게 조성하기 위함이었다.

또한 '토끼를 잡으려면 좋은 사냥개가 있어야 한다'는 생각으로 무력시위를 감당할 만한 무인도 물색하였다. 진사 출신이지만 무과로 발신한 특이한 경력의 소유자인 이장길을 포섭대상으로 꼽았다. 임사홍의 당여로 활약한 이유로 폐고를 당한 상태였는데, 기생을 두고 박원종과는 원수지간이었다. 무재를 갖춘 변화무쌍한 변신, 박원종에 대한 반감을 이용하자는 것이었다.

그러나 이들의 행동과 의중은 별다른 호응을 얻지 못하였다. 이들이

접촉한 인사들은 임금을 갈아치울 수밖에 없었던 비상한 시국이 제자리를 찾기 전, 없을 수 없는 불만 정도로 치부한 것이다. 박원종 등의 막강 권세, 그 깊이를 알 수 없는 유자광의 간계가 두렵기도 하였을 것이다. 그러나 참으로 위험하기 짝이 없는 도발적 언동은 쉽게 드러나지 않았다. 두 사람이 의술과 명필로 상당한 신뢰를 쌓았기 때문이다.

기묘사림의 숨은 그림

어느 날 조광보(趙廣輔)가 박경과 김공저의 대화를 엿들었다. 약을 구하러 김공저를 찾았을 때였을 것이다. 한때 식견이 고명하다는 평판도 있지만 간혹 발광 증세를 보였던 조광보는 연산군 치하에서도 '간신 임사홍의 목을 누가 벨 것인가!' 소리친 적도 있었다.

조광보는 거리낌 없이 '박원종과 유자광이 없어질 날이 멀지 않았다'고 큰소리를 쳤다. 친동생 조광좌(趙廣佐)가 걱정이 되어 처삼촌이며 친형의 오랜 친구인 문서귀(文瑞龜)에게 알렸다. 문서귀도 평소에 '유자광은 변화무상한 소인이다'고 했으므로 사람됨을 믿고서 돌발 사고가 일어나지 않도록 형을 설득해주도록 부탁한 것이다. 그러나 아니었다.

조광보를 만나본 문서귀는 '큰소리'의 뿌리가 박경과 김공저에 있음을 알고 바로 심정에게 알렸다. 그리고 정보를 확인하기 위하여 박경을 찾았다. 문서귀를 모르지 않았던 박경은 '박원종과 유자광을 없애야 새로운 정치를 펼쳐진다는 생각을 여러 사람에게 알렸다'는 사실을 서슴없이 말해주었다.

박경과 문서귀는 김식(金湜)의 집에서도 대화를 나누었다. 이때 김식의 집에는 조광조와 조광좌도 있었다. 조광조는 김식과 절친한 친구였고,

조광보·광좌와는 재종간(再從間)이었다. 여기에서 박경은 '병권을 잡은 사람이 없으니 대사가 어려울 것이다'고 하였다. 문서귀도 분명 '박경 등은 생각뿐이었구나' 하였을 것이다.

이러한 전말을 문서귀로부터 들은 심정은 김공저를 만나고 이상한 낌새를 이미 눈치 챘던 남곤과 상의하였고, 당시 상중이던 남곤은 상복을 입은 채로 승정원에 고변하였다. 그리고 며칠 후 박경과 김공저는 참형을 당하고 두 사람의 말을 대수롭지 않게 생각하여 고발하지 않았던 정미수, 김감 등과 영문도 모른 채 말려들 뻔했던 이장길은 유배를 갔다. 조광보는 광증이 발작하여 곤장을 당하였을 뿐 풀려났고, 조광조·조광좌·김식은 박경에게 들은 사실을 공술하는 선에서 무마되었다.

'박경·김공저 옥사'는 시대의 변화와 백성의 소망을 아랑곳하지 않는 이기적 욕심과 오만한 권력에 대한 피할 수 없는 분노와 어쩔 수 없는 불만이 빚어낸 풍경이었다. 여기에 숨은 그림이 있다.

하나, 조광보의 외침. 조광보는 국청에서 '문서귀는 항상 유자광이 우리 스승 김굉필을 죽였기 때문에 무사를 구하여 가만히 습격하려고 하였다'고 소리를 쳤다. 문서귀는 김굉필의 제자였던 것이다.

둘. 김굉필과 동문수학한 이승언(李承彦)의 첫째 아들 이장길의 변신과 악행. 이장길은 동생 이장곤과 같이 김굉필에게 배웠는데, 남효온에 의하면 처음에는 '무성한 재질과 독실한 행실로 이름이 높았다.' 그러나 사람이 변하여 무과로 발신하고부터 임사홍을 추종하고 연산군의 폐희(嬖姬)와 결탁하였으며, 심지어 동생 이장곤이 유배지 거제에서 망명하자 체포에 나서 제수의 손발을 묶는 등 패악을 저질렀다.

이러한 변신과 악행을 알고 이황은 '정자의 문하에 형서(邢恕)와 같이 악행을 저지르는 제자가 있었는데, 이장길이 바로 형서가 아닌가' 하며 넌더리를 쳤다. 그런데 이장길이 체포되자 다른 동생 이장성(李長城)과 이장배(李長培)는 도망을 갔다. 이장배는 김굉필의 둘째 사위였다.

이렇듯 '박경 옥사'에는 김굉필의 제자와 사위가 고발자와 본의 아닌 연루자 그리고 도망자로 얽혀 있었다. 누가 엉킨 실타래를 풀 것인가? 또 하나의 숨은 그림에 해법이 있다.

셋, 국청에서 조광조·김식 등이 공술한 박경의 포부와 정론. 박경은 거침이 없었다.

'유생들이 과거 공부에 구애되어 성리학을 연구하지 않는다.'
'과거는 선비를 뽑는 좋은 법이 아니며 인재 등용은 자품(資品)이 아니라 능력으로 해야 한다.'
'어진 종친을 육조 등에 등용하고 서얼은 허통하여야 한다.'

박경은 훗날 기묘사림의 혁신정치가 추구하는 정책을 이미 말하고 있었다. 이러한 정책을 시행하는 조정이 들어서고 서로의 앙금을 없애는 정치가 이루어지면 동지와 친지 사이의 배반과 음모, 고변과 도망은 줄어들 것이었다.

부활의 미완성

중종 5년(1510) 봄 진사가 된 조광조는 김식 등과 같이 성균관에 출입하였다. 이 시절 모습이 『중종실록』에 전한다.

김식·조광조 등이 김굉필의 학문을 전수(傳受)하여 함부로 말하지 않고 관대를 벗지 않으며, 종일토록 단정하게 앉아서 빈객을 대하는 것처럼 하였는데, 성균관에서는 '저들이 스스로 사성십철(四聖十哲)이라 일컫고 있다' 하며, 예문관·승문원·교서관과 같이 모의하여 죄를 얽어 몰아내려고 하였지만 뜻대로 하지 못하였다. 중종 5년 10월 10일

조광조 등이 성균관에서 배척을 당하였던 것이다. 이들이 김굉필과 최부 등의 '정지교부계', 강응정과 남효온 등의 '소학계'와 같은 모임을 만들었는지는 모르지만, 성균관에서 수신을 중시하는 학풍쇄신운동, 나아가 성인 배우기에 열의를 가진 동료를 규합하였음을 알 수 있다. 김굉필은 이렇게 살아나고 있었다.

김굉필 사후 13년, 그리고 '박경 옥사' 10년. 중종 12년(1517) 8월 성균관 유생들이 집단으로 정몽주가 '동방 도학의 효시'라면 김굉필은 '성리학의 연원을 찾아낸 오직 한 사람으로 만세의 사표'라는 주장을 폈다. 두 사람의 문묘종사를 건의하는 상소였다. 당시 정국을 주도하던 조광조, 김식 등 신진세력의 뜻이기도 하였다.

집권실세인 정광필·남곤·심정 등은 김굉필의 문묘배향이 신진사림의 세력 확대로 연결되리라는 것을 너무 잘 알았기 때문에 반대하였다. "김굉필은 힘들게 절개를 지키고 깨끗하게 몸을 닦은 고절(苦節) 청수(淸修)의 선비일 따름이다."

특히 자제를 김굉필에게 보내 배우게 한 적이 있던 정광필은 '문묘종사론'이 제기되기 전까지만 해도 '성리학의 정파(正派)를 얻은 현자'라고 치켜세웠었다. 그런데 이번에는 '이웃 아이들을 모아 가르쳤지만 도(道)를 밝혔다고 하는 장소는 보지 못하였다'고 말을 바꿨다. 그리고 '공자의 학문을 밝게 들춰낸 적이 없다' 혹은 '글로 밝혀 후세에 전한 입언수후(立言垂後)의 공이 없다'는 이유를 들어 문묘종사 불가를 거듭 주장하였다. 글이 없다는 것은 물론 사실이다. 그러나 왜 없으며, 무엇을 가르쳤는가는

애써 함구하였다.

조광조 등이 공자의 참뜻을 잠심(潛心) 혹은 전심(專心)하며 실천한 점을 내세워 반격하였으나 역부족이었다. 학술의 구체적 성과가 드러나지 않음을 달리 변명할 도리가 없었던 것이다. 결국 정몽주만 종사하고 김굉필은 제외하기로 결론이 났고, 기묘사화 이후 더 이상 제기되지 않았다.

이 과정에서 김굉필과 김종직의 차별화가 진행되었다. 조광조와 함께 개성의 산사에서 같이 공부한 기준(奇遵)이 처음 밝혔다.

김굉필은 처음에는 김종직에게 수업하여 그 문호를 조금 알았지만, 송나라 유현이 남겨준 단서는 자득(自得)하였으며, 평소에 정도(正道)를 닦은 공(功)이 지극하였기에 사림들이 사모하여 착한 마음을 일으켰고 다투어 본받고자 하였다. 「중종실록」 12년 8월 8일

김굉필이 비록 김종직에게 수업하였지만 송나라 성리학의 참뜻은 스스로 얻었으며, 또한 존재로서 후진을 분발케 하였다는 것이다. 기준은 사도(師道)의 본질과 교육진흥을 묻는 책문(策問)에도 비슷한 견해를 밝힌 적이 있다.

우리나라에서 일세의 스승으로 최충·이색·권근·김종직을 말하지만 최충은 공맹의 학문이 아니고, 이색은 문사(文詞)를 예쁘게 가꾸고 이록(利祿)을 취하고자 하였으며, 권근은 이학의 종장이라고 하지만 입신과 사업이 비루할 뿐이며, 김종직은 정몽주를 도학의 비조로 삼고 제자를 가르쳤다고 하지만 사도를 진기하였다는 말은 듣지 못하였다. 「입사도(立師道)」

참 스승은 문장 공부나 과거 시험의 인도자가 아니라 책선(責善)을 통

도동서원(道東書院)

대구광역시 달성군 구지면 도동리. 산등성이가 다람쥐 같다고 하여 다람재라고 하는 고개 아래, 낙동강이 휘돌아가는 곳에 있다. '도가 마침내 동쪽으로 왔다'는 '도과동(道果東)'의 뜻이 있는 도동서원은 선조 원년(1568) 비슬산 아래 쌍계동에 세워졌는데, 임진왜란으로 소실되어 선조 38년(1605)에 이곳으로 옮겼다. 조식과 이황의 문인으로 김굉필의 외증손이 되는 정구(鄭逑)가 심었다는 서원 앞 큰 은행나무는 말이 없다. 기록에 드러난 행적을 중심으로 인간을 평가하는데 익숙한 사람이라면 김굉필이 학술적 문장을 거의 남기지 않았고, 조정과 국왕을 비판한 적도 거의 없으며, 천거로 나선 조정에서 관직도 높지 않았으며 두각을 나타내지 않았던 사실에 곤혹스러울 것이다. 또한 현란한 언변을 과시하다가 간혹 무거운 침묵을 겹칠 줄 아는 수사적 처세술을 훌륭하다고 여기는 사람들은 날카로운 언변과 순발력 있는 논설을 내세운 적이 없는 김굉필에게서 매력을 느끼지 못할 것이다. 그러나 시대의 맥락에서 그의 언행과 침묵을 인내심을 가지고 들여다보면, 그의 묵언과 과문(寡文)이야말로 내일과 호흡하며 미래를 설계하기 위하여 빛을 감추고 흔적을 숨겼던 고육책이었구나, 할 것이다. (사진 달성군청)

하여 후진을 인간의 길로 인도하여야 하는데, 이런 점에서 최충·이색·권근은 말할 것도 없고, 도학을 전수한 김종직조차 미진하다는 것이다. 기준이 생각하는 진정한 스승은 김굉필이었는지 모른다.

김굉필과 김종직에 대한 상반된 평가는 이후 더욱 굳어졌다. 김굉필 종사를 둘러싼 격렬한 논쟁을 거친 1년 후 『중종실록』 사론에 나온다.

> 김굉필은 처음에 당세의 명유(名儒)인 김종직의 문하에 수학하였는데, 그의 학문이 문장(文章)에 치우치므로 마음으로 꺼려하여 오로지 성학에 뜻을 두었다.
> 중종 13년 4월 28일

김굉필과 김종직이 갈린 것이 문장 중심인가, 도학 중심인가에 있었다는 것이다. 이러한 평가는 이황과 조식이 활동하던 16세기 중엽 사림의 정론으로 굳어졌다. 김굉필이 동방 도학의 독보적 존재로 부각되고 김종직은 '문인학자' 정도로 치부되었던 것이다. 지금도 한편에서는 이러한 평가를 당연하게 받아들이고 있다.

유쾌한 추리

오늘날에도 우리는 김종직과 김굉필을 갈라섬만으로 마감하려는 경향이 있다. 물론 두 사람의 갈라섬을 무시하거나, 두 사람이 화해하였다는 징후를 애써 찾자는 것은 아니다. 그렇다면 김종직에 대한 존경이 남달랐던 김일손이 기꺼이 김굉필과 함께 가야산을 갔던 이유는 무엇 때문일까? 16세기 자료는 두 사람의 갈라섬을 기정사실화하지만, 오늘날의 재론이 공허한 일만은 아니라고 생각한다. 먼저 사제관계의 진정한 의미를 새기고 싶다.

흔히 가르치는 사람의 역할은 한결같지 않다. '글을 읽을 수 있도록 하는 역할'이 있다면 '입신출세에 필요한 시험을 통과할 수 있는 지식과 요령의 전달 역할'이 있다. 이런 경우 배우는 사람은 가르치는 사람을 따라야 한다. 그런데 이러한 관계는 서로의 이해와 필요도 중요하지만 의지와 선택의 문제가 아니라 거의 제도와 환경에 의하여 주어진다. 예나 지금이나 다르지 않다.

그러나 가르침과 배움의 관계가 '삶의 가치와 역사의 길'로 묶이면 사정이 다르다. 이때 스승과 제자는 서로 가르침과 배움을 주고받고, 잘못이 있으면 충고하며 인성을 구현하고 덕목을 실천함에는 서로 양보하지 않는다. 공자도 '세 사람이 가면 스승이 있고', '인을 감당함에는 스승에게도 양보하지 않는다'고 말하였다. 진정한 사제관계는 여기에서 성립한다.

이런 경우의 스승과 제자는 서로 숨김이 없다. 공자가 주유천하하는 동안 위나라에 갔을 때, 근친상간의 소문이 있고 정치적 음모에 관계하는 등 평판이 매우 나쁜 남자(南子)라는 위영공(衛靈公)의 부인과 회견을 한 적이 있었다. 그러자 용맹하나 온화하고 남이 단점을 말해주면 즐거워하지만 성격은 다소 급한 자로(子路)는 좋지 않은 기색을 조금도 숨기지 않았다. 공자도 맹세하지 않을 수 없었다. "내가 잘못된 일을 하였다면 하늘이 나를 버리시리라, 하늘이 나를 버리실 것이리라!"

공자 역시 제자들을 서슴없이 비판하였다. 눈치 빠르게 시세를 탔던 능수능란한 제자 염구(冉求)가 백성에게 세금을 마구 걷자 '그는 우리의 무리가 아니다. 아이들아, 북을 울려 그를 공격하라' 하며 분노하였으며, 말을 잘하지만 게으르고 그러면서 반항적인 재여(宰予)가 낮잠을 자고 있자 '썩은 나무는 조각할 수 없고, 거름흙 담장은 흙손질을 할 수 없다' 하며 고개를 설레설레 흔들었다.

또한 공자는 말하였다. "말 잘하고 얼굴빛을 좋게 하고 지나치게 공손한 것, 그리고 원망을 감추고 그 사람과 사귀는 것을 좌구명(左丘明)이 부끄럽게 여겼는데, 나 또한 이를 부끄러워한다." 좌구명은 춘추시대 노나라 사람으로 공자와 거의 같은 시대를 살며 『좌씨전(左氏傳)』과 『국어(國語)』라고 하는 역사책을 남긴 것으로 알려져 있다.

이런 관점에서 보면 김종직이 제자들에게 과거를 요구하고 이들이 벼슬에 나간 것에 보람을 느꼈다고 하여도, 이들이 김종직과 역사적 의미의 사제관계를 맺은 것은 아니다. 오히려 스승을 비판한 김굉필이 진정한 의미의 제자이며, 김굉필과 화해한 김일손이 진정한 우애를 보인 것이다.

요즈음에도 대학입시나 국가시험, 지위와 재물로 맺어진 관계에서 얻는 존경과 보람은 파도에 휩쓸리듯이 쉽게 사라지지만, 진실과 희생으로 맺어진 스승과 제자, 선배와 후배 그리고 친구와 친구의 관계는 오래도록 변치 않는 지란의 향기를 주고받는다.

시문 출처

- 상사(上舍) 김굉필이 선정암에서 역사를 읽다 上舍金大猷棲禪定庵讀史,『潘谿集』권2
- 김굉필과 헤어지며 別金秀才大猷,『潘谿集』권6
- 마음을 풀다 書懷,『국역 景賢錄』天 上
- 못가의 누각에서 읊다 臨沼閣吟,『국역 景賢錄』天 上
- 지지당에 올리다 伏呈止止堂,『국역 景賢錄』天 上
- 마음을 적은 두 수를 지지당께 올리다 述懷二絶上止止堂,『국역 景賢錄』天 上
- 김굉필에게 次金大猷,『止止堂詩集』권2
- 김·곽 두 수재에게 답하다 答金郭二秀才,『佔畢齋集』권9
- 소학을 읽고 讀小學,『국역 景賢錄』天 上
- 김굉필에게 和金大猷,『佔畢齋集』권15
- 김굉필이 점필재선생께 올린 시를 따라 짓다 次金大猷上佔畢齋先生韻,『濯纓集』속집 상
- 길가의 소나무 路傍松,『국역 景賢錄』天 上
- 김굉필에게 주다 贈金大猷,『국역 景賢錄』天 上
- 추호가병태산부 秋毫可竝泰山賦,『국역 景賢錄』天 上
- 현풍으로 가는 김선생을 전송하다 奉送金先生大猷奉大夫人歸玄風,『국역 景賢錄』天 上
- 사화를 통곡한다 哭史禍,『玉溪集』권2
- 한빙계 뒤에 적다 題寒氷戒後,『玉溪集』권3
- 태학생에게 준 시 贈太學生詩,『玉溪集』권2
- 김굉필이 어린 낭자를 어여삐 여기다 수염을 많이 뽑혔다고 하니 놀라다 聞金大猷憐愛小娥髭鬚多所鑷詩以戲之,『蓮軒雜稿』권3
- 한훤당 김선생에게 올리다 上寒暄堂金先生,『玉溪集』권2
- 조수재를 보낸다 贈趙秀才,『大峯集』권1
- 조매계(梅溪)를 애도함 曺梅溪輓,『靜菴集』속집 권1
- 한훤당 김굉필에게 보내는 편지 與寒暄堂金大猷書,『梅溪集』권4
- 입사도 立師道,『德陽遺藁』補遺

부록

인물표 | 참고도서 | 찾아보기

| 인물표 |

성명	생몰(生沒)	자(字)	호(號)	본관(本貫)	문집(文集)
강구손(姜龜孫)	1450~1505	용휴(用休)	숙헌(肅憲)	진주(晉州)	
강백진(康伯珍)	?~1504	자온(子韞)	무명재(無名齋)	신천(信川)	
강석덕(姜碩德)	1395~1459	자명(子明)	완역재(玩易齋)	진주(晉州)	완역재집(玩易齋集)
강응정(姜應貞)	?~?	공직(公直)	중화재(中和齋)	진주(晉州)	
강혼(姜渾)	1464~1519	사호(士浩)	목계자(木溪子)	진주(晉州)	목계집(木溪集)
강회백(姜淮伯)	1357~1402	백부(伯父)	통정(通亭)	진주(晉州)	통정집(通亭集)
강희맹(姜希孟)	1424~1483	경순(景醇)	사숙재(私淑齋)	진주(晉州)	사숙재집(私淑齋集)
강희안(姜希顔)	1417~1464	경우(景遇)	인재(仁齋)	진주(晉州)	
곽재우(郭再祐)	1552~1617	계수(季綏)	망우당(忘憂堂)	현풍(玄風)	망우당집(忘憂堂集)
구치관(具致寬)	1406~1470	이율(而栗)	—	능성(綾城)	
권경유(權景裕)	?~1498	군요(君饒)	치헌(癡軒)	안동(安東)	
권근(權近)	1352~1409	가원(可遠)	양촌(陽村)	안동(安東)	양촌집(陽村集)
권람(權擥)	1416~1465	정경(正卿)	소한당(所閑堂)	안동(安東)	소한당집(所閑堂集)
권민수(權敏手)	1466~1517	숙달(叔達)	퇴재(退齋)	안동(安東)	
권벌(權橃)	1478~1548	중허(仲虛)	충재(冲齋)	안동(安東)	충재집(冲齋集)
권오복(權五福)	1467~1498	향지(嚮之)	수헌(睡軒)	예천(醴泉)	수헌집(睡軒集)
기준(奇遵)	1492~1521	자경(子敬)	복재(服齋)	행주(幸州)	복재문집(服齋文集)
길재(吉再)	1353~1419	재보(再父)	야은(冶隱)	해평(海平)	야은집(冶隱集)
김감(金勘)	1466~1509	자헌(子獻)	일재(一齋)	연안(延安)	
김대유(金大有)	1479~1551	천우(天佑)	삼족당(三足堂)	김해(金海)	
김맹성(金孟性)	1437~1487	선원(善源)	지지당(止止堂)	해평(海平)	지지당시집(止止堂詩集)
김수온(金守溫)	1410~1481	문량(文良)	괴애(乖崖)	영동(永同)	식우집(拭疣集)
김식(金湜)	1482~1520	노천(老泉)	사서(沙西)	청풍(淸風)	
김안국(金安國)	1478~1543	국경(國卿)	모재(慕齋)	의성(義城)	모재집(慕齋集)
김인후(金麟厚)	1510~1560	후지(厚之)	하서(河西)	울산(蔚山)	하서전집(河西全集)
김전(金詮)	1458~1523	중륜(仲倫)	나헌(懶軒)	연안(延安)	
김정(金淨)	1486~1520	원충(元冲)	충암(冲菴)	경주(慶州)	충암집(冲菴集)
김종서(金宗瑞)	1383~1453	국경(國卿)	절재(節齋)	순천(順天)	

김흔(金訢)	1448~ ?	군절(君節)	안락당(顏樂堂)	연안(延安)	안락당집(顏樂堂集)
남곤(南袞)	1471~1527	사화(士華)	지정(止亭)	의령(宜寧)	지정집(止亭集)
남이(南怡)	1441~1468	—	—	의령(宜寧)	
노사신(盧思愼)	1427~1498	자반(子胖)	보진재(葆眞齋)	교하(交河)	
노우명(盧友明)	1471~1541	군량(君亮)	신고당(信古堂)	풍천(豊川)	
문극겸(文克謙)	1122~1189	덕병(德柄)	—	남평(南平)	
문익점(文益漸)	1329~1398	일신(日新)	삼우당(三憂堂)	남평(南平)	
박계손(朴季孫)	1415~1475	자현(子賢)		영해(寧海)	
박원종(朴元宗)	1467~1510	백윤(伯胤)	—	순천(順天)	
박팽년(朴彭年)	1417~1456	인수(仁叟)	취금헌(醉琴軒)	순천(順天)	
반우형(潘佑亨)	1458~1523	문보(文甫)	옥계(玉溪)	거제(巨濟)	옥계집(玉溪集)
서거정(徐巨正)	1420~1488	강중(剛中)	사가정(四佳亭)	달성(達成)	사가집(四佳集)
서경덕(徐敬德)	1489~1546	가구(可久)	화담(花潭)	당성(唐城)	화담집(花潭集)
성간(成侃)	1427~1456	화중(和仲)	진일재(眞逸齋)	창녕(昌寧)	진일재집(眞逸齋集)
성담년(成聃年)	? ~ ?	이수(耳叟)	정재(靜齋)	창녕(昌寧)	정재집(靜齋集)
성담수(成聃壽)	? ~ ?	미수(眉叟)	문두(文斗)	창녕(昌寧)	
성삼문(成三問)	1418~1456	근보(謹甫)	매죽헌(梅竹軒)	창녕(昌寧)	매죽헌집(梅竹軒集)
성승(成勝)	? ~1456	—	적곡(赤谷)	창녕(昌寧)	
성중엄(成重淹)	1474~1504	계문(季文)	청호(晴湖)	창녕(昌寧)	
성현(成俔)	1439~1504	경숙(磬叔)	허백당(虛白堂)	창녕(昌寧)	허백당집(虛白堂集)
성희안(成希顏)	1461~1513	우옹(愚翁)	인재(仁齋)	창녕(昌寧)	
손순효(孫舜孝)	1427~1497	경보(敬甫)	물재(勿齋)	평해(平海)	
송흠(宋欽)	1459~1547	흠지(欽之)	지지당(知止堂)	신평(新平)	
신숙주(申叔舟)	1417~1475	범옹(泛翁)	보한재(保閑齋)	고령(高靈)	보한재집(保閑齋集)
신영희(辛永禧)	1442~1511	덕우(德優)	안정(安亭)	영산(靈山)	안정실기(安亭實記)
신용개(申用漑)	1463~1519	개지(漑之)	이요정(二樂亭)	고령(高靈)	이요정집(二樂亭集)
신종호(申從濩)	1456~1497	차소(次韶)	삼괴당(三魁堂)	고령(高靈)	삼괴당집(三魁堂集)
신흠(申欽)	1566~1628	경숙(敬叔)	상촌(象村)	평산(平山)	상촌집(象村集)
심온(沈溫)	? ~1418	중옥(仲玉)	—	청송(靑松)	

심정(沈貞)	1471~1531	정지(貞之)	소요정(逍遙亭)	풍산(豊山)	
심회(沈澮)	1418~1493	청보(清甫)	—	청송(青松)	
안우(安遇)	1454~?	시숙(時叔)	노계(蘆溪)	탐진(耽津)	
안응세(安應世)	1455~1480	자정(子挺)	월창(月窓)	죽산(竹山)	
안평대군(安平大君)	1418~1453	청지(清之)	비해당(匪懈堂)	전주(全州)	
양성지(梁誠之)	1415~1482	순부(純夫)	눌재(訥齋)	남원(南原)	눌재집(訥齋集)
양희지(楊熙止)	1439~1504	가행(可行)	대봉(大峰)	중화(中和)	대봉집(大峰集)
원숙강(元叔康)	?~1469	중화(仲和)	—	원주(原州)	
원호(元昊)	?~?	자허(子虛)	관란(觀瀾)	원주(原州)	관란유고(觀瀾遺稿)
유계린(柳季麟)	1478~1528	—	성은(城隱)	선산(善山)	
유방선(柳方善)	1388~1443	자계(子繼)	태재(泰齋)	서산(瑞山)	태재집(泰齋集)
유성원(柳誠源)	?~1456	태초(太初)	낭간(琅玕)	문화(文化)	
유성춘(柳成春)	1495~1522	천장(天章)	취암(鷲巖)	선산(善山)	
유순정(柳順汀)	1459~1512	지옹(智翁)	—	진주(晉州)	
유숭조(柳崇祖)	1452~1512	종효(宗孝)	진일재(眞一齋)	전주(全州)	진일재문집(眞一齋文集)
유응부(兪應孚)	?~1456	신지(信之)	벽량(碧梁)	기계(杞溪)	
유자한(柳自漢)	?~1504	—	—	진주(晉州)	
유호인(兪好仁)	1445~1494	극기(克己)	임계(林溪)	고령(高靈)	유호인시고(兪好仁詩藁)
유희춘(柳希春)	1513~1577	인중(仁仲)	미암(眉巖)	선산(善山)	미암집(眉巖集)
윤상(尹祥)	1373~1455	실부(實夫)	별동(別洞)	예천(醴泉)	별동집(別洞集)
윤필상(尹弼商)	1427~1504	탕좌(湯佐)	청봉(晴峯)	파평(坡平)	
윤호(尹壕)	1424~1496	숙보(叔保)	—	파평(坡平)	파천집(破川集)
이개(李塏)	1417~1456	청보(清甫)	백옥헌(白玉軒)	한산(韓山)	
이계맹(李繼孟)	1458~1523	희순(希醇)	묵곡(墨谷)	전의(全義)	
이계전(李季甸)	1404~1459	병보(屏甫)	존양재(存養齋)	한산(韓山)	
이과(李顆)	1475~1507	과지(顆之)	—	전의(全義)	
이관의(李寬義)	?~?	의지(義之)	율정(栗亭)	광주(廣州)	
이극돈(李克墩)	1435~1503	사고(士高)	—	광주(廣州)	
이달선(李達善)	1457~1506	겸지(兼之)	호산(湖山)	광주(光州)	

이맹전(李孟專)	1392~1480	백순(伯純)	경은(耕隱)	벽진(碧珍)	
이목(李穆)	1471~1498	중옹(仲雍)	한재(寒齋)	전주(全州)	이평사집(李評事集)
이수광(李晬光)	1563~1628	윤경(潤卿)	지봉(芝峯)	전주(全州)	지봉유설(芝峰類說)
이순지(李純之)	1406~1465	성보(誠甫)	—	양성(陽城)	
이숭원(李崇元)	1428~1491	중인(仲仁)	—	연안(延安)	
이승건(李承健)	1452~1502	자강(子强)	—	우봉(牛峰)	
이승언(李承彦)	1411~?	여흥(汝興)	—	벽진(碧珍)	
이심원(李深源)	1454~1504	백연(伯淵)	성광(醒狂)	전주(全州)	묵재유고(默齋遺稿)
이우(李偶)	1469~1517	명중(明仲)	송재(松齋)	진보(眞寶)	
이원(李黿)	?~1504	낭옹(浪翁)	재사당(再思堂)	경주(慶州)	재사당집(再思堂集)
이의무(李宜茂)	1449~1507	형지(馨之)	연헌(蓮軒)	덕수(德水)	연헌잡고(蓮軒雜稿)
이이(李珥)	1536~1584	숙헌(叔獻)	율곡(栗谷)	덕수(德水)	율곡전서(栗谷全書)
이장곤(李長坤)	1474~1519	희강(希剛)	금헌(琴軒)	벽진(碧珍)	금헌집(琴軒集)
이정(李楨)	1512~1571	강이(剛而)	구암(龜巖)	사천(泗川)	구암문집(龜巖文集)
이정은(李貞恩)	?~?	정중(正中)	월호(月湖)	전주(全州)	
이종준(李宗準)	?~1499	중균(仲鈞)	용헌(慵軒)	경주(慶州)	용재유고(慵齋遺稿)
이창신(李昌臣)	1449~?	국이(國耳)	극암(克庵)	전의(全義)	
이철균(李鐵均)	1450~1514	사형(士衡)	—	벽진(碧珍)	
이총(李摠)	?~1504	백원(百源)	서호주인(西湖主人)	전주(全州)	
이칙(李則)	1438~1496	숙도(叔度)	—	고성(固城)	
이현손(李賢孫)	1466~1504	세창(世昌)		전주(全州)	
이형원(李亨元)	1440~1479	가연(可衍)	성심당(惺心堂)	광주(光州)	
이황(李滉)	1501~1570	경호(景浩)	퇴계(退溪)	진보(眞寶)	퇴계집(退溪集)
임보신(任輔臣)	?~1558	필중(弼仲)	포초(圃樵)	풍천(豊川)	병진정사록(丙辰丁巳錄)
임사홍(任士洪)	1445~1506	이의(而毅)	—	풍천(豊川)	
임원준(任元濬)	1423~1500	자심(子深)	사우당(四友堂)	풍천(豊川)	창진집(瘡疹集)
임제(林悌)	1549~1587	자순(子順)	백호(白湖)	나주(羅州)	백호전서(白湖全書)
임희재(任熙載)	1472~1504	경여(敬輿)	물암(勿菴)	풍천(豊川)	
정광필(鄭光弼)	1462~1538	사훈(士勛)	수부(守夫)	동래(東萊)	정문익공유고(鄭文翼公遺稿)

정극인(丁克仁)	1401~1481	가택(可宅)	불우헌(不憂軒)	영광(靈光)	불우헌집(不憂軒集)
정미수(鄭眉壽)	1456~1512	기수(耆叟)	우재(愚齋)	해주(海州)	한중계치(閑中啓齒)
정분(鄭苯)	?~1454	자외(子畏)	애일당(愛日堂)	진주(晉州)	
정인지(鄭麟趾)	1396~1478	백저(伯雎)	학역재(學易齋)	하동(河東)	학역재집(學易齋集)
정지산(鄭之産)	1423~1469	언평(彦平)	포신(逋臣)	진주(晉州)	
정창손(鄭昌孫)	1402~1487	효중(孝中)	—	동래(東萊)	
정희량(鄭希良)	1469~?	순부(淳夫)	허암(虛庵)	해주(海州)	허암집(虛庵集)
조광조(趙光祖)	1482~1519	효직(孝直)	정암(靜庵)	한양(漢陽)	정암집(靜庵集)
조광좌(趙廣佐)	1483~1521	계량(季良)	—	한양(漢陽)	
조려(趙旅)	1420~1489	주옹(主翁)	어계(漁溪)	함안(咸安)	어계집(漁溪集)
조상치(曺尙治)	?~?	자경(子景)	정재(靜齋)	창녕(昌寧)	
조식(曺植)	1501~1572	건중(健仲)	남명(南冥)	창녕(昌寧)	남명집(南冥集)
조신(曺伸)	?~?	숙분(叔奮)	적암(適庵)	창녕(昌寧)	적암시고(適庵詩稿)
조위(曺偉)	1454~1503	태허(太虛)	매계(梅溪)	창녕(昌寧)	매계집(梅溪集)
채수(蔡壽)	1449~1515	기지(耆之)	나재(懶齋)	인천(仁川)	나재집(懶齋集)
최부(崔溥)	1454~1504	연연(淵淵)	금남(錦南)	탐진(耽津)	표해록(漂海錄)
최산두(崔山斗)	1483~1536	경앙(景仰)	신재(新齋)	초계(草溪)	신재집(新齋集)
최충성(崔忠成)	1458~1491	필경(弼卿)	산당(山堂)	전주(全州)	산당집(山堂集)
최항(崔恒)	1409~1474	정부(貞父)	태허정(太虛亭)	삭녕(朔寧)	태허정집(太虛亭集)
표연말(表沿沫)	1449~1498	소유(少游)	남계(藍溪)	신창(新昌)	남계문집(藍溪文集)
하위지(河緯地)	1387~1456	중장(仲章)	단계(丹溪)	진주(晉州)	
한경기(韓景琦)	1472~1529	치규(稚圭)	향설당(香雪堂)	청주(淸州)	향설당시집(香雪堂詩集)
한명회(韓明澮)	1415~1487	자준(子濬)	압구정(狎鷗亭)	청주(淸州)	
허균(許筠)	1569~1618	단보(端甫)	교산(蛟山)	양천(陽川)	성소부부고(惺所覆瓿藁)
허난설헌(許蘭雪軒)	1563~1589	경번(景樊)	난설헌(蘭雪軒)	양천(陽川)	난설헌집(蘭雪軒集)
허반(許磐)	?~1498	문병(文炳)	—	양천(陽川)	
허조(許稠)	1369~1439	중통(仲通)	경암(敬菴)	하양(河陽)	
현석규(玄錫圭)	1430~1480	덕장(德璋)	청단(淸湍)	창원(昌原)	
홍귀달(洪貴達)	1438~1504	겸선(兼善)	허백당(虛白堂)	부계(缶溪)	허백정문집(虛白亭文集)

홍만종(洪萬宗)	1643~1725	우해(宇海)	현묵자(玄默子)	풍산(豊山)	순오지(旬五志)	
홍섬(洪暹)	1504~1585	퇴지(退之)	인재(忍齋)	남양(南陽)	인재집(忍齋集)	
홍유손(洪裕孫)	1431~1529	여경(餘慶)	소총(篠叢)	남양(南陽)	소총유고(篠叢遺稿)	
홍윤성(洪允成)	1425~1475	수옹(守翁)	영해(領海)	회인(懷仁)		
홍응(洪應)	1428~1492	응지(應之)	휴휴당(休休堂)	남양(南陽)		
홍한(洪瀚)	1451~1498	온진(蘊珍)	—	남양(南陽)		
효령대군(孝寧大君)	1396~1486	선숙(善叔)	연강(蓮江)	전주(全州)		

| 참 고 도 서 |

〈저서〉

고영진, 『호남 사림의 학맥과 사상』, 혜안, 2007
김 돈, 『조선전기 군신권력관계 연구』, 서울대학교 출판부, 1997
김성언, 『남효온의 삶과 시』, 태학사, 1997
김영봉, 『김종직의 시문학 연구』, 이회, 2000
김용섭, 『한국중세 농업사 연구』, 지식산업사, 2000
김준석, 『한국중세 유교정치사상사론』 I · II, 지식산업사, 2005
배종호 외, 『한훤당의 생애와 사상』, 한훤당선생기념사업회, 1996
심경호, 『김시습평전』, 돌베개, 2003
윤사순 외, 『탁영 김일손의 문학과 사상』, 영남대학교 민족문화연구소, 1998
이병휴, 『조선전기 기호사림파 연구』, 일조각, 1984
이병휴, 『조선전기 사림파의 현실인식과 대응』, 일조각, 1999
이수건, 『영남사림파의 형성』, 영남대학교 민족문화연구소, 1979
이수건, 『영남학파의 형성과 전개』, 일조각, 1995
이수건 외, 『점필재 김종직의 학문과 사상』, 금오공과대학 선주문화연구소, 1996
이종범, 『사림열전 1: 소쇄원의 바람소리』, 아침이슬, 2006
이태진, 『한국사회사연구』, 지식산업사, 1986
이태진, 『조선유교사회사론』, 지식산업사, 1998
이태진, 『의술과 인구 그리고 농업기술』, 태학사, 2002
임형택, 『실사구시의 한국학』, 창작과 비평사, 2000
정길수 편역, 『김시습 선집: 길 위의 노래』, 돌베개, 2006
정재경, 『정여창연구』, 집문당, 1988
조남욱, 『정여창』, 성균관대학교 출판부, 2003
지두환, 『조선시대 사상사의 재조명』, 역사문화, 1996
최승희, 『조선초기 언관 · 언론연구』, 서울대학교 출판부, 1989
최승희, 『조선초기 정치사연구』, 지식산업사, 2002
최이돈, 『조선중기 사림정치구조 연구』, 일조각, 1994
한영우, 『조선전기 사학사 연구』, 서울대학교 출판부, 1981

황의동 외, 『일두 정여창의 학문과 사상』, 남계서원, 2004

⟨논문⟩

강문식, 「집현전 출신 관인의 학문관과 정치관」, 『한국사론』 39, 1998

구만옥, 「15세기 후반 이학적 우주론의 대두」, 『조선시대사학보』 7, 1998

김 돈, 「중종대 언관의 성격변화와 사림」, 『한국사론』 10, 1984

김 범, 「조선전기 훈구·사림세력 연구의 재검토」, 『한국사학보』 15, 2003

김영봉, 「조선전기 문인의 도학과 사장파 구분에 대한 비판적 고찰」, 『동방학지』 110, 2000

김용흠, 「조선전기 훈구·사림의 갈등과 그 정치사상적 함의」, 『동방학지』 124, 2004

김시업, 「한훤당 김굉필의 도학적 시세계와 인간자세」, 『대동문화연구』 48, 2004

김용곤, 「김시습의 정치사상의 형성과정」, 『한국학보』 18, 1980

김용곤, 「김시습: 도의정치 실현을 꿈꾼 선각자」, 『한국사인물열전 1』, 돌베개, 2003

김훈식, 「16세기 군신윤리의 변화와 출처론」, 『역사와 현실』 50, 2003

김훈식, 「한훤당 김굉필에 대한 조선시대의 평가와 그 의미」, 『동방학지』 133, 2006

남지대, 「조선 성종대의 대간언론」, 『한국사론』 12, 1985

노태돈, 「삼한에 대한 인식의 변천」, 『한국사연구』 38, 1982

박 주, 「김일손: 역사정신을 구현한 사관」, 『한국사인물열전 1』, 돌베개, 2003

배종호, 「매월당 김시습의 철학사상」, 『대동문화연구』 17, 1983

송재소, 「점필재 김종직 문학연구의 몇 가지 문제」, 『대동문화연구』 44, 2003

유승국, 「매월당의 유학 및 도교사상」, 『대동문화연구』 13, 1979

이병휴, 「조선전기 사림파의 추이 속에서 본 김굉필의 역사적 좌표」, 『역사교육논집』 34, 2005

이태진, 「동국여지승람의 역사적 성격」, 『진단학보』 46·7, 1979

이태진, 「길재 충절 추숭의 시대적 변천」, 『한국사상사학』 4·5, 1993

임형택, 「매월당 문학의 성격」, 『대동문화연구』 13, 1979

정구복, 「김시습의 역사철학」, 『한국사학사학보』 2, 2000

정후수, 「추강 남효온의 생애와 사상」, 『민족문화』 5, 1991

조원래, 「사화기 호남사림의 학맥과 김굉필의 도학사상」, 『동양학』 25-1, 1995

최승희, 「집현전 연구: 치폐시말과 기능분석」, 『역사학보』 32·33, 1966·1967

최이돈, 「성종대 훈구정치의 비판과 새 정치 모색」, 『한국문화』 17, 1996

한충희, 「점필재 김종직의 생애와 정치·교육활동」, 『한문학연구』 12, 1997

| 찾아보기 |

ㄱ

「가흥참」_ 38
「간성릉을 지나며」_ 200
「감사 점필재 선생께 받들다」_ 209
「감정기」_ 206
갑자사화 _ 217, 277, 329, 390
『강남악부』_ 405
「강성군(江城君)의 목면 재배기에 적다」_ 235
「검열을 사임하며 정여창을 천거하는 상소」_ 269
「견훤이 완산에서 일어나다」_ 110
『경국대전』_ 167
경상도선배당 _ 26, 75
『경상도지도지』_ 59
「경은선생께 올리다」_ 347
「경주에 처음 들어가며」_ 36
『경현록』_ 364, 370, 371
계유정난 _ 101, 219, 264, 346, 347
「계인설」_ 142
「고금군자은현론」_ 139
「고금제왕국가흥망론」_ 131
「고금충신의사총론」_ 138, 140
『고려사』_ 23
「고성 온천에서 어머님 소식을 얻고」_ 212
「고순이 꿈에 안응세를 보다」_ 172
「고향 산이 그립다」_ 113
「곤(緄)의 처가 밀양으로 오다」_ 66

「곤(緄)이 죽다」_ 65
관각문학 _ 73
「관동으로 돌아가는 동봉 열경을 송별하다」_ 183
「관서록 뒤에 적다」_ 102
「관촉사의 대불(大佛)을 알현하다」_ 107
「광진나루에서 사위를 전송하다」_ 213
「광한루에 오르니 피리소리 들리다」_ 108
「교화설」_ 315
구언교 _ 163, 326
『국어』_ 420
『국조유선록』_ 359
군신계약론 _ 26
「권오복과 같이 관수루에 오르다」_ 339
「권오복의 관동록에 붙이다」_ 298
「귀신론」_ 186 ~ 188, 227
「그윽한 그리움」_ 213
「금강산유산기」_ 195, 360
「금성곡」_ 41
『금양잡록』_ 300
금오산실 _ 111
『금오신화』_ 21, 111, 116, 117, 154
「급제를 축하하며」_ 268
기묘사림 _ 22, 224, 279, 280, 391, 414
기묘사화 _ 224, 329, 408, 416
기묘정국 _ 75, 224
기질지성 _ 189, 190, 242, 243
「기질지성」_ 241, 242
기학(氣學) _ 25, 125, 187, 189
『길 위의 노래』_ 143
「길가의 소나무」_ 378
「김·곽 두 수재에게 답하다」_ 367

「김굉필과 헤어지며」_ 362
「김굉필에게」_ 365, 371
「김굉필이 어린 낭자를 어여뻐 여기다 수염을
　많이 뽑혔다고 하니 놀리다」_ 401
「김굉필이 점필재선생께 올린 시를 따라 짓
　다」_ 376
「김굉필에게 주다」_ 385
「김일손과 같이 관수루에 오르다」_ 339
「김준손·기손 형제의 영친(榮親)에 붙이다」
　_ 63
「꿈에 성광을 보다」_ 170
「끌려간 군인의 원망을 노래함」_ 182

ㄴ

「나를 읊는다」_ 193
「나화상과 헤어지며」_ 296
「낙동강 노래」_ 38
난언(亂言) _ 92, 217, 277
「남산에 올라」_ 177
「남염부주지」_ 116
남이의 옥사 _ 75, 301
「남효온과 같이 설악으로 돌아가는 김시습을
　전송하다」_ 149
「남효온에게」_ 208
「노릉임금이 지으신 자규시를 따르다」_ 149
노산군 _ 21, 22, 46, 87, 101, 144, 146,
　149, 165, 223, 224, 326, 327, 343 ~ 346
『노자』_ 111
노장학파 _ 184, 185, 239, 257
『논어』_ 122, 137, 138, 270

「눈잣나무」_ 307

ㄷ

「다원」_ 56
「단군묘를 알현하다」_ 197
단종복위운동 _ 17, 348
「담양향교보상기」_ 93
「답혹인」_ 254
당고의 화 _ 276
「대구부사 임수창의 집으로 이사하다」_ 80
『대학』_ 129, 257, 258, 260, 364, 370
『도덕경』_ 136
「도연명의 술주시에 화답한다」_ 89, 226
도첩 _ 111, 113, 258
도통론 _ 5
도학파 _ 24, 27, 92, 93
독서당 _ 173, 330, 332, 333
『동국여지승람』_ 24, 70 ~ 72, 82
『동국통감』_ 24, 70
「동도악부」_ 41
『동문선』_ 70, 72, 73
『동문수』_ 72
동방사현 _ 359
「동봉에게 드림」_ 179
「동봉육가」_ 143
「두견」_ 278
「두류기행록(頭流紀行錄)」_ 264

ㄹ

리학(理學) _ 25, 187, 251

ㅁ

「마음을 적은 두 수를 지지당께 올리다」_ 365
「마음을 풀다」_ 362
「만복사저포기」_ 116
「망처에 바치는 제문」_ 66
『매월당집』_ 119
「매월루기」_ 293, 345, 346
『맹자』_ 102, 261, 270, 386
『맹자대전』_ 111
「멀리 보내다」_ 350
「명론」_ 191, 192
「명분설」_ 126
『명신언행록』_ 269, 270
「목아(木兒)를 애도하노라」_ 65
「못가의 누각에서 읊다」_ 361
『묘법연화경』_ 111, 150
무귀설 _ 187
「무등산에 올라」_ 107
「무량사에서 병으로 눕다」_ 152
무성무물론 _ 189
무오사화 _ 75, 89, 167, 217, 257, 265, 279, 340, 345, 405
「무쟁비」_ 114
「무항의 탄세사를 받들다」_ 348
「문극겸」_ 81

「문두선생께 올리다」_ 350
문장재도론 _ 25
문형 _ 19, 73, 319
『미암일기』_ 408
「미재」_ 212

ㅂ

박경 옥사 _ 414, 415
「박눌의 글씨에 적은 강혼의 발문 뒤에 적다」_ 311
「박언계에 보내는 답서」_ 254
「박팽년이 도롱이를 빌려주자 화답하다」_ 219
「반우형신도비명」_ 278, 399
「백연을 이천의 유배지로 보내며」_ 170
「백제의 옛날을 노래하다」_ 109
「번뇌를 풀다」_ 143
「병든 아들을 생각하며」_ 212
「병장설(兵將說)」_ 52
「보덕암」_ 196
「보천탄을 노래하다」_ 37
「복기」_ 122
부관참시 _ 86
「부여를 회고하다」_ 199
「북신」_ 120
붕당 _ 75, 76, 92, 166, 167, 247, 364, 401
붕당죄 _ 401

ㅅ

사가독서 _ 330
사림파 _ 21 ~ 27, 29, 71, 85, 92, 167
사방지 _ 43 ~ 45
「사방지」_ 44, 45
「사십팔영의 발문」_ 304, 305
사우론 _ 26, 379
「사위의 영구(靈柩)를 맞이하며」_ 213
사육신 _ 19, 22, 46, 141, 223 ~ 225, 227, 346
사육신충신론 _ 22, 224
사장학 _ 92
「사재척언」_ 89
「사화를 통곡한다」_ 390, 392, 408
「산가의 고통을 읊다」_ 113
『산당집』_ 379
「산림」_ 139
「산중에서 친구를 생각하다」_ 145
『삼국유사』_ 41
「삼청」_ 134
삼한일통의식 _ 23
「상당부원군의 시권에 쓰다」_ 55
「상변설」_ 137
「상사(上舍) 김굉필이 선정암에서 역사를 읽다」_ 360
상수학 _ 235
상왕복위운동 _ 46, 101
「상장」_ 124
「상춘곡」_ 246
생육신 _ 166
「생재설」_ 128, 129

『서경』_ 51, 126, 127, 291, 315, 360, 368
『서경집전』_ 127
『석담일기』_ 79, 225
「선산십절가」_ 60
『선산지도지』_ 37, 59
「선악천리론」_ 237, 242 ~ 245
「성론」_ 189, 190
「성리」_ 125, 135, 136
『성리대전』_ 111, 241, 242
성리학 _ 92, 135, 170, 195, 237, 246, 256, 280, 333, 370, 382, 387, 390, 414 ~ 416
『성소부부고』_ 78
「성인이 백세의 스승이 되는 이유」_ 26
「성종대왕에 올리는 상서(上書)」_ 166
『성종실록』_ 17, 70, 75, 77, 164, 165, 246, 258, 259, 266, 270, 322, 342
「성충을 생각하다」_ 83
성품설 _ 190
「세속을 끊다」_ 105
세자시강원 _ 269, 273, 282
『세조실록』_ 20, 44, 51, 343
「세조혜장대왕악장」_ 52
소릉복위 _ 22, 145, 166, 247, 335, 337, 343, 364
소릉복위소 _ 21
소릉폐치 _ 21, 102, 327, 345
「소양정에 올라」_ 142
『소학』_ 25, 62, 68, 92, 169, 194, 246, 247, 280, 312, 319, 360, 369, 370, 371, 379, 380, 394, 397, 403, 408
소학계 _ 26, 246, 359, 415
「소학을 읽고」_ 370

「소학집설」_ 312, 313
『속동문선』_ 264
『속두류록』_ 264
「송경록」_ 197, 360
「송악의 옛 궁궐에 오르다」_ 201
「수락산으로 청은을 방문하다」_ 179
「수령을 잘 가리도록 의정부에 내리는 유시」
　_ 51
「술주」_ 91
『승정원일기』_ 346
『승평지』_ 406
『시경』_ 61, 116, 131, 315, 368
「시폐 26개조」_ 335
「신귀설」_ 124, 125, 186
「신담을 전송하며」_ 289
신무문의 변 _ 329
신법파 _ 241
「신상공(申相公)에 받들어 화답하다」_ 54
신진사림 _ 73, 76, 86, 202, 224, 275, 277,
　331, 390, 415
『신편동국통감』_ 71
「실소」_ 144
「심론」_ 188, 249, 250
심학논쟁 _ 251
「쌍계사비」_ 200

○

「아들을 따라 고향 집 뒷동산에 오르다」_ 227
『악기』_ 315
「악양」_ 263

「악양정」_ 271
『악학궤범』_ 93
「안시성에서 가을을 보다」_ 105
「안음 학자에게」_ 280
「안음현감을 축하하다」_ 253, 272
「압구정에서 상당부원군(上黨府院君)이 시를
　요청하다」_ 54
「애물의」_ 128
「애민의」_ 128
「어계선생의 글을 받들다」_ 351
「어부」_ 106
「여지승람발」_ 71
『역경』_ 136, 137, 315
「역사를 보면 마음이 아프다」_ 133, 226
「역설」_ 137
『연려실기술』_ 363
『연보』_ 345
『연산군일기』_ 87, 88, 270, 276, 335, 337,
　340, 342 ~ 344, 391
열자 _ 239
「영남루에서 점필재를 뵙다」_ 211
「영산현감신담생사당기」_ 290, 345
『예기』_ 315
「예종대왕시책문」_ 52
「오현금 뒤에 적다」_ 334
『옥계집』_ 278, 392
「용궁부연록」_ 116
용호비결 _ 123, 215
「원각사 동편 스님 방에서」_ 152
원상제 _ 18, 164
「원생몽유록」_ 225, 226
「유월궁부」_ 341

「유자광이 남원에서 미꾸라지 오십 마리를 보내니 주필로 사례하다」_ 84

「유자광이 밤에 취하여 정사성 댁으로 부르니 장난삼아 짓다」_ 83

「유자광이 요천의 언덕에서 문후를 하다」_ 83

「유평사를 보내며」_ 315

「유호인이 서울에 가다」_ 63

「육신전」_ 22, 146, 219, 221 ~ 227, 343, 345, 346

육조직계제 _ 219

「육현금 뒤에 적다」_ 332

「율정 이관의 선생의 운을 따르다」_ 258

을사사화 _ 279

의리론 _ 23, 93

의정부서사제 _ 17, 219

「이기설」_ 196, 236, 239, 241, 245

「이달선과 김일손의 급제를 축하하다」_ 202

「이생규장전」_ 116

이시애의 난 _ 18, 75, 266

「이요루기」_ 293, 294

「이정은과 같이 달빛 타고 비파 들고 이종준의 문을 두드리다」_ 174

「이종준의 그림에 적다」_ 310

「이총이 압도의 초가를 찾다」_ 173

익대공신 _ 18, 75

「인군의」_ 127

「인수왕비봉숭옥책문」_ 52

일가주의 _ 20, 169

「입사도」_ 416

입언수후 _ 25, 416

「입지론」_ 250, 251

입후치제 _ 22, 224, 326, 343, 345, 346

ㅈ

「자규시」_ 148

『자치통감』_ 111

『자치통감강목』_ 299

「장원 김일손에게 올린다」_ 299

『장자』_ 153, 184

「장흥에서 생각 없이 읊다」_ 216

「전등신화 뒤에 쓰다」_ 115

『전등신화』_ 115, 116

「전은(田隱)의 사계」_ 36

「점필재선생께 올리는 자만(自挽)」_ 209

『점필재집』_ 88, 89

정당매 _ 299, 300, 302

「정당매의 시문 뒤에 적다」_ 300

「정분전」_ 265, 277, 343

「정여창에게」_ 277

정지교부계 _ 26, 359, 408, 415

「정치는 삼대를 본받아야 한다」_ 131

「정희왕후애책문」_ 69

「제자들에게 돼지머리를 주다」_ 62

「조대기」_ 206

「조매계(梅溪)를 애도함」_ 406

「조상치의 자규사를 따르다」_ 146

「조수재를 보낸다」_ 404

「조신과 같이 시를 짓고 구영안에게 주다」_ 215

「조의제문」_ 21, 35, 46, 47, 49, 50, 63, 86 ~ 89, 91, 344, 345, 405

「조헌당기」_ 296, 345
「종성기문」_ 279
좌리공신 _ 18, 84, 89
『좌씨전』_ 420
주리론 _ 237
『주역』_ 24, 122, 130, 239, 242, 346, 395
 ~ 397, 408
주자가례 _ 64, 259
「주잠」_ 175
주희 _ 25, 49, 51, 127, 170, 242, 244, 246,
 247, 251, 252, 363, 369, 370, 375
죽림우사 _ 27, 153, 175, 217, 225, 360,
 363
죽림칠현 _ 175, 239
「중국의 병풍에 적다」_ 308
「중양절에 홀로 앉아 무료한데 처가 국화주
 석 잔을 권하다」_ 81
『중용』_ 51, 121, 238, 242, 247, 257, 258
『중용혹문』_ 51
중종반정 _ 218, 279, 315, 329, 409
『중종실록』_ 280, 386, 400, 411, 414, 416,
 418
「중흥책」_ 320
「증손여씨향약」_ 246
「지난 여행의 감회를 노래하다」_ 311
「지난 여행의 감회를 노래한 다음에 적다」_
 314
「지리산에서 놀고 악양에 배를 띄우다」_ 263
「지북유」_ 184
「지주부」_ 175
「지지당에 올리다」_ 365
『진산세고』_ 301

「질풍지경초부」_ 336

ㅊ

「참봉을 사직하는 상소」_ 268
천문우연설 _ 167
「천왕봉유산기」_ 197
천인합일설 _ 254
「천형」_ 120
「첨성대를 대신하여 화답하다」_ 115
「첨성대에게 묻노라」_ 114
『청구풍아』_ 72
청담파 _ 27
「청복소릉소」_ 327
초혼제 _ 102, 350
「추강과 헤어지며」_ 184
「추강냉화」_ 170, 171, 175, 178, 194, 203,
 248, 249, 252, 378, 387
「추강에 보내는 답장」_ 182
「추강에 화답하다」_ 180
「추호가병태산부」_ 380, 383, 397, 399
「추회부」_ 330
「춘천 옛집으로 돌아가는 동봉선생을 전송하
 다」_ 150
『춘추』_ 315, 343
『춘추좌씨전』_ 326
출처관 _ 26, 93
「취성정부」_ 275
「취유부병정기」_ 116
「치(緻)에게」_ 64
「치헌기」_ 317, 318

『칠서언해』_ 410
「7월 22일 기쁨」_ 81

ㅌ

「탁라가」_ 40
『탁영선생문집』_ 345
『탁영집』_ 264
「태극설」_ 122
태극음양설 _ 196
「태학생에게 준 시」_ 403
「토황소격문」_ 200

ㅍ

편의조 _ 274

ㅎ

「한강을 건너며」_ 334
「한빙계」_ 392, 374, 396~400
「한빙계 뒤에 적다」_ 397
「한훤당 김굉필에게 보내는 편지」_ 405
「한훤당 김선생에게 올리다」_ 402
『함양구절가』_ 60
「함양성 나각」_ 58
「해남의 옥돌」_ 306
『해동야언』_ 218, 235
「해를 향한 해바라기」_ 303

「해망 유거에 부치다」_ 272
「해운대유람기서문」_ 207
「행주 전장에서 동봉을 그리워하다」_ 185
「허후전」_ 22
「현능한 인재를 천거하도록 의정부에 내리는
　　유시」_ 51
「현풍으로 가는 김선생을 전송하다」_ 387
「호남록 뒤에 적다」_ 110
「호민론」_ 35
『홍길동전』_ 35
「홍주산성에 오르다」_ 216
「환곡을 얻지 못하다」_ 215
「환취정기」_ 70
『회남자』_ 257
효자계 _ 246
훈구공신 _ 18, 19, 20, 69, 71, 91, 133,
　　163, 164, 167, 169, 331, 347
훈구파 _ 21, 22, 24, 26, 73, 74, 82, 85, 86,
　　88, 89, 92, 94, 224